# 불교 논리학
# Buddhist Logic

테오도르 체르바츠키 지음
임 옥 균 옮김

I

경서원
1995

이 책은

F, Th, Stcherbatsky가 지은

BUDDHIST LOGIC(U.S.S.R, Leningrad : 1930)

의 온전한 번역입니다.

**【불교 논리학 1】**

# 차　례


머리말

서 론 ………………………………………………………… 21

1. 불교논리학이란 무엇인가 ………………………………… 21
2. 불교사에 있어서 논리학의 지위 ………………………… 24
3. 불교철학의 제1기 ………………………………………… 25
4. 불교철학의 제2기 ………………………………………… 30
5. 불교철학의 제3기 ………………………………………… 36
6. 인도철학사에 있어서의 불교논리학의 지위 …………… 40
   1) 유물론자들 ……………………………………………… 41
   2) 자이나교 ………………………………………………… 43
   3) 상키야 체계 ……………………………………………… 45
   4) 요가 체계 ………………………………………………… 48
   5) 베단타 학파 ……………………………………………… 50
   6) 미맘사 학파 ……………………………………………… 52
   7) 니아야-바이쉐시카 체계 ………………………………… 54
7. 디그나가 이전의 불교논리학 …………………………… 59
8. 디그나가의 생애 ………………………………………… 65
9. 다르마키르티의 생애 …………………………………… 70
10. 다르마키르티의 저술들 ………………………………… 74

11. 《지식론 평석》에 있는 장(章)들의 차례 ······ 75
12. 언어학적 주석 학파 ······ 78
13. 캐쉬미어 또는 철학적 주석학파 ······ 79
14. 세번째 또는 종교적 주석학파 ······ 82
15. 불교 이후의 논리학과 인도에 있어서의 실재론과 유명론(唯名論)간의 투쟁 ······ 89
16. 중국과 일본의 불교 논리학 ······ 96
17. 티벳과 몽고의 불교 논리학 ······ 100

## 제 1 부 실재와 지식(prāmāṇya-vāda)

1. 불교 논리학의 범위와 목적 ······ 107
2. 지식의 근원은 무엇인가 ······ 111
3. 인식과 재인식 ······ 114
4. 진리의 검증 ······ 116
5. 실재론적 및 불교적 경험관 ······ 119
6. 두가지 실재 ······ 121
7. 지식의 근원의 이중성 ······ 125
8. 인식의 한계. 독단론과 비판주의 ······ 130

## 제 2 부 감성 세계

### 제1장 순간적 존재의 이론

1. 언급된 문제 ······ 138
2. 실재란 운동이다 ······ 140
3. 시간과 공간의 관념성으로부터의 논의 ······ 144

4. 지속과 연장은 실재가 아니다 ………… 147
5. 직접 지각으로부터의 논의 ………… 150
6. 재인식은 지속을 증명하지 못한다 ………… 151
7. 존재라는 관념에 대한 분석으로부터의 논의 ………… 152
8. 비존재라는 관념에 대한 분석으로부터의 논의 ………… 156
9. 샨티라크쉬타의 공식 ………… 161
10. 변화와 소멸 ………… 164
11. 운동은 불연속적이다 ………… 166
12. 소멸은 어떤 선천적인 것이다 ………… 171
13. 모순율로부터 추론된 순간성 ………… 174
14. 찰나점은 실재인가. 미분 ………… 177
15. 순간성 학설의 역사 ………… 180
16. 유럽의 몇몇 유사한 이론들 ………… 189

제2장 인 과(pratītya-samputpāda)

1. 기능적 의존으로서의 인과 ………… 197
2. 인과의 공식들 ………… 201
3. 인과관계와 실재는 동일하다 ………… 204
4. 두 종류의 인과관계 ………… 206
5. 원인들의 다원성 ………… 209
6. 원인들의 무한성 ………… 212
7. 인과와 자유의지 ………… 215
8. 의존적 기인의 네가지 의미 ………… 219
9. 유럽의 몇몇 유사한 이론들 ………… 229

## 제3장 감관－지각(pratyakṣam)

1. 감관－지각의 정의 ………… 235
2. 다르마키르티의 실험 ………… 241
3. 지각과 환각 ………… 245
4. 직관의 종류들 ………… 256
a) 정신적 감각(manasa-pratyaksa) ………… 256
b) 성인의 지성적 직관(yogi-pratyaksa) ………… 257
c) 내성(sva-samvedana) ………… 258
5. 감관－지각에 대한 인도인의 견해들의 역사 ………… 268
6. 유럽의 몇몇 유사한 이론들 ………… 275

## 제4장 궁극적 실재(paramartha-sat)

1. 궁극적으로 실재적인 것 ………… 285
2. 특수한 것이 궁극적 실재이다 ………… 288
3. 실재는 언표불가능하다 ………… 291
4. 실재는 생생한 심상을 산출한다 ………… 293
5. 궁극적 실재는 역동적이다 ………… 296
6. 단자와 원자 ………… 298
7. 실재는 긍정이다 ………… 301
8. 반론들 ………… 303
9. 실재에 대한 견해들의 발전 ………… 305
10. 유럽의 몇몇 유사한 이론들 ………… 309

# 제 3 부 구성된 세계

## 제1장 판 단(Judgment)

1. 순수 감각으로부터 개념으로의 전이 ······ 318
2. 오성의 첫 단계들 ······ 325
3. 판단이란 무엇인가 ······ 327
4. 판단과 개념들에서의 종합 ······ 330
5. 판단과 명칭부여 ······ 332
6. 범주들 ······ 334
7. 분석으로 간주되는 판단 ······ 338
8. 객관적으로 타당한 것으로서의 판단 ······ 340
9. 판단 이론의 역사 ······ 344
10. 유럽의 몇몇 유사한 이론들 ······ 348

## 제2장 추 론(Inference)

1. 판단과 추론 ······ 355
2. 3가지 개념 ······ 358
3. 추론의 여러 정의들 ······ 362
4. 추론화와 추론 ······ 365
5. 추론은 참된 지식으로부터 얼마나 먼가 ······ 367
6. 이유의 세 측면들 ······ 371
7. 다르마키르티의 관계들에 대한 논문 ······ 376
8. 의존의 두 노선들 ······ 380
9. 분석판단과 종합판단 ······ 383
10. 범주들의 최종적 목록 ······ 385
a) 판단들의 목록 ······ 387

b) 범주들의 목록 …… 388
11. 목록의 항목들은 서로 배제적인가 …… 389
12. 불교의 관계 목록은 철저한가 …… 391
13. 전칭 판단과 필연판단 …… 397
14. 순수 오성의 사용의 한계 …… 400
15. 추론에 대한 견해들의 역사적 소묘 …… 402
16. 유럽의 몇몇 유사한 이론들 …… 408

**【불교 논리학 2】**

# 차 례

제3장 삼단논법(parārthānumānam)

1. 정 의 …… 419
2. 삼단논법의 항들 …… 424
3. 삼단논법과 귀납 …… 428
4. 삼단논법의 격 …… 430
5. 삼단논법의 가치 …… 436
6. 다른 사람들을 위한 추론으로 간주되는 삼단논법의 역사적 소묘 …… 441
7. 유럽의 삼단논법과 불교의 삼단논법 …… 448
a) 아리스토텔레스에 의한 정의와 불교도들에 의한 정의 …… 448
b) 아리스토텔레스의 〈예〉에 의한 삼단논법 …… 450

c) 추론과 귀납 ··· 453
d) 불교의 삼단논법은 두 명제들을 포함한다 ··· 456
e) 이 환 ··· 457
f) 격 ··· 460
g) 인과적 삼단논법과 가언적 삼단논법 ··· 467
h) 요 약 ··· 476

## 제4장 논리적 오류(Logical Fallacies)

1. 분 류 ··· 481
2. 실재에 대한 오류 ··· 491
3. 반대 이유의 오류 ··· 496
4. 불확실한 이유의 오류 ··· 499
5. 이율배반적 오류 ··· 504
6. 다르마키르티의 부가 ··· 506
7. 역 사 ··· 510
a) 변증법에 대한 편람 ··· 510
b) 중관학파의 논박 삼단논법 ··· 514
c) 불교도들의 영향을 받은 바이쉐시카 체계 ··· 517
d) 디그나가의 영향을 받은 니아야 체계 ··· 523
8. 유럽의 유사한 이론들 ··· 527

# 제4부 부 정

## 제1장 부정판단(The negative judgement)

1. 부정의 본질 ··· 544
2. 부정은 하나의 추론이다 ··· 549

3. 부정적 삼단논법의 격. 단순부정의 격 …… 554
4. 여타의 10가지 격들 …… 562
5. 부정의 중요성 …… 571
6. 단지 경험영역 속에만 있는 모순과 인과 …… 573
7. 초감각적 대상들의 부정 …… 575
8. 인도에서의 발전 …… 579
9. 유럽의 몇몇 유사한 이론들 …… 584
a) 지그바르트의 이론 …… 584
b) 부정된 연사와 부정술어 …… 589
c) 판단과 재판단 …… 594

## 제2장 모순율(The law of contradiction)

1. 모순의 기원 …… 599
2. 논리적 모순 …… 602
3. 역동적 반대 …… 605
4. 다름의 법칙 …… 612
5. 모순율과 다름의 법칙에 관한 다른 공식들 …… 614
6. 다른 인도학파들의 모순에 관한 견해 …… 618
7. 유럽의 몇몇 유사한 이론들 …… 622
a) 배중률 …… 622
b) 이중부정의 법칙 …… 624
c) 동일율 …… 626
d) 두가지 유럽논리학 …… 634
e) 헤라클레이투스 …… 635
f) 헤라클레이투스의 단편들 속에 있는 인과관계와 동일성 …… 640
g) 엘레아 학파의 모순율 …… 643

h) 플라톤 …… 646
i) 칸트와 지그바르트 …… 652
j) 아리스토텔레스의 모순공식과 다르마키르티의 관계들의 이론 … 656

제3장 보 편(Universals)

1. 행동의 유사성으로 대치된 사물들의 정적 보편성 …… 663
2. 보편 문제의 역사 …… 670
3. 유럽의 몇몇 유사한 이론들 …… 673

제4장 변증법(Dialectic)

1. 디그나가의 '이름의 이론' …… 681
2. 이름들의 부정적 의미에 대한 지빈드라부디의 이론 …… 688
a) 모든 이름들은 부정적이다 …… 688
b) 보편의 기원 …… 692
c) 실재론자와의 논쟁 …… 695
d) 개인들의 경험이 인간 마음의 일치된 경험이다 …… 699
e) 결 론 …… 700
3. 단어의 부정적 의미에 대한 샨티라크쉬타와 카말라쉴라의 이론 …… 701
4. 불교변증법의 발전에 대한 역사적 스케치 …… 709
5. 유럽의 몇몇 유사한 이론들 …… 716
a) 칸트와 헤겔 …… 716
b) 밀(J. S. Mill)과 비안(A. Bain) …… 722
c) 지그바르트 …… 726
d) 긍정이란 무엇인가 …… 735
e) 울리치(Ulici)와 로체(Lotze) …… 743

## 제5장 외부 세계의 실재(Reality of the External World)

1. 실재란 무엇인가 …… 749
2. 외부란 무엇인가 …… 752
3. 세 종류의 세계들 …… 753
4. 비판적 실재론 …… 754
5. 궁극적 일원론 …… 758
6. 관념론 …… 760
7. 외부세계의 비실재에 대한 디그나가의 논문 …… 767
8. 유아론을 논박하는 다르마키르티의 논문 …… 771
9. 외부세계의 실재에 대한 문제의 역사 …… 775
10. 유럽의 몇몇 유사한 이론들 …… 782
11. 외부세계의 실재에 대한 인도—유럽 심포지움 …… 792
12. 결 론 …… 804

주요한 논리적 개념들 …… 807

옮기고 나서

# 약 어 표

| | |
|---|---|
| Anekāntaj. | Anekānta-jaya-patāka of Haribhadra(Jain). |
| AK. | Abhidharmakośa. |
| AKB. | Abhidharmakośabhāṣya. |
| BB. | Bibliotheca Buddhica. |
| BI. | Bibliotheca Indica. |
| CC. | The Central Conception of Buddhism and the Meaning of the term Dharma(London 1923, R. A. S.). |
| CPR. | Critique of Pure Reason by Kant, transl. by Max Müller. |
| ERE | Encyclopedia of Religion and Ethics. |
| GGN. | Göttinger Gelehrte Nachrichten. |
| IHQ. | Indian Historical Quarterly(Calcutta). |
| JBORS. | Journal of the Bihar and Orissa Research Society. |
| JRAS. | Journal of the Royal Asiatic Society. |
| Khand. | Khandana-khanda-khādya by Śriharṣa. |
| Mallavādi. | Nyāya-bindu-ṭippaṇī by this author, different from the ṭippaṇī printed by me in the BB. |
| Madhy. v. | Mūla-mādhyamika-kārikā-vṛtti by Candrakīrti. |
| Nirvāṇa. | The Conception of Buddhist Nirvāṇa(Leningrad, 1927). |
| NB. | Nyāyabindu' by Dharmakīrti. |
| NBT. | Nyāyabinduṭikā by Dharmottars. |
| NBTT(or Tipp. simply) | Nyāyabinduṭīkā-ṭippaṇī ed. by me in the BB and erroneously ascribed to Malavādī, g. c. |
| NBh. | Nyāya-bhāṣya. |
| NK. | Nyāya-kaṇikā(reprint from the Paṇdit). |
| NKandalī. | Nyaya-kandalī by Śrīdhara(Vizian). |
| NMukha. | Nyāya-mukha by Dignāga, transl. by Tucci. |
| NV. | Nyāya-vārtika(BI). |
| NVTT(also Tātp). | Nyāya-vārtika-tātparya-ṭīkā(Vizian). |
| NS | Nyāya-sūtra. |
| Pariśuddhi | Nyāya-vārtika-tātparya-ṭīkā-pariśddhi(BI). |
| Pr. vārt. | Pramāna-vārtika by Dharmakīrti. |
| Pr. viniśc. | Pramāṇa-viniścaya by the same. |
| Pr. samucc. | Pramāṇa-samuccaya by Dignāga. |
| SD. | Śāstra-dīpikā by Pārthasārathimiśra. |
| SDS. | Sarvadarśanasangraha(Pooua, 1924). |
| Tipp. | Nyāyabinduṭīkā-ṭippaṇī by unknown author edited by me in the BB and erroneously ascribed to Mallavādī q. c. |
| Tātp. | cp. NVTT. |
| VS. | Vaiśeṣika-sūtra. |

# 머 리 말

이 저작은 아시아 문화사가(文化史家), 일반 철학자 그리고 산스크리트 언어학자가 고찰할만한 가치가 있다.

그것은 아마도 아시아사에 있어서 가장 강력한 사상운동, 즉 B.C. 6세기 힌두스탄 계곡에서 일어나 거의 전 아시아 대륙은 물론 일본열도와 인도 군도에까지 그 영향력을 서서히 확장했던 운동이 무엇인지를 밝히려고 한 일련의 세 저작중의 마지막 것이다. 따라서 이 저작들은 중앙 아시아와 동아시아의 지배적 사상사에 관계가 있다.[1)]

1) 《불법(佛法)》이라는 통칭하에 인도로부터 북부국가들로 옮겨간 문헌 전부에 대한 체계적인 개관은 저명한 티벳 학자 Bu-ston Rinpoche에 의해 편찬되었으며 ; 이제 E. Obermiller의 뛰어난 번역으로 유럽학자들이 쉽게 접할 수 있게 되었다. 그의 History of Buddhism by Buston, Heidelberg, 1931를 참조하라. 이러한 모든 막대한 양의 학식의 지배적 사상들은 1) 일원론적 형이상학이며 2) 논리학이다. 형이상학적 부분은 그 전반적인 계획이 Abhisamyālankāra의 서론(불교총서, XXXIII)에서 간단히 말해진 일련의 저작들 중에서 충분히 밝혀질 것이다. 이 계획의 실현에 있어서 E. Obermiller는 이미 두 저작들을 출판했는데, 그것은 1) 아상가의 Uttara-tantra의 번역인 최고의 학(The Sublime Science, Acta Orient, 1931)과 2) Abhisamāyalankāra와 그 주석들에 따른 반야바라밀다의 가르침(The Doctrine of Prajna-paramita according to the Abhisamayalankara and its commentaries, A. O. 1932)이다. 불교문헌의 전 범위에 있어서 논리학(*tsadma*)이 차지하는 지위는 Buston에 의해 그의 History에서 간단히 말해지고 있다(그 번역의 1권, 45－46쪽을 참조하라).

그것은 논(論, *śāstra*) 부문에 속하는 원전들에 주로 바탕을 두고 있기 때문에, 또한 산스크리트 학자가 고찰할만한 가치가 있으며 ; 이것들은 그 독특하고도 엄밀한 산스크리트 문체로 써여진 인도의 학문적인 구성들인데, 거기에서 그 논법은 상당히 전문적인 술어로 이루어져 있고 간단한 법칙들의 형식으로 되어있으며 ; 그 설명과 전개는 매우 많은 주석서들과 부(副)주석서들에 포함되어 있다. 이러한 전적으로 명확하고 매우 정밀한 술어를 설명하는 것이 제 2권에 집적되어 있는 일련의 분석적 번역들의 목적이다.[2)]

이 저작은 철학자에게 말을 거는데 있어서 그에게 친숙하지 않은 논리학 체계에 대한 고찰을 요구한다. 그것은 하나의 논리학이지만, 아리스토텔레스적인 것은 아니다. 그것은 인식론적이지만, 칸트적인 것은 아니다.

실증철학(positive philosophy)은 오직 유럽에서만 발견될 수 있을 뿐이라는 편견이 심하게 만연되어 있다. 아리스토텔레스의 논리학(treatment of logic)이 궁극적인 것이며 ; 그는 이 분야에서 어떠한 선배도 가지지 않았고, 계승자 또한 필요로 하지 않았다는 것 역시 편견에 지나지 않았다. 이 바로 앞의 편견은 기울기 시작한 것처럼 보인다. 미래의 논리학이 어떠할 것이라는 것에 관한 일치된 견해는 아직 없지만, 현재의 논리학에 대한 전반적인 불만은 있다. 우리는 지금 개혁의 전야에 있다. 이러한 때에 형식 및 인식 논리학의 제문제에 대해 디그나가(Dignaga, 陣那)와 다르마키르티(Dharmakirti, 法稱)가 씨름하던 독자적이고 전적으로 상이한 방식에 대한 고찰은 아마도 상당히 중요할 것이다.

---

2) 우리들의 분석의 증명을 용이하게 하기 위해서 우리는 주에 원어를 인용한다. 제2권에 덧붙여진 산스크리트·티벳어 색인을 사용함으로써 그 술어의 해석이 근거하고 있는 문맥들이 확인될 것이다.

두가지 상이한 논리학을 그렇게 고찰하고 비교함에 있어서 철학자는 인간의 정신이 진리와 오류를 다루기 시작하자마자 도중에 당연히 마주치게 되는 그러한 문제들이 있다는 것을 깨닫게 될 것이다. 그러한 것은 예를 들면, 판단의 본질, 추론(inference), 삼단논법(syllogism)의 문제들이고 ; 범주들(categories)과 관계들(relations)의 문제이며 ; 종합 및 분석 판단의 문제 ; 무한(infinity), 무한가분성(infinite divisibility), 이율배반들(antinomies)과 오성(悟性)의 변증법적 구조에 관한 문제들이다. 외래용어의 아래로부터 철학자는 다르게 다루어지고, 다르게 배열되고, 체계 내에서 상이한 위치들을 차지하며 매우 다른 문맥들로 놓여진, 그가 익숙한 특징들을 발견할 것이다. 철학자는, 만일 그가 산스크리트어 작문들의 문체에 친밀해진다면, 인도 사상들을 유럽어로 해석할 뿐만 아니라, 역작용(逆作用)을 시도해 유럽사상들을 인도어로 해석하는데 또한 유혹을 받을 것이다.

나의 주목적은 이러한 유사함들을 지적한 것이었지, 양 논리학의 비교가치에 대한 어떤 평가를 산출하는 것은 아니었다. 이 점에 있어서 나는 첫째로 이러한 전문 지식의 분야에 있어서 내가 가지고 있다고 주장할 수 있는 것보다 무수히 더 많은 경험을 가지고 있는 전문 철학자들의 견해를 듣는 것을 보다 좋아했다. 단지 그의 주의를 환기시키고 그를 통해서 인도의 실증철학자들을 그들의 유럽 형제들의 공동체에 소개시키는데 성공할 수만 있다면 나는 충분히 만족할 것이다.

# 서 론

## 1. 불교논리학이란 무엇인가.

불교논리학에서 우리는 불교학의 두명의 위대한 영광(榮光), 스승인 〈디그나가(陣那)〉와 〈디르마키르티(法稱)〉에 의해 A.D.6－7세기 인도에서 창출된 논리학과 인식론의 체계를 이해한다. 그들의 창출과 모든 북부 불교국가들에 있어서 그것을 본보기로 삼는 막대한 주석문헌들을 준비했던 매우 불충분하게 알려진 불교의 논리학 문헌은 동일한 부문의 저작들에 속함에 틀림없다. 그것은 무엇보다도 먼저 삼단논법[3]의 형식들에 관한 원리를 포함하고 있으며 바로 그 이유만으로도 논리학이라는 명칭을 받을만 하다. 인도에 있어서 판단의 본질,[4] 명칭들의 의미[5]와 추론[6]에 관한 이론은, 유럽에서와 마찬가지로, 삼단논법의 이론으로부터의 당연한 결과이다.

그러나 불교도들의 논리학은 더 많은 것을 포함하고 있다. 그것은 감관지각론(theory of sense perception) 또는, 보다 정확하게, 우리들의 지식의 전 내용에 있어서 순수 감각(pure sensation)의 요소에 관한 이론,[7] 우리들의 지식의 신빙성(reliabilty)에 관한 이론[8]과 감

3) *parārtha-anumāna.*
4) *adhyavasāya=niścaya=vikalpa.*
5) *apoha-vāda.*
6) *svārtha-anumāna.*
7) *nirvikalpaka-pratyakṣa.*
8) *prāmāṇya-vāda.*

각들(sensations)과 심상들(images)로 우리에게 알려지는대로의 외부세계(external world)의 실재성(實在性)에 관한 이론[9] 역시 포함하고 있다. 이러한 문제들은 대개 인식론(epistemology)이라는 표제하에 취급된다. 그러므로 우리가 불교의 체계를 인식론의 체계라고 명명하는 것은 정당하다고 할 수 있다. 그것은 외부세계의 존재를 위한 가장 확실한 보증으로서의 감각론과 함께 시작된다. 그리고 나서 그것은 외계와 우리의 오성에 의해 심상들과 개념(concept)들로 구성되는대로의 그것에 대한 표상(representation)사이의 일치에 관한 이론[10]으로 나아간다.

다음에 판단, 추론과 삼단논법의 이론이 온다. 마지막으로 대중의 면전에서 철학적 논쟁들을 수행하는 방법에 관한 이론[11]이 부가된다. 그것은 그렇게 기초감각(rudimentary sensation)으로 시작하고 공적 토론의 복잡한 장치(apparatus)로 끝남으로해서 인간의 지식의 모든 영역을 포함하고 있다.

불교도 자신들은 이러한 그들의 학문을 논리적 근거들에 관한 가르침(因明)[12] 또는 올바른 지식의 근원들에 관한 가르침[13] 또는 간단히 올바른 지식의 조사(investigation)[14]라고 부른다. 그것은 진리와 오류에 관한 가르침이다.

그것의 제창자(提唱者)들의 의도에 있어서 그 체계는 종교 즉 구원(salvation)을 향해 있는 길에 관한 가르침으로서의 불교와는 명백히 아무런 특별한 연관도 가지지 않았다. 그것은 인간 오성[15]의

---

9) *bāhya-artha-anumeyatva-vāda.*
10) *sārūpya.*
11) *vāda-vidhi=codanā-prakaraṇa.*
12) *lhetu-vidyā.*
13) *pamāṇa-vidyā.*
14) *smayag-jñāna-vyutpādana.*

당연하고 일반적인 논리학일 것임을 요구한다. 논리학의 법칙들에 의해 그 존재가 충분히 보증되지 못하는 실재(實在)들은 무자비하게 부인되며, 이 점에서 불교 논리학은 다만 불교가 시작되었던 이념들에 충실할 뿐이다. 그렇기 때문에 그것은 신(神), 영혼, 영원(eternity)을 부정했다. 그것은 다만 덧없는 사상(事象)들의 무상한 흐름과 그것들의 열반 속에서의 궁극적이고 영원한 정지(quiescence)만을 인정했을 뿐이었다. 불교도들에 의하면 실재(reality)란 정(靜)적인 것이 아니라 동(動)적인 것이지만, 다른 한편으로 논리학은 개념들과 명칭들로 고정된 하나의 실재를 가정하는 것이다. 불교 논리학의 궁극적인 목표는 운동하고 있는 실재와 사유의 정적인 구조물들 간의 관계를 설명하는 것이다.[16] 그것은 실재론자(Realist)들의 논리학과 반대이며, 실재란 정적이며 우리들의 지식의 개념들에 해당한다고 보는 니야야(Nyāya), 바이쉐시카(Vais eṣika), 미맘사(Mīmāṃsā)학파의 논리학과 반대이다. 인도에서 확립된 다른 모든 종교들의 옹호자들에 의해 불교도들은 일반적으로 오만한 허무주의자(nihilist)들로 여겨졌으며, 역으로 그들은 적대자들을 《외도(外道)》[17] 그리고 《이교도(pagon)》[18]라고 불렀다. 그러한 의미에 있어서만 불교도들에 의해 창출된 논리적 가르침이 바로 불교 논리학인 것이다.

---

15) *laukika-vidyā*, Mādhy. vṛtti, 58쪽 14행과 나의 Nirvāṇa, 140쪽을 참조하라.

16) TSP, 259쪽 21행을 참조하라—*na kvacid arthe paramārthato vivakṣā asti, anvayino 'rthasya abhāvāt...(sarveṣu iti pakṣesu samānam dūṣaṇam)*.

17) *bāhya=phyi-rol-pa.*

18) *tīrthīka.*

19) *āntya-dharma-cakra-pravartana.*

## 2. 불교사에 있어서 논리학의 지위

불교 논리학은 인도 불교사에 있어서 그 지위를 가지고 있으며 인도 논리학·철학의 일반사(General history)에 있어서도 역시 그 지위를 가지고 있다. 인도 논리학의 넓은 영역에 있어서 그것은 하나의 중간에 있는 불교 시기(period)를 구성하는데, 불교 철학의 영역에 있어서 논리학은 인도 불교의 국면(局面)을 종결하면서 제3 시기의 주목할만한 특징을 이루고 있다.[19]

인도 불교사는 불교도 자신들에 의해 그들이 세번의 《전법륜(轉法輪)》[20]이라고 부르는 세시기[21]로 나누어질 수 있고, 또한 나누어진다. 그 전기간중 불교는 존재가 동적·비인간적 흐름이라는 중심개념에 충실했다. 그러나 그 역사상 두번—A.D. 1세기와 5세기에— 그 원리의 해석은 근본적으로 변했고, 그 결과 모든 시기는 그 자체의 새로운 중심개념을 갖게 된다. 우리가 계산한다면, 대충 말해서 B.C. 500년에 시작해서 그 발생지에서 불교가 실제로 존재한 1500년, 이 존속기간은 각각 대략 500년의 존속기간을 가지는 세 시기로 똑같이 분할된다.

첫번째와 두번째 시기에 바쳐진 이전의 두 저작의 결과를 상기해보자.[22] 그 세번째와 종결시기에 바쳐진 당(當)저작은 그것들의 연속으로 여겨져야만 한다.

20) 공인된 관점은 불타 스스로가 그의 가르침에 관하여 세가지 상이한 언급을 했다는 것이다. 즉 하나는 보통 사람을 위해서, 또 하나는 중간의 능력을 가진 사람을 위해, 마지막 것은 예민한 사람을 위해서.

21) *tricakra*=*ḥkhor-lo-gsum.*

22) The Central Conception of Buddhism and the Meaning of the word 《dharma》, London, 1923(R.A.S.)와 The Conception of Buddhist Nirvāṇa, Leningrad, 1927(Ac. of Sciences)

## 3. 불교 철학의 제1기

불타시대의 인도는 철학적 사색으로 들끓고 궁극적 해방의 이상을 갈망하고 있었다. 불교는 인간의 인격(personality)[23]을 그것을 구성하고 있는 요소들[24]로 매우 엄밀하게 분석하는 것으로 시작했다. 이 분석의 주된 사상은 도덕적인 것이었다. 한 인격의 요소들은 무엇보다도 먼저 구원에 적당하거나 그것에 반대되는[27] 선과 악(有漏와 無漏),[25] 정(淨)과 부정(不淨)[26]으로 나누어졌다.

모든 가르침은 부정과 정에 관한 가르침(染淨法)[28]이라고 일컬어졌다. 구원은 절대적 정지의 상태(滅道)[29]로 생각되고 마음 속에 소중히 간직되었다. 따라서 생(生) 즉 평범한 생(輪)[30]은 타락과 불행(苦)[31]의 하나의 조건으로 간주되었다. 그러므로 청정한 요소들은 정지(quiescence)에 이르는 그러한 도덕적 특징들 또는 힘(force)들이었고, 부정한 것들은 생의 혼란으로 통하고 그것을 조장하는[32] 그러한 것들이었다. 이러한 두 부문의 상반된 요소들과는 별도로, 어떤 막연하고 분명하지 않은 근본적인[33] 요소들이 모든 정신 생활의 밑바닥에서 역시 발견되지만, 그것들의 공통의 그릇(common-

---

23) *pudgala.*
24) *dharma.*
25) *sāsrava-anāsrava.*
26) *sāṃkleša-vyāvadānika.*
27) *kušala-akušala.*
28) *sāṃkleša-vyāvadāniko dharmaḥ.*
29) *nirodha=šānti=nirvāṇa.*
30) *saṃsāra.*
31) *duḥkha=saṃsāra.*
32) *anušaya=duḥkha-poṣaka.*
33) *citta-mahā-bhūmikā dharmāḥ.*

receptacle)이라는 형식으로는 아무 것도 인지될 수 없었다 : 따라서 자아도 없고, 영혼(Soul)도 없고(無我說),[34] 인격도 없다.[35] 소위 인격이라는 것은 어떠한 영속적이고 견고한 요소도 전혀 갖지 못하고, 끊임없이 변화하는 요소들의 집적(集積)과 그것들의 흐름[36]으로 이루어져 있다.

이것이 초기 불교의 첫번째 주요한 특징인 영혼부정(Soul-denial, 無我)이다.

무영혼론(無我說)[34]은 불교의 또 하나의 이름이다.

외부의 세계[37]는 또한 그것의 구성 요소들로 분석되었다. 그것은 인격의 종속적 부분인 감각자료(sense-data)였다. 불교에 선행하고, 감각 자료를 꽉 들어찬(실체적이며 영원한 원리인) 물질[38]의 변화하는 현현(顯現)으로 생각한 다른 철학 체계들이 있었다. 불교는 이러한 원리를 버렸고, 물질적 요소들은 정신적인 것들이 그러하다고 생각되는 것처럼 바로 변화하며, 영속하지 않고(無常)[39] 유전(流轉)하는 것이 되었다. 이것이 초기(初期) 불교의 두번째 독특한 특징을 구성하고 있다 : 물질도 없고 실체[40]도 없으며, 오직 개별적인 요소들[41]과 그것들안에 어떤 실체도 가지지 않고 효과를 나타내는 에너지의 찰나적 번쩍임, 영원한 변화 과정과 존재의 찰나적 흐름이 있을 뿐이다.

---

34) *anātma-vāda.*

35) *pudgalo nāsti=anātmatva=nairātmya=pudgala-šūnyatā.*

36) *samskāra-pravāha.*

37) *bāhya-āyatana=viṣaya*(境)은 6근(根, indriya)의 외부에 있는 모든 것을 포함하고 있다.

38) *pradhāna=prakrti.*

39) *antiya.*

40) *na kiṃcit sthāyi.*

41) *sarvam pṛthak.*

그렇지만 포기된 영혼과 물질의 원리들 대신에 무엇인가가 그것들을 대신하고, 어떻게 변화 과정 중의 개별적 요소들이 견고한 물질계와 그 안에 살고 있는 영속적인 인격들의 환각을 산출하도록 결합하고 있는가를 설명하지 않으면 안되게 되었다. 그것들은 결국 인과율,[42] 곧 물리적·도덕적 인과관계의 법칙으로 대체되었다. 무상한 요소들의 흐름은 우연적[43] 과정이 아니었다. 비록 잠깐 동안 출현할지라도 모든 요소는 《의존적으로 일어나는 요소(緣起生)》[44]이었다. 《이것이 있으면, 저것이 일어난다》[45]는 공식에 의해서, 그것은 엄격한 인과율에 따라 출현한다. 도덕적 인과관계의 사상 또는 응보(異熟因),[46] 곧 그 체계의 주요 관심사는 이와 같이 일반 인과론에서 광범한 철학적 기초를 획득하였다. 이것이 초기 불교의 세번째 독특한 특징이다. 그것은 하나의 인과관계론이다.

그 이상의 특징은 존재의 요소들을 실체를 가진 요소들이라기 보다는 에너지(行)[47]에 보다 가까운 것으로 간주하는데 있다. 정신적 요소들(心心法)[48]은 물론 도덕적·비도덕적 또는 중성적 힘들이 있다. 물질의 요소들은 물질 그 자체라기 보다는 마치 물질인 것처럼 보일 수 있는 그 무엇으로 생각되었다. 에너지들은 결코 고립적으로 움직이지 않고, 항상 인과율에 따라서 상호의존적으로 작용하므로, 그것들은 《공동작용(synergies)》 또는 협력자들(cooperators)[49] 이라고 불리웠다.

---

42) *hetu-pratyaya-vyavasthā.*
43) *adhītya-samutpāda.*
44) *pratītya-samutpanna.*
45) *asmin sati idam bhavati.*
46) *vipāka-hetu=karma.*
47) *saṃskāra=saṃskṛta-dharma.*
48) *citta-caitta.*
49) *samskāra.*

이와 같이 초기 불교의 분석이 발견한 것은 바로 우리가 보고, 듣고, 냄새맡고, 맛보고, 만지는 것의[50] 한 측면과 ; 감정(愛), 생각(想), 의지(行)[52] – 선의지건 악의지건 간에 – 를 수반하는 단순한 인식[51]의 나머지 측면에 존재하고 있는 무수한 특수자들(**particulars**)의 흐름으로 이루어져 있는 세계이지만, 영혼도 신도 물질도 없으며, 지속할 수 있고 실체적인 것은 일반적으로 아무것도 없다.

하지만, 거기에 아무런 실제적 인격들고 없는, 서로 연결된 요소들의 이러한 흐름은 명확한 목표를 향하여 나아가고 있었다. 조타수는 인격이나 영혼이 아니라 인과율이었다. 목표하는 항구는 생의 모든 혼적의 영원한 정지,[53] 우주의 절대적으로 비활동적인 상태라는 의미에 있어서의 구원이었는데, 거기에서는 모든 요소들 또는 모든 《공동작용》은 그것들의 에너지인 힘을 잃을 것이며 영원히 정지하게 될 것이다. 에너지들과 요소들로의 분석[54]은 그것들의 움직임의 상태를 연구하고 그 움직임을 감소하고 멈추는[56] 방법[55]을 궁리하며, 그래서 절대적 정지의 상태 또는 열반에 가까와지고 거기에 들어가는 것 이외에 다른 목표를 갖지 않았다. 존재론적 분석은 도덕적 완성과 궁극적 해방, 곧 성자[57]의 완성과 불타의 완전무결한 상태에 이르는 길(道)의 이론을 위한 근거를 명백히 하기위하여 수행되었다. 여기에서 우리는 불교의 현저한 특징, 즉 그것이 극단적 유물론자들만을 제외하고는 다른 모든 인도의 철학 체계들

---

50) *rūpa-šabda-gandha-rasa-sprạṣtvya-āyatanām.*
51) *citta = manas = vijñāna.*
52) *vedanā-saṃjñā-ssaṃskāra.*
53) *nirodha = nirvāṇa.*
54) *dharma-pravicaya.*
55) *mārga.*
56) *vihāna-prahāna.*
57) *ārya.*

과 공유하고 있는 특징을 발견한다. 그것은 구원의 가르침이다. 이 목적을 향한 길에 관한 가르침에 있어서 불교는 초기 인도의 신비주의[58]에 선배들을 가졌다. 불타시대의 전 인도는 신비주의의 지지자들과 적대자들로, 바라문(**Brahman**)의 추종자들과 사문(**Śramans**)을 따르는 사람들로, 말하자면, 열린 고 교회파(**High Church**)와 신비주의에 몹시 경도된 대중적 종파들로 분할되었다. 이러한 신비주의의 주된 사상은 집중적 명상[59]의 실천을 통해서 명상자에게 엄청난 능력을 주고 그를 초인으로 변화시키는 황홀감(**trance**)의 상태가 획득될 수 있다는 신념에 있었다. 불교는 이러한 가르침을 존재론에 적용시켰다. 황홀적 명상은 정지를 향한 길의 기본적인 구성요소, 곧 그것을 통해서 무엇보다도 먼저 잘못된 견해들과 사악한 성향들이 뿌리뽑힐 수 있으며, 그리고나서 최고의 신비한 세계들에 이를 수 있는 특수한 수단이 되었다. 초인 곧 요기(**Yogi**)는 성자,[60] 즉 사람(**man**) 또는 보다 정확히 요소들의 집합이 되었는데, 거기에서 청정한 지혜[61]의 요소는 성스러운 삶의 중심적이고 주된 원리가 된다. 이것은 우리에게 원시불교의 최종적인 특징을 말해준다. 그것은 성자에 관한 가르침이다.

그러므로 모든 가르침은 소위 네가지 《진리》 또는 성자의 네가지 원리(四聖諦)[62]라는 공식으로 요약되는데, 그것은 즉 **1**) 생이란 불안을 일으키는 투쟁이다. **2**) 그 원인은 악하고 격렬한 감정들이다. **3**) 영원한 정지가 궁극적 목표이며 **4**) 생의 형성에 있어서 상호작용하는 모든 에너지들이 점차로 소멸되는 길이 있다는 것이다.

---

58) *yoga.*
59) *dhyāna=samādhi=yoga.*
60) *ārya=arhat=yogin.*
61) *prajñā amalā.*
62) *catvāri ārya-satyani=ārysaya buddhasya tattvāni.*

이것들이 그 역사의 제1기, 즉 첫번째 《전법륜》 동안을 지속한 불교의 주요 사상들이다. 그것은 거의 종교를 의미한다고 말할 수 없다. 그것의 보다 종교적인 측면, 곧 길(道)에 관한 가르침은 전적으로 인간적(human)이다. 사람은 그 자신의 노력과 도덕적 그리고 지적 완성을 통하여 구원에 이른다. 그리고 마땅히 우리가 알아야 할 것은 그 시기의 불교에는 숭배란 것이 거의 없었다는 점이다. 그 공동체는 가족도 재산도 소유하지 않고, 그들의 죄업의 공개된 참회를 위해 한달에 두번씩 모이며, 금욕생활, 명상과 철학적 토론에 종사하는 출가한 수도자들로 이루어졌다.

이 시기, 즉 아쇼카(Aśoka) 이후의 불교는 부차적으로 중요한 문제들때문에 18학파로 분할되었다. 독자부(犢子部, Vatsiputriya)에 의한 그림자 같고, 반실재적인(semi-real) 인격의 수용이 그 철학의 본래적 대요로부터의 두드러진 일탈일 뿐이었다.

## 4. 불교철학의 제2기

그 역사상의 5세기 말에 근본적인 변화가 불교, 곧 그것의 철학과 종교로서의 특징에 잇따라 일어났다. 그것은 생이 없는 열반 속으로 완전히 사라지는 인간적 불타의 이상을 버리고 생기에 가득 찬 열반 속에서 숭배되는 신(神)적인 불타의 이상으로 그것을 대신했다. 그것은 개인적 구원의 이기주의적 이상을 버리고 모든 생명의 보편적인 구원으로 그것을 대신했다. 그것은 동시에 그 철학을 철저한 다원론(Pluralism)으로부터 일원론(Monism)으로 철저하게 변화시켰다. 이러한 변화는 동일한 시대에 위대한 민족신들, 즉 쉬바

---

63) *anapekṣah svabhāvaḥ = sarva-dharma-śūnyatā.*

(Shiva)와 비슈누(Vishunu)가 일원론적 철학을 바탕으로 확립되고 숭배되기 시작한 인도의 바라문적 종교들에서의 발전과 같은 시대에 속했던 것처럼 보인다.

새로운 불교가 출발했던 근본적인 철학적 개념은 실재적이며 참된 궁극적 존재 또는 궁극적 실재, 곧 모든 관계들이 박탈된 실재, 실재 그 자체, 독립적이며 관계가 없는 실재[63]의 사상이었다. 초기 불교의 다원론에 의해 확립된 모든 물질적·정신적 요소들은 명백히 서로 밀접한 관계가 있는 요소들(有爲法)[64] 또는 상호작용하는 힘(行)[65]들이었으므로, 그것들 중 어느 것도 궁극적 실재로 간주될 수 없었다. 그것들은 서로 밀접한 관계가 있고 의존적이며 따라서 실체가 없는 것들이었다.[66] 이러한 요소들의 전체, 전체들의 전체, 통일체(Unity), 유일하며 진정한 실체로 간주되는 우주 자체에 못미치는 어떠한 것도 궁극적 실재로 인정될 수 없었다. 따라서 이러한 요소들의 전 집합,[67] 즉 통일체로서의 요소임(Elementness, 法性)[68]은 불타의 우주신(Cosmical Body), 곧 우주의 유일한 실체로서의 그의 모습(法身)[69]과 동일시 되었다. 앞선 시기에 확립된 요소들(法),[70] 그것들의 다섯가지 그룹들(五蘊)[71]로의 분류, 우리의 인식의 열두가지 토대(十二處)[72]와 개개의 생명체들의 열여덟가지 구성요소(十八界)[73]가 전적으로 부정되는 것은 아니지만 본질적으로 비실재적인

---

64) *saṃskṛta-dharma.*
65) *saṃskāra.*
66) *paraspara-apekṣa = śūnya = svabhāva-śūnya.*
67) *dharma-kāya = dharma-rāśi.*
68) *dharmatā.*
69) *Dharma-kāya = Buddha.*
70) *dharma.*
71) *skandha*(5)
72) *āyatana*(12)

요소들로서의 그림자같은 존재, 곧 어떠한 궁극적 실재가 《결핍되어 있는》 요소들(自性空)[74] 만이 인정될 뿐이었다. 앞의 시기에서 모든 인격, 모든 지속적인 실체들, 영혼과 물질은 궁극적 실재로 받아들여지지 않았다. 새로운 불교에서는 그것들의 요소들, 모든 도덕적 힘들(心所有法)[75] 조차도 변증법적 파괴의 과정에 있는 영혼들의 뒤를 이었다. 초기의 가르침은 무영혼(無我) 및 무실체(無實體)의 교의[76]라는 이름을 얻는다. 새로운 불교는 무요소(法空)의 교의,[77] 즉 존재가 분석되어지는 모든 요소적 자료들의 상대성과 결과적인 비실재성의 교의라는 이름을 얻는다.

이것이 새로운 불교의 첫번째의 현저한 특징이다. 그것은 초기불교에서 실재적인 것으로 받아들여지는 요소들의 궁극적 실재를 부인한다.

인과관계의 교의, 즉 다른 것들에서 어떤 것의 산출이 아니라,[79] 다른 모든 것들에 관한 모든 요소들의 기능적 상호의존으로서의

---

73) *dhātu(18)*

74) *svabhāva-šūnya.*

75) *citta-samprayukta-samskāra.*

76) *anātma-vāda=niḥ-svabhāva-vāda=pudgala-nairātmya=pudgala-šūnyatā.*

77) *dharma-nairātmya=dharma-šūnyatā=svabhāva-šūnyatā=paraspara-apeksa-tā*, 또는 간단히 *šūnyatā*. 나의 Nirvāṇa, 43쪽, n.1에 수집된 인용문들에 의하면, *šūnyatā*는 단순히 *abhāva*를 의미하는 것이 아니라, *itaretara-abhāva=paraspara-apekṣa*인데, 그것이 궁극적 실재의 결핍(=*aparinispannatā*) 또는 상대성이라는 것은 충분히 입증되었다. 반대자들은 그것을 *abhāva*라고 부른다. Nyāya-sūtra 1. 34를 참조하라. (W. Ruben. Die Nyayasutras, An 260을 참조하라). E. Obermiller 씨는 Haribhadra의 Abhisamayālankārāloka(Minayeff MSS f. 71b 7-9)로 부터의 다음의 감명적인 한 절(節)에 나의 주의를 환기시킨다.
*−dharmasaya dharmeṇa šūnyatvāt sarva-dharma-šūnyatā, sarva-dharmāṇām saṃskṛta−asaṃkṛta-rāšer itaretara-pekṣavena svabhāva=aparinispannatvāt.*

78) *pratītya-samutpāda.*

79) *na svabhāvata utpādah.*

인과관계(緣起),[78] 이 교의는 그 처음부터 불교의 매우 독특한 것이며 새로운 불교에만 보유된 것은 아니다. 그것은 그 전체계의 주춧돌이라고 선언된다.[80] 하지만 그 의미는 약간 변했다. 원시불교에 있어서 모든 요소들은 상호의존적이며 실재적인 것인데, 새로운 불교에서는 실재의 새로운 정의에 따라서 그것들이 상호의존적이기 때문에 비실재적인 것이다.[81] 《상호의존적 기인(起因)》의 원리 중에서 첫번째 부분이 강조되고, 두번째 것은 전적으로 생략된다. 궁극적 실재의 관점에서 보면 우주는 아무것도 일어나지 않고 아무것도 사라지지 않는 하나의 움직이지 않는 전체이다. 상키야 학파가 생각한대로 어떤 것이 동일한 물질에서 발원하는 것이 아니고, 바이쉐시카 학파가 주장하는대로 사물들이 다른 사물들로부터 발원하는 것도 아니며, 초기 불교도들이 생각한대로 요소들이 단 한순간에만 갑자기 존재로 나타나는 것도 아니다. 거기에는 어떠한 기인도 전혀 없다.[82] 이것이 새로운 불교의 두번째 특징인데, 그것은 실재를 하나의 움직이지 않는 전체 속으로 해소시킴으로써 실제적인 인과관계를 전적으로 부인한다.

하지만 새로운 불교가 경험세계(empirical world)의 실재성을 완전히 부인하는 것은 아니었으며, 그것은 다만 경험적 실재가 궁극적인 것은 아니라고 주장했을 뿐이었다. 따라서 두가지의 실재, 즉 하나는 표면 위에(俗諦),[83] 다른 하나는 표면 아래에(眞諦)[84] 있었다. 하나는 실재의 환각적인 국면이며, 다른 하나가 궁극적으로 있는 그대로의 실재이다. 이러한 두가지의 실재 또는 《두가지 진리》는

80) **Mādhyamika-kārikās**와 TS의 첫머리의 시들을 참조하라.
81) 나의 Nirvāṇa, 41쪽을 참조하라.
82) 같은책, 40쪽 주2를 참조하라.
83) *saṃvṛti-satya.*
84) *sāṃvṛta-satya = paramārtha-satya.*

새로운 불교에서 초기 교의의 《네가지 진리》의 지위를 빼앗았다.

새로운 불교의 한층 더한 특징은 경험세계와 절대(the Absolute) 간의, 즉 윤회(Samsara)와 열반 간의 완전한 동등의 교의였다.[85] 초기 불교에 있어서는 오직 열반 속에서만 활동하지 않고, 보통의 삶 속에서는 활동적인 에너지들인 모든 요소들이 이제는 영원히 활동하지 않으며, 그것들의 활동은 하나의 환각에 불과하다고 선언되었다. 따라서 경험세계는 단지 그 아래에서 절대가 보통 사람들의 제한된 이해력에 그 자체를 드러내 보이는 환상적인 현상에 지나지 않으므로, 사실은 그것들 사이에 어떠한 본질적인 차이점도 없는 것이다. 절대 또는 열반은 단지 영원한 것의 관점 아래에서(*sub specie aeternitatis*) 보여진 세계일 뿐이다. 그리고 또한 절대적 실재의 이러한 모습은 경험적 인식의 평범한 방법을 통해서는 인식될 수 없다. 그러므로 추론적인 사유의 방법들과 결과들은 절대의 인식을 위해서는 전적으로 쓸모없는 것이라고 비난받는다. 따라서 초기 불교의 모든 해석들과 모든 논리, 즉 그것의 불교신학, 열반, 네가지 진리 등등은 사이비이며 모순적인 해석들이라고 단호하게 비난받는다.[86] 참된 지식의 유일한 근원은 성자의 신비적 직관과 새로운 불경들의 계시인데, 거기에서는 일원론적 우주관이 독특한 주제이다. 이것이 새로운 불교의 한층 더 현저한 특징인데, 그것은 즉 모든 논리의 무자비한 비난과 신비론과 계시에 주어진 우위이다.

그 결과로서 보다 온건한 경향의 한 학파가 이러한 상대주의자(Relativist)들의 가장 큰 줄기, 즉 소위 스바탄트리카(Svātantrika) 학파로부터 갈라졌다. 그것은 그럼에도 불구하고 인식이 근거하고 있는 모든 근본적인 원리들의 변증법적 파괴라는 관점의 논쟁적인

85) 같은책, 205쪽을 참조하라.
86) 같은책, 183쪽.

변호를 위해서 약간의 논리를 허락했다.

구원으로 향한 길은 대승으로 교체되었다. 앞의 시기, 즉 소승의 이상은 이기적이라고 선언되었고, 개인적 구원이 아니라 인류, 아니 생물들로 된 전우주의 구원이라는 또 하나의 이상이 일원론적 사색경향과 일치한다고 선언되었다. 경험세계는 선험적이며 애타적인 덕행들,[87] 보편적 사랑(大悲)[88]의 실천을 위한 장(場)으로서, 그것은 절대(法身)[89]의 실현을 위한 하나의 준비라는 의미에서만 실재의 그림자로 인정될 뿐이었다. 성자의 요소들의 하나였던 청정한 지혜는 이제 지혜의 절정[90]이라는 이름으로 불타의 우주신(法身)[91]의 한 국면과 동일시되었으며, 그의 다른 국면은 영원한 것의 관점 아래에(*sub specie aeternitatis*)[92] 있는 세계이다. 불타는 인간이기를 멈췄다. 최고의 더없는 행복인 그의 몸(報身)[93]이라는 이름하에 그는 하나의 실제적인 신이 되었다. 하지만 그가 세계의 창조자는 아니었다. 새로운 불교신학은 이 특징을 앞선 시기부터 간직했던 것이다. 그는 여전히 인과율 또는, 새로운 해석에 따르면, 환각[94]의 지배를 받는 것이었다. 그 이중의 국면들 중에서 오직 우주신만이 환각과 인과관계를 넘어 설 뿐이었다. 이 시기에 불교는 하나의 종교, 곧 고교회파(High Church)가 된다. 바로 힌두교처럼 그것은 일종의 대중도 이해할 수 있는 다신교에 이어서 비교적(祕教的)인 범신론을 표현한다. 그 숭배의 형식들을 위해서 그것은 유행하고 있는 마술적인,

87) *pāramitā.*
88) *mahā-karuṇā.*
89) *nirvāṇa=dharma-kāya.*
90) *prajñā-pāramitā.*
91) *jñāna-kāya.*
92) *svabhāva-kāya.*
93) *sambhoga-kāya.*
94) *saṃvṛti* ; *sambhoga-kāya* 《*duḥkha-satya*의 작은 자취》에 있다.

소위 '탄트라적(tantristic)' 의식들에서 차용을 했다. 그 이상들을 조각으로 표현하기 위해서 그것은 처음에 그리이스 예술가들의 탁월한 기술을 이용했다.

그 역사상의 제2기의 불교에서 잇따라 일어났던 중대한 변화들은 그러한 것이었다.

하지만 새로운 또는 고 교회파가 그 전의 또는 저 교회파(Low Church)로부터의 배척을 의미하는 것은 아니었다. 모든 사람은 타고난 성향에 따라서, 그의 마음 속에 있는 불성(Buddhahood)의 《씨앗(種子)》[95]에 따라서 구원을 위한 적합한 수단으로서 대승 또는 소승을 선택할 것이라는 이론이 발전되었다. 양 교파는 같은 수도원의 지붕 아래에서 계속해서 살아갔다.

## 5. 불교철학의 제3기

또 하나의 500년 이후에, 즉 인도불교역사상 첫번째 천년의 말에, 한층 더 중요한 변화가 그 철학의 적응 속에 잇따라 일어났다. 다음에 말하는 발전은 인도문명의 황금기와 동시대에 속하게 되었는데, 그때 인도의 대부분은 굽타(Gupta)라고 하는 민족왕조의 순조로운 통치하에 통일되었다. 예술과 학문이 번영했고 불교도들은 이러한 부흥 속에서 중요한 역할을 차지했다. 새로운 방향이 마지막으로 두명의 위대한 사람, 즉 퍼쉐이버(Peshaver) 태생의 사람이며 형제인 성(聖) 아상가(Asanga, 無著)와 스승 바수반두(Vasubadhu, 世親)에 의해서 불교철학에 주어졌다.

명백히 새로운 시대정신에 따라서 앞선 시기를 특징지웠던 모든

---

95) *bīja=prakṛti-stham gotram.*

논리에 대한 비난은 버려졌고 불교도들은 논리학적 문제들에 매우 날카로운 관심을 갖기 시작했다. 이것이 그 시기의 첫번째의 현저한 특징인데, 논리학에 대한 날카로운 관심, 그것은 그 시기의 마지막에 압도적인 것이 되고 이전 불교의 모든 이론적 부분의 지위를 빼앗는다.

새출발의 기점은 하나의 인도적 "나는 생각한다. 그러므로 나는 존재한다(*Cogito, ergo sum*)"의 종류로 된 것이었던 것 같다.[96] 불교도들은 이제 절대적 환각설(total Illusionism)의 학파에 대하여, 《우리는 내성(內省)의 타당성을 부정할 수 없다. 왜냐하면 만일 우리가 내성을 부정한다면, 우리는 의식 그 자체를 부정해야만 하고, 그러면 전우주는 절대적 무지의 상태로 빠질 것이기 때문이다》라고 선언했다. 《만일 우리가 푸른 헝겊 조각을 인식한다는 것을 정말로 모른다면, 우리는 결코 푸름 그 자체를 인식하지 못할 것이다. 그러므로 내성은 지식의 타당한 근원으로 인정되어야만 한다.》 내성의 문제는 그후 불교도들은 물론 전인도를 두개의 진영, 즉 그것의 옹호자들과 적대자들[97]로 분할했지만, 본래 그 이론은 중관학파(Madhyamika)의 극단적 회의론에 적대했던 것처럼 보인다. 그것은 제3기의 불교철학의 두번째 특징을 구성하고 있다.

한층 더한 특징, 곧 전시기에 그 낙인을 찍었던 특징은 앞선 시기의 외부세계의 존재에 관한 회의론이 전적으로 유지되었다는 사

96) SDS는 명백히 Pr. viniščaya로 부터의 명확한 설명을 싣고있다. NK., 261쪽을 참조하라. 보다 정확히 표현된 인도적 공식은 다음과 같을 것이다.−*cogitantem me sentio, ne sit caecus mundus omnis=svasamvedanam angīkāryam, anyathā jagad-āndhyam prasajyeta.* Sylvain Lēvi 교수는 이미 *sva-saṃvedana*를 *cogito ergo sum*에 비유하고 있다. Mahāyāna-sūtrālankāra II, 20쪽을 참조하라.

97) 2권 1장, 주 116을 참조하라.

실에 있다. 불교는 관념론적이 되었다. 그것은 모든 존재는 반드시 정신적[98]이며 우리들의 관념은 대응하는 외부의 실재에 어떠한 토대도 갖지 않는다[99]고 주장했다. 하지만 모든 관념들이 똑같이 실재적인 것으로 인정된 것은 아니었으며 ; 실재성의 정도가 확립되었다. 관념들은 완전히 비현실적인 것(所分別),[100] 상대적으로 실재적인 것(依)[101]과 절대적으로 실재적인 것(眞實)[102]으로 나누어졌다. 두번째와 세번째 범주가 실재적인 것으로 생각되었다. 앞선 시기에서는 모든 관념이 상대적[104]이기 때문에 비실재적인 것(空)[103]이라고 선언된 반면에 두가지 실재는 상대적·절대적 실재로 인정되었다. 이것이 불교철학의 최종 국면의 세번째 특징인데, 그것은 하나의 관념론 체계가 되었다.

마지막으로, 새로운 불교의 현저한 특징은 또한 《아리아식(阿賴耶識, store-house conscioushess)》[105]설, 즉 그 시기의 초반에 현저하고 그 말기 무렵에 포기된 이론이다. 외부의 세계는 존재하지 않으며 그것을 이해하는 인식도 없으며, 단지 내성적이며, 말하자면, 그 자체, 즉 우주, 진정한 세계를 이해하는 인식만이 의식의 《창고》 속에서 잠자고 있는 일어날 수 있는 무한한 관념들로 이루어져 있는 것으로 간주될 뿐이었다. 따라서 실재는 사고의 대상이 될 수 있는 것(cogitability)이 되고, 우주는 합성될 수 있는 실재의 극대(max-

98) *vijnāna-mātra-vāda = sems-tsam-pa.*
99) *nirālambana-vāda.*
100) *parikalpita.*
101) *para-tantra.*
102) *pari-nispanna.*
103) *šūnya.*
104) *paraspara-apekṣa.*
105) *ālaya-vijñāna.*

## 불교의 세가지 주요국면의 도표

| 시 기 | 초 기 | | 중 기 | | 말 기 | |
|---|---|---|---|---|---|---|
| 중심개념 | 다 원 론 (我空, *pudgala-śūnyatā*) | | 일 원 론 (一切法空, *sarva-dharma-śūnyatā*) | | 관 념 론 (外境空, *bahya-artha-śūnyatā*) | |
| | 극단(Extreme) | 온건(Moderate) | 극단 | 온건 | 극단 | 온건 |
| 학 파 | 설일체유부 (Sarvāstivādins) | 독자부 (Vātsiputrīyas) | 귀류논중파 | 자립논중파 | Āgama-anusārins | 니아야학파 |
| | | | 중관(Màdhyamikas) | | | |
| 주요인물 | — | | 나가르주나 와 데바(Deva) | 브하브야 (Bhavya) | 아상가 와 바수반두 | 디그나가 와 다르마키르티 |

imum)일뿐이다. 일종의 생명력(Biotic force)[106)]이, 사실상의 실재를 구성하고 있는 일련의 사실들을 유효한 존재로 발전시키는 힘인 저장된 의식에 대해 불가결한 보완물로 간주되었다. 바로 유럽의 합리론자들이 있을 수 있는 무한한 사물들이 신의 지성(Intellect) 속에 포함되어 있으며 그는 합성될 수 있는 최대한의 실재를 함께 구성하고 있는 그것들을 선택해서 실재성을 부여한다고 생각했던 것처럼, 그것은 《창고 의식》[107)]이 신의 지성을 그리고 일종의 생명력이 그의 의지를 대신한다는 차이점은 있지만 불교에서도 역시 마찬가지였다. 이것이 불교철학의 최종 국면의 마지막으로 현저한 특징이다.

앞선 두시기와 마찬가지로 그것은 극단적, 그리고 온건한[108)] 학파로 분할된다. 후자는, 이 저술의 후편에 나타날 것이지만, 초기[109)]의 극단적 관념론을 포기하고 비판적 또는 선험적 관념론을 취했다. 그것은 또한 단지 변장한 영혼이 있을 뿐이라면서 《창고 의식》설을 포기했다.

이 시기의 종교로서의 불교는 앞선 시기와 매우 동일하게 남아 있었다. 약간의 변화가 그 체계의 관념론적 원리들과 그것을 조화시키기 위해 열반, 불타, 절대의 이론에 도입되었다. 이 시기의 가장 중요한 사람들은 자유사상가들이었던 것처럼 보인다. 그들 철학체계의 설명이 당 저작의 목적이다.

## 6. 인도철학사에 있어서의 불교논리학의 지위

최초의 불교 논리학자들이 논리학의 연구에 착수했을 때 그들이

106) *anādi-vāsanā.*
107) *āgama-anusārin.*
108) *nyāya-vādin.*
109) 2권, 부록 III, §5를 참조하라.

불교의 본고장에서 만나게 되었던 문제들의 양상은 그러한 것이었다. 거기에서 그들은 세가지 상이한 체계에 도달했다. 그러나 전인도의 보다 넓은 범위에 있어서 철학적 견해의 다양성은 더욱더 현저했다. 그것은 실로 헤아릴 수 없었다. 하지만 이러한 모든 무수하고 다양한 것들 중에서 일곱가지의 철학체계들이 불교철학의 상이한 국면들의 형성에 얼마간의 증거가 드러나 있는－적극적 또는 소극적－영향력을 행사했던 것처럼 보인다.[110] 그것들은 다음과 같다. 1) 유물론자들(Cārvāka-Bārhaspatya), 2) 삼라만상이 영혼을 가지고 있다는 교리를 가진 자이나 교도들(Jains), 3) 상키야의 진화론, 4) 요가(Yoga)의 신비주의, 5) 아우파니샤다－베단타(Aupaniṣada-Vedānta)의 일원론, 6) 미맘사 학파의 실재론, 7) 니아야－바이쉐시카(Nyāya-Vaišeṣika)의 실재론.

### 1) 유물론자들

인도의 유물론자들[111]은 모든 유물론자들이 정말로 그렇게 하고 있는 것처럼 어떠한 정신적 실체들의 존재도 부정했다. 따라서 영혼도 신도 없다. 정신은 마치 주정(酒精)이 발효작용의 산물인 것처럼, 어떤 물질적 원료들의 산물에 지나지 않는다.[112] 그러므로 그

110) 문헌 속에 살아남아 있는 체계들만이 고려되고 있을 뿐이다. 그 저작이 남아 있지 않은 불타와 같은 시대의 사람들의 영향은 더욱더 강했던 것임에 틀림없다. 자이나교와 불교에 대한 다섯명의 이교(異教)의 교사들의 영향에 관해서는 B. C. Law 가 수집한 매우 흥미있는 기록들인 역사선집(Historical Gleanings, 21 ff, Calcutta, 1922)을 참조하라.

111) SDS에 있는 Mādhava의 설명은 지금까지 인도 유물론의 논의들에 관한 인식을 위한 우리들의 주요한 근원으로 남아있다. 그것에 대한 중요한 부기(附記)는 J. Tucci 교수에 의해 최근에 이루어졌다. M. Tubiansky 교수는 현재 티벳원전들로부터 이 주제에 관한 자료를 수집하는 작업에 종사하고 있다.

112) SDS, 7쪽.

들은 무엇보다도 먼저 감관지각(Sense-perception) 이외에 우리들의 인식의 어떠한 다른 근원도 허용하지 않았다.[113] 그들에게 있어서 인식은 말하자면 생리학적 반사에 존재한다.

그 다음으로 그들은 우연적 질서 이외에는 우주의 모든 기존의 질서를 부정했다. 그들은 어떠한 선천적(*a priori*)이며, 의무적이고 영원한 도덕률도 인정하지 않았다. 그들은 《막대기(stick)》, 즉 형법이 곧 법이라고 주장했다. 따라서 그들은 세속적 권력으로부터의 우연적인 응보(應報) 이외에는 응보를 부정했다. 인도말로 하자면 그들은 업(*Karma*)의 법칙을 부정한 것이었다. 유물론이 인도에서 특히 정치사상의 학파들 안에서 촉진되고 연구되었다는 것은 주목할만한 사실이다.[114] 이와같이 모든 도덕적 의무로부터 그들의 양심을 해방시켰던, 정치에 관여하는 사람들은 정치학에서 실무적인 마키아벨리즘(macchiavelism)을 설교했다. 그들은 그들 자신이 종교적이 되고 싶은 마음은 가지지 않고, 기존의 질서와 그것이 바탕을 두고있는 종교를 지지했다.[115] 그러나 유물론은 말하자면 힌두 사회의 지배계급 사이에서 번창했을 뿐만 아니라, 그것은 또한 대중사회 속에서 열렬한 지지자들을 가졌다. 불타의 재세(在世) 동안 힌두스탄의 마을들을 떠돌아 다녔던 성공한 여섯명의 대중적 설교사들 중에서, 적어도 두명은 유물론자들이었다.

인도 유물론의 한층 더한 특징, 그것은 상기한 것의 결과일 뿐인데, 바로 그것이 개인적 이해 이외에 인생에 있어서 모든 보다 높은 목적을 부인했다는 것이다. 자기희생, 즉 보다 높은 목적을 위해서 자기의 이익, 생명까지도 희생한다는 사상－이것은 불교의 매우 현

113) 같은 책, 3쪽.

114) Bārhaspatyas, Aušanasas 등과 같은 것.

115) Kauṭalīya, Ⅰ, 39－40을 참조하라.

저한 특징인데—은 그들에게 어리석게 보였다. 인도말로 하자면 그들은 열반을 부정했다. 《너의 죽음이 너의 열반이며》, 다른 것은 아무것도 없다고 그들은 주장했다![116]

영혼과 신을 부정한다는 점에서 불교는 유물론자들과 일치했다. 그것은 업과 열반을 주장함으로써 그들로부터 벗어난 것이었다.

2) 자이나교

다른 한편으로 불교도들은 자이나교에서 매우 발전된 도덕적 부정과 청정의 이론,[117] 그리고 또한 영혼들을 가지고 있다고 생각되는 생명이 없는 무기물들과 식물들에까지 확장되는 정신적 존재의 이론과 만나게 되었다. 그러나 자이나교의 영혼은 육체와 동일한 공간에 걸치는 반물질적(semi-material) 실체이었으며, 크기에 있어서는 육체의 성장과 똑같은 성장에 종속되었다. 도덕적 부정은 미묘하고 더러운 물질이 피부의 구멍들을 통해서 영혼의 내부로 유입되는 것으로 생각되었다.[118] 따라서 영혼은 모래가 들어있는 자루처럼 이러한 물질로 채워져 있었다. 도덕적 발전은 흘러 들어오는 더러운 물질을 위한 구멍들을 닫는 것과 모든 운동의 한계인 그러한 최상의 영역들에 속해있는 최후의 열반[119]에 이르는 숭고한 영혼의 궁극적인 청정과 고양으로 설명되었다. 이와같이 자이나교의 도덕률은 실체화된 초실재론(hypostasized super-realism)을 의미한다. 인도말로 하자면 자이나교도들의 업은 물질이다.[120]

---

116) SDS., 7쪽.

117) 자이나교는 불교와 마찬가지로 *sāṃkleśa-vyavadāniko dharmaḥ*, 즉 하나의 도덕적 설교라고 할 수 있을만한 자격이 있다.

118) 이 주제에 바쳐진 H. V. Glasenapp 교수의 저작에 있는 자이나교의 업설에 관한 뛰어난 설명을 참조하라.

119) *dharma*라는 요소가 멈추고 *adharma*라는 요소가 시작되는 곳.

이러한 두가지의 대립된 견해들 사이에서 불교는 스스로 중도(the Middle Path)라고 불렀던 것에 따라서 행동했다. 그것은 실체를 가진 영혼과 신을 부정했다. 그것은 정신현상들을 그대로 간직하고, 초실재론의 모든 색조를 제거한 채로 업과 열반을 소중히 했다.

자이나교의 존재론 역시 불교와 많이 유사한 특징들을 가지고 있다. 양 체계의 출발점은 동일한데, 그것은 진정한 존재는 시작도 변화도 끝도 없는 하나의 영원한 실체라고 생각하는 밀림서(密林書, Āraṇyaka)와 우파니샤드의 일원론에 대한 확고한 대립에 있다. 자이나교도들은 불교도와 마찬가지로 존재는 《산출, 존속과 파괴와 결합되어 있다》고 대답한다.[121] 인도에 있어서 그 시기의 체계들은 《급진적(radical)》인 것과 《비급진적 (non-radical)》인 것으로 나누어졌다.[122] 그것들은 만물은 그 본질에 있어서는 영원하고, 오직 외관상으로만 변화한다고 주장하거나, 만물은 운동하고 있으며, 오직 외관상으로만 안정되어 있다고 주장했다. 한편으로는 베단타와 상키야가, 다른 한편으로는 불교가 이러한 《급진적》 부류에 속했다. 두번째 부류는 실존하며 변화하는 성질들을 가진 영구적 실체를 인정했다. 자이나교, 고(古) 요가학파[123]와 바이쉐시카 학파 또는 그 선구자들은 이 원리를 고수했다. 자이나교는 불교의 기원보다 상당히 오래되므로,[124] 일원론적 사상들에 대한 대립에 있어서 그것의 지도자적 지위는 그럴싸하다. 그 중간적 입장의 옹호를 위해서 자

---

120) *karma paudgalikam.*
121) H, Jacobi, ERE, 자이나교 항목을 참조하라.
122) *ekānta-anekānta,* NS. Ⅳ. 1, 25, 29를 참조하라.
123) Svayāmbhuva-yoga, NK., 32쪽을 참조하라.
124) H, Jacobi, 상기 인용문을 참조하라.

이나 교도들은 존재와 비존재는 모든 대상 속에 본래부터 갖추어져 있으며, 따라서 어떠한 술어(predicate)도 부분적으로 참 그리고 부분적으로 거짓일 수 있다는 것에 따라서, 정교한 변증법적 방법(相對主義)[125]을 발전시켰다. 《표현할 수 없음》[126]이라는 술어 조차도 동시에 모든 것으로 주장될 수 있음은 물론 부정될 수 있는 것이었다. 이 방법은 절대적 실재의 《표현할 수 없는》 특질[127]을, 그것의 가능한 모든 술어들을 불합리한 것으로 격하시키고, 그렇게 해서 경험적 실재를 환상으로 격하시킴으로써 증명하는 중관학파의 방법에 대한 하나의 대답인 것처럼 보인다.

3) 상키야 체계

상키야 철학체계는 인도 사색(speculation)의 역사상 중요한 발전을 나타낸다. 그것은 바라문교의 범위 안에 속하든지 그 범위를 넘어서든지 간에 다른 모든 인도의 집단들에 영향을 주지 않을 수 없었다. 불교도들이 그들의 비판적 입장에서 바라문적 사색을 공격할 때, 후기에 그들은 특히 비슈뉴와 같은 신 그리고 무신론적 상키야의 그것과 같은 실재하는 물질이라는 사상에 그들의 파괴적 비판을 돌리게 된다.[128] 그 고전적 형태[129]에 있어서 상키야 체계는 한편으로 다수인 개별적 영혼들의 존재와 다른 한편으로는 유일하며, 영원하고 충만한 실체를 가지고 있는 물질(根本原質)[130]의 존재를

125) *syād-vāda.*

126) *anirvacanīya-aavktăya.*

127) *anabhilāpya-anirvacanīya-šūnya.*

128) *īsvara-pradhānādi,* TSP, 11, 131쪽, Tatp., 338쪽, 14행을 참조하라.

129) Caraka Ⅳ. 1에 기록된대로 그것의 초기 형태에 있어서, 근본원질(pradhana)과 브라흐만(brahman)이 동일한 실재일때, 불교와의 유사성은 더욱 더 크다. 특히 유사(類似, *sārūpya*)라는 가르침이 언급되어 있는 1. 44를 참조하라.

가정했다. 이 물질은 평형과 휴지(休止)의 분화되지 않은 상태(未顯現)[131]로 시작된다고 생각되었다. 그리고 나서 하나의 진화과정(轉變)[132]이 일어난다. 따라서 물질은 결코 정지해 있지 않으며, 항상 변화하고 매순간 변화하지만,[133] 결국 그것은 또 휴지와 평형의 상태로 복귀한다. 이 물질은 인간의 신체 뿐만 아니라 유물론적 기원과 본질을 갖는[134] 우리의 모든 정신상태들도 포함하고 있다. 영혼들은 진화과정과 사유반영(thought-reflexes)의 과정을 조명하는 순수하고 변하지 않는 빛을 의미할 뿐이다. 이렇게 항상 변화하는 물질과 완전히 움직이지 않는 정신 사이의 연결은 그 체계의 매우 미약한 점이다. 불교도들은 이렇게 인위적으로 고안된 연결을 파기하고 조소했다.[135] 그 진화과정의 처음과 끝은 또한 여전히 납득이 가지 않으며, 주어진 설명은 매우 설득력이 없다. 그러나 결코 정지해 있지 않고, 하나의 형태에서 다른 것으로 항상 진화하는 영원한 물질이라는 사상은 그 체계의 바로 큰 장점이며, 인간의 사유의 역사상 매우 초기의 토론에서 그들이 결코 정지해 있지 않은 영원한 물질이라는 사상을 매우 명백하게 설명했던 것은 그 학파의 철학자들에게는 정말로 명예가 되는 것이다.

이 점에서 불교도들은 상키야 학파와 매우 엇비슷하게 된다. 그들도 역시 존재하는 것은 무엇이든지 결코 정지해 있지 않다고 가르치고 있었으며, 따라서 그들은, 이 독특한 특징이 양 체계를 서로 매우 가깝게 하므로, 양 체계간의 근본적인 차이점을 기억에서 잊

---

130) *pradhāna.*

131) *avyakta.*

132) *parināma.*

133) *pratikṣaṇa-pariṇāma.*

134) *jaḍa.*

135) NB와 NBT 번역, 2권, Ⅲ장, §15 참조하라.

지 않으려고 언제나 조심했다.[136] 그것들 사이에는 순간적 존재의 사상과 논전하려는 시도에 있어서 확인할 수 있는 상호간의 영향이 존재한다.[137] 우리는 존재의 보편적인 유동(流動)이라는 불교의 이론을 분석할 때 이 대목으로 되돌아 올 것이다. 그러나 불교도들은 실체를 가지고 있는 물질의 존재를 전적으로 부정했다고 지금 말해도 무방하다. 그들에게 있어서 운동이란 찰나들로 이루어져 있는데, 그것은 하나의 단음적인(staccato) 운동, 즉 에너지의 흐름의 찰나적인 번쩍임인 것이다. 상키야 학파의 경우 운동이란 꽉 들어찬 것인데, 그것은 부드럽게 연결된(legato) 운동이며, 찰나적인 변화들은 그것들이 꼭 일치하는 변동하는 실체를 가지고 있는 물질의 변화들인 것이다. 불교도들은 물질이라고 할 만한 것이 없기 때문에, 《모든 것은 무상하다》[138]고 말한다. 상키야 학파는 《모든 것은 지속적이다》[139]고 말하는데, 왜냐하면 그것이 결코 정지해 있지는 않지만 근본적으로 하나이며 동일한 물질을 나타내고 있기 때문이라는 것이다.[140]

양체계는 존재의 분석을 절대적 질(quality), 또는 하나의 유일한 질을 가지고 있는 실재들로 생각되는 그것의 아주 미세한, 최종적인 요소들에까지 확장하려는 경향을 공유하고 있다. 그것들은 양 체계에서 절대적 질, 곧 경험적 사물들을 구성하고 있는 일종의 원자의, 또는 원자 이하의(infra-atomic) 에너지라는 의미로 《질(*guṇa-dharma*)》이라고 불리운다. 따라서 양 체계는 실체와 질, 그리고 그것

136) AKB., V.25 이하와 CC., 80쪽을 참조하라.

137) CC. 42쪽 이하를 참조하라.

138) 《*sarvam anityam*》, NS, IV. 1쪽 25행 이하를 참조하라.

139) 《sarvam nityam》, 같은책, 1쪽 29행 이하를 참조하라. 이러한 차이점에도 불구하고 양체계는 찰나성(*kṣaṇikatva*)의 옹호자이다.

140) 결과와 원인은 동일한 물질이다－*sat-kārya-vada.*

들을 결합하고 있는 내속(inherence)이라는 관계의 범주들의 객관적 실재를 부정하고 있다는 점에서[141] 일치하고 있다. 상키야 철학에는 어떠한 개별적인 질의 존재도 없다. 우리가 질이라고 부르는 것은 미묘한 실재(entity)의 독특한 현시(顯示)일 뿐이다. 《본체, 덕》이라고 불리우는 물질의 미묘한 양자(quantum)는 모든 새로운 질의 단위에 상응하지만, 미묘한 실체적 실재를 의미하는 것이다. 동일한 것이, 모든 질은 또한《본체, 제법, 법》이라고 불리우지만, 실체적인,[142] 또는 보다 정확히 역동적인 실재들이라고 하는 초기 불교에 적용된다.

이와같이 상키야 체제는 인도의 사색이 소박 실재론에 대항했던 최초의 중대한 일보로 간주될 수 있다. 그것은 극단적 실재론 체계와의 투쟁에서 불교의 동맹자가 되었다.

4) 요가 체계

집중적 명상의 요가적 실천은 고대 인도의 종교생활의 매우 대중적인 특징이었으며, 미맘사(Mimāṃsa)학파와 당연히 유물론자들만을 제외하고선, 모든 철학체계들이 신비주의로 들어가기 위한 어떤 기회를 가져오기 위해서 그 이론들을 개작하지 않을 수 없었다. 어떤 학자들은 불교가 요가 철학의 다양한 학파들과 공유하고 있는 그러한 특징들의 중요성을 지나치게 강조했다. 이러한 양 체계의

---

141) S. N. Dasgupta, History, Ⅰ 243－4쪽을 참조하라 ; 그는 상키야 체계의 *guṇas*(德)를 Herbart의 《실재들(Reals)》과 비교하는데, 내 생각으론, 그 비교는 매우 적절한 것이다. *dharmas*와 마찬가지로 *guṇas*는 실로 《절대적이고도 단일한 질을 가진 사물(Dinge mit absolut einfacher Qualität)》이다.

142) Yašomitara의 논평을 참조하라 ; *vidyamānam dravyam*(CC. 26쪽 n), 그러나 *drvyam*(實)은 여기에서 *kṣaṇikam*(刹那性), 곧 《비존속적 실체(non-subsisting substance)》이다.

실천적인 측면, 곧 고행과 황홀적 명상의 실천, 그것들의 도덕적 가르침, 업설과 더럽히거나 깨끗하게 하는 도덕적 힘들의 이론은 실로 많은 점에서 유사하지만, 이 유사성은 자이나교와 다른 많은 체계들에까지 이른다. 파탄잘라-요가(Pātanjala-yoga) 학파의 존재론은 거의 완전히 상키야 학파로부터 빌린 것이다. 그러나 고(古) 요가학파, 즉 스바얌부바-요가(Svāyambhuva-yoga)학파[143]는 영속적인 물질의 존재와 함께 그것의 일시적이지만 실제적인 질들을 나란히 받아들였는데, 그것은 실체 대 질(substance to quality)이라는 관계의 실재성과 명백히 이러한 근본원리가 그것의 존재론, 심리학과 신학을 위해서 가졌던 것임에 틀림없는 모든 결론들을 인정했다. 그것은 요가들로 하여금 자가당착없이 고대 인도의 일신론(一神論)의 투사들이 되게 했다. 그들은 인격을 가진, 전지전능하며 동정적인 신을 믿었다. 오로지 이 특징만이 그것들을 단호하게 불교 뿐만 아니라 무신론적 상키야 학파로부터 똑같이 갈라 놓는다.[144] 《비급진적》[145] 체계로서의 고대의 순종(genuine) 요가는 이러한 두개의 《급진적》[146] 학파들과 공통성을 조금밖에 가질 수 없었다. 그러나 그것의 실천적인 신비주의와 업설은 대다수의 인도 체계들의 공통적인 줄기를 구성하고 있다. 후기의 불교 논리학자들 조차도, 무비판적 사유방식에 대한 그들의 모든 반감에도 불구하고, 역시 가슴

143) 이들 스바얌부바 요기들은 *sat-kārya-vādins*(因中有果論者)가 아니었거나, 모든 실재론자들이 그렇게 이름지워질 수 있는 한도 내에서, 오직 온건한 (anekāntataḥ) 그것이었다. NK. 32쪽과 Tatp. 428쪽, 20행 이하를 참조하라. Vātsyāyana에 의해 NS, Ⅰ, 1, 29에서 언급된 요가들이 K. Chaṭṭopadhyāya 씨가 JRAS, 1927, 854쪽 이하에서 명백히 간주한대로 파탄잘라 요가였다고 추측할 필요는 전혀 없다.

144) 인격신을 가정함으로써 파탄잘라에게 발생하는 모든 모순들에 관해서는 Tuxen, Yoga, 62쪽 이하를 참조하라.

145) *an-ekānta.*

이 벅찬 신비주의로 들어가기 위한 틈새기를 남겨두지 않을 수 없었고 따라서 종교적인 성자와 불타의 이론을 지지하지 않을 수 없었다. 이 틈새기는 철학자에게 논리의 필연적 귀결로서 추상적이고 막연하게 보이는 우주의 상태를 마치 감관들(senses) 앞에 있는 것처럼 직접 고찰하는 특수한 재능(gift)이라고 말해지는 일종의 지성적 직관(itelligible intution)[147]이었다. 후기의 관념론적 불교에 있어서 이성적 구성[148] 중의 신비적 직관은 고대 신비주의의 주된 잔류물이었다. 초기 불교에서 그것은 구원에 이르는 길에 있어서 최종적인 그리고 가장 강력한 단계였으며 초자연적인 결과들을 획득하도록 되어 있었다.

### 5) 베단타 학파

불교와 베단타 간의 상호관계, 즉 그것들의 상호영향, 그것들의 평행적 발전의 상이한 시기들에 있어서의 상호견인과 반발은 인도철학사 중의 가장 흥미있는 장의 하나인데 ; 그것은 특별히 연구할 만한 가치가 있다. 바로 언급되어온 것과 같이, 불교는 상키야 및 요가 체계와 혼동되지 않기 위해서 그것을 그것들로부터 분리시키는 경계선을 지키려고 이따금 조심하지 않을 수 없었다. 그러나 베단타에 대해서 말하면, 그것은 이따금 실제로 베단타와 일치하게 되어, 어법과 용어 상의 차이점을 제외하고는 아무런 실질적인 차이점도 없게 되었다. 첫번째 시기의 불교철학은 우파니샤드 철학에 부정적으로 대립하는 쪽을 대표한다. 후자가 우주는 하나의 진정한 단일체(Unity)를 의미하며, 그것은 타자(他者)를 갖지 않는 일자(一

---

146) *ekānta.*

147) *yogi-pratyakṣa*, 나의 Nirvāṇa, 16쪽 이하를 참조하라.

148) *bhūta-artha,* NBT, 11쪽 17행을 참조하라.

者)이며, 주체와 객체, 자아와 세계, 개인의 영혼과 우주의 영혼은 동일한 단일체로 합쳐진다고 선언하듯이, 바로 그렇게 불교도 감정이입적으로 진정한 단일체란 결코 없으며, 모든 것은 낱낱의 부분으로 되어 있고, 그것은 가장 미세한 요소들의 무한대로 분할되며, 개인(individual)은 그 배후에 실제의 영혼을 가지지 않는 물질적·정신적 요소들의 집적(集積)을 의미하며, 외계는 배후에 어떠한 변함없는 물질도 갖지 않는 일시적인 요소들의 집합을 나타낸다고 선언한다. 그러나 이미 언급했듯이 두번째 시기에 개별적 요소들의 고리일 뿐인 그 인과관계는 실체화되고, 그것은 앞선 시기의 모든 개별적 요소들이 통합되고 그 자체내에 어떤 실재도 《없는(void)》 것이 된 우주의 유일한 실체가 된다. 가장 흥미있는 극단적 다원론의 체계를 산출한 이후, 일원론에 대한 반항의 정신은 존속되지 못했으며 여전히 튼튼한 인도의 일원론을 파멸시키지 못했는데, 그것은 바라문교의 요새에 매우 깊게 뿌리박혀 있었다. 이에 반해서, 일원론은 공세를 취했고 결국 새로운 불교의 바로 그 심장부에 의기양양하게 그 자체를 정착시켰다. 새로운 토양 위에 이식된 오래된 일원론은 여러가지 체계들의 강력한 발전을 불러일으켰다. 〈나가르주나(Nagarjuna, 龍樹)〉와 〈데바(Deva)〉의 학파들 속에서, 그것은 다른 모든 체계들의 변증법적 파괴라는 방식으로 하나의 변증법적 토대를 얻었다. 〈아상가〉와 〈바수반두〉의 학파들 속에서 그것은 독단적으로 관념론의 체계로 확립되었으며, 마지막으로 〈디그나가〉와 〈다르마키르티〉의 학파들 속에서는 비판적으로 인식론과 논리학의 체계 위에 자리잡게 되었다. 논쟁적인 방어의 이러한 기운찬 성장은 역으로 오래된 일원론의 단체들에게 영향을 끼치지 않을 수 없었고 우리는 〈가우다파다(Gauḍapāda)〉가 새로운 베단타 학파를 창설하고 곧 그의 불교에 대한 추종을 인정하는 것을 보게된다.[149] 충분한 근거가 있는 이러한 자백의 감정은 〈샹카라-아차랴(Šankara-ācārya)〉 같은 사람의 경우에서는 종파적 적개심과 아주 극단적인 혐오의 정신으로 대치되었지만, 그럼에도 불구하고 우리는 나중에 같은 학파 내에서 중관학파와 자기의 견해 사이에는 근소한 차이만이 있을 뿐이라고 공정하게 자인한 쉬리하르샤(Šriharsa)[150] 같은 사람을 볼 수 있다.

따라서 그것은 불교와 베단타 학파가 인도 철학사에 있어서 상호간에 빚을 지고 있는 단체들로 나타나고 있다는 것이다.

### 6) 미맘사 학파

미맘사 학파는 고대의 바라문적 희생종교(犧牲宗教)의 가장 정통적인 신학자들이었다. 그들은 신에게 희생을 바치는 것에 이르는 사색 말고는 어떤 종류의 그것도 반대했다. 그들에게 있어서 성전, 즉 베다(Veda)는 단지 희생을 향유하고 명령(command)이 산출해 내는 과보(果報)[152]의 종류를 제정하는 약 70개의 명령들[151]의 집합에 지나지 않는다. 그 종교에는 종교적 감동도 도덕적 고양도 없으며, 모든 것은 다음의 원리에 근거하고 있다 ; 바라문에게 사례하라 그러면 보상을 받을 것이다(pay the brahmin his fee and you will have the reward). 하지만 그들은 이러한 실무적인 종교를 정당화하기 위한 필요성에 쫓겼고 베다의 권위를 강화하기 위해서 영구언어음설(theory of eternal sounds of speech, 語常住說)을 생각했다.

---

149) Māndūkyop. kārikā, Ⅳ를 참조하라 ; S. N. Dasgupta, History, v., 422쪽 이하를 참조하라.

150) Khaṇḍana-Khaṇḍa-Khādya 19 및 29쪽(Chowkh)을 참조하라-*Mādhya-mik-ādi-vāg-vyavahārāṇām svarūpāpalāpo na šakyata iti.*

151) *utpatti-vidhi.*

152) *phala-vidhi.*

이 설에 따르면 우리의 언어를 이루고 있는 ABC[153]는 다른 소리나 소음과 같은 소리가 아니었다.[154] 그것들은 영원하고 편재하지만(ubiquitous) 특별한 경우의 현시(顯示) 이외에는 보통 사람들에게 지각되지 않는 독자적(*suigeneris*) 실체들이었다. 마치 빛이 대상들을 산출하지는 못하고, 그위에 빛이 쪼일때 그것들을 분명하게 하는 것일 뿐인 것처럼, 마찬가지로 우리의 조음(調音)은 베다의 음들을 산출하지는 못하고 그것들을 분명하게 할 뿐이다. 다른 모든 정통적·비정통적 학파들로부터 비난을 받은 이 불합리한 사상을 미맘사 학파는 터무니없는 변증법적인 미묘한 궤변과 논법으로 옹호한다. 그것은 명백히 그들의 모든 이론적인 재치를 다 써버린 것이었는데, 왜냐하면 다른 문제들에 있어서 그들은 가장 명확한 실재론적, 반형이상학적(anti-metaphysical), 부정적 입장을 유지했기 때문이다. 창조자인 신도 전지적 존재도 성자와 신비주의도 전혀 없으며, 우리들의 감관에 나타나는 대로의 세계 그 이상의 것은 존재하지 않는다. 따라서 본유관념(本有觀念), 구성적 인식, 심상(image), 내성(introspection)도, 모든 외적 결합들을 보존하고 기록하는 기억과 감수성의 백지상태(tabula rasa)인 텅빈 의식(대상이 없는 의식)[155]도 없다. 영원하며 명료한 음의 이론에서 명백히 보여지는 초실재론의 동일한 정신은 계산된 보상(computed reward)의 이론에서도 나타난다. 복잡한 희생으로 이루어진 모든 부분적인 행동은 부분적인 결과[156]를 산출하며, 그 다음에 그 결과들은 서로 합쳐져서 그

153) *gakārādi.*

154) Bhāṭṭa파에 있어서 *dhvani*(音)은 바이쉐시카 학파와 마찬가지로 *ākāśa*(공간)의 *guṇa*(德)이지만, *varṇa*(色)은 실체, 즉 *dravya*이고 그것은 *nitya*(恆常)이다.

155) *nirākaram vijñānam.*

156) *bhāga-apūrva.*

희생이 목표로 삼고있는 결과인 결합된 결과[157]를 산출한다. 그들의 실재론과 논리학에 있어서 미망사 학파는 실재론적 니아야-바이쉐시카 학파와 거의 구별할 수 없지만, 영원하며 명료한 음의 문제는 그들간의 논쟁점이었다. 그들의 가장 확고한 대립자들은 불교도들이었다. 이들 양 체계가 다른 체계의 바로 반대인 것을 나타내지 않는 철학상의 문제는 거의 하나도 없다.

이러한 모든 철학체계들은, 존재론에 있어서는 서로 다르지만, 그것들의 인식론은 일반적으로 말해서 여전히 소박 실재론의 단계에 머물러 있다는 이러한 특징을 공통으로 가지고 있었다. 베단타 학파 조차도, 그 모든 유심론적 일원론에도 불구하고, 경험적인 면에서는 우리들 인식의 실재론적 기원설(realistic theory of the origin of our knowledge)을 인정했다. 우리는 동일한 광선이 대상쪽으로 전해져서 그것의 형상을 취하고 그것을 개인의 영혼으로 도로 가져간다는 것을 볼 수 있다. 이러한 광선, 대상, 그리고 개인의 영혼이 하나이면서 동일한 실재에 불과하다는 사실은 이 철학자들의 실재론적 사유습관을 방해하지 않는다.

이러한 실재론적 인식론은 니아야-바이쉐시카 학파 속에서 한층 더 다듬어지고 정당화되었다.

### 7) 니아야-바이쉐이카 체계

불교 논리학은 이러한 실재론자들의 논리학에 명백히 대립하는 정신 속에서 창출되었고, 우리는 연구 도중에 종종 그것들의 체계를 언급할 것이므로, 여기에서 그것의 주된 원리들을 자세히 설명하는 것은 잘못이 아닐 것이다.

---

157) *samāhāra-apūrva, apūrva*(無前力)에 관해서는 Goldstückers의 사전을 참조하라.

인도의 실재론자들은 외부세계의 진정한 실재성이 우리에게 인식된다고 주장한다. 그것에는 어떤 본유관념[158]도 선천적(*a priori*) 원리들[159]도 없다. 모든 것은 밖으로부터 인식하는 개인 속으로 들어온다. 모든 인식들은 우리의 감각기관[160]에 의해 인식하는 영혼 속으로 인도된 경험들인데, 거기에서 그것들은 분류되고, 정돈되며[161] 이전 경험들의 결과들로서 보존된다. 이러한 잠재해 있는 결과들은 유리한 상황 아래에서 일으켜지거나 기억을 산출할 수 있는데, 그것은 새로운 경험과 섞여서 한정된 지각표상들[163]을 야기한다. 의식은 순수의식이며,[164] 그것은 어떠한 심상들도 가지고 있지 않지만, 인식의 빛으로 외적 실재를 직접적으로 고찰하거나 해명한다. 그것은 인식의 범위 속에 놓여있는 대상들 위에 의식의 순수한 빛을 던진다. 시각이란 감각은 대상[165]에 도달해서, 그것의 형상을 취하고 그것을 인식하는 영혼으로 전달하는 광선이다. 외적 실재와 그 인식 사이에 놓여있는 어떤 심상도 없다. 따라서 인식은 내성적(introspective)[166]이 아니며, 그것은 심상들을 감지하지는 못하지만 외적 실재, 즉 실재 그 자체를 감지한다. 자기의식(self-cosciousness)은 자기자신에 대한 지식이 존재한다는 추론에 의한 인식[167] 또는 지각

---

158) *nirākāram vijñānam.*
159) *prāñcaḥ pratyayȧḥ, na prtyañcah,* NK, 267쪽.
160) *trividha-sannikarṣa.*
161) *samākalita.*
162) *saṃskāra=smrti-janaka-sāmagrī.*
163) *savikalpakam pratyakṣam.*
164) *nirākāram vijñānam.*
165) *prāpya-kārin.*
166) *svasaṃvedanam nāsti.*
167) *jñātatā-vašāt,* NK, 267쪽 12행을 참조하라.
168) *anu-vyavasāya.*

행위[168]에서 결과로서 일어나는 단계로 설명된다. 외부세계의 구조는 우리의 인식과 언어의 범주 속에서 볼 수 있는 것과 적절하게 일치한다. 그것은 우리의 감각기능에 의해 포착될 수 있는 실체들과 지각할 수 있는 질들로 이루어져 있다. 마찬가지로 모든 운동은 대응하는 실체에 본래부터 갖추어져 있는 본질적인(*per se*) 실재이다. 보편은 또한 외적 실재, 즉 그것이 내속이라고 불리우는 특수한 관계로 존재해 있는 개별자들로 연결된 실재이다. 이러한 내재관계는 실체화되는 것이고 또한 특수한 외적 실재이다. 다른 모든 관계는 질이라는 항목 아래에서 존재의 목록 속으로 들어오지만, 내재는 그럼에도 불구하고 서로 관련된 사물들과 구별되는 외적 실재인 하나의 《의미(meaning)》[169]이다. 이것은 합쳐져서 다음과 같은 존재의 여섯가지 범주를 만든다. 실체, 질, 운동, 보편, 특수자와 내재, 여기에 일곱번째 범주가 나중에 《부존(不存, non-existence)》[170]이라는 형식으로서 덧붙여졌는데, 그것은 또한 특수한 접촉을 통해서 감관들에 의해 지각될 수 있는 진정한 《의미》이다. 인과관계는 창조적인 것인데, 말하자면, 질료인(質料因)[171]과 동력인(動力因)[172]은 결합되어서 새로운 전체,[173] 즉 그 물질의 영속적인 존재에도 불구하고 미리 존재하지 않았던 것[174]을 의미하는 새로운 실재를 창조한다. 그 전체란 그것을 구성하고 있는 부분들과 구별되는 또 하나의 진정한 실재이다. 외부세계의 이러한 전체적 구조, 즉 그 관계

---

169) *padārtha.*

170) *abhāva=abhāva indriyeṇa gṛhyate,* Tarka-bhāṣā, 30쪽을 참조하라 ; 고(古) 상키야 학파가 인정한 동일한 것은 Cakrapaṇi ad Caraka, Ⅳ. 1. 28을 참조하라 ; 그것은 *višesya-višeṣaṇa-bhāva-sannikarṣa.*

171) *samavāyi-kāraṇa.*

172) *nimitta-kāraṇa.*

173) *avayavin.*

174) *asat-kāryam=pūrvam asat kāryam=pūrvam asad avayavi.*

들과 인과관계－이 모든 것은 감관들을 통해서 인식할 수 있다. 지성[175] 또는 이성은 특수한 힘들에 의해서 영혼속에 산출된 성질이며, 영혼의 본질은 아니다. 추론을 통해서 그것은 감관들을 통해서 인식된 동일한 대상을 인식하지만, 보다 높은 정도의 선명함과 명확함으로써 그것들을 인식한다. 따라서 그 전체계는 응용된 실재론의 원리들을 나타낼 뿐이다. 실체들이 실재한다면, 그것들 내에 존재하고 있는 보편 또한 실재하며 그것들의 관계들도 마찬가지로 외적 실재이다. 이러한 모든 것이 실재한다면, 그것은 똑같이 감관지각에 기꺼이 따를 것임에 틀림없다.

인식의 범위 안에 있는 대상의 존재를 감지하는 감각기능은 또한 그것에 내재해 있는 보편과 관계와 그 대상의 때때로의 부존 또는 부재도 마찬가지로 감지한다는 원리가 단언되고 있다.[176]

추론과 삼단논법의 형식은 그것들의 근본적으로 무차별적인 실재론과 완전히 일치하는 실재론적 체계 속에 있었다. 어떤 선천적 관념, 필연적 진리, 연역법에 있어서의 필연도 없다. 모든 연역은 이전의 경험에 바탕을 두고 있었으며, 모든 인식은 우연적인 것이었다. 이전 경험의 결과인 모든 불변의 동반(concomitance)은 경험이 사라져 버리는 한에 있어서만 도달된다. 논리적 이유와 그 결과 사이에는 어떤 필연적이며 선천적인 연관도 없다.[177] 따라서 모든 불변의 공존은 경험과 감관지각(sense-perception)위에 확립된다. 그것은 그 경험의 요약[178]으로서 확립되는 것이다.

그 삼단논법은 다섯가지 구성요소로 되어있다. 그것은 하나의 특

---

175) *buddhi.*

176) *yena indriyeṇa vastu gṛhyate, tena tat-samaveta-guṇa-kriyā-sāmānyādi gṛhyate, tad-abhāvaš ca,* 같은책.

177) *yogyatā-sambandhaḥ=svabhāva-sambandhaḥ.*

178) *upa-samhāreṇa.*

수한 주장으로부터 다른 주장으로의 연역적인 방법이다. 따라서 예(例)는 하나의 개별적 구성요소의 역할을 한다. 예가 그 설명이어야만 하는 일반규칙(徧至)[179]은 그것의 부수적인 부분으로서의 예 속에 포함되어 있다. 그 삼단논법은 귀납적·연역적이기 때문에 다섯가지 구성요소를 가지고 있다. 그 구성요소들은 다음과 같다 : 테제(宗), 이유(因), 예(例, 대전제를 포함하고 있다), 적용(合, =소전제), 그리고 결론(結=주장). 에를 들면 :

1. 테제. 산에 불이 있다.
2. 이유. 연기가 나기 때문이다.
3. 예. 부엌에서 처럼, 연기가 있는 곳은 어디나 불도 있다.
4. 적용. 산에 연기가 난다.
5. 결론. 산에 불이 있다.

아마도 불교적 비판의 영향하에 있었던 미맘사 학파는 후대에 첫번째 세가지이든 또는 마지막 세가지가 결론을 확립하는데 충분하다고 허용했다. 마지막 세가지 중에서, 예를 생략하면 그것은 확실히 아리스토텔레스적인 삼단논법, 그 최초의 모습이라고 할 것이다.

지각론(知覺論) 및 당연한 결과를 갖는 삼단논법의 이론, 논리적 오류론(誤謬論)에 더하여, 초기 니아야 학파의 교과서들은 논쟁을 영위하기 위한 상세한 규칙의 법전, 즉 논법의 가르침을 싣고 있다.

니아야 학파는 불교도들이 논리적 문제에 날카로운 관심을 분명하게 보여주기 시작할때 이미 발전된 논리학을 가지고 있었다. 따라서 불교의 교의는 초기의 전불교(前弗教)의 줄기에 그 자체를 접목하게 되었다. 그러나 그때 두가지의 전혀 양립할 수 없는 견해 사이에 충돌이 곧 잇따라 일어났다. 바라문교의 논리학은 형식적인

---

179) *vyāpti.*

것이었으며 소박 실재론의 토대 위에 세워졌다. 그시기의 불교도들은 비판적 관념론자(critical idealist)들이 되었고, 논리학에 있어서의 그들의 관심은 비형식적인 것이었고, 철학적인 것, 즉 인식론적이었다. 논리학의 개혁은 피할 수 없게 되었다. 디그나가가 그것을 이루었다.

## 7. 디그나가 이전의 불교 논리학.[180]

고타마(Gotama)가 지은 잠언(箴言)인 니아야 학파의 기초적 논문은, 서로 산만하게 혼합된채로, 논쟁을 행하는 규칙들과 논리학의 입문서를 포함하고 있다. 추론과 삼단논법에 충당된 부분인 그것의 논리학적 부분은 비교적 중요하지 않다. 실재론적 존재론(realistic ontology)의 체계는 바이쉐시카라고 하는 자매 학파의 잠언속에 포함되어 있었다. 첫번째 논문의 대부분은 공개 토론을 영위하는 상이한 방법들을 기술하는 것으로 채워져 있다. 성실한(*bona fide*, 論議)[181] 그리고 불성실한(*mala fide*, 詭辯)[182] 논증이 기술되고 있으며, 트집잡기(論고),[183] 쓸데없는 대답(誤難),[184] 논리적 오류(似因)[185] 그리고 마지막으로 재정자(裁定者)가 토론자는 그 논쟁에서 졌다고

180) 이 주제에 관해서는 J. Tucci 교수의 뛰어난 논문인 JBAS. 1929. 7月, 451쪽 이하를 참조하라. 그것은 아상가의 저작과 다른 저작들의 논리학적 부분들에 관한 정보로 가득 차 있다. 그러나 Tarka-šāstra 단편(斷片)들의 내용에 관한 그의 정보는 A. Vostrikov와 B. Vassiliev가 모은 정보와 일치하지 않는다.

181) *vāda.*

182) *chala.*

183) *vitaṇḍā.*

184) *jāti.*

185) *hetv-ābhāsa.*

선언해야만 하는 모든 경우(負處)[186]들이 언급되어 있다. 이 부분이 전적으로 생략되고 삼단논법의 이론이 그 중심적 역할을 하기 시작한 것은 불교와의 투쟁에서 출현한 논리학인, 개혁된 새로운 바라문교의 논리학 내에서 일 뿐이다.

니아야-잠언들의 기원 연대는 정확하게 알려져 있지 않다.[187] 그것의 체계적 형태에 있어서 니아야 체계는 다른 인도의 고전 체계들보다 늦다. 그러나 토론의 기술에 관한 어떤 소책자의 형태로 그것이 상당히 이른 시대에 존재하고 있었다는 것은 사실같지 않다. 소승불교학파들은 그러한 종류의 어떤 소책자도 보존해오지 않았지만, 그것들이 틀림없이 존재했었다라는 것은 거의 사실인듯하다. 영혼의 실재에 관한 〈카트하 바트후(*Kathā-vatthu*)〉의 공개 토론은 토론의 기술을 가르치고 있는 특별한 소책자의 개연적인 존재를 시사하는 상당한 고도의 기교와 모든 종류의 변증법적 지혜로 행해지고 있다.[188] 그 시대에 명제의 삼단론법적인 공식화는 잘 알려져 있지 않았지만, 모든 종류의 변증법적인 교묘한 수법들은 풍부했다.

---

186) *nigraha-sthāna.*

187) 니아야 체계의 전사(前史)에 관해서는 H. Jacobi, Zur Frühgeschichte der ind. Phil(Preuss. Ak., 1911), S. C. Vidyābhūṣaṇa, 인도 논리학사(History of Indian Logic), 1-50쪽과 Tucci, Pre-Dignāga Texts, Intro., XX Ⅷ 쪽을 참조하라. Gotama-Akṣapāda의 니아야-경전들(Nyāya-sūtras)의 개연적인 연대에 관해서는 H. Jacobi JAOS, 1911, 29쪽, H. Ui, The Vaišeṣika Philosophy, 16쪽 (RAS), L. Suali, Filosofia Indiana, W. Ruben, Die Nyāya-sūtras, X Ⅱ 쪽, S. N. Dasgupta, History, v. I, 277쪽 이하 및 나의 Erkenntnisstheorie u. Logik, Anhang Ⅱ(München, 1924)를 참조하라.

188) 이것은 또한 Mrs C. A. F. Rhys Davids, art. Logic(Buddhist) in ERE의 견해이며, 팔리 성전(聖典)문헌과 자이나 성전문헌 속의 논리학 저술들의 흔적에 관해서는 Vidyābhūsana, History, 각각 225-250쪽과 157-163쪽을 참조하라.

티벳어 역본들로 현재의 우리들에게 전해지고 있는 토론의 기술에 관한 가장 오래된 불교 작문들은 〈나가르주나〉의 두개의 소논문인 《논쟁의 거부, 廻諍論》[189]와 《(모든 명제의) 변증법적 분할, 바이달야論》[190]이다. 양자 모두 주해(注解)와, 부정적인 것을 증명하지만 상대편의 모든 긍정적 명제에 상대적 방법을 적용하고 그렇게 해서 그것을 변증법적으로 파괴시키는데 있는 토론을 행하는 그 독특한 방법의 증명을 싣고 있다. 실로 어떤 점에서 상대적이지 않은 것은 절대로 없으며, 따라서 모든 것은 그것의 변증법적 성질이 밝혀질 때 궁극적 실재임이 부정될 수 있다. 이 소논문들중 첫번째 것은 니아야 학파 속에서 통용되고 있는 네가지 논증 방식을 언급하고 있으며 두번째 것은 그 논문에서 검토될 16논제가 열거되어 있는 〈고타마〉의 첫번째 잠언을 인용하고 있다. 나가르주나는 상대성(relativity)이라는 비판적 도끼를 사용함으로써 모든 16논제들은 상대적이며 따라서 궁극적으로 실재가 아니라는 것을 입증한다. 이러한 사실들로써 우리는 니아야 학파의 기본적인 논문들이 이러저러한 형태로 나가르주나의 시대에 아마도 존재 했으리라는 것을 추측할 수 있다. 그러한 사실들은 또한 유사한 소논문들이 초기 소승 학파들 사이에서 이미 존재했을지도 모른다는 가설과 아마도 나가르주나가 그것들을 저술했던 최초의 불교도는 아니었으리라는

---

189) Vigraha-vyāvartini, 챤드라키르티에 의해 몇차례 인용된 Tanjur, v. tsa를 참조하라. Vidyābhūsaṇa에 의한 개요는 앞의 책, 250쪽. Tucci 교수에 의해 Vigraha-vyāvartini는 이제 그의 Pre-Dignaga Texts 속에서 산스크리트 번역으로 볼 수 있게 되었다.

190) Vaidalya-sūtra와 prakaraṇa, 같은 책. 16범주들은 그 prakaraṇa(論) 속에서 검토되고 있다 ; 그 저작은 또한 pramāna-vihethana 및 pramaṇa-vidhvaṃsana라고 불리워진다. Vḷdyābhūsana, 같은 책, 257쪽을 참조하라. 나가르주나의 세번째 저작은—같은 책을 참조하라—아마도 위서(僞書)인 듯 하다.

가설을 가능하게 한다. 그것이 사실이라고해도, 아뭏든 나가르주나는 특별한, 개별적 소책자들 속에서 논리학을 다루는 불교 저술가들의 습관을 받아들였거나 계승했다.

그 시기부터 우리는 다소 명망있는 모든 저술가들이 공개 토론을 영위하기 위한 가르침들을 포함하고 있는 그 자신의 논리학 소책자를 저술하는 것을 보게된다.

뒤이은 수세기 동안 불교도들은 논리학에서 발전을 이루지 못했다. 그리고 이것은 매우 당연하다. 나가르주나의 사상이 지배하고 있었던 동안에 그것이 어떻게 달라질 수 있었겠는가? 절대(**the Absolute**)의 인식을 위해서 모든 논리학은 비난받았다. 경험적인 영역에 있어서의 실용적인 목적을 위해 니아야 학파의 실재론적 논리학이 전적으로 충분하다고 인정받았다.[191] 그것의 비판 및 개선의 필요성은 아직 그 시대의 불교도들에게는 분명해지지 않았다. 그러나 새시대의 도래와 함께, 즉 나가르주나의 극단적 상대론의 관점이 포기되었을때, 〈아상가〉와 〈바수반두〉 형제는 나아야 논리학의 연구와 그것을 그들 철학의 관념론적 토대에 적합하게 하는 작업에 착수했다

아마도 아상가는 니아야 학파의 다섯가지 구성요소로된 삼단논법(五支作法)의 이론을 불교계의 관행에 도입한 최초의 불교도이었을 것이다. 또한 그는 니아야 학파에서 규정된 규칙들과 크게 다르지

191) 고타마와 나가르주나 사이의 관계는 상호간에 서로를 인용한 자이니미(Jaimini)와 바다라야나(**Bādarāyana**) 사이에 행해진 종류인 것처럼 보인다, **Vidyābhūsaṇa**, 앞의 책, 46－47쪽을 참조하라. 또한, **NS. I. 1. 1**에 있는 *vitaṇḍa*(論詰)이라는 용어는 아마도 바로 **Mādhyamika-prāsangika**적 토론 방법을 의미하는 것으로 이해해야만 할 것인데 : **Šrīharsa Khaṇd.**는 상기 인용문 중에서, **vaitaṇḍika**라는 용어를 **Mādhyamika**(中觀)의 동의어로 사용하고 있다. 따라서 니아야 및 중관학파는 고타마와 나가르주나보다 훨씬 오래되었음이 틀림없다.

않은, 토론의 기술에 관한 규칙들의 주요부분을 제정했다. 그는 논리학과 변증법의 영역에 있어서 매우 독창적이었던 것처럼 보이지는 않는다.[192)]

〈바수반두(世親)〉는 유명한 논리학 교사였다. 그는 스스로 세가지 논리학 논문들을 썼다. 그것들은 티벳어로 번역되어 있지 않지만, 그 중 하나에 대한 불완전한 중국어역이 존재하고 있다.[193)]

그것의 제목인 바다－비디(Vāda-vidhi)는 《토론의 기술》을 의미한다. 현존하는 부분으로 판단해 보면 그것은 니아야 학파의 기본적인 교과서들과 매우 밀접하게 일치하고 있다. 결정적인 대목, 즉 지각, 추론, 확실한 명제의 정의는 중국어 번역의 보존된 부분에서 발견되지는 않지만, 그것들은 디그나가에 의해서 인용된다.[194)] 지각은 그것이 《대상 그 자체》에서 발생하는 그 지식을 이해하는 것

---

192) Vidyābhūsana, History, 263－266쪽을 참조하라. Saptadaša-bhūmi-šāstra는 그에 의해 Maitreya(미륵)작이라고 일컬어진다. J. Tucci, 앞의 책을 참조하라.

193) 이 복잡한 문제에 관해서는 Sugiura, 앞의 책, 32쪽 ; Vidyābhūsana, 앞의 책, 267쪽 ; lyengar JBORS, XII, 589－91쪽과 IHQ., vol. V, 81－86쪽 ; 13 Keith, IHQ., vol IV, 221－227쪽 ; J. Tucc, JRAS, 1928, 368쪽, 1929, 451쪽과 IHQ., vol IV, 630쪽을 참조하라. Tucci는 Tarkašāstra는 Vādavidhi와 아무런 관계가 없다고 생각한다. 그러나 레닌그라드에 있는 불교 연구학회(Buddhist Research Institution)의 한 모임에서 발표된 논문에서(곧 출판될 예정) Mr Boris Vassiliev는 《Tarka-šāstra)》가 본래 세권으로 된 《논리학(science of logic *ju-shih-lun-tarka-šāstra*))》에 관한 저술이었으며, 현황으로서 그것은 수집된 단편들로 된 한권을 의미하고 있다는 것을 입증했다. Andrew Vostrikov씨는 같은 모임에서 발표된 다른 논문에서 1) 여실론(如實論) 모음집은 현재 두가지 혹은 세가지－그 중 하나는 바수반두의 Vada-vidhi－의 다른 저작들의 단편들을 싣고 있다는 것과 2) 바수반두는 Vāda-vidhi, Vāda-vidhāna, 그리고 Vāda-hṛdaya라고 불리우는 세가지 상이한 저작들을 썼으며, 두번째 저작은 첫번째 것의 수정본이라는 것을 입증한다.

194) Pr. Samucc., I. 15, etc.

으로 정의된다.[195] 이렇게 《그 자체》를 강조함으로써 궁극적으로 실재인 대상, 즉 그 사물의 유효한 실재성이 추리되는 것이다. 그것은 오직 조건적으로 실재적일 뿐인 그러한 대상(俗有)인, 하나의 심상으로 구성되는 대로의 대상과는 구별된다.[196] 그 정의는, 그 표현에 있어서 니야야 학파에서 통용되고 있는 것과는 매우 사소하게 다른 것이지만,[197] 그럼에도 불구하고 전적으로 불교적인 것이다. 그러나 디그나가는 그것을 잘못 표현된 것이라고 비판하고 이 정의는 《스승 반수반두에게 속하지 않는다》라는 말을 부가한다. 이 말 때문에 그 이후의 모든 해석은 갈피를 못잡게 되었다. 〈지넨드라부디(Jinendrabudhi)〉는 그의 《비살라마바티(Viśālāmavati)》[198]에서 그것은, 그 정의가 바수반두가 그의 비판적 재능이 완전한 발전을 이룬 보다 노년에 접어들어서 한 말은 아니었을 것이다, 즉 그것은 그가 아직 바이바시카(Vaibhāṣika, 分說者)였던 동안에 만들어졌다는 것을 의미한다고 생각한다. 걀-짭(Rgyal-tshab)[199]은 그 정의는 사물을 구성하고 있는 원자들의 실재를 의미하는 것으로 해석될 수 있었고 이것은 바수반두의 철저한 관념론과 일치하지 않는다고 생각한다. 따라서 디그나가의 그 말은 그 정의가 바수반두가 논리상 필연적인 관념론의 관점에서 말해야만 했었던 것은 아니다라는 것을 의미했을 것이다. 다른 저작인 《바다-비나다(Vāda-vidhāna)》-형태에 있어서 조금 다르지만, 동일한 것을 의미하는 제목-에서 바수반두는 그의 명료한 설명들을 정정했던 것으로 추측된다. 지각의 정의는 여하튼, 그것이 바수반두의 작이라고 일컬어지고 그러한 것으로서

195) Vācaspati, Tātp, 99쪽 이하의 주석을 참조하라.

196) *saṃvṛtti-sat.*

197) *tato'rthād utpannam=arthendrya-sannikarṣa-utpannam,* 같은 책.

198) Tanjur, Mdo, v. 115.

199) Pr. Samucc에 관한 그의 주석에서, Tshad-ma-btus-dar-tik, f. 20. a. 5 이하.

비판되는 바라문교의 많은 논리학에 관한 저술들[200] 속으로 옮아갔다. 《아비달마구사론》의 보유(補遺)에 있는 한 절에서 보이는대로 바수반두의 삼단논법은 니아야 학파의 다섯가지 구성 요소로된 삼단논법이기는 하지만, 그는 가끔 단축된, 세가지 구성 요소로된 형식을 사용한다.[201] 논리적 근거의 세가지 국면, 곧 불변의 동반(concomitance)을 명료하게 설명하는 이러한 불교도의 방법은 바수반두의 논문에서 이미 보인다. 근거와 오류의 분류는 니아야 학파에서 받아들여진 것과 다르며 대체로 디그나가가 도입하고 다르마키르티가 발전시킨 것과 일치한다. 만약 디그나가 체계의 매우 독특한 특징인 순수감각으로서의 지각이라고 하는 정의가 이미 〈아상가〉의 저작에서 보인다는 것을 계산에 넣는다면,[202] 디그나가와 다르마키르티의 위대한 논리학상의 개혁은 하나의 관념론적 체계에 부응하는 실재론적이고 형식적인 니아야 논리학의 응용된 저술에 의하여 준비되었고, 이 응용된 저술은 아마도 훨씬 일찍 아상가와 바수반두의 학파 속에서 착수되고 있었다는 결론을 피할 수 없다.

## 8. 디그나가의 생애

티벳의 역사학자 〈타라나타, 부똥(Taranatha, Buston)〉과 다른 이들에 의해서 기록된 대로의 〈디그나가〉와 〈다르마키르티〉의 생애는 전적으로 믿을 수 없는 신화적인 기술들로 가득차서 그것들로부터 다소의 사실적 기원을 끌어낸다는 것은 어려운 일이 된다. 그러나

200) N. vārt. 42쪽, Tātp., 99쪽, Parišuddhi, 640-650쪽., B. Keith 교수는 이 정의는 바수반두가 날카로운 논리학자임을 저버리지 않는다(?)라고 생각한다. IHQ. vol. IV를 참조하라. 그 간결한 표현의 모든 함의(含意)들은 확실히 그의 주의에서 벗어났다.

201) 나의 Soul theory of the Buddhists, 952쪽을 참조하라.

큰 개연성에 따라서 온당하다고 간주되어야만할 사실들이 있다. 무엇보다도 먼저 이것은 스승들의 계보, 즉 그들의 카스트(caste) 및 출생지와 관련이 있다. 〈바수반두〉는 〈디그나가〉의 스승이었지만, 디그나가가 그의 강의에 참석하려고 왔을 때 그는 아마도 연로한 저명인사였을 것이다. 〈다르마키르티〉는 〈디그나가〉의 직계제자는 아니었다. 그들 사이에는 디그나가의 제자이며 다르마키르티의 스승이었던 〈이쉬바라세나(Išvarasena)〉라고 하는 중간의 스승이 있었다. 이쉬바라세나는, 디그나가를 잘못 이해했다고 그를 비난하는 다르마키르티에 의해서 인용되고 있지만, 그의 학파의 학문사(學問史)에 논문을 전혀 남기지 않았다. 따라서 우리는 다음과 같은 스승들의 계보를 갖는다 ; 〈바수반두－디그나가－이쉬바라세나－다르마키르티.〉[203] 〈다르마키르티〉는 A.D. 7세기 중엽에 활약했으므로, 〈바수반두〉가 4세기 말엽보다 일찍 살았을 리는 없었을 것이다.[204]

〈디그나가〉와 〈다르마키르티〉는 모두 남인도 출신이었고 바라문인 부모들로부터 태어났다. 〈디그나가〉는 〈칸치(Kāñcī)〉 근처에서 태어났다. 그는 어린 시절에 독자부(犢子部, Vātsīputrīya)의 한 스승에 의하여 불교로 개종했으며 교단의 일원이 되었다. 이 부파는 진정한 인격의 존재를 그것이 구성되어 있는 요소들과는 상이한 것으로 받아들였다. 디그나가는 이 점에 있어서 그의 스승과 의견을

---

202) IHQ, vol. IV, 550쪽의 Tucci, Uttara-tantra, IV. 86에서 이미 《분석적》 이성(*svabhāva-hetu*, 自性眞語)이 사용되고 있다.

203) Tārāntha의 History를 참조하라.

204) M. Noel Peri는 바수반두의 연대에 관한 그의 뛰어난 논문 속에서 보다 빠른 연대에 도달하지만, 이것은 분명히 한세기 더 빠르며, Šata-šāstra의 저자인 바수(Vasu)보살이라고도 불리우고 AK. 속에 인용되어 있는 Vṛddhācārya-Vasubandhu라고 하는 동명의 다른 저자와 위대한 바수반두를 혼동하고 있는 것에 기초를 두고 있다. Early History, 328쪽(3[d] ed.)에 있는 V. Smith의 견해는 동일한 혼동에 근거하고 있다.

달리했고 그 수도원을 떠났다.[205] 그는 마가다(Magadhda)에 있는, 그 당시에 매우 유명했음에 틀림이 없는 바수반두밑에서 연구를 계속하기 위해서 북쪽으로 여행했다. 후기불교의 저명인사들 중에서 바수반두의 이름은 각별한 지위를 차지하고 있는데, 그는 위대한 이들 중에서 가장 위대하다. 그는 제2의 불타라고 하는 칭호를 받은 유일한 스승이다. 그의 가르침은 그 당시 인도에서 조성된 모든 학문들을 포함하는 백과전서적인 것이었다. 그에게는 매우 많은 제자가 있었지만, 그들 중 네사람이 명성을 얻었다. 그들은 《독자적인 학자들》이 되었는데,[206] 즉 그들은 각자의 특수한 연구 부분에서 그들 스승의 영향으로부터 벗어나서 더 앞으로 나아갔던 것이다. 이들은 초기 18학파(*abhidharma*)의 체계에 대한 지식의 대가 〈스티라마티(Sthiramati, 安慧)〉; 일원론 철학의(prajna-paramita) 성자 〈비묵타세나(Vimuktasena)〉; 계율의 체계(*vinaya*)의 대가 〈구냐프라브하(Guṇaprabha)〉; 논리학(*pramāṇa*)의 스승 〈디그나가〉였다. 이러한 모든 대학자들의 저술들은 티벳어역들로 보존되어 있다. 〈디그나가〉는 진정한 인격의 문제에 관하여 그의 첫번째 스승과 의견을 달리했던 것과 꼭 마찬가지로 논리학적 문제들에 관하여 그의 스승과 의견을 달리했던 것처럼 보인다.[207]

---

205) Maṇi-mekhalai의 유식한 번역자는 Kañcī지방의 불교도들이 디그나가 보다 일찍 논리학을 연구했을지도 모른다고 생각하고 있다. 독자부는 바이쉐시카와 약간의 유사점을 가지고 있으므로(Kamalaśīla, 132쪽, 6을 참조하라), 이것은 사실같지 않다. 두가지 pramāṇa(量) 설과 *nirvikalpaka*(無妄想)으로서의 *pratyakṣa*(現量)의 정의는 어떤 소승 혹은 대승 학파들 속에서 디그나가 이전에 틀림없이 오랜동안 존재해 왔다. 디그나가는 이러한 정칙(formula)들에 새로운 의미를 부여했지만, 스스로가 그것들을 옹호하여 설일체유부의 아비달마로부터 한 구절을 인용하고 있다.

206) *rañ-las-mkhas-pa*=*svatantra-paṇḍita.*

207) 위에서 언급된, 바수반두의 지각의 정의에 대한 그의 논평은 아마도 그가 그의 스승과 의견을 달리했다는 것을 정중하게 표현하는 방법일 것이다.

두가지 초기 저작들, 곧 학생용의 두가지 입문서는 아마도 그의 도제(徒弟)시기에 속할 것이다. 그 중 하나는 〈아비달마코샤-마르마-프라디파(*Abhidharmakoša-marma-pradīpa*)〉라는 제목을 가진 그의 스승의 주요 저작에 대한 간결한 요약이다.[208] 다른 하나는 도행반야경(道行般若經, Aṣṭa-sāhasrika-prjñā-pāramitā-šutra)〉에 포함되어 있는 모든 논제들을 기억하기 쉬운 운문으로 만든 간단한 요약을 싣고있다.[209] 첫번째 것은 초기 불교철학(*abhidharma*) 수업을 위한 입문서이며, 두번째 것은 일원론 철학(*pāramitā*) 수업을 위한 입문서이다. 디그나가의 나머지 저작들은 모두 논리학에 충당되고 있다.[210] 그는 처음에 그 중 어떤 것이 티벳어와 중국어 역본들 속에 보존되어 있는 일련의 소논문들 속에서 그의 사상을 드러내었고,[211] 그리고 나서 그것을 위대한 총서(*oeuvre d'ensemble*), 즉 집량론(集量論, Pramāṇa-samuccaya)속에서 저자 자신의 주석이 달려있는 6장의 기억하기 쉬운 운문으로 요약했다. 그러나 그 주석은 매우 짧으면서도 의미심장해서 분명히 교사를 위한 지침으로 기획된 것이다. 지넨드라부디(Jinendrabuddhi)[212]의 매우 상세하고 철저하며 분명

---

208) Tanjur, Mdo, v. LXX.

209) Tanjur, Mdo, v. XIV.

210) 이것들은 觀所緣論(Ālambana-parīksā), Trikāla-parikṣā, Hetu-cakra-samarthana(Hetu-cakra-hamaru), Nyāyamukha(=Nyāya-dvāra), vṛtti가 달린 集量論과 Hetumukha(TSP., 339쪽. 15행)이다.

211) 그의 주요 저작, 곧 集量論이 중국 및 일본에서 알려지지 않은 채로 남아있다는 겻은 주목할만 하다. 그것은 Šankara-svāmin의 저술인 Nyāya-praveša로 대체되어 왔는데, 그의 저술에 관해서는 M. Tubianski, Nyāya-praveša의 원작자와 Tucci에 관하여, 앞의 책을 참조하라 : Boris vassiliev씨는 위에서 언급된 그의 논문에서 중국의 논리학자들이 단지 소문으로만 집량론에 대해서 알고 있었다는 것을 입증하고 있다.

212) Višālāmalavatī라고 불림, Tanjur, Mdo, v.. 115를 참조하라. 그것의 한 견본이 부록 IV에 번역되어 있다.

한 주석없이, 그것은 거의 이해될 수 없었다.

연구를 완료한 이후 디그나가는 그 당시 인도의 저명한 교사들과 꼭 마찬가지로 여생을 평범하게 보냈다. 그는 날란다(Nalanda) 수도원에서의 수두르자야(Sudurjaya)라는 성을 가진 한 바라문과의 유명한 논쟁에서 유력한 논리학자라는 명성을 얻었다. 그 후 그는 수도원에서 수도원으로, 때때로 그 중 하나에 거주를 정하기도 하면서 여행했다.

거기에서 그는 교사 노릇을 하고, 저술을 하며 공개 토론회에 참가하기도 했다. 그러한 토론은 고대 인도에 있어서 사회 생활의 현저한 특징이었다. 그것은 종종, 왕의 면전에서, 그의 왕궁을 매우 화려하게 한채로 마련되었으며, 수많은 승려와 신도들이 참석했다. 그 수도원의 존립과 번영이 거기에 달려 있었다. 공인된 승자는 그의 공동체에 대한 왕과 그 정부의 원조를 받았기에, 개종자들이 생겼으며 새로운 수도원들이 건립되었다. 티벳과 몽고에서는 지금조차도 모든 저명한 스승이 하나 또는 몇개 수도원의 창설자이며, 모든 수도원은 열성적인 학문과 때로는 위대한 학식의 중심지이다.

논쟁들에서 얻은 명성으로 〈디그나가〉는 불교의 가장 유력한 선전자 중의 한 사람이 되었다. 그는 《현세의 극복 conquest of the world》[213)]을 달성했다고 간주된다. 전륜성왕이 전인도를 그의 지배하에 두는 것과 꼭 마찬가지로, 논쟁에서 성공한 승자는 전인도 대륙에 대하여 그의 교리의 선전자인 것이다. 캐시미어(Cashmere)는 그가 가본적이 없는 인도의 유일한 지방이었던 것처럼 보이지만, 그는 나중에 거기에서 학파들을 창시한 그 지방 대표자들의 방문을 받았다. 이 학파들은 그의 저술에 대한 연구를 계속했으며 몇명의

213) *dig-vijaya*(=*dig-jaya* ; Mahabharata의 一節의 題名)

저명한 논리학자들을 배출했다.

## 9. 다르마키르티의 생애

〈다르마키르티〉는 남방, 즉 트리말라야(Trimalaya, Tirumalla ? )에서 한 바라문 가족으로 태어났으며 바라문교의 교육을 받았다. 그 다음에 그는 불교에 관심을 갖게 되었고 처음에는 한 사람의 신도로서 사찰에 충실했다. 바수반두의 직계제자로부터 가르침을 받고자 그는 바수반두의 제자인 〈다르마팔라(Dharmapāla, 護法)〉가 매우 늙기는 했어도 아직도 살아있는 유명한 학문의 중심지인 날란다에 도착했다. 그에 의해서 그는 교단의 일원이 되었다. 논리학적 문제들에 대한 그의 관심이 환기되었고, 디그나가는 더 이상 살아있지 않았으므로, 그는 그 위대한 논리학자의 직계제자인 〈이쉬바라세나(Iśvarasena)〉로 발걸음을 돌렸다. 그는 곧 〈디그나가〉의 체계를 이해함에 있어서 그의 스승을 능가하게 되었다. 〈이쉬바라세나〉는 〈다르마키르티〉가 자기가 할 수 있는 것보다 훨씬 잘 이해하고 있다는 것을 인정했다고 전해진다. 그 때 그 스승의 동의로 다르마키르티는 기억하기 쉬운 운문으로 디그나가의 주요 저작에 관한 철저하고 증보된 주석을 포함하고 있는 위대한 저작을 저술하기 시작했다.

그는 여생을 저술, 교수, 공개토론과 적극적인 선전을 하면서 평소와 다름없이 보냈다. 그는 제자들에게 둘러싸인채, 칼링가(Kalinga)에 있는 그가 창설한 한 수도원에서 입적했다.

그의 광대한 포교지역과 성공에도 불구하고 그는 다만 본토의 불교에서 일어나는 쇠퇴의 과정을 늦출 수 있었을 뿐이었지, 멈추게 할 수는 없었다. 인도에서의 불교는 운이 다했다. 가장 유능한 포교사도 역사의 진로를 바꿀 수는 없었다. 〈쿠마릴라(Kumālia)〉와 〈상카라－아차리아(Šankara-ācārya)〉, 즉 바라문교 부흥의 위대한 전사(戰士)들과 불교의 대립자들의 시대가 다가오고 있었다. 전승은 다르마키르티가 공개 토론회에서 그들과 싸웠으며 승리를 얻었다고 기술하고 있다. 그러나 이것은 다만 그의 추종자들에 의한 뒷생각이며 종교적인 소망일 뿐이다. 동시에 이들 위대한 바라문 교사들이 그들에게 대항하는 다르마키르티와 만난적이 없었다는 것이 간접적인 자백이다. 무엇이 인도에서의 불교의 쇠퇴와 국경 지대에서의 그 존속의 적절하고 보다 심원한 원인이었는지를 아마도 우리는 결코 충분하게 알지 못할 것이지만, 역사학자들은 이구동성으로 다르마키르티 시대의 불교는 지배적이지 않았고, 아상가와 바수반두 형제의 시대와 같은 정도로 번영하고 있지 않았다고 우리들에게 말하고 있다. 민중들은 그 철학적이며, 비판적이고 염세적인 종교로부터 얼굴을 돌리기 시작했고, 위대한 바라문 신들의 숭배로 되돌아갔다. 불교는 그것이 티벳, 몽고 및 다른 나라들에서 새로운 안식의 땅을 찾았던 북방으로의 이동을 시작하고 있었다.

다르마키르티는 인도에서의 자기 종교의 악운을 예감했던 것처럼 보인다. 그는 또한 그의 체계를 완전히 이해할 수 있고 그의 과업의 연속을 위임받을 수 있는 제자가 없음을 몹시 슬퍼했다. 디그나가에게는 어떠한 유명한 제자도 없었고, 그의 후계자가 한세대 후에 나타났던 것과 꼭 마찬가지로 다르마키르티의 진정한 후계자도 한 세대 후에 〈다르모타라(Dharmottara)〉라는 사람으로 나타났다. 그의 직계제자인 〈데벤드라부디(Devendrabuddhi)〉는 헌신적이고 근면한 문하생이었지만, 그의 정신적 재능은 디그나가의 모든 함의(含意)와 그 자신의 선험적 인식론(transcendental epistemology) 체계를 완전히 이해하는 일에 불충분했다. 그가 자신의 가장 깊은 감정을 나타낸 어떤 시가(詩歌)들은 이 염세적인 사고 방식을 배반하고 있다.

그의 위대한 저술의 두번째 서론의 한 연(聯)은, 그의 비판자들에 대한 하나의 대답으로서 나중에 부가되었다고 추정된다. 그는 거기에서 다음과 같이 말하고 있다. 《사람은 주로 평범한 이야기에 빠져있고, 교묘한 처리(finesse)에 열중하지 않는다. 사람들이 심원한 말들을 전혀 좋아하지 않는다는 것으론 충분하지 않으며, 그들은 증오와 시기심이라는 오물로 가득차 있다. 그런고로 나도 또한 그들의 이익을 위해서 저술하고 싶지는 않다. 하지만, 나의 마음은 이 저술에서 만족을 얻었는데, 왜냐하면 그것을 통해서 (모든) 세련된 용어에 관한 심원하고 오랜 숙고에 대한 나의 애호심이 만족되었기 때문이다》

그리고 같은 저술의 끝에서 두번째 연에서 그는 다시 다음과 같이 말하고 있다. 《나의 저술은 그것의 심원한 말들을 이해하는데 확실히 충분할 그 어떤 사람도 만나지 못할 것이다. 바다 속으로(흡수되고) 없어지는 강물[214]과 꼭 마찬가지로, 그것은 나 자신에게 흡수되고 그 속으로 사라질 것이다. 결코 미미하지 않은 이성의 힘을 부여받은 사람들, 그들 조차도 그것의 깊이를 헤아릴 수 없다! 각별하게 대담한 사고를 부여받은 사람들, 그들 조차도 그것의 최상의 진리를 간파할 수 없다》[215]

---

214) 티벳어 역은 *paya iva* 대신에 오히려 *sarid iva*라고 읽을 것을 암시하고 있다.

215) 아비나바굽타(Abhinavagupta)가 이 말들 속에서 찾은 *śleṣa*(結合)는 저자의 의도에 있지 않았던 것처럼 보인다. 주석자들은 그것을 언급하지 않는다. 드바냐로카(Dhvanyāloka)주석, 217쪽을 참조하라. 야마리(Yamāri)가 그 단어를 해석한 것에 의하면 *analpa-dhī-śaktibhiḥ*는 *a-dhī*와 *alpa-dhī-śaktibhiḥ*로 분석되어야 한다. 그 의미는 다음과 같을 것이다 : 《그 깊이가

또 하나의 연이 사화집(詞華集)들에 보이며 가설적으로 다르마키르티의 작이라고 일컬어지는데, 왜냐하면 그것이 같은 취지를 가지고 있기 때문이다. 그 시인은 그의 작품을 적당한 신랑감을 결코 찾을 수 없는 미인과 비교하고 있다. 《창조주가 이런 미인의 육신의 뼈대를 창조했을때 무엇을 생각하고 있었을까·· 그는 최고의 재료를 아낌없이 썼다네·· 그는 수고를 아끼지 않았다네··(그런고로) 그는 조용하게 살아가는 사람들의 마음속에 정신적 열병을 일으켰다네·· 그리고 그녀는 어울리는 약혼자를 결코 만나지 못할 것이므로, 그녀 스스로가 또한 가엽게도 불행하다네 ! 》

다르마키르티는 그의 개인적 성격에 있어서 매우 자부심이 강하고 자립적이었으며, 보통 사람들과 가짜학식에 대해 매우 경멸했다고 전해진다.[216] 타라나타(Tārānātha)는 그가 그의 위대한 저술을 끝냈을 때, 그는 그것을 지자(智者, paṇḍit)들에게 보여줬지만 그는 어떠한 올바른 이해도 호의도 얻지 못했다고 우리들에게 말한다. 그는 그들의 우둔함과 시기심을 몹시 불평했다. 전해진 바에 의하면 그때 그의 적들은 그 저술의 책장들을 개의 꼬리에 묶어서 거리를 구석구석 달리게 했고, 거기에 그 책장들은 흩뿌려지게 되었다. 그러나 다르마키르티는 《이 개가 모든 거리를 구석구석 달리는 것과 꼭 마찬가지로, 나의 저술은 전세계에 퍼질 것이다》고 말했다.

---

어떻게 거의 또는 전혀 이해력을 가지고 있지 않은 사람에 의해서 헤아려질 수 있겠는가 ? 》그리고 이것은 데벤드라부디의 무능력을 나타내는 것일 것이다.

216) Dhvanyāloka, 217쪽에 있는 Ānandavardhana의 말을 참조하라. 다르마키르티가 문법에 정통한 Candragomin과 詩歌의 Šūra를 능가했다고 뽐내고 있는 한 시는 Tārānatha에 전해지고 있으며 Barabudur에 새겨져 있다. Krom, 756쪽을 참조하라.

## 10. 다르마키르티의 저술들

〈다르마키르티〉는 일곱가지의 논리학적 저술들, 즉 유명한《일곱가지 논문》을 썼는데, 그것들은 본래 디그나가의 저술에 관한 상세한 주석서로서 고안되었지만, 티벳 불교도들의 논리학 연구를 위한 기본적인 저술(*mūla*, 原典)들이 되었으며 전자의 지위를 빼았게 되었다. 일곱가지 저술들 중의 하나인,《지식론 평석(知識論評釋, **Pramāṇa-vārtika**)》은 그 체계의 대부분을 포함하고 있는 가장 중요한 것이며 ; 나머지 여섯은 보조적인 것, 즉 그것의 '여섯개의 발'이다.[217] 숫자 7은, 설일체유부의 아비달마 역시 일곱가지 저술, 곧 으뜸가는 것과 그것의《여섯개의 발》로 이루어져 있기 때문에 함축성이 있다. 분명히 다르마키르티는 논리학과 인식론에 대한 연구가 초기 불교의 고대철학을 대신해야만 한다고 생각했다.《지식론평석》은 추론, 인식의 타당성, 지각과 삼단논법을 각각 다루고 있는 4장으로 구성되어 있다. 그것은 기억하기 쉬운 운문으로 씌여졌으며 약 2000연으로 구성되어 있다. 그 다음 저술인《지식론결착(知識論決着, Pramāṇa-viniścaya)》은 첫번째 것의 요약이다. 그것은 연들과 산문으로 씌여졌다. 그 연들의 반 이상이 그 중요한 저술로부터 빌려온 것이다.《정리일적론(正理一滴論, Nyāya-bindu)》은 동일한 주제에 대한 한층 더한 요약이다. 바로 전의 양저술은 각각 지각, 추론과 삼단논법에 충당된 3장으로 되어있다. 나머지 네저술들은 특수한 문제들에 충당되고 있다.《논거일적론(論據一滴論, Hetubindu)》은 논리적 근거들의 짧은 분류이고,《결합의 고찰(結合의 考察, Sambandha-parīkṣā)》은 관계들의 문제에 대한 고찰

217) 다른 해석에 따르면 첫번째 세 저술들은 본체이고, 나머지 네가지는 발이다. Buston, History, 44, 45쪽을 참조하라.

－저자 자신의 주가 달린 연으로 된 짧은 소논문이고 ;《논쟁의 규칙(論爭의 規則, Codana-prakarana)》－논쟁을 수행하는 방법에 관한 논문이며 ; 그리고 《타인의 심상속의 존재증명(他人의 心相續의 存在證明, Santānāntara-siddhi)》－유아론(唯我論)을 겨냥한 다른 마음들의 실재에 관한 논문이다. 니아야－빈두를 제외한 다른 모든 저술들은 아직 산스크리트 원문으로 복원되지는 않았지만, 탄주르(Tanjur, 付藏)에 수록된 티벳어 역본들로 이용이 가능하다. 티벳장경은 다르마키르티의 작이라고 일컬어지는 어떤 다른 저술들, 즉 시가집, 〈쉬라(Šura)〉의 《자타카말라(Jātakamālā)》와 《율경(律經, Vinaya-sutra)》에 대한 주석들을 포함하고 있지만, 그것들이 정말로 그의 것인가는 확실하지 않다.[218]

## 11. 지식론 평석에 있는 장(章)들의 차례

〈다르마키르티〉는 그의 위대한 저작중의 제 1장을 기억하기 쉬운 연(緣)들, 즉 추론에 관한 장에 대해서만 주석을 쓰는 시간을 가졌다. 그는 나머지 세장의 연들에 대해서 주석을 쓰는 과업을 그의 제자인 데벤드라부디에게 맡겼다. 그러나 후자는 그의 스승이 완전히 만족할 정도로 그 과업을 다할수 없었다. 타라나타는 두차례에 걸친 그의 시도가 책망받았고 오직 세번째 시도만이 어중간한 승인을 얻었다고 말한다. 그 때 다르마키르티는 데벤드라부디가 그 원문의 모든 함의들을 다 밝혀내지는 못했지만, 그것의 명백한(*prima facie*) 의미는 정확하게 표현되었다고 말했다.[219]

218) Tārānātha에 의하면 그는 탄트라 의식에 관한 저술을 썼고 Java의 탄트라 경전 신봉자들(tantrists)은 그를 그들 학파의 스승으로 간주하고 있다고 한다. 그러나 아마도 이것은 다만 그들 자신의 학파 속에 유명한 인물을 가지려는 바램에서 생겨난 그들의 신념에 지나지 않았을 것이다. 그 저술은 탄주르에서 볼 수 있다.

《지식평론석》에 있는 장들의 차례는 이상한 인상을 주고 있다. 요약된 두개의 논문들, 즉 《지식론결착》과 《정리일적론》의 차례는 정상적인 것－처음에 지각이 오고 그 뒤를 추론과 삼단논법이 잇는다－더우기 역시 지각과 추론으로 시작하는 디그나가와 일치하는 차례－임에 반하여, 《지식론평석》의 차례는 거꾸로 된 것이다. 그것은 추론으로 시작해서 인식의 타당성으로 옮겨가고 그 다음에 끝에 삼단논법이 뒤따르는 감관지각으로 돌아온다. 정상적인 차례였다면 지식의 타당성에 관한 장으로 시작하여 지각, 추론, 삼단논법으로 넘어갔을 것이다. 지식의 타당성에 관한 전장(全章)이 〈디그나가〉 저술의 첫번째 연에 대한 주석만을 포함하고 있다고 추측되기 때문에 더욱 더 그러하다. 이 연은 불타에 대한 인사를 포함하고 있는데, 그는 여기에서 보통의 칭호와 함께 '구현된 논리(*pramāṇabhūta*)'라는 칭호를 갖는다.[220] 대승 불교신학(**Buddhology**)의 전부, 즉 절대적이며 전지적인 존재의 실재에 대한 모든 논거들이 그 항목 아래에서 토의되고 있다.

우리는 당연히 그 저작이 인식의 타당성과 전지적 존재의 실재에 대한 이러한 장으로 시작해서 지각, 추론 그리고 삼단논법에 대한 토론으로 나아가기를 기대했을 것이다. 왜냐하면 주제 그자체가 이러한 차례를 요구하고 있으며 그것은 불교 및 바라문교 논리학 전체에 걸친 다른 모든 논리학 논문들에서 준수되고 있기 때문이다. 추론으로 시작해서, 인식의 타당성에 관한 장을 추론과 지각 사이에 놓고, 세번째 순위로 감관지각을 다루며 두개의 다른 장들로 추론과 삼단논법을 분리시키는 것은 인도철학의 모든 관습과 토론되는

219) 타라나타의 History를 참조하라.

220) *pramāna-bhutāya jagad-dhitaiṣine,* 등등을 참조하라. Dutt, Nyāya-praveśa, 서론.

문제들의 성질에 반(反)하는 것이다.

이러한 매우 이상한 사정은 다르마키르티의 저작에 주석을 단 인도 및 티벳 논리학자들의 주의를 끄는데 실패하지 않았으며, 그들 사이에서 《지식론평석》에 있는 장들의 차례에 대한 이러한 문제를 둘러싸고 커다란 싸움이 일어났다. 그 차례를 정상적인 것으로 바꾸거나 전통적인 차례를 준수하려는 논쟁들은 〈A. 보스트리코프(Vostrikov)〉씨에 의해서 최근에 검토되고 있다. 우리는 그의 논문[221]으로부터 다음과 같은 세부사실들을 취한다. 전통적인 차례를 유지하려는 주요 논거는 다르마키르티의 직계제자인 데벤드라부디가 그것을 지지했고, 다르마키르티 스스로가 추론에 관한 장에만 주석을 썼다는 것이다. 그가 제1장의 주석을 쓰는 것으로 시작했고 죽음으로 인해서 나머지 장들의 주석을 쓰는 작업을 계속할 수 없었다고 가정하는 것은 자연스럽다. 더욱 더 주목할만한 사실은 불교신학(Buddholdgy)에 대한 장, 즉 종교적인 부분은 다른 모든 논문들에서는 생략되어 있을 뿐만 아니라. 다르마키르티도 가장 단호하고 분명하게 절대적·전지적 불타는 형이상학적 실체, 즉 시간, 공간 및 경험을 넘어서 있는 그 무엇이며, 따라서 우리의 논리학적 지식은 경험에 제한되어 있으므로, 우리는 그에 관해서 명확한 그 어떠한 것도 생각하거나 말할 수 없고,[222] 그의 존재를 단언하거나 부정할 수도 없다는 취지의 견해를 밝히고 있다는 것이다. 불교신학에 관한 장은 그 자연적인 추세에 있어서 다르마키르티의 가장 빠른 저술이고, 그가 이쉬바라세나 밑에서 공부하고 있을 때 시작되었음이 틀림없으므로, A. 보스트리코프씨는, 그의 사상의 보다

---

221) 그의 논문은 레닌그라드에 있는 불교연구 협회의 한 회합에서 발표되었고 곧 출판될 것이다.

222) Santānāntarasiddhi의 끝절과 NB, III. 97를 참조하라.

후기의 발전에 있어서의 변화, 즉 그의 종교적 신념에서가 아니라면 그가 채택한 방법에서의 변화를 인정하고 있다. 그리고 나서 다르마키르티는, 장년에, 제1장에 주석을 붙이려는 생각을 포기했고 데벤드라부디에게 지각에 관한 장을 맡기고 추론에 관한 장을, 가장 어려운 것이었으므로, 스스로 썼다.

## 12. 언어학적 주석 학파

진상이 그러할지라도, 다르마키르티의 논리학 저술들은 막대한 양의 주석 문헌의 시발점이 되었다. 티벳어 역본들에 보존되어 있는 그 저술들은, 해석 작업을 이끄는 주요 원칙들에 따라서, 세가지 그룹으로 나누어질 수 있다. 데벤드라부디는 직접적인 의미의 학파라고 이름지을 수 있는 학파를 창시했다. 그것을 말하자면《언어학적》해석의 학파이다. 그것은 주석이 붙은 원문의 직접적인 의미를 그 보다 깊은 함축들에 몰두하지 않고 정확히 표현하는 것을 목표로 삼았다. 데벤드라부디 다음으로 그의 제자이며 신봉자인, 그 저술이 티벳어로 아직도 남아있는 〈샤카부디(Šākyabuddi)〉[223] 그리고 그 저술이 유실된 〈프라브하부디(Prabhābuddhi)〉가 아마도 역시 이 학파에 속했을 것이다. 그들은 모두《지식론결착》과《정리일적론》을 간과한채,《지식론평석》에 주를 달았다. 이들 전자의 저작들에 대한 주석은 그 저술에 있어서 꾸밈없음과 직역주의의 방법을 따랐던 비니타데바(Vinītadeva)가 썼다. 티벳의 저술가들 중에서 〈쫑 카파(Tsoñ-khapa)〉의 제자인 〈카이둡(Khaī-ḍub)〉은 티벳에서의 그 계승자로서 이 학파에 속한다고 여겨져야만 한다.[224]

---

223) Tanjur, Mdo, vol. 97과 98.

224) Khaī-ḍub(Mkhas-grub)은《지식론평석》에 대해서 두권(800매)의 상세한 주

## 13. 캐쉬미어 또는 철학적 주석학파

다음의 두 주석학파들은 다르마키르티 원문의 직접적인 의미를 입증하는데 만족하지 않고, 그것의 보다 심오한 철학을 연구하려고 노력한다. 두번째 학파는 그것의 주요 활동 지방에 따라서 캐쉬미어 학파 그리고 철학에서의 그 주된 경향에 따라서 비판적 학파라고 부를 수 있다. 그 학파에 따르면 절대적 존재 그리고 절대지(**Absolute knowledge**)의 화신으로서의 불타, 즉 대승적 불타는 형이상학적 실체이며 따라서 긍정내지는 부정으로서도 우리는 인식할 수 없다.[225] 《지식론평석》은 순수한 논리학적 논문인 〈디그나가〉의 《집량론(**Pramāṇa-samuccaya, 知識論集成**)》에 대한 상세한 주석에 지나지 않는다. 후자의 서두에 있는 서시는 대승적 불타의 위대한 특성들을 언급하고 그를 순수논리(**pure Logic**)와 동일시하는 것은 사실이지만, 이것은 경건한 감정의 전통적인 표현에 지나지 않는 것으로 그것은 아무런 이론적인 중요성도 갖고 있지 않다. 이 학파의 목적은 디그나가와 다르마키르티 체계를 비판적 논리학 및 인식론 체계로 간주하고 그 깊은 철학적 내용을 드러내는 것이다. 이 학파의 창시자는 〈다르모타라(**Dharmottara**)〉였고, 그것의 중심지는 캐쉬미어, 그것의 적극적인 회원들은 종종 바라문들이었다. 다르모타라는 티벳인들에게 크게 존경받고 있으며 매우 예리한 것으로 평가되고 있다. 다르마키르티의 직계제자는 아니지만 그는 그 위대한 스승이 원하고 있던 종류의 제자였는데, 그것은 그가 그 자신의 중대한 연구를 그의 주석에 곁들였을 뿐만 아니라 중요한 주제들에 관해서

석과 논리학에 관한 두가지 독자적인 소저술들을 썼다.

225) ***deša-kāla-svabhāva-viprakṛṣṭa,*** **NB, III 97**를 참조하라.

독자적인 견해와 성공적인 새로운 계통적 서술도 했기 때문이었다. 타라나타는 아마도 그의 활동 영역이 캐쉬미어였기 때문에 그의 전기를 싣고 있지 않다. 그러나 그는 그 지방 태생의 사람이 아니었다. 그는 캐쉬미어 편년사(編年史)가 전하는 바와 같이, 〈자야피다(Jayāpida)〉왕이 한 꿈속에서 《태양이 서쪽에서 떠오르고 있는》 것을 보았을 때 그곳을 방문하도록 초청받았다. 이것은 A. D. 800년경에 일어났음에 틀림없다.[226] 그는 이 시기에 유명인이었음에 틀림없다. 9세기에 산 〈바차스파티미쉬라(Vācaspatimiśra)〉는 그를 몇번이고 인용하고 있다.[227]

그는 다르마키르티의 주요한 첫번째 저작인 《지식론평석》에 주석을 달지는 않았지만, 《지식론결착》과 《정리일적론》에 대한 상세한 주석을 썼는데, 첫번째 것을 그의 위대한 주석, 두번째 것을 그의 작은 주석이라고 부른다.[228] 그가 《지식론평석》에 주석을 붙이려는 의도를 조금이나마 가졌었는지는 불확실하다. 그는 이 논문에 있는 장들의 차례를 논의하지 않는다. 그는 첫번째 학파, 즉 직해(直解) 학파의 추종자이며 《정리일적론》에 주석을 붙이는 일에 있어서 선배인 〈비니타데바〉를 맹렬하게 공격한다. 이 두가지 저술외에도 다르모타라는 논리학과 인식론의 특수한 문제들에 관한 네가지의 다른 소저술들을 썼다.[229]

---

226) Rājatarangiṇī, IV 498을 참조하라-《그 (왕)는 스승 다르모타라가 그 나라에 도착했고, 그 때 한 꿈속에서 태양이 (인도의) 서쪽에서 떠오르는 것을 보았으므로 그것을 유망한 사건이라고 생각했다》. A. Stein경의 이 연에 대한 번역은, *ācārya dharmottara*가 고유명사라는 사실에 주목하지 못했으므로, 정정되어야만 한다. 캐쉬미어 편년사의 전통적인 연대기에서 약 20년의 수정을 인정한다면 우리는 다르모타라가 그 지방에서 살며 가르치게 된 때를 약 A. D. 800년으로 잡을 수 있을 것이다.

227) Tātp., 109, 139쪽.

228) Tanjur, Mdo, vol. 109와 110.

시의 기예에 있어서 유명한 캐쉬미어 작가인 바라문 〈아난다바르다나(Ānandavardhana)〉는 다르모타라의 《프라마나-비니스차야-티카(Pramāṇa-viniščaya-ṭīka)》에 대한 부(副) 주석서(*vivṛtti*)를 지었다. 이 저술은 아직 복원되지 않고 있다.[230]

캐쉬미어의 바라문 즈냐나쉬리(Jñānašri)는 동일한 저술에 대해서 또 하나의 부주석서를 썼다.[231] 그것의 티벳어역이 탄주르집(付藏集)에 보존되어 있다. 그리고 마지막으로 위대한 바라문이라는 별명으로 불린 바라문 〈샹카라난다(Šankarānada)〉가 매우 커다란 규모로 착상된 포괄적인 저술(*ṭīkā*)에서 《지식론평석》에 주석을 붙이는 일에 착수했다. 불행스럽게도 그는 그것을 마무리짓지 못했다. 현존하고 있는 부분은 (전통적인 차례에 있어서의) 제1장에 대한 주석만을 싣고 있으나 그것조차도 완전히 마무리된 것은 아니다. 그럼에도 불구하고 그것은 그 티벳어 역본으로 탄주르의 막대한 양의 빈자리를 메우고 있다.[232] 세번째 주석학파에 속하는 야마리

---

229) Pramāṇa-parīkṣā, Apoha-prakarana, Paraloka-siddhi, Kṣaṇabhanga-siddhi, 모두 Tanjur, Mdo, vol. 112에 있음.

230) Abhinavagupta의 Dhvanyāloka에 대한 주석서, 233쪽(ed. Kāvyamālā)의 한 절에 근거할때 Ānandavardhana는 Pramāṇa-viniščaya-ṭīkā-vivṛtti, 즉 다르마키르티의 Pramāṇa-viniṣcaya에 대한 다르모타라의 주석에 관한 부주석서를 썼고 비꼬는듯이 그의 저술에 《Dharmottam》이라는 제목을 붙였던 것처럼 보인다. 그것이 크게 수정하지 않고 그 절을 이해하는 유일한 길인데, 그렇지 않으면 우리는 dhārmottarāyām을 읽어야만 한다. G. Bühler, Cashmer Report, 65쪽 이하, H. Jacobi, dhvanyaloka에 대한 그의 변역의 재판 144쪽 그리고 나의 《후기 불교도의 인식이론(Theory of Cognition of the later Buddhists)》(러시아어판, St. Petersburg, X X X V쪽, n2)을 참조하라.

231) 이 저술가는 보통 즈냐나쉬리라고 불려진다. SDS 26쪽 (Poona, 1924), Parišuddhi, 713쪽을 참조하라. 그러나 그렇게 명명될 수 있는 두 저술가, 즉 Jñānašrībhadra와 Jñānašrimitra가 있다. Vidyābhūsana, History, 341쪽 이하를 참조하라. 타라낱, 108쪽에는 나야팔라(Nayapala)치세 동안에 살았던 Jñānašrimitra만 언급되고 있다.

232) Tanjur, Mdo, vol. Pe.

(Yamari)의 포괄적인 저술과 꼭 마찬가지로 그 전저술은 꼭 네권만큼은 채웠을 것이다.

티벳의 저술가들 중에서 〈쫑 카파(Tsoṅ-khapa)〉의 제자인 〈갈 짭(Rgyal-tshab)〉은 이 학파와 다소의 유사점을 가지고 있으며 그것의 티벳 계승자로서 간주될 수 있다. 그는 논리학을 전공했으며 디그나가와 다르마키르티의 거의 모든 저작들에 주석을 달았다.[233]

## 14. 세번째 또는 종교적 주석학파

먼저의 것과 마찬가지로, 이 학파는 다르마키르티 저작들의 심오한 의미를 드러내고 그것들의 숨겨진 궁극적인 취지를 밝히려고 노력했다. 그것은 또한 첫번째 학파, 즉 직접적인 의미의 학파와 대표자들을 매우 경멸적으로 다루었다.

그러나 양학파는 그들에게 있어서 무엇이 중심부분이고 무엇이 그 체계의 궁극적인 목적인지를 한정함에 있어서 근본적으로 달랐다. 이 학파에 따르면 《지식론평석》의 목적은 디그나가의 《지식론집성》－이 저술은 순수한 논리학 논문이다－에 주석을 다는 것이 결코 아니라, 절대적 존재[235]와 절대지(智身)[236]라는 그 두가지 국면에 있어서의 불타와 소위 그의 우주신(Cosmical body, 法身)[234]의

---

233) Pramāna-samuccaya, Prmāṇa-vārtika, Pramāṇa-viniščaya, Nyāya-bindu와 Sambandha-parikṣa에 대한 그의 위대한 주석들이 존재하고 있으며, 사본은 As. Petr 박물관에 있다. Tsoñ-khapa의 두 제자, 즉 《지식론평석》에 주석을 다는 방식에 있어서의 Khai-dub과 Rgyal-thsab과의 관계에 대해서는 Loñ-dol (Kloñ-rdol)lama의 Gtan-tshigs-rig-paimiñ-girnams-grañs, f. 2a(A. Vostrikov)를 참조하라.

234) *dharma-kāya.*

235) *svabhāva-kāya.＝ño-bo-ňid-sku*

존재, 전지(全知) 및 다른 속성들을 확립하고 있는 전 대승경전에 주석을 붙이는 것이었다. 이 학파에 있어서 그 체계의 모든 비판적 및 논리학적 부분은 새롭고 순수한 형이상학적 교의를 위한 문제를 해결하는 것 이외에 다른 목적을 가지고 있지 않다. 이 학파에 따르면 다르마키르티 전저작의 중심적이고 가장 중요한 부분은 우리들 지식의 타당성과, 그 기회에, 불교도들에게 있어서의 불교신학(Buddhology)의 제문제인 종교적인 문제들을 다루고 있는 장, 즉《지식론평석》의 두번째 장(전통적인 차례에 있어서)에 포함되어 있다.

이 학파의 창시자는 명백히 벵갈 태생의 사람인 〈프라즈냐카라 굽타(Prajñakara Gupta)〉였다. 타라나타는 그의 생애를 자세히 말하고 있지는 않지만, 그가 불교 공동체의 한 신도였고 팔(Pal)왕조의 마히팔라(Mahīpāla)왕의 계승자인 마하팔라(Mahāpāla, Nayapāla ? ) 왕 하에서 살았다고 말한다. 이것에 의하면 그는 A. D. 11세기에 살았을 것이다. 그러나 이것은 전혀 정확할 수 없는데, 왜냐하면 그의 저술이 10세기에 살았던 〈우다야나－아차랴(Udayana-ācārya)〉에 의해 인용되고 있기 때문이다.[237] 그는 아마도 후자와 동시대인이었을 것이다. 그는 저자 자신이 주석을 단 제1장(전통적인 차례에 있어서의)만을 남겨둔채《지식론평석》의 2－4장에 주석을 달았다. 그 저술은 티벳어 역본으로 탄주르의 두개의 커다란 분책을 채우고 있으며, 제2장에 대한 주석만으로 한 분책의 전부를 차지하고 있다. 그 저술은 주석(*ṭīkā*)이라는 보통의 표제가 주어지지 않고 〈장식(ornament, *alankāra*)〉이라고 불리우며, 저자는 〈장식의 대가〉[238]라는 이름으로 더 잘 알려져 있고 인용되고 있다. 이러한 표제로 그

236) *jñāna-kāya.* =*ye-šes-sku.*

237) Parišuddhi, 730쪽.

238) *rgyan-mkhan-po* = *alankāra-upādhāya.*

는 진정한 주석은 더욱더 많은 지면을 필요로 할 것이며 매우 드물게 볼 수 있는 비범한 이해력을 학생들에게 요구할 것이라는 것을 은연중에 말하고 싶어했다. 따라서 그는 재능이 덜 뛰어난 사람들을 위해서 그 학설의 두드러진 항목들을 분명히 하려고 짧은 《장식(ornamentation)》을 지었다.

그는 격렬하게 데벤드라부디와 직접적인 의미만을 검토하는 그의 방법을 공격한다. 그는 데벤드라부디를 바보라고 부른다.

〈프라즈냐카라 굽타(Prajñākara Gupta)〉 문하생들은 〈지나(Jina)〉, 〈라비 굽타(Ravi Gupta)〉와 〈야마리(Yamāri)〉가 각각 대표자인 세개의 부속학파로 나누어질 수 있다. 지나[239)]는 프라즈냐카라 굽타의 가장 확고하고 활발한 제자인 동시에 그의 사상의 개발자이다. 그에 따르면 《지식론평석》에 있는 장들의 진짜 차례는 다음과 같다. 제1장은 불교신학(Buddhology)을 포함해서 지식의 타당성을 다루고 있다. 그것의 뒤를 감관지각, 추론, 삼단논법에 대한 연구가 둘째, 세째, 그리고 네번째 장을 차지하면서 잇고 있다. 바보 데벤드라부디는 이 분명하고도 당연한 차례를 오해했고 뒤집어놓았는데, 다르마키르티 자신이 제3장—그는 이러저러한 이유로 아마도 그것이 가장 어려운 것이기 때문에, 그 자신이 그 일 전부를 완결할 수 있다는 생각을 가지지 않고, 그의 장년에 스스로가 주석을 달려고 결심했던—의 연들에만 주석을 붙이는 시간을 가졌었다는 사정은 그를 오해하게끔 만들었다. 지나는 라비 굽타가 그의 스승을 잘못 이해했다고 비난한다.

〈라비 굽타〉는 〈프라즈냐카라 굽타〉의 직계 사제자(私第子)였다.

---

239) 타라나타가 언급하고 있지는 않지만, 그의 티벳어 이름 *rgyal-ba-can*은 *je tavān*과 같은 산스크리트 원어를 암시하고 있다. 그는 프라즈냐카라 굽타의 제자인 라비 굽타보다 나중에, 즉 A.D.11세기에 살았음이 틀림없다.

그러나 그의 활동 영역은 아마도 그가 즈냐쉬리와 동시대에 살았던 캐쉬미어였던 것처럼 보인다.[240] 그는 지나보다 더욱 온건한 경향의 대표자이다.

그에 따르면, 《지식론평석》의 진짜 차례는 데벤드라부디가 받아들인 것이다. 그의 견해에 따르면 후자는 매우 총명한 사람은 아니었지만, 그럼에도 불구하고 그의 스승의 주요 저작상의 장들의 차례를 혼동할만한 바보는 아니었다. 그의 견해로는, 다르마키르티의 목표는 종교로서의 대승을 위한 철학적 기초의 확립과 또한 다만 부분적으로 디그나가의 논리학 체계에 주석을 다는 것이었다.

〈프라즈냐카라 굽타〉 학파의 세번째 분파의 대표자는 〈야마리〉였다.[241] 그는 캐쉬미어 사람인 즈냐나쉬리의 직계제자였지만, 그의 활동 영역은 벵갈이었던 것처럼 보인다.

타라나타에 따르면, 그는 팔(Pal)왕조의 나야팔라(Nayapāla)왕의 치세하에 캐쉬미어 학파의 마지막 대표자인 위대한 바라문 샹카라난다(Šankarānanda)와 동시대를 살았다.[242] 이것에 근거해서 이들 양 저술가가 A. D. 11세기에 살았던 것으로 생각할 수 있을 것이다.

라비 굽타의 타협적인 경향은 야마리에게 더욱 더 현저하다. 그

---

240) S. Vidyāvhuṣaṇa, History, 322쪽은 이 라비 굽타를 7세기에 살았던 그 이름을 가진 다른 저술가와 혼동하고 있다. 타라나타, 113과 130쪽을 참조하라.

241) 타라나타, 177쪽(원문)에 따르면, 그는 신도이면서 신비주의자(tantrist)였던 것처럼 보인다.

242) Schiefner와 꼭 같은 방식으로(!), Wassilieff에 의해 239쪽에서 샹카라난다로부터의 인용문들이 다르모타라의 원문에 나타나 있다는 것을 의미하는 것으로 해석되고 있는 타라나타의 History, 188쪽, 원문에 있는 한 절은 《샹카라난다로부터의 인용문들을 주석자 다르모타라의 원문에서 볼 수 있다는 사실에 관해서, 이것은 이 절들이 번역자 Gsham-phan-bzañ-po에 속하는 사본에서 난외의 주로 삽입되어 있다는 사정에 의해서 생겨난 실수라는 것이 명백하다》는 것을 의미한다.

의 저술은 그가 프라즈냐카라 굽타의 저술을 잘못 이해했다고해서 비난한 지나에 반대하는 날카로운 논쟁으로 가득 차 있다. 야마리는 또한 다르마키르티의 직계 사제자(私第子)인 데벤드라부디가 《지식론평석》의 장들의 차례와 같은 기본적인 것을 혼동했을리 없다고 생각한다.

야마리의 저술은 프라즈냐카라 굽타 저술의 세 장들 전부에 대한 주석을 싣고 있다. 그것은 티벳어 탄주르에서 네권의 커다란 책들을 채우고 있으며 그의 동시대인이고 캐쉬미어 학파의 마지막 대표자인 바라문 샹카라난다의 주석서와 같은 포괄적인 규모로 착상되었음에 틀림없다.

이 세번째 주석학파의 모든 저술가들이 신도였고 명백히 탄트라 의식의 추종자들이었다는 것은 이상한 인상을 준다.

내가 알고 있는 한에서는 이 학파는 티벳에서 특별히 계승된 적이 없다. 티벳의 지자(paṇḍit)들 사이에 널리 알려진 전통에 따르자면, 프라즈냐카라 굽타는 극단적인 상대주의자, 즉 마드햐미카-프라상기카(Mādhyamika-Prāsangika)학파의 견지에서 《지식론평석》을 해석했다. 그 학파의 위대한 옹호자인 〈찬드라키르티(Candrakīrti, 月稱)〉는 디그나가의 개혁을 전부 거부했고 바라문교적 니아야 학파의 실재론적 논리학을 더욱 좋아했지만, 프라즈냐카라 굽타는 찬드라키르티와 같은 조건부로, 즉 말하자면 절대는 논리학적 방법으로는 결코 인식될 수 없다는 것과 같은 조건부로 디그나가의 개혁을 받아들이는 것이 가능하다고 생각했다.

〈샨티라크쉬타(Šāntirakṣita)〉와 〈카밀라쉴라(Kamalašīla)〉의 입장이 또한 그러하다. 그들은 디그나가의 체계를 연구했고 그것을 훌륭하게 설명했지만, 중관학파이면서 내심은 종교적인 사람들이었다. 이것은 그들의 다른 저술들에서 분명하게 나타나고 있다. 그들은 마드햐미카-요가차라(Mādhyamika-Yogācāra) 또는 마드햐미카-사우트란티카(Mādhyamika-Sautrāntika)라는 혼성학파에 속한다.

〈사-스캬-팡디타(Sa-skya-paṇḍita)〉가 창설한 티벳 학파는 꽤 다른 입장을 견지하고 있다[243]. 이 저술가는 논리학은 의학 그리고 수학과 꼭 마찬가지로, 불교적인 것은 전혀 포함하고 있지 않은 완전히 이단적인 학문이라고 주장했다. 저명한 역사학자인 〈부똥 린포체(Bu-ston Rin-poche)〉는 동일한 견해를 공유하고 있다. 그러나 현재 널리 퍼진 겔룩빠(Gelugspa)파는 이러한 견해들을 거부하고 다르마키르티의 논리학에서 종교로서의 불교의 확실한 토대를 인정하고 있다.

다음의 표는 《지식론평석》의 해석에 대해서 서로 다른 학파들의 상호연관을 분명하게 보여주고 있다.

다음의 표는 지식론평석의 일곱가지 주석서와 부주석서 사이의 관계를 보여준다. 그 중 다섯은 그 첫번째 장에 대해서는 주석을 달지 않고 있다.

첫번째학파(《언어학적》학파)

《지식론평석》

장. Ⅰ. 자비량(自比量, Svārthānumāna) Ⅱ. 양론(量論, Prāmāṇya-vāda)
Ⅲ. 지각(Pratyakṣa) Ⅳ. 삼단논법(Parārthānumāna)
주석. 자주(自註) → 데벤드라부디의 주석
사캬-부디의 주석

우리는 또한 《지식론평석》에는 주석을 달지 않았지만 다르마키르티의 다른 저작들에 주석을 달았던 비니타데바가 이 학파에 속하는 것으로 보아야 한다.

티벳의 저술가들 중에서는 카이-둡(Mkhas-grub)이 이 학파에 속한다.

두번째 학파(캐쉬미어의 비판학파)

《지식론평석》

장. Ⅰ. 자비량　　Ⅱ. 양　　Ⅲ. 지각　　Ⅳ. 삼단논법
주석.　　자주
　　└→ 샹카라난다의 부주석서(미완성)
갸-짭의 티벳어 주석서

다르모타라가 이 학파에 속하는데, 그는 《지식론결착》과 《정리일적론》에 주석을 달았다. 전자에 주석을 달었던 즈냐나쉬리도 이 학파에 속한다. 그들은 《지식론평석》에는 주석을 달지 않았다.

세번째학파(벵갈의 종교학파)

《지속론평석》

장. Ⅰ. 자비량　　Ⅱ. 양　　Ⅲ. 지각　　Ⅳ. 삼단논법
주석.　　자주　　　　프라즈냐카라 굽타의 프라마나-바르티카-알란카라
(Pramāṇa-Vārtika-alankāra)

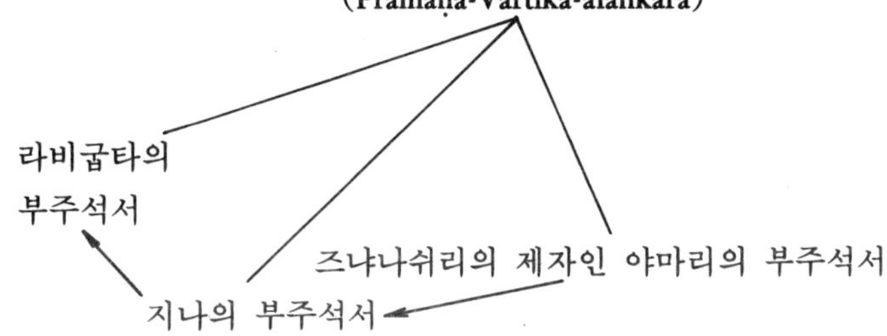


우리에게 알려진한, 이 학파는 티벳에 계승되지 않았다.
주의. 화살표는 공격이 진행된 방향을 나타낸다.

## 15. 불교 이후의 논리학과 인도에 있어서의 실재론과 유명론(唯名論)간의 투쟁

이미 언급한대로 인도철학에 있어서 불교 영향의 고조(高潮)는 약 3세기동안 지속됐으며 하나의 간주곡을 이루었는데, 그 이후 철학은 불교와 어떤 대립도 없는 가운데 인도에서 그 역사적인 생(生)을 계속했다. 은퇴한 불교도들은 바로 곁에 있는 히말라야의 다른 쪽에서 살고 있었고 불교의 영향은 이 새집에서 위대한 학문활동을 일으켰지만, 그럼에도 불구하고 그 두나라간의 친교는 드물었으며 상호이해를 위한 분위기는 좋지 않았다. 인도는 티벳인들에게 여전히 성스러운 나라로 남아있지만, 다만 과거의 인도가 불교도의 인도였을 뿐이다. 새로운 비불교의 인도는 티벳인들에게 매우 생소하여 그들은 거기에서 무엇이 진행되고 있는지를 전혀 모르는 것처럼 보인다.

그러나 불교와의 싸움에서의 승리자들, 즉 바라문교적 철학 학파들은 상당히 변한 조건 속의 투쟁으로부터 나타났지만 그 중 몇몇은 매우 큰 해를 입어서 그것들의 존속은 매우 단명했다. 유물론자들은 불교와 동시에 개별학파로서는 사라졌던 것으로 보인다. 프라브하카라(**Prabhākara**)의 개혁이 있고 난 후의 미맘사 학파는 고대의 희생종교와 함께 사라졌다. 상키야 학파는, 그것을 베단타의 영역에 속하게 한 개혁 이후에 개별학파로서 존재하기를 멈췄다.

두 학파, 즉 일원론적 체계와 많은 대중 종교의 토대로서의 베단타와 초실재론적 논리학의 학파로서의 혼합된 니아야－바이쉐시카

---

243) **Kun-dgaḥ-rhyal-mthsan, Sa-skya**(=*pāṇḍu-bhūmi*) 사원의 위대한 라마들 중의 다섯번째.

가 불교의 영향으로 그 모습이 상당히 수정되었지만 최종적으로 존속하고 있을 뿐이었다. 이것은 티벳과 몽고에 일반적인 상황과 같다. 우리는 거기에서 대중 종교와 다른 한편으로 다르마키르티 논리학 체계의 토대이기도 한 중관학파의 일원론적 체계가 크게 유행하고 있는 것을 볼 수 있다.

그 오랜 수명 동안 니아야 학파는 항상 필연적 실재론이라는 동일한 원리를 옹호했다. 그러나 그것의 적대자들은 다른 방위들로부터 다가왔다. 그것은 소박실재론과 형식논리학으로 시작했으므로 곧 상키야 그리고 불교와 싸우지 않을 수 없었다. 6세기부터 10세기까지 그것은 유명론자이면서 실재론의 가장 확고한 대립자인 불교 논리학자들의 학파와 싸웠다.

위에서 지적한 바와 같이, 독립적인 두 학파는 인도에서 가장 급진적인 실재론의 옹호자였다. 그들에게 있어서는 보편자들 뿐만 아니라 모든 관계들도 객관적 실재와 타당성을 가지고 있는 실제적인 것들, 또는 실제적 《의미들(句義)》[244]이었다. 그것들은 한편으로는 니아야－바이쉐시카 학파 그리고 다른 한편으로는 미맘사 학파였다. 그들의 적대자들은 초기에는 상키야 체계와 소승불교도들이었고, 나중에는 대승 불교도와 베단타였다. 이들 학파들은 실재론을 공격했으며, 보편자들과 내속(Inherence)이라는 범주의 객관적 실재를 거부한 일종의 유명론을 주장했다. 유명론적 비판의 결과는 이 양 학파에 있어서 동일하지 않았다. 니아야－바이쉐시카 학파의 실재론은 공격하는 불교도들에게 전혀 양보하지 않았다. 반대로 그것은 실재론적 입장을 강화했고 불교의 영향에 조금도 굴복하지 않았다. 그들의 적대자들의 강력한 논리학에 쫓겨서 이들 실재론자

244) *padārtha.*

들은 필연적인 가장 멀리 떨어진 깊은 곳으로, 곧 그것의 전적으로 불합리한 그러나 논리적으로 불가피한 결론으로 후퇴했다. 이런 식으로 그들은 완전한 정직(*bona fides*)때문에 실재론을 불합리한 것으로(*ad absurdum*) 만들었다. 그들은 끝까지 실재론자로 남기를 결심한 사람은 누구든지 실재론적인 집안의 삶이 틀림없이 매우 고통스럽게 될 수 밖에 없는 매우 많은 객관적 실재들로 불가피하게 우주를 채워야만 한다는 것을 실제적으로 논증했다. 시간, 공간, 우주의 에테르, 최고의 영혼, 모든 개별적 영혼들, 모든 보편자들 그리고 내속의 범주는 도처에 존재하는 외부의 실재들이다. 비존재의 범주, 모든 운동, 모든 관계와 질, 즉 크기등과 같은 제1차적인 것들과 대상들의 지각할 수 있는 질들 같은 제2차적인 것들과 관계의 관계 조차도—모두 그것들이 속하고 있는 실체들로부터 떨어져 있는 본질적으로(*per se*) 외부의 실재들이다. 이러한 이론들이 불교도들의 공격을 받으면 받을수록 니아야 학파는 그것들을 더욱 더 완강하게 옹호했다. 관계들이 본질적으로 객관적인 실재들이라면, 왜 내속 또한 실재이어선 안되는가? 만약 그것이 하나의 실재라면, 왜 그것은 어디에서나 실체들을 질들과 결합시키는 성질을 바로 이룰 수 있는 유일하고도 편재하는 힘[245]이어서는 안되는가? 최초의 불교논리학자들과 곧 바로 전쟁에 들어갔던 실재론적 관점을 강화하는 이러한 과정이 시작되었다.[246]

245) *samavāya*에 관한 Prašastapāda를 참조하라.

246) 그러나 니아야 학파가 불교의 진전과 다소 비슷함을 보이는 발전을 경험했던 한 대목이 있다. 그들은 불교도들과 꼭 마찬가지로 생명이 없고 유물론적인 열반이라는 그들의 과거의 이상을 버렸으며 불교도들과 같은 범신론적인 것이 아니라 인격신론적 영원성으로 그것을 대신했다. 이러한 열반은 전능자, *īšvara-praṇidhāna*에 대한 영원하고 조용한 정관적(靜觀的)인 봉헌, 즉 예를 들면 Mr. de Port Royal의 한 사람인 M. de Tillemont과 같은 몇몇의 유럽 신비주의자들이 매우 감명적으로 묘사한 것과 비슷한

이 시기동안 니아야 학파는 두명의 주목할만한 사람들, 즉 〈고타마 아크샤파다(Gotama Akṣapāda)〉의 근본적인 금언들에 대한 주석서와 부주석서를 낸 저술가들을 산출했다. 그 중 첫번째이면서 아마도 디그나가와 동시대인인 〈바챠야나 파크쉴라스바민(Vātsyāyana Pakṣilasvāmin)〉은 그 금언들에 대한 전통적인 해석에서 크게 일탈하지는 않고 있다. 그는 단순히 그 유명한 창시자의 시대로부터 그 학파에 통용되었고 구두로 전해진 해석들을 간결한 주석에서 단언하고 있다.[247] 디그나가에서 실재론에 대한 그의 공격을 위한 자료를 제공했던 것은 주로 이 주석이었다. 아마도 다르마키르티보다 손위의 동시대인이었던 그 시기의 저명한 두번째 저술가는 브하라드바자(Bhāradvāja)바라문 〈웃됴타카라(Uddyotakara)〉였다. 그의 부주석서에서 그는 바챠야나(Vātsyāyana)를 옹호하고 맹렬하게 디그나가를 공격한다. 이 사람은 강한 싸움 기질과 매우 달변적인 문체를 가진 저술가이다. 그는 그의 적대자의 견해를 왜곡하고 다소 위협적인 궤변으로 그에게 대답하는 것을 전혀 꺼리지 않는다. 그의 목적은 그 체계에 어떤 변화를 도입하는 것은 아니었지만, 그는 논쟁적인 열정으로 호소했던 그리고 그 이후에 그 체계에 여전히 남아있는 초실재론[248]의 몇가지 특징들에 책임이 있다.

바이쉐시카 철학자인 〈프라샤스타파다〉는 같은 시기에 속함이 틀림없다. 아마도 그는 디그나가보다 손위의 동시대인였음에 틀림없다. 그의 존재론에서 그는 여전히 철두철미하게 실재론적이지만, 그의 논리학은 불교도들에게 강하게 영향받은 것이다.[249]

---

상태에 있다.

247) 그러나 W. Ruben 박사는 그의 저술 《Die Nyāya-sūtra》에서 고타마와 바챠야나 철학들 사이에서 구체적인 차이점들을 찾아내려는 시도를 하고 있다, OLS, 1929, No 11에 있는 이 책에 대한 나의 평론을 참조하라.

248) 예를 들면 不在事物과 감각 기관 사이의 접촉설(*samikarṣa*)-*abháva indri-*

9세기에 니아야 학파는 바라문교적 인도의 박식한 철학자들 중에서 아마도 가장 뛰어난 사람인 〈바차스파티미쉬라(Vācaspati-miš ra)〉를 산출했다. 그의 지식은 압도적이고, 그의 정보는 언제나 직접적인 것이고, 가장 어렵고 난해한 이론들에 대한 그의 설명도 매우 알기 쉬우며, 그의 치우치지 않음은 모범적인 것이다. 그는 새로운 철학적 이론들의 창시자는 아니다. 그러나 그는 참으로 과학적인 정신을 갖춘 철학사가이다. 그의 최초의 저작들 중의 하나인 《니아야－카니카(Nyāya-kaṇikā)》와 그의 마지막이면서 가장 성숙한 위대한 저술인 《니아야－바르티카－타트파리아－티카(Nyāya-vā rtika-tātparya-ṭīkā)》는 거의 전적으로 불교의 이론들에 대한 설명과 반박에 충당된 것이다.[250]

그의 주석가이면서 제자인 〈우다야나－아차랴(Udayana-ācārya)〉 또한 몇가지 저술들 속에서 불교에 대한 논박에 전념하고 있다.

이들 두 저술가는 10세기의 말엽, 즉 니아야 학파의 고대, 곧 그것의 불교와의 투쟁의 시기에 인생을 마감한다. 불교와의 투쟁으로부터 출현한 모습에 있어서의 니아야 논리학의 새로운 학파의 창시자는 〈간게샤－우파디아야(Gangeša-upādhyāya)〉였다. 그의 위대한 저술인 《타트바－친타마니(Tattva-cintāmaṇi)》는 〈디그나가〉와 〈다르마키르티〉의 예를 좇아서 그 배열상 분석적이다. 고타마 금언들의 오래되고 흐트러진 차례는 포기되고 있다. 토론의 기술에 대한 가르침들이 생략되고 있다. 그 주요 주제는 논리학이다. 여기에서 사라진 불교도들을 대신하는 적수는 매우 자주 〈프라브하카라〉와

---

*yeṇa gṛhyate.*

249) 나의 《불교도의 인식론(Erkenntnisstheorie der Buddhisten)》, 부록 II (München, 1924)를 참조하라.

250) 그에 관해서는 Garbe, Der Mondshein, 서론과 H, Jacobi의 축하 기념논문집에 있는 나의 논문을 참조하라.

그의 제자들이다.

실재론적 논리학으로 실재론을 선언하고 지지했던 두번째 학파, 즉 미맘사 학파는 첫번째 것과 같은 실재론적 원리들에 대한 확고부동한 충성을 보여주지는 않았다. 불교의 공격의 영향 하에 있던 그것은 두개의 학파로 갈리게 되었는데, 그 중 하나는 불교적 관점에 매우 중요한 양보를 했다.

이러한 양보가 보편자들의 관념성 내지는 유명성(nomiality)을 인정하고 내재의 범주를 부정하는데 철저하지는 못했지만, 일련의 매우 중요한 문제들에 관해서 그들은 니아야 학파의 초실재론을 삼가했다. 그 학파의 창설자는 유명한 미맘사 학파의 스승이면서 불교의 적대자인 〈쿠마릴라－브핫타(Kumārila-bhaṭṭa)〉의 제자인 〈프라브하카라〉였다.

쿠마릴라의 주요 저술인 《쉴로카바르티카(Šlokavārtika)》는 전적으로 불교에 대립하는 반론으로 가득 차 있는 약 3,500연들로 이루어진 방대한 작품이다. 그러나 이 저작에 있는 불교 논리학자들의 가르침에 대한 정보는 불충분하며 매우 자주 불분명하다. 그 작가는 정열적인 토론가이며 그의 적의 견해의 한쪽으로 치우치지 않는 인용보다는 뛰어나게 재치있는 응답과 기지있는 반론에 더욱 더 많은 관심을 가지고 있다. 그의 주석자인 〈파르타사라티－미쉬라(Pārthasārati-mišra)〉는 매우 자주 그 결함을 메우고 있다. 그는 또한 주로 불교에 대한 논박에 충당되고 있는 독자적인 논문인 《샤스트라－디피카(Šastra-dīpikā)》의 저자이기도 하다.

〈프라브하카라〉[251]는 불교의 진짜 사생아이다. 〈쿠마릴라〉의 제자

251) 프라브하카라에 관해서는 그의 Pañcapadārtha(Chowkhamba), Pārtha-sāra-thi-mišra의 Šástradípikā *passim*, Indian Thought에 있는 G. Jha의 논문과 H. Jacobi 교수의 축하 기념논문집에 있는 나의 논문을 참조하라.

이고 같은 학파에 속하고는 있지만, 그는 그의 스승의 초실재론을 배반했고 그로부터 보다 당연한 견해 쪽으로 벗어났다. 〈쿠마릴라〉에 따르자면 시간, 공간, 우주의 에테르, 운동 그리고 비존재는 감각에 의해 지각되는 것이었다. 프라브하카라는 이것을 부정했다. 그에 따르면 비존재의 지각(無所得)[252]은 단순히 빈공간의 지각이었다. 이점에 있어서 그는 불교도들과 일치했다. 그는 또한 차별성의 무지각(non-perception)에 기인하는 것과 같은 환각이라는 가장 중요한 문제에 있어서 그들과 일치했다.[253] 그는 모든 의식의 본질적인 특징으로 내성(introspection)[254]을 인정했다. 그는 주체와 객체의 근본적인 통일과 인식행위[255] 그리고 불교도들과 일치하고 그의 스승에 대립하는 다른 많은 세부사항들을 받아들였고 그렇게 해서 미맘사 신학자들의 실재론적 학파의 새 분파를 설립하게 되었다. 니아야 학파의 논리학자들은 고(古)미맘사학파의 편에 섰고 〈프라브하카라〉의 제자들과 싸웠다. 다음 세기들은 두 미맘사 학파의 쇠퇴와 소멸을 목격했다. 그러나 실재론에 대한 새롭고 강력한 적대자는 모든 분파들을 포함한 개혁된 베단타의 모습으로 나타났다.

이러한 측면으로부터 실재론에 대립한 가장 전형적인 공격자가운데 한 사람은 유명한 〈쉬리하르샤(Šrīharṣa)〉이다. 그의 《칸다나－칸다－카디아(Khaṇḍana-khaṇḍa-khādya)》에서 그는 실재론과의 싸움에서 중관학파와 일치하는, 즉 〈샹카라－아챠라(Šankara-ācārya)〉가 애써서 숨기려고 했던 상황에 있었다는 것을 공공연하게 고백하고 있다. 쉬리하르샤는 《중관학파와 다른 이들(대승론자들)이

---

252) *anupalabdhi.*
253) *bheda-agraha＝akhyāti.*
254) *sva-saṃvedana.*
255) *tri-puṭī＝pramātṛ-pramāṇa-prameya.*

주장하고 있는 것의 본질을 거부하는 것은 불가능하다》고 주장한다.[256]

불교의 전파이후에 그 학파들은 불교의 영향에 굴복했다고 서로를 의심하는 듯이 비난하고 있었다. 베단타 학파는 바이쉐시카 학파가 변장한 불교도들이라고 비난했는데,[257] 그 이유는 그 학파가 운동, 소리, 사유 등과 같은 실재들의 찰나적 성질을 인정했기 때문이다. 역으로 바이쉐시카는 베단타가, 불교도와 마찬가지로, 외부세계의 궁극적 실재성을 부정한다고 비난했다. 〈프라브하카라〉는 일반적으로 '불교도들의 친구'[258] 등등이라고 비난받았다.

〈간게사－우파드하야(Gangeša-upādhyāya)〉의 제자들이 두르방가(Durbhanga)로 부터 벵갈로 이주해 와서 누데아(Nuddea)에 그들의 안식처를 세웠을 때, 고대의 전투적인 정신은 보다 차분한 태도에 양보했던 것처럼 보인다. 새로운 학파는 삼단논법의 문제에 그들의 모든 주의를 집중했고 주로 삼단논법과정의 모든 세부사항들에 대한 새롭고 몹시 미묘한 정의들을 찾는데 종사하고 있었다. 인도에서의 논리학은 다시 본질적으로 시작의 상태, 즉 형식논리학의 체계가 되었다.

이와 같이 인도의 논리학사는 300년 이상의 뛰어난 불교의 간주곡과 모든 종류의 적대자들과 대립하는 끊임없는 싸움을 가진 2000년 이상의 전개를 보여주고 있다.

## 16. 중국과 일본의 불교 논리학.

불교 이전의 고대중국은 약간의 논리학적 문제들에 대한 본래의

256) 52쪽, 주 150을 참조하라.
257) *pracchanna-bauddha.*
258) *bauddha-bandhuḥ.*

매우 원시적인 가르침을 가지고 있었지만,[259] 그것은 분명히 큰 인기를 끌지 못했고 뒤에 불교의 전도자들과 순례자들에 의해 소개된 불교 논리학과 전혀 관련을 맺지않고 있다. 이 새로운 논리학은 두 번에 걸쳐 인도로부터 수입되었는데, 첫번째는 A. D. 6세기에 인도인 전도자 〈파라마르타(Paramartha, 귀義)〉에 의한 것이고, 두번째는 중국인 순례자 〈현장(玄奘)〉에 의해 7세기에 이루어졌다. 파라마르타는 바수반두의 작이라고 일컬어지는 세가지 저술들, 말하자면 《여실론(如實論=tarka-šāstra)》, 《반힐론(反詰論)=paripṛcchā-šāstra ? 》, 그리고 《타부론(墮負論)=nigraha-sthāna-šāstra》을 들여와서 번역했다.[260] 그것들은 세개의 개별적인 항목들로서 삼장(三藏)에 들어있다.[261] 삼장은 그 당시 앞서말한 파라마르타가 편찬한, 이 저술들에 대한 주석서인 세권의 보다 세분된 분책들을 포함하고 있었다. 삼장의 보다 후기의 목록에 기입되어 있는 것은 세권의 분책으로 된 이 세권의 저술들이 점차 한권으로 된 하나의 저술로 줄어들었고, 그 주석서들은 모두 망실되었다는 것을 암시해 준다. 그러나 이 하나뿐인 분책은 구사론이라는 제목을 가지고 있기는 하지만 십중팔구 모두 세권인 저술들로부터의 단편에 지나지 않는 것을 싣고있다.

게다가 우리는 현장의 제자들이 편찬한 《인명정리문론(因明正理門論, Nyāya-mukha)》와 《인명입정리론(因明入正理論, Nyāya-praveša)》의 번역본들에 대한 중국어 주석서들로부터 그들이 《논궤(論軌, Vāda-vidhi)[262]》, 《논식(論式, Vāda-vidhāna)》과 《논심(論心, Vāda-hṛ

259) Hu-shih, The development of th Logical method in ancient china, shanghai, 1922와 M. H. Maspero's article in T'oung-pao, 1927, Notes sur la logique de Mo-tseu et école을 참조하라.

260) Boris Vassiliev, 앞의 책을 참조하라.

261) Chung-ching-mu-lu catalogue, *Buniu Nanjio* No. 1608과 Li-tai-san-pao-chi 같은 책, No. 1504를 참조하라.

daya)》이라고 불리우는 바수반두의 세가지 논리학적 저술들을 알고 있었다는 것을 알 수 있다. 이 저술들의 몇몇 단편들은 분명히 현재 구사론이라는 제목 아래 삼장 목록에 들어있는 분책에 보존되어 있다.

아상가 저술들의 논리학적 부분에 대한 번역본들은 같은 시기에 속함에 틀림없다.[263)]

논리학의 이러한 첫번째 수입은 분명히 아무런 결과들도 가지지 못했다. 그것은 주석서라는 모습으로도, 독창적인 저술의 모습으로도 아무런 토착적 논리학 문헌을 낳지 못했다.[264)] 그것이 점차 하나뿐인 분책으로 줄어들었고 오늘날까지 보존되어 있는 이 하나뿐인 분책이 단지 단편들에 지나지 않는 것으로 이루어져 있다는 사실은 그 저술이 무시되었다는 것을 분명히 보여주는 것이다.

논리학의 중국으로의 두번째 도입과 그 나라로부터 일본으로의 전파는 현장에 기인한 것이다.[265)]

인도로부터의 귀국길에 그는 두권의 논리학 저술들을 가지고 와서 번역했는데, 그 하나는 〈디그나가〉의 《인명정리문론(=Nyāya-dvāra)》이고, 다른 하나는 〈샹카라스바민(Šankara-svāmin)〉의 《인명입정리론》이다.[266)] 이 양저술들은 디그나가의 제자인 샹카라스바민의 중요하지 않은 수정 및 부기와 함께 디그나가 논리학의 형식적

---

262) 그러나 *Tucci*가 추측하고 있는 Vāda-vidhāna는 아니다.

263) G. Tucci, IRAS, July 1929, 452쪽 이하를 참조하라.

264) 그러나 같은 책, 453쪽을 참조하라.

265) S. Sugiura, Indian logic as preserved in China, Philadelphia, 1900을 참조하라.

266) 이러한 저술들의 기원에 관해서는 the Bulletin de l'Acad. Sciences de I'URS, 1926, 975-982쪽에 있는 M. Tubiansky 교수의 논문과 Tucci, 앞의 책을 참조하라.

인 부분의 요약을 싣고 있는 매우 짧은 소책자이다. 비불교적 체계들과의 논쟁들 모두는 물론, 철학적이고 인식론적인 부분은 그것들 속에서는 무시되고 있다. 그것들은 초학자들을 위해서 모든 어려운 문제들이 신중하게 삭제된 짧은 입문서들의 특징을 지니고 있다. 다르마키르티의 일곱가지 논문들은 물론 디그나가의 기본저술인 《집량론》 및 학파들과 부속학파들의 분할에 따른 주석서들의 방대한 문헌은 중국과 일본에 그다지 알려져 있지않다.[267] 인도에서 그 시대의 가장 유명한 스승들의 지도하에 디그나가의 논리학 체계를 공부했다고 믿어지고 있는 현장으로 하여금 번역을 위해 거의 동일한, 짧은 입문서들만을 선택하게한 이유들이 무엇이었는지를 현재의 우리들로서는 해결하기 어렵다. 가장 그럴싸한 설명은 그 자신이 불교의 종교적 측면에 더욱 더 많은 관심이 있었고 논리학적 및 인식론적 물음에는 다만 보통의 흥미만을 느꼈다는 것이라고 말할 수 있다.

그러나 중국에 있어서의 불교 논리학의 이러한 두번째 도입은 여전히 결과가 없는 것은 아니었다. 샹카라-스바민의 입문서에 대한 주석서와 부주석서가 상당히 늘어났다. 현장의 제자들 중에는 규기(窺基)라는 이름을 가진 사람이 있었는데, 그는 전공으로 논리학을 취했다. 한편으로는 디그나가의 입문서 그리고 다른 한편으로는 현장의 강의에 근거한 노트들을 가지고 그는 샹카라-스바민의 인명입정리론에 대한 6권의 주석서를 썼다. 이것이 논리학에 관한 표준적인 중국어 저술이다. 그것은 그후 줄곧 《위대한 주석서》로 알려져 왔다.[268]

---

267) 그러나 J. Tucci, JBAS, 1928, 10쪽을 참조하라. B. Vassiliev는 중국인이 다만 소문으로 《집량론》에 관해서 알고 있었다고 생각한다.

268) Sugiura, 39쪽을 참조하라. 현장의 논리학파에 관해서는 또한 B. Vassiliev

불교 논리학은 A. D. 7세기에 일본인 승려 〈도쇼〉에 의해 중국으로부터 일본으로 수입되었다. 그는 스승으로서의 현장의 명성에 매료되었다. 그는 중국으로 건너갔고 거기에서 그 위대한 스승의 개인적 지도 하에 논리학을 연구했다. 그는 귀국해서 뒤에 남당(南堂)이라는 이름을 부여받은 논리학파를 창립했다.

그 다음 세기에 〈겜보〉라는 승려가 중국에서 그 《위대한 주석서》와 다른 논리학 저술들을 가져왔다. 그는 북당(北堂)이라는 이름을 부여받은 일본의 신논리 학파의 창설자가 되었다.[269)]

적지않게 보이는 이 모든 문헌 중에서 그 내용과 고유한 가치의 세부사항에 관하여 유럽에 알려져 있는 것은 지금까지도 하나도 없다.

## 17. 티벳과 몽고의 불교 논리학

티벳과 몽고에서의 불교 논리학의 운명은 상당히 달랐다. 가장 처음 부분이라고 할 수 있는 바수반두의 세 저작은 약간의 인용을 별도로 한다면 이들 나라에 거의 알려져 있지 않다. 그것들은 틀림없이 결코 번역되지 않았거나 그 이후의 문헌으로 대신되었다. 그러나 디그나가의 주요 저술들, 《집량론》에 대한 지넨드라부디의 위대한 주석서, 다르마키르티의 일곱가지 논문들, 《지식론평석》에 대한 일곱가지 위대한 주석서들 전부, 다르모타라와 다른 많은 불교 논리학자들의 저술들, 이 모든 문헌은 신뢰할 수 있는 티벳어 번역본들 속에 보존되어 있다. 불교적 인도와 불교적 티벳간의 교류는

---

가 모은 정보, 앞의 책을 참조하라.

269) 같은 책, 40쪽.

샨티라크쉬타와 쿠말라쉴라가 그 눈의 나라를 방문한 이후 매우 활발하게 되었음이 틀림없다. 인도 불교도의 주목할만한 모든 저술이 즉각 티벳어로 번역되었다. 인도 본토에서 불교가 쇠퇴하게 되었을 때, 티벳 승려들의 논리학에 관한 고유의 독자적인 티벳어 문헌이 점차로 발전 하였고 인도의 전통을 지속시켰다. 논리학에 관한 티벳의 독창적 문헌이 A. D. 12세기, 즉 불교가 북인도에서 쇠퇴하게된 바로 그때에 나타나고 있다. 그것의 역사는 두시기로 나누어질 수 있는데, 그것은 즉 쫑카파(Tsoñ-khapa)(1357－1419) 시대까지의 오래된 것과 쫑카파(Tsoñ-khapa) 이후의 새로운 것이다.

논리학에 관한 독자적인 저술을 지은 최초의 저술가는 〈차바－쵸이키－센게(Chabachoikyi-Senge,[270] 1109－1169)〉이다. 그는 결과적으로 약간 언급될 특수한 티벳적 논리학 양식의 창시자이다. 그는 다르마키르티의 《지식론결착》에 대한 주석서와 그 자신의 설명이 붙어있고 기억하기 쉬운 운문으로 되어있는 논리학에 관한 독자적인 저술을 지었다. 그의 제자인 〈창－나빠－쫀－두이－센게(Tsañ-nagpa-tson-ḍui-senge)〉도 또한 《지식론결착》에 대한 또 하나의 주석서를 썼다.[271]

이 시기의 고전 티벳어 저술은 〈사－스캬(Sa-skya)〉 지역의 제5대 위대한 라마, 즉 저명한 〈사－스캬－팡디타－쿠가걀－짠(Sa-skya-paṇḍita Kugagyal-mtshan, 1182－1251)〉에 의해 산출되었다. 그것은 저자 자신의 주가 달린 기억하기 쉬운 운문으로 되어있는 짧은 논문이다. 그것의 제목은 《짜마－릭빠이－터(Tshadma-rigspai-gter＝pramāṇa-nyāya-nidhi)》이다. 그의 제자인 〈유빠－릭빠이－센게(Uyu-gpa-rigspai-senge)〉는 《지식론평석》 전부에 대한 상세한 주석서를

270) Phyva-pa-chos-kyi-señ-ge, Cha-pa라고도 씀.

집필했다. 이 저술은 티벳인들에게 커다란 호평을 받고 있다.

이 시기의 마지막 저술가는 〈렌다빠-존누-로도이(Reñdapa-zhonnu-loḍoi,[272] 1349-1412)〉였다. 그는 쫑카파(Tsoñ-khapa)의 스승이었고 디그나가 체계의 일반적인 경향에 대한 독립적인 저술의 저자였다.

새로운 시기의 문헌은 체계적인 저술들과 학파용 입문서들(school-manuals)로 나누어질 수 있다. 쫑카파(Tsoñ-khapa) 스스로는 단지 짧은 《다르마키르티의 일곱가지 논문 연구입문서》만을 썼다. 그의 유명한 세 제자인 걀-짭(Rgyal-thsab, 1346-1432)〉, 〈카이둡(Khai-ḍub, 1385-1438)〉과 〈게둔-둡(Gedun-ḍub, 1391-1474)은 디그나가와 다르마키르티의 거의 모든 저작에 대한 주석서들을 집필했다. 이 분야에서의 학문상의 생산은 결코 멈춘 적이 없으며 현재까지 계속되고 있다. 티벳과 몽고의 모든 승원인쇄소에서 인쇄된 저술들의 양은 막대하다.

티벳의 위대한 라마들은 주로 서로 다른 승원들에서 그들에 의해 창립된 서로 다른 학파들을 위해서 승원학파들의 논리학 연구를 위한 입문서들을 집필했다. 사-스캬-팡디타(Sa-skya-paṇḍita) 승원의 오랜 전통을 잇고 있는 한 세트의 입문서들이 있다. 쫑카파(Tsoñkhapa)가 창립한 새로운 학파에 속하는 승원들에는 적어도 10개의 상이한 학파들이 있는데, 그 각각은 그 자체의 입문서 세트와 학문적 전통을 가지고 있다. 〈타슈-룬포(Ṭašiy-lhuñpo)[273]〉 승원에는 그 승원의 서로 다른 위대한 라마들이 집필한 입문서들을 가지고 있는 세개의 상이한 학파들[274]만 있을 뿐이다. 〈세라(Sera)[275]〉 승

271) Gtsañ-nag-pa-brtson-ḥgrus-señ-ge.

272) Ren-mdaḥ-pa-gzhon-nu-blo-gros.

273) Bkra-šis-lhuñ-po, 1477년에 중앙 티벳에 설립됨.

원은 둘[276]; 〈브라이—푼(Brai-puñ)[277]〉—둘[278]; 그리고 〈겔단(Galdan)[279]〉—셋[280]을 가지고 있다. 다른 모든 승원의 학파들은 하나 또는 다른 전통을 따르고 있으며 부합하는 입문서들을 받아들이고 있다.

전 몽고는 유명한 위대한 라마인 〈잠—얀—자—빠(Jam-yan-zhadpa,[282] 1648—1722)〉가 세운 학파인 〈브라이—푼(Brai-pun)〉 승원의 〈고만(Goman)[281]〉 학파의 전통을 따르고 있다. 불교학습의 모든 분야에 관한 저술들의 전 총서의 저자인 이 비범한 사람은 동티벳의 암도(Amdo) 출신이었지만, 그는 중앙티벳에 있는 브라이—푼(Braipun) 승원의 〈로살린(Losalin)〉 학파에서 공부했다. 그는 그의 스승과 의견을 달리하였고 본국으로 돌아가서 암도에 새 승원인 〈라브랑(Labrang)[283]〉을 세웠다. 그것은 심오한 학문의 중심지 및 전 몽고의 영적 수도로서 유명하게 되었다. 잠—얀—자빠(Jam-yan-zhadpa)가 라이프니츠(Leibniz)[284]와 정확히 동시대인이었다는 것에 주목하는 것은 흥미롭다.

---

274) Thos-bsam-gliñ-grva-tshañ, Dkyil-khañ grva-tshañ과 Šar-rtse grva-tshañ.
275) Se-ra, 1419년에 중앙 티벳에 설립됨.
276) Se-ra-byes grva-tshañ과 Se-ra-smad-thos-bsam-nor-bu-gliñ grva-tshañ.
277) Hbras-spuñs, 1416년에 설립됨.
278) Blo-gsal-gliñ grva-tshañ Sgo-mañ grva-tshañ.
279) Dgaḥ-ldan, Tsoñ-khapa가 1409년에 세움.
280) Byañ-rtse grva-tshañ, Šar-rtse grva-tshañ과 Mñaḥ-ris grva-tshañ, 마지막 학파는 1342년에 제2대 달라이 라마에 의해 세워짐.
281) Sgo-mañ.
282) Hjam-dbyañ-bzhad-pa Nāg-dhañ-brtson-grus.
283) Bla-brañ.
284) 이 위대한 두사람의 경탄할 만한 지적 활동은 그들이 모든 것을 다 알고 있다는 생각을 자아내게 했는데; Jam-yan의 칭호는 《모든 것을 다 알고 있는(kun-mkhyen) 라마》이고, 라이프니츠는 《모든 것을 다 알고 있는 사람(der All-und Ganzwisser)》이다. (E. Du Bois-Reymond).

승원학파들의 논리학 과정은 약 4년간 지속된다. 이 시기동안 다르마키르티의 《지식론평석》의 2000남짓의 기억하기 쉬운 운문들을 암기하게 된다. 그것들은 이 학급에서 연구되는 기본적인 저술(*mu ̄la*, 根本)이며 또한 직접 인도에서 온 유일한 저술이기도 하다. 그 설명은 10개의 티벳 학파 중의 하나의 입문서들에 따라 연구된다. 인도인의 주석서들과 그 저술의 첫번째 책에 관한 다르마키르티 자신의 주석서 조차도 무시되고 있으며, 그것들은 완전히 티벳어 저술들로 대신되게 되었다.

티벳에서 다르마키르티의 한 저술, 즉 《지식평론석》에 주어진 비상한 우위는 주목할만 하다. 그것만이 모든 사람들에 의해서 연구되고 있을 뿐이다. 디그나가, 다르모타라 및 다른 유명한 저술가들의 저작들은 물론 그의 다른 저술들은 훨씬 적은 주목을 받았고 대다수의 박식한 라마들도 거의 그것들을 잊고 있다. 보스트리코프(Vostrikov)씨에 의하면 그 이유는 종교로서의 불교에 대한 옹호를 포함하고 있는 장인 《지식론평석》의 장들의 전통적인 차례상의 제2장 때문이다. 실로 논리학에 있어서의 티벳인들의 관심은 주로 종교적인 것이며 ; 논리학은 그들에게 있어서 종교의 시녀(*ancilla religionis*)이다. 다르마키르티의 논리학은 경험에 의해 보증되지 않는 모든 신념들의 비판적 및 변증법적 파괴에 적합한 뛰어난 무기이지만, 《지식론평석》의 제2장은 절대적이고 전지적인 존재의 현존에 대한 비판적으로 정제된 믿음의 확립을 위한 틈을 남겨두고 있다.

바수반두, 디그나가 및 다르모타라의 저술들은 물론 다르마키르티의 다른 모든 저술들도 불타와 동일시되는 전지적 존재에 관해서는 비판적인 불가지론적 견해에 가깝다.

대체적으로 논리학은 티벳에서 거의 어떤 커다란 진보도 없었다. 다르마키르티는 그것에 그 마지막 형식을 부여했다. 티벳에서의 그의 지위는 유럽 논리학에서의 아리스토텔레스의 지위와 비교될 수 있다. 따라서 티벳의 논리학 문헌은 중세 유럽의 스콜라 문헌에 해당될 것이다. 그것이 주로 열중하고 있는 문제는 극단적인 정확성과 모든 정의들의 스콜라적 미묘함 그리고 모든 과학적 사유를 정식 삼단논법의 세 개념으로 축소시키는데 있었다. 삼단논법이 표현될 수 있는 명제들의 형식은 관계가 없으며, 다만 세 개념들만 중요할 뿐이다.

논설에 있어서의 사유의 연관은 한층 더한 삼단논법으로 모든 삼단논법을 뒷받침하는데 있다. 그러므로 첫번째 삼단논법의 전제는 첫번째 원리가 달성될때까지 두번째 삼단논법 등등의 대개념이 된다. 따라서 그 연관은 다음과 같은 형식을 부여받는다 : S와 P가 있다고 한다면 그 때문에 M이 있다 ; 이것은 정말로 그렇다(바꿔 말하면, 정말로 M이 있다), 그 때문에 N이 있다 ; 이것은 다시 O 등등이 있기 때문에 정말로 그렇다. 이러한 모든 전제들은 논적에 의해서 틀린 것이나 불확실한 것으로 거부될 수 있다. 특별한 문어체가 그러한 일련의 추론의 간단한 공식화를 위해서 창출되었고, 그것은 '연속과 전제'[285]의 방법이라고 불리우며, 라마 차바-쵸이키-센게(Chaba-choikyi-senge)가 그것을 확립했다고 한다.

이와 같이 인도에서의 불교 소멸 이후에 논리학이 촉진되었던 세곳의 상이한 중심지들이 동양에 남아있게 되었는데, 그곳은 1) 바라문교적 니아야-바이쉐시카 체계가 살아 남아서 불교와 투쟁했던 그 형태로 계속 연마되었던 벵갈의 누데아, 2) 샹카라-스바민의 《인명입정리론》에 기초를 둔 체계가 연구되었던 중국과 일본, 3) 다르마키르티의 《지식론평석》에 대한 연구가 모든 학식의 토대

285) *thal-phyir*. A. 보스트리코프는 이 방법에 관한 논문을 준비하고 있다.

가 된 티벳과 몽고의 승원들이다.

이러한 세중심지들 중에서 티벳이 가장 중요하다. 티벳은 인도문명의 황금시대에 있어서의 인도철학의 최상의 업적들을 충실하게 보존하고 있다.[286)]

인도와 티벳의 원전들에 근거를 둔 이 체계에 대한 분석은, 현재 그것들에 대한 우리의 제한된 지식이 미치는 한, 우리들의 이 저작의 주제를 이룰 것이다.

---

286) 논리학에 관한 티벳어 문헌의 보다 상세한 개관은, B. Baradiin, The monastic schools of Tibet.(우리 학회의 한 회합에서 발표된 논문)을 참조하라.

# 제 1 부
# 실재와 지식
# (Prāmāṇya-Vāda)

## 1. 불교 논리학의 범위와 목적

《올바른 지식은 (반드시) 모든 성공적인 인간행동에 앞선다. 따라서 그것을 연구해 보고자 한다》.[1] 〈다르마키르티〉는 이렇게 말함으로써 그의 저술이 헌신하고자 하는 학문의 범위와 목적[2]을 한정하고 있다. 인간의 목적은 긍정적이거나 부정적인 것,[3] 또는 바람직한 것이거나 바람직하지 않은 것이다. 합목적적인 행동[4]은 바람직한 것을 얻고 바람직하지 못한 것을 피하는데 있다. 올바른 인식[5]은 성공적인 인식인데, 말하자면 그것은 역으로 성공적인 행동[7]이 뒤따르는 결단 또는 판단[6]이 뒤를 잇는 인식이다. 잘못 인도되거나 예상과 소망에 있어서 지각력이 있는 존재(有情者)들을 기만하는 인식은 오류 또는 잘못된 인식[8]이다. 오류와 의심[9]은 올바른 인식

---

1) NB., 번역 1쪽.
2) *abhidheya-prayojane.*
3) *heya-upādeya.*
4) *pravṛtti=artha-kriyā.*
5) *samyag-jñāna=pramāṇa.*
6) *adhyavasāya=niş̌caya.*
7) *puruṣārtha-siddhi.*
8) *mithyā-jñāna.*
9) *saṃšaya-viparyayāu.*

의 반대이다. 그리고 또 의심은 두가지 종류로 되어있다. 어느 쪽이든지 그것을 전혀 지식이라고 할 수 없는 완전한 의심인데, 왜냐하면 그것은 아무런 결단 그리고 판단도 포함하고 있지 않기 때문이다. 어떤 합목적적인 행동도 그러한 의심의 뒤를 잇지 않는다. 그러나 그것이 다소간의 성공[10)]에 대한 기대 내지는 실패[11)]에 대한 우려를 포함하고 있는 경우, 올바른 지식과 꼭 마찬가지로 그때 판단과 행동이 그것의 뒤를 잇는다.

농부는 풍작을 확신할 수는 없지만, 그것을 기대하고 행동을 취한다.[12)] 그의 아내는 탁발승이 그녀를 찾아오지 않을 것이고 그에게 다른 사람들을 위해 준비된 음식을 줄 필요가 없을 것이라고 확신할 수는 없지만, 그녀는 아마도 아무도 오지 않을 것이라고 예상하고 노상(爐床)위에 항아리를 얹어둔다.[13)]

〈다르마키르티〉의 정의는 그것이 씌어있는대로 현대 심리학에서 받아들여지고 있는 것과 그다지 멀리 떨어져 있지 않다. 심리학은 정신적 현상들에 대한 과학으로 정의되며, 정신적 현상들이라고 하는 것은 '미래의 목표들의 수행과 그 성취에 적합한 수단의 선택'으로 특징지워지는 것들이다.[14)] 이러한 인도의 과학의 범위는 다만 인식상의 정신적 현상들, 진리와 오류 그리고 인간의 지식에 대한 연구에 한정되어 있을 뿐이다. 마음의 감정적 요소들은 이러한 과학에서는 연구되지 않고 있다. 지식의 현상에 대한 바로 그 정의에서 볼때 그것은 매우 미묘하기는 하지만 모든 인식에 있어서 항상

---

10) *artha-saṃśaya.*

11) *anartha-saṃśaya.*

12) TSP., 3쪽 5행.

13) 같은책, SDS., 4쪽을 참조하라.

14) W. James, Psychology, I. 8(1890).

소망 내지는 혐오라고 할 수 있는 감정이 있다는 것을 이해하고 있다.[15] 이러한 사실은, 자아라고 불리우는 것의 본질이 바로 그 감정적인 부분으로 이루어져 있다고 생각되므로, 불교의 인식론에 있어서 상당한 중요성을 가지고 있다. 그러나 모든 감정과 그것들의 도덕적 가치에 대한 자세한 고찰은 다른 불교학의 주제를 이루고 있으며[16] 진리와 오류의 연구라는 문맥으로는 다루어지지 않고 있다.

서문에서 언급한대로, 불교 논리학은 일반적인 인간의 모든 지식을 가망성없는 모순에 사로잡혀 있는 것으로 비난하는 상대를 가리지 않는 회의론적 체계에 대한 반동으로 나타났다. 따라서 그것이 관계하고 있는 근본적인 질문은 우리의 지식, 말하자면 모든 성공적인 합목적적 행동에 선행하는 그 정신적 현상의 확실성에 관한 것이다. 그것은 우리들 지식의 근원인 감각, 반영, 개념, 판단 및 추론을 연구하고 또한 삼단논법과 논리적 오류에 관한 상세한 학설을 포함하고 있다.

따라서 그것은 인식된 대상들의 실재성 문제와 개념적 사유의 유효성에 부딪치고 있다. 일련의 문제가 발생한다. 실재란 무엇이

15) 지식을 인간의 소망 내지는 혐오에 의지하는 것으로 생각하고 있는 올바른 지식에 대한 이러한 정의는 실재론자들로부터 반발을 샀다. 그들은 예를 들면 관찰자의 의지에 의존하지 않는 달과 별들에 대한 올바른 인식이 있으며, 그것들은 대상들의 바람직한 또는 바람직하지 못한 부문에 포함될 수 없고, 그것들은 단순히 얻을 수 없는 것들이라는 사실을 지적했다. 불교도는 대상들에는 오직 두가지 부문, 즉 바람직한 것과 해롭거나 단지 얻을 수 없거나 간에 바람직한 이유를 갖지 않는 것이 있으므로, 얻을 수 없는 것은 바람직하지 못한 것 속에 포함되어야만 한다고 말함으로써 이러한 반대에 대답하고 있다. Tātp., 15쪽 7행 이하를 참조하라.

16) 모든 감정을 포함하고 있는 정신적 현상들의 완전한 분류는 *abbhidharma*의 주요 부분이다. CC, 100 이하를 참조하라.

며, 사유란 무엇인가? 그것들은 어떻게 연관되어 있는가? 있는 그대로의 실재[17]란 무엇이고 순수한 사유[18]란 무엇인가? 인과관계의 유효성[19]이란 무엇인가?

의식의 잠재적인 부분은 연구되어야 할 주제가 아니다. 불교 논리학은 단지 추리적 사유와 다음에 계속되는 합목적적 행동들의 확인할 수 있는 근원들인 그러한 인식들만을 연구할 것을 선언한다. 그것은 본능과 동물적 사고를 고려하지 않고 있는데, 후자는 언제나 다소 본능적이고, 합목적적 행동은 들어오는 자극을 직접적으로 그리고 준자동적으로[20] 바싹 뒤따르기 때문인데 ; 그 인과관계 사슬의 중간에 있는 구성 요소들의 존재는 확인할 수 없다. 신생아와 동물들은 단지 출생전에 접합[22]된 것일 뿐인 감각과 본능[21]을 부여받고는 있지만, 그들은 완전한 추리적 추론[23]을 가지지 못한다. 〈다르모타라〉는 다음과 같은 방식으로 이 주제에 관해서 말하고 있다[24] : 《올바른 지식은 두가지인데, 그것은 (직접적으로) 올바른 행동 방식 속에 반영되는 것과 같은 (본능적인 것)이거나, 우리들의 주의를 성공적인 행동의 가능한 대상으로 향하게 하는 (추리적인) 것이다. 이 두가지 중에서 다만 마지막 종류, 즉 합목적적 행동을 자극하는 지식만이 여기에서 검토될 것이다. 그것은 항상 합목적적 행동에 선행하지만, (그러한 행동의 모습으로) 직접적으로 나타나지는 않

17) *sattā-mātra.*

18) *kalpanā-mātra.*

19) *artha-khiyā-samartha.*

20) *avicāratah=āpātataḥ.*

21) *vāsanā=bhāvanā.*

22) *prāg-bhavīa bhāvanā=avicārita-anusandhāna.* 동물과 인간의 본능에 관해서는 NK., 252쪽을 참조하라.

23) *pramāṇa=pramāṇa-bhūtā bhāvanā.*

24) NBT., 번역 9-10쪽.

는다. 우리가 올바른 지식을 획득할때 우리는 이전에 우리가 본 것을 기억해야만 한다. 기억은 의지를 자극한다. 의지는 행동을 산출하고, 행동은 목적을 달성한다. 따라서 그것은 직접원인(말하자면, 인과관계의 어떤 중간적 사슬을 가지고 있지 않는 원인)이 아니다. 합목적적 행동이 직접적으로 나타나고 목적이 곧장 이루어지는 경우에(지식은 본능적이며) 그것은 분석을 허용하지 않는다》.

따라서 불교 논리학에서 분석되고 있는 것은 바로 우리의 추리적 사유이다. 이 주제는 각각 지식의 근원, 그것의 형식들과 언어적 표현에 충당되고 있는 세 주요 부분으로 나누어져 있다.

이러한 세가지 주된 주제들은 감관지각, 추론, 삼단논법이라고 칭해지고, 또한 그것들은 외부의 실재에 대한 우리들의 지식의 제1의 근원인 감성과 인식과정의 완전한 언어적 표현으로서의 삼단논법과 이러한 지식의 형식들을 산출하는 근원인 지성을 다룬다. 따라서 그것들은 형식논리학은 물론 인식론을 포함하고 있다.

## 2. 지식의 근원은 무엇인가.

올바른 지식의 근원에 관한 정의는 그것의 연구를 관장하는 과학의 범위와 목적에 관한 정의의 자연스러운 결과일 뿐이다. 올바른 지식의 근원은 모순되지 않은 경험이다.[25] 일상생활에서 우리는 진실을 말하고 그 말이 뒤에 경험에 의해 반증되지 않는 사람을 올바른 지식의 근원이라고 말할 수 있다.[26] 과학에서도 꼭 마찬가지로, 우리는 경험에 의해 부정되지 않는 모든 인식을 올바른 지식의 근원 또는 단순히 올바른 지식이라고 부를 수 있는데, 왜냐하면 올바

25) *pramāṇam avisaṃvādi,* NBT., 3쪽 5행을 참조하라.
26) NB., 번역, 4쪽.

른 지식은 바로 성공적인 합목적적 행동의 원인이기 때문이다.[27] 올바른 지식의 영향을 받아 우리는 행동을 취하고 목적을 이룬다. 말하자면 우리는 우리 행동의 적용점에 도달한다. 이 점은 유효한 실재[28]의 점이며 그것에 도달하는 행동은 성공적인 합목적적 행동이다. 따라서 우리들의 지식의 논리와 그것의 실천적인 효력 사이의 연관이 확립된다. 올바른 지식은 효능이 있는 지식이다.[29]

지식의 근원이라고 하는 것은 문자 그대로 지식의 원인을 뜻한다. 원인은 생산적인 것과 정보를 주는 것[30]의 두가지 종류로 되어있다. 만약 지식이, 논리적 인과관계의 의미로, 생산적인 원인이라고 한다면 그것은 강력하게 사람으로 하여금 상응하는 행동을 하게 만든다.[31] 그러나 그것이 단지 알리는 것뿐이라면, 그것은 강제하지 못하며, 그것은 정신적 인과관계이다.

무엇보다도 먼저 올바른 지식에 관한 이러한 정의에 있어서 떠오른 것은 그것의 겉보기에 경험적인 성질이다. 올바른 지식은 일상의 올바른 지식이다. 그것은 절대자의 인식, 실제 그대로의 사물들의 인식 또는 외부세계의 실재 혹은 비실재에 관한 지식이 아니다.

보통 사람들은 그들의 일상사에서 외부의 대상들을 감관으로 지각하고, 그들은 이러한 대상들과 감관 사이의 필연적인 연관을 확신하고 있다.[32] 또는 그들은 먼 곳에 숨겨져 있는 바람직한 것의 특징을 지각하고, 지각된 특징과 숨겨진 목적 사이의 필연적인 연

27) *puruṣa-artha-siddhi-kārana.*
28) *artha-kriyā-kṣamam vastu.*
29) NBT., 14쪽 21행, *prāpakam jñānam pramāṇam.*
30) *kāraka-jñāpaka.*
31) NBT., 3쪽 8행.
32) NBT., 3쪽 12행.

관을 확신하며, 행동을 취하고 성공한다.[33] 이러한 보통 사람들이 추구하는 지식은 논리적 필연성으로 특징지워지는데, 그것이 바로 과학에서 연구되는 지식이라고 〈다르모타라〉는 말한다.[34]

그러한 실재론적인 일반적 경향은 또한 실재론적 논리학 체계를 산출했다고 추측하는 것이 자연스럽다. 실로 〈찬드라키르티〉는 다음과 같은 방식으로 우리에게 불교 논리학자를 설명한다.[35] 《우리는 우리 지식의 근원들과 그 각각의 대상들에 관해서 바로 일상 생활에서 일어나는 것을 과학적으로 설명할 뿐이다. 니아야 학파(또한 실재론자들이지만), 그들은 논리학에 서투른 사람들이고 논리 과정들을 잘못 정의했으며 우리는 그들을 정정할 뿐이다》. 찬드라키르티는 니아야 학파의 실재론과 불교 논리학 사이에 어떤 격차도 정말로 없다면 이것은 오히려 쓸모없고[36] 모자라는 짓일 것이라고 말한다. 하지만 이것은 진상이 아니다. 불교의 논리학상의 수정본은 소박 실재론의 세계의 배후에 있는 또 하나의 세계, 즉 비판적 인식론에 그 자체를 드러내는 세계를 발견하게 되었다. 불교 논리학은 찬드라키르티의 극단적 회의론의 관점에서 비교해 볼때 하나의 실재론적 체계로 나타나지만, 니아야 학파의 필연적인 그리고 단호한 실재론과 비교해 볼 때, 그것은 비판적이고 파괴적인 것처럼 보인다. 불교도들은 우리의 보통 일상적인 인식에서 일어나는 것을 보다 깊게 통찰함으로써 경험적 실재라는 베일 뒤에 그것의 선험적 근원의 존재, 즉 저절로 존재하는 사물들의 세계를 확립했다. 찬드라키르티에 따르면 궁극적 실재는 신비적인 직관을 통해서만 인식될

33) 같은책, 3쪽 15행.

34) 같은책, 3쪽 24행.

35) 나의 Nirvāṇa, 140쪽에 있는 Candrakirti, Madhy, vṛtti, 58쪽, 14행 이하, 번역을 참조하라.

36) 같은 책.

수 있다고 한다.[37] 따라서 그는 일상 생활의 논리 이외의 모든 논리를 쓸모없는 것이라고 비난하고 있다. 그러나 우리들의 이러한 분석 중에서 보게 될 것처럼 디그나가에게 있어서 논리학은 유효한 실재, 하지만 소박 실재론이 신봉하고 있는 것과는 매우 다른 실재의 토대위에 굳게 서있다.

## 3. 인식과 재인식

모순되지 않은 경험이라는 특징 이외에 지식의 올바른 수단이라는 또 하나의 특징이 있다. 인식이란 새로운 인식,[38] 즉 아직 인식되지 않은 대상의 인식이다. 그것은 인식의 최초의 순간이고, 첫번째 자각의 순간이며, 지식의 최초의 순간인데, 그때 인식의 빛은 막 빛나게 된다.[39] 지속적 인식이란 재인식[40]인데, 그것은 지각의 첫번째 순간 다음의 순간들에 반복되는 인식에 지나지 않는다. 그것은 틀림없이 존재하지만, 그것은 지식의 독립되어 있는 근원이 아니다. 《왜 그런가 ?》 하고 〈디그나가〉[41]는 묻고 《한계가 없기 때문이다》고 대답한다. 말하자면 만일 모든 인식이 올바른 지식의 근원으로 간주된다면 지식의 그러한 근원들에는 끝이 없을 것이다. 기억, 사랑, 증오 등등은 이미 인식된 대상들에 빠져있는 것이며, 그것들은 지식의 근원으로 간주되지 않는다. 우리들 정신의 인식적 요소는

---

37) 같은 책, (나의 Nirvana) 44쪽 이하.

38) *anadhigata-artha-adhigantṛ=prathamam avisaṃvādi=gsar-du mi-slu-ba.*

39) NBT., 3. 11쪽, *yenaiva jñāneva prathamam adhigato 'rthah... tad anadhigata-viṣayam pramāṇam.*

40) *prtyabhijñā,* NBT., 4. 10－12쪽－*adhigata-viṣayam apramāṇam...anadhigata-viṣayam prmāṇam.*

41) Pr samucc., I. 3.

우리가 처음으로 대상의 존재를 알아차리는 순간에 한정되어 있다. 그것의 뒤를 대상의 형식 또는 형상을 구성하는 지성의 종합적 작용이 따른다. 그러나 이러한 구성은 생산적 상상력[42]에 의해 산출되는 것이지, 인식의 근원은 아니다. 그것은 인식이 아니라, 재인식이다.[43]

〈미맘사 학파〉는 지식의 근원이란 무엇인가, 곧 지식의 근원은 아직 인식되지 않은 대상의 인식이라는 동일한 정의를 가지고 있지만,[44] 그들은 지속적인 대상들과 지속적인 인식을 인정하고 있다. 그 다음의 모든 순간에 있어서 대상은 물론 그것의 인식은 새로운 시간으로 특징지워지지만, 실제적으로 그것들은 동일하며 지속된다. 니아야 학파는 올바른 지식의 근원을《인식을 산출하는 모든 원인들 중에서 주된 것》[45]으로 정의하며, 그러한 원인들은 감관지각, 추론 등이다.

이러한 정의들은 지속적이며 안정적인 원인들, 지속적 인식과 구체적인 보편자들, 많은 기억적 요소들[46]이 혼합되어 있는 감관들을 통한 혼합된 인식에 의해 감지되는 일반적이고 특수한 특징들을 가지고 있는 정적인 대상들을 전제로 하고 있다. 불교도의 이론은 순간들, 곧 연속적 사상(事象)으로서의 대상만을 인정하고 인식의 상이한 두가지 도구로서 감관과 지성을 날카롭게 구분하고 있다. 감관은 감지하고 지성은 구성한다. 따라서 최초의 순간은 항상 감각의 순간이며, 그것은 그 자신의 법칙에 따라 순간들의 종합을 산

---

42) *kalpanā=vikalpa.*
43) *savikalpakam apramāṇam.*
44) *andhigata-artha-adhigantṛ pramāṇam.*
45) *sādhakatamam jñānasya karaṇam pramāṇam.*
46) *savikalpaka-pratyakṣa.*

출하는 지성의 활동을 점화하는 능력을 가지고 있다.[47] 외부세계에 이러한 종합에 충분히 상응하는 구체적인 보편자는 없다. 만일 하나의 대상이 지각된다면, 생생한 형상[48]은 자각의 첫번째 순간의 결과로서 일어난다. 그것이 그 흔적을 통해서 추론된다면, 후자는 또한 그 흔적의 생생한 형상과 그것에 변함없이 결합되어 있는 대상의 분명치 않은[49] 형상이 뒤따르는 자각의 첫번째 순간을 산출한다. 그러나 양자의 경우에 있어서 올바른 지식의 근원, 곧 모순되지 않은 경험의 근원을 구성하고 있는 것은 바로 자각의 첫번째 순간이다.

하나의 대상이 그것의 과거 내지는 미래 순간의 존재로 자극을 산출한다고 생각할 수는 없다.[50] 그것의 현재의 순간이 자극을 산출할 뿐이다. 그러므로 재인식이 아니라 새로운 인식으로서의 인식이란 한 순간일뿐이며 이 순간이 지식의 진정한 근원, 또는 대상의 궁극적 실재에 이르고 있는 지식의 근원이다.[51].

## 4. 진리의 검증

경험은 진리의 검증일 뿐이므로, 지식을 산출하는 원인들은 동시에 또한 그것의 확실성을 산출하는가 또는 지식은 일방적으로 산출되고 그것의 확실성은 정신의 그 다음의 작용에 의해서 확립되는가 하는 문제가 자연스럽게 일어난다.

---

47) TS., 390쪽—*avikalpakam api jñānam vikalpotpatti-šaktimat.*
48) *sphutābha.*
49) *asphuṭa.*
50) NK., 260쪽 4행, *na santāno nāma kaścid eka utpādakaḥ samasti.*
51) 물론 니아야 학파와 미맘사 학파는 이 이론을 거부하고 있다—*katham pu¯rvam eva pramāṇam nottarāṇy apni,* Tātp., 15쪽 6행을 참조하라.

경전의 절대적 권위를 확립하고자 하는 미맘사 학파가 최초로 이 문제를 대면하게 되었다.

네가지 해답이 주어지고[52] 오랫동안 인도철학의 상이한 학파들 사이에서 논쟁중인 문제로 남아 있었다. 미맘사 학파에 따르면 모든 지식은 본질적으로 올바른 지식인데, 그것은 오류가 아니라 지식이므로 지식으로서의 그 자체[53]에 의해서 신뢰할 수 있다. 그것은 두 가지 경우, 즉 그것이 또 하나의 그리고 보다 강한 인식[54]에 의해서 상쇄되거나, 그것의 근원이 예를 들면 선천적으로 색맹인 사람이 색깔을 잘못보는 것처럼 불충분한 것[55]으로 증명되는 예외에서만 틀린 것이라고 할 수 있다. 지식은 스스로 타당한 것이며, 그것의 결함은 정신의 그 다음 작용에 의해서 확인될 수 있을 뿐이라는[56] 원칙이 규정된다. 〈카말라쉴라〉는 《경전의 권위를 확립하기 위해서 쟈이니미주의자들(Jainimiyas)은 일반적으로 우리의 모든 지식의 근원들은 스스로 타당한 것이며 오류는 이질적인 원인으로부터 발생하는 것이라고 주장한다》[57]고 말하고 있다.

불교도들은 상반된 견해를 가지고 있다. 그들에 의하면 지식이란 저절로 신뢰할 수 있는 것이 아니다. 그것은 본질적으로 신뢰할 수 없고 틀린 것이다. 그것은 정신의 그 다음 작용에 의하여 검증될때만 신뢰할 수 있는 것이된다. 올바른 지식의 검증이란 그것의 유효성이다. 올바른 지식이란 유효한 지식이다. 모순되지 않은 경험을

---

52) ŠD., 74쪽 이하를 참조하라.
53) *prāmāṇyam svataḥ.*
54) *bādhaka-jñāna,* 예를 들면, 은으로 오해된 하나의 진주가 뒤에 진주로 인식될 때.
55) *kāraṇa-doṣa.*
56) *prāmāṇyam svataḥ, aprāmaṇyam parataḥ.*
57) TSP., 745쪽 1행.

통해서 진리는 확립된다. 따라서 경험 그것만으로는 신뢰할 수 없으므로 지식의 확실성은 부가적인 원인에 의해서 산출된다는 법칙이 규정된다.[58]

니아야 학파는 지식 그 자체는 틀린 것도 올바른 것도 아니라고 주장한다. 그것은 정신의 그 다음 작용에 의해 전자 또는 후자가 될 수 있다. 경험은 진리의 검증이며 또한 오류의 검증이다.[59] 따라서 오류는 물론 진리는 인식을 불러일으키는 그러한 원인들이 아니라 다른 이질적인 원인들 또는 결과로서 일어나는 경험에 의해 생겨난다는 법칙이 규정된다.[60]

마지막으로 자이나 교도들은 그들의 불확정성과 모든 실재의 변증법적 본질[61]이라는 전반적인 사상에 따라서 모든 지식은 결과로서 일어나는 경험에 의한 어떤 검증도 필요없이 스스로 잘못되거나 타당한 것 모두라고 주장한다.[62] 그것은 항상 어느 정도는 잘못되고 어느 정도는 타당한 것이다.

불교도들은 하나의 생각이 일어난다면 그것은 그것이 참이고 실재와 일치한다고 주장하는데 전혀 충분하지 않다고 주장한다.[63] 아직 그것들 사이에는 어떤 필연적인 연관[64]도 없으며 모순[65]이 있을 수 있다. 이 단계에서[66] 인식은 절대로 신뢰할 수 없다. 그러나 나

---

58) *aprāmāṇyam svataḥ prāmāṇyam parataḥ*. 이것은 물론 *svataḥ pramā ṇ a* 인 *anumāna*가 아니라 *anabhyāsa-dašā-āpanna-prtyakṣa*을 가리킬 뿐이다. Tatp., 9쪽 4행 이하를 참조하라.

59) *doso' pramāmyā janakaḥ, pramāyās tu guṇo bhavet.*

60) *ubhayam parataḥ.*

61) *sapta-bhangī-matam = syād-vāda.*

62) *ubhayam svataḥ.*

63) ŠD., 76쪽.

64) *aniščayāt.*

65) *vyabhicārāt.*

66) *tasyām velāyām,* 같은 책.

중에 그것의 근원이 조사될 때,[67] 그것이 경험과 일치됨이 확인될 때,[68] 그것의 유효성이 규명될 때,[69] 바로 그때만 우리는 그것이 진리를 의미한다고 말할 수 있고 그것의 타당성에 대한 모든 이의를 부인할 수 있다. 언어에 의한 증명에 대해서 말하면 그것은 그 말을 한 사람의 신뢰성에 의하여 검증되는 것이 틀림없다.[70] 그러한 신뢰할 수 있는 사람은 베다의 경우에는 존재하지 않는데, 왜냐하면 그것의 기원은 비인격적이며 영원한 것으로 되어있기 때문이다.[71] 그러나 우리는 경전 속에서 예를 들면 《나무들이 희생의 모임에 앉아있다》 또는 《너！ 돌들이여 듣거라》와 같은 언급들과 미치광이들이 말했음직한 그러한 문장들을 볼 수 있으므로, 그것의 기원은 매우 신뢰할 수 없는 사람들에게 기인하고 있으며 경전은 경험에 의해 검증될때 어떤 권위도 전혀 가지고 있지 않다는 것은 명백하다.[72]

## 5. 실재론적 및 불교적 경험관

그러나 불교도들에 의하면 경험은 우리들의 지식의 주요근원이고 이러한 점에서 실재론적 학파들과 일치하지만, 그럼에도 불구하고 경험을 이해하는 점에 있어서 그것들 사이의 불일치는 대단히 크다. 인도의 실재론자들, 즉 미맘사 학파, 바이쉐시카 학파 그리고 니아야 학파에 따르자면 지식행위는 그것의 내용과 다른 것이다.

---

67) *kārana-guṇa-jñānāt.*
68) *saṃvāda-jñānāt.*
69) *artha-kriyā-jñānāt.*
70) *āpta-praṇītatvam guṇaḥ.*
71) *apauruṣeya.*
72) ŠD., 77쪽.

이들 학파에 의하면 인식행위는 다른 모든 행위가 실로 그러하듯이 행위자, 대상, 수단 및 행동방식과 연관되어 있어야만 한다.[73] 숲속에서 나무가 나뭇꾼에 의해서 베어질때, 나뭇꾼은 행위자이며, 나무는 대상이고 수단은 도끼이며 그것을 들어올리고 내려찍는 것이 행동이다. 결과는 나무가 베어졌다는 사실에 있다. 하나의 색깔이 어떤 사람에게 인식될 때, 그의 영혼 또는 자아는 행위자이고 색채는 대상이며, 시각기관은 수단이고 그것의 행동방식은 눈으로부터 대상으로 움직이는 광선에 있는데, 그것은 형상을 취해서 인상을 영혼으로 전하기 위해서 되돌아 온다. 시각기관은 이러한 요소들 중에서 주된 것[74]인데, 그것은 인식의 성격을 결정하며 지각적 인식의 근원이라고 불려진다. 그 결과는 실재론자들에게 있어서는 올바른 인식이다. 그러나 기능적 상호의존으로서의 인관관계라는 전반적인 사상[75]을 지키고 있는 불교도들은 행위와 인식간의 유사함이라는 토대 위에 서있는 이러한 구성 전부를 부인하고 있다. 그들에게 있어서 그것은 심상에 지나지 않는다. 감관들(*sensibilia*) 또는 감각자료와 형상이 있으며, 그것들 사이에는 기능적인 상호의존이 있다. 자아도 없고 감관들이라는 수단도 없으며, 대상들을 취하는 것도 없고 그것의 형상을 이끌어내서 영혼으로 전하는 것도 없다. 감각과 개념이 있고 그것들 사이에는 일종의 조화인 일치[76]가 있다. 우리는 만약 그렇게 하고 싶다면 개념이 그 범위내에 들어있

---

73) 이 이론은 거의 모든 논리학 논문들 속에서 볼 수 있거나 언급되고 있다. *Udayana-ācārya*는 2권, 부록 IV에 번역되어 있는 *Parišuddhi*로부터의 인용문 속에서 그것을 명백하게 설명하고 불교의 견해와 대조하고 있다.

74) *sādhakatama-kāraṇam=pramāṇam.*

75) *pratītya-samputpāda.*

76) *sārūpya,* 2권, 부록 IV를 참조하라.

는 특수한 대상에 대한 우리들의 지식의 근원[77]이라고 생각할 수도 있다. 그러나 그것은 또한 근원으로부터 나오는 결과이다. 동일한 사실이 근원이면서 결과이다.[78] 그것은 어떤 경우에도 우리들의 인식의 성격을 결정하는 가장 유효한 요소[79]이지만, 실재적으로 이해된 수단은 아니다. 대상과 그것의 형상과의 일치와 형상 그 자체는 별개의 두가지 것이 아니며, 그것들은 상이하게 보여진 동일한 것이다. 우리는 이렇게 일치한다는 사실을 우리들의 인식의 일종의 근원이라고 생각할 수도 있지만, 또한 우리는 그것의 일종의 결과로서 받아들일 수도 있다.[80]

지식의 근원과 그것의 내용 사이에는 그것들이 이러한 관점에서 고려될 때 다만 전가된 차이점만 있을 뿐이다. 실제로 이러한 종류의 지식수단과 이러한 종류의 결과는 하나이면서 동일한 것이다.

우리는 외부세계의 실재성에 관한 문제를 고찰할 때 이 흥미있는 이론으로 다시 한번 되돌아 올 것이다. 지금은 진정한 상호작용으로서의 실재론적 경험관과 오직 기능적 상호의존을 가정하고 있을 뿐인 불교적 관점 간의 차이점을 지적하는 것으로 충분하다.

## 6. 두가지 실재

〈디그나가〉와 〈다르미키르티〉 학파에 있어서 지식의 정의 만큼이나 주목할 만한 것은 존재 또는 실재의 정의이다－이 두 용어는 같은 뜻이며 궁극적 실재를 뜻한다. 존재, 진정한 존재, 궁극적 존

77) *pramāṇam.*
78) *tad eva(pramāṇam)...pramāṇa-phalam,* NB., I. 18을 참조하라.
79) *prakṛṣṭa-upākaroka,* Tipp. 42쪽 3행을 참조하라.
80) **NBT., I. 20－21**과 **2**권, 부록 **IV**에 있는 말들을 참조하라.

재란 바로 유효성이다.[81] 〈인과적으로 유효한 것은 무엇이나 실재적인 것이다.〉 유효성이 없는 것은 비실재적인 것이며 허구이다. 유효성이란 무엇보다도 먼저 물리적인 인과관계를 뜻한다. 존재, 실재, 유(有) 그리고 사물은 그것의 이름들이다. 그것들은 모두 허구에 반대되는 것이다. 순수한 허구이든지 생산적 상상력이든지 간에, 사유구성의 모든 흔적은 허구이며, 그것은 궁극적 실재가 아니다.

타오르고 요리를 할 수 있는 불은 진짜 불이다.[82] 그것의 존재는 물리적으로 유효한 것이며 생생한 형상, 곧 그 생생한 정도가 물질적 불의 가까움 또는 멈에 따라서 정비례로 변화하는 형상을 불러일으킨다.[83] 빛이 미미한 찰나의 모습으로 축소된다고 해도, 그것은 그것이 실재, 즉 시각기관 앞에 존재하고 그것을 피하지 못하는 한 생생한 형상을 산출한다. 존재하지 않고, 마음 속에 그려진, 정말로 타오르지도 않고 요리도 할 수 없고 빛을 발산하지도 못하는 불은 비실재적인 불이다.[84] 그것은 애매하고 추상적이며 일반적인 형상을 산출한다. 열성적으로 상상한다고 할지라도, 그것은 실제로 존재하는 불의 직접적인 생생함을 결여하게 될 것이다. 애매함의 정도는 그것의 가까움 또는 멈에 따라 정비례가 아니라 상상력에 따라서 반비례로 변하게 될 것이다. 오직 현존하는 것, 《여기에 있는 것》, 《지금 있는 것》, 즉 《이것》만이 실재적이다. 지나가버린 모든 것과 미래의 모든 것은 비실재적이고, 상상되고 존재하지 않으며 정신적이고 관념적이며 일반적인 모든 것과 구체적 보편자이던지 추상적

---

81) NB., I. 15, *artha-kriyā-sāmarthya-lokṣaṇam vastu paramārtha-sat.*

82) *agni-svalakṣaṇa.*

83) NB., I. 13.

84) NBT., 14쪽 6행.

인 것이던지 간에 모든 보편자들은 비실재적인 것이다.

모든 배열들과 모든 관계들은 관계되어 있는 용어들로부터 떨어져서 고려된다면 비실재적이다. 궁극적 실재는 오직 물리적 유효성의 현순간일 뿐이다.

그러나 이 궁극적 또는 직접적인 실재 이외에 또 하나의 것, 간접적인 것인, 말하자면, 두번째 정도의 존재, 즉 차용한 실재(假有)가 있다. 하나의 형상이 객관화되고 외부의 실재의 어떤 점과 동일할 때, 그것은 전가된 실재성을 갖게 된다. 이러한 특수한 관점에서 대상들은 실재적 그리고 비실재적 실체, 실재적 그리고 비실재적 속성으로 구별될 수 있다.[85] 실재적 실체의 예는 보기를 들자면 소이며 ; 비실재적 실체의 본보기는 불교도에게 있어서는 예를 들자면 신, 영혼과 게다가 물질, 즉 상키야 학파의 최초의 분화되지 않은 물질이다. 실재적 속성의 본보기는 예를 들면 청색이며 ; 비실재적 속성의 본보기는 예를 들면 불변 및 영원인데, 왜냐하면 불교도에게 있어서 불변하고 영원한 것은 없기 때문이다. 이러한 간접적인 실재조차도 가지고 있지 못한 우리들 정신의 허구는 절대적으로 비실재적인 것이며, 그것들은 예를 들면 천상의 꽃, 사막의 신기루(*fata morgana*), 토끼 머리의 뿔, 불임여성의 아들 등과 같은 의미 없는 말들에 지나지 않는다.

이러한 대상들은 순수한 상상의 산물, 그저 말에 지나지 않는 것들이며, 그것들 배후에는 최소한의 객관적 실재도 없다. 그것들과는 정반대로 최소한의 상상적 구성도 없는 순수 실재가 있다. 이들 두 가지 사이에서 우리는 반쯤 상상된 세계, 즉 구성적 형상들로 이루어져 있지만 객관적 실재의 견고한 토대 위에 서있는 세계를 가지

85) Tātp., 338쪽 13행 번역, 2권, 부록 V를 참조하라.

고 있다. 그것은 현상적 세계이다. 따라서 두 종류의 상상력이 있는데, 그 하나는 순수한 것이며 다른 하나는 실재와 혼합된 것이고, 두 종류의 실재가 있으며, 그 하나는 순수한 것이고 다른 하나는 상상과 혼합된 것이다. 첫번째 실재는 극히 짧은 찰나[86]들로 이루어져 있으며, 그것들은 이제까지는 시간상의 명확한 위치도 가지지 못하며, 어떤 지각할 수 있는 질도 갖고 있지않다. 그것은 궁극적 또는 순수 실재[87]이다. 두번째 실재는 객관화된 형상들로 이루어져 있는데 ; 이 실재는 우리들에 의해 시간상의 위치와 공간상의 위치 그리고 모든 다양한 지각할 수 있고 추상적인 질을 부여받고 있다. 그것은 현상적 또는 경험적 실재이다.[88]

이것들이 불교 논리학자의 두종류의 실재, 즉 순수감각에 반영된 궁극적 또는 절대적 실재 그리고 객관화된 형상 속에 반영된 조건적 또는 경험적 실재이다.

실재와 간접적인 연관이 있는 곳은 어디서든지[89] 우리는 모순되지 않은 경험을 가진다.[90] 물론 궁극적 실재의 관점에서 본다면 이 경험은 환각[91]이기는 하지만 말이다. 이러한 관점에서 본다면 올바른 추론조차도, 비록 그것이 타당할지라도 하나의 환각[92]이다. 그것은 직접적이 아니라 간접적으로 참이다.

---

86) *kṣaṇa=svalakṣaṇa.*
87) *paramārtha-sat.*
88) *saṃvṛtti-sat.*
89) TSP., 274쪽 24행-*pāramparyeṇa vastu-prativandhaḥ.*
90) *artha-saṃvāda,* 같은 책(*asaṃvāda*가 아니다!)
91) *bhrāntatve'pi,* 같은책.
92) NBT., 812쪽-*bhrāntam anumānam.*

## 7. 지식의 근원의 이중성

방금 언급한 실재의 이중성, 즉 직접적, 궁극적 또는 선험적인 것과 간접적 또는 경험적인 것과 일치하여, 지식의 근원 역시 동일한 이중성을 가지고 있다. 지식의 근원은 직접적이거나 간접적인 것이며, 그것은 궁극적 실재를 인식하는 것의 근원 또는 조건지워진 실재를 인식하는 것의 근원을 의미한다. 직접적인 것은 감각이며 간접적인 것은 개념이다. 첫번째 것은 수동적 반영[93]이며, 두번째 것은 조건지워진 반영[94]이다. 후자는 엄격히 말하면 반영이 아닌데, 왜냐하면 그것은 자발적인 구성 내지는 개념이기 때문이며, 그것은 수동적이 아니지만 절충해서 우리는 그것을 한정된 반영[95]이라고 부를 수도 있다. 첫번째 것은 대상을 취하고,[96] 두번째 것은 동일한 대상을 마음 속에 그린다.[97] 불교적 인식관에는 실재론적 또는 의인법적인 의미의 《취함》이라는 것은 없다는 것에 신중하게 주목해야 할 것이지만, 기능적 상호의존으로서의 인과관계라는 전반적인 사상에 따르면 감각의 그 대상에 대한 그러한 의존만이 있을 뿐이다. 《취한다》는 용어는 취해진 사물의 형상의 그 이후의 구성으로부터 인식의 최초의 순간을 구별짓기 위해서만 사용될 뿐이다. 하나의 순간은 유일한 것, 즉 다른 어떤 대상들과의 유사함[98]도 포함

93) *nirvikalpaka-pratibhāsa.*

94) *kalpanā.*

95) *niyata-pratibhāsah=niyatā buddhih, Tātp.,* 12쪽 27행을 참조하라=티벳어 *bcad-šes=paricchinnam jñānam* ; 그 용어는 NBT., 8쪽 8행 이하에서는 다른 의미를 가지고 있다.

96) *gṛhṇāti.*

97) *vikalpayati.*

98) *svam asādhāraṇam tattvam,* NBT., 12쪽 14행을 참조하라.

하고 있지 않은 것이다. 따라서 그것은 표현할 수 없고 형언할 수 없다. 궁극적 실재는 형언할 수 없다.[99] 표현과 이름은 항상 다양한 시간, 장소와 질을 포함하고 있는 종합적 통일체에 상응하고, 이 통일체는 구성된 통일체이며, 그것을 구성하는 정신의 작용은 수동적 반영이 아니다.[100]

〈다르모타라〉는 실재의 이중성을 언급하면서 동시에 지식의 근원의 이중성을 말하고 있다. 그는 《인식의 대상은 이중적인데, 그것은 감지된 자명한 것(*prima facie*)과 최종적으로 확실히 이해된 것이다. 첫번째 것은 최초의 순간에 직접적으로 나타나는 실재의 모습이다. 두번째 것은 그것의 형식인데, 그것은 통각 속에서 구성된 것이다. 직접적으로 지각된 것과 명백히 이해된 것은 실로 상이한 두가지 것이다. 감각에 직접적으로 감지되는 것은 하나의 순간일 뿐이다. 명백히 이해된 것은 항상 어떤 감각을 기초로 하는 구성 속에서 인식된 일련의 순간들이다》라고 말한다.[101]

모든 인도철학 체계는 우리들의 인식의 상이한 근원들의 숫자와 그것들의 기능과 특징에 관한 그 자체의 이론을 가지고 있다. 이미 언급했듯이 유물론자들은 감관지각 이외의 다른 근원은 인정하지 않는다. 그들에게 있어서 지성이란 원칙적으로는 감성과 다른 것이 아닌데, 왜냐하면 그것은 바로 물질의 산물, 즉 생리적인 과정에 지나지 않기 때문이다. 다른 모든 체계들은 적어도 상이한 두가지 근원, 즉 감관지각과 추론을 인정하고 있다. 바이쉐시카 학파는 이 두가지에 머무르고 있다. 상키야 학파는 계시를 포함해서 언어에 의한 증명을 덧붙인다. 니아야 학파는 그 위에 추론과 유비[102]에 의

99) *anabhilāpya.*
100) Tātp., 338쪽 15행.
101) NBT., 12쪽 16행 이하.

한 특별한 종류의 추론을 구별하고 미맘사 학파는 개별적 인식방법으로서 함의(含意)[103]와 부정을 구별한다. 〈차라카(Caraka)〉의 제자들은 그 수를 상이한 열한가지 근원들로 늘렸는데 ; 그 중에서 《가망성》[104]은 지식의 독립적 근원으로 등장하고 있다.

불교도들은 〈디그나가〉의 시대로부터[105] 〈바이쉐시카 학파〉와 의견을 같이 하고, 지식의 상이한 두가지 근원만을 인정했는데, 그것을 그들은 지각과 추론이라고 불렀다. 언어에 의한 증명과 유비추론은 그들에겐 추론에 속한다. 함의는 동일한 사실의 다른 말일 뿐이다.[106] 그러나 지식의 상이한 두가지 근원이라는 수가 두체계에 있어서 동일하지만, 불교도와 바이쉐시카 학파, 곧 그들의 정의와 특징은 소박 실재론과 비판적 인식론을 떼어놓고 있는 간격만큼이나 다르다. 설명해 나가는 도중에 우리는 몇번 디그나가의 전체계가 세워져 있는 초석 중의 하나인 이러한 특징으로 되돌아오는 기회를 가질 것이지만, 지금도 우리는 불교체계에서 인식의 두가지 원천들 사이에 놓여있는 차이점은 근본적인 것, 즉 실재적인 것이며, 그것은 또한 우리가 결과적으로 부르게 될 것, 곧 선험적인 것이라고 말할 수 있다. 감관에 의해서 인식된 것은 결코 감관에 의한 인식에 종속될 수 없다. 시야 안에 불이 있고 그것이 시각기관에 의해 인식될때, 실재론자들에게 그것은 감관지각의 경우이다. 동일한 불이 시야 밖에 있고 그 존재가 다만 간접적으로 인식될때－왜냐하면

---

102) *upamāna.*

103) *arthāpatti.*

104) *sambhava,* 그것은 함축에 의해서 일종의 지식으로 해석된다.

105) Gunamati는 Tanjur Mdo. v.60. f. 79[a]. 8에서 바수반두는 *āgama*를 세번째 *pramāṇa*로 인정하고 있다고 말한다 ; 또한 AKB.ad II. 46(번역, v, I, 226쪽)을 참조하라.

106) NBT., 43쪽 12행.

연기가 지각되므로 ― 불은 추론에 의해서 인식된 것이다. 불교도들에게 있어서는 두가지 경우 모두에 감관에 의해서 인식된 부분과 추론에 의해 인식된 부분이 있다. 후자의 용어는 이러한 경우에 지성,즉 지식의 비감각적 원천의 동의어이다. **인식은 감각적이거나 비감각적이며 직접적이거나 간접적이다.** 모든 인식에는 지각할 수 있는 핵심과 지성에 의해서 구성된 형상이 있는데, 한 부분은 지각할 수 있으며, 다른 부분은 지성만으로 이해될 수 있다. 물자체는 감관에 의해서 인식되고, 그것의 관계와 특징은 지성의 기능인 상상력에 의해서 구성되는 것이다. 감관은 사물의 모든 관계와 일반적인 특징을 제외하고 있는 그대로의 사물, 즉 물자체를 인식할 뿐이다. 불교도들은 우리가 존재하고 있는 불을 지각으로 인식하고 존재하지 않는 불은 추론으로서 인식한다는 것은 부인하지 않을 것이지만, 우리들의 지식의 두가지 주요 근원들 사이의 이러한 분명하고 경험적인 차이점은 별도로 하고 또 하나의 실재적인, 궁극적으로 실재적인 그리고 선험적인 차이점이 있다. 이 차이점이란 두가지 근원의 각각의 것이 그 자체의 대상, 기능과 결과를 가지고 있다는 것이다. 불교의 견해는 《섞이지 않은》 또는 《고정된》[107] 이론이라는 이름을 갖게 되는데, 그 이론은 하나가 결코 다른 것의 영역 내에서 움직이지 않는 고정되고 분명한 한계를 가지고 있는 그러한 지식의 근원들을 가정하고 있다. 실재론자들의 반론은 《혼합》[108] 또는 《중복》 이론이라는 이름을 얻게 되는데, 왜냐하면 그 이론에 따르면 모든 대상은 두가지 방식, 곧 감각기관으로 직접, 또는 추론으로 간접적으로 인식될 수 있기 때문이다.

---

107) *pramāṇa-vyavasthā,* N, V̄art., 5쪽 5행, Tátp., 12쪽 15행 이하를 참조하라 ; 2권, 부록 II를 참조하라.

108) *pramāṇa-samplava,* 같은책.

그 두가지 근원들을 순수하고 섞이지 않은 상태로는 전혀 볼 수 없으므로, 경험주의적인 관점에서 본다면 《혼합》 이론이라고 불려야 할 것은 바로 불교의 이론이라는 것은 사실이다. 그것들을 분리시키기 위해서 우리는 실제적인 경험, 지성의 모든 관찰할 수 있는 의식적 및 잠재의식적 작용을 넘어서야만 하며 선험적인 차이점, 즉 우리가 직접 관찰할 수는 없지만 모순되지 않은 궁극적 실재에 의하여 필연적으로 우리들에게 강조되고 있는 차이점을 가정해야만 한다. 그러한 의미로 그것은 지식의 두가지 근원 사이의 《고정된》 한계의 이론이다. 〈디그나가〉의 철학에 대한 우리의 모든 설명은 이러한 기본적인 원리의 단순한 발전으로 간주될 수 있다. 이 이론의 상세한 기술을 미리 알고싶지는 않으므로 우리는 현재 그것을 이 간단한 지적으로 국한시키고 있다.

따라서 두가지, 지식의 오직 두가지 근원만 있다는 학설은 인식의 두가지 근본적으로 다른 근원, 즉 궁극적 실재의 반영이라는 것 하나와 이러한 실재가 현상적 세계에 나타나는 형상을 구성하는 능력이라는 다른 하나가 있다는 것을 의미한다. 그러나 그것은 또한 또 하나의 의미, 그러니까 궁극적 실재를 전혀 고찰하지 않는다는 의미를 가지고 있다. 현상적인 관점에서 본다면 인식의 두가지 근원 또는 방법인 지각과 추론이 있다. 지각에 있어서 대상의 형상은 직접적으로 즉, 생생하게[109] 인식된다. 추론에 있어서 그것은 간접적으로 즉 그 흔적을 통해서 애매하게[110] 또는 추상적으로 인식된다. 시야 안에 있는 불이 직접적으로 인식된다면, 그것은 지각이다. 만일 그것의 존재가 그 산물인 연기의 지각을 통해서 추론된다면, 그것은 추론에 의해서 간접적으로 인식된 것이다. 두 경우에 감각적

---

109) *višadābha.*

110) *asphuta.*

핵심과 구성적 형상이 있지만, 첫번째 경우에는 직접인식의 기능이 주된 것이고 형상은 생생하며, 두번째 경우에는 지성의 기능이 주된 것이고, 형상은 애매하고 추상적이다.[111)]

이러한 경험주의적 관점에서 본다면 인식의 두가지 근원은 형식 논리학을 취급하고 있는 불교 논리학의 부분에서 고찰되고 있다.

## 8. 인식의 한계. 독단론과 비판주의.

불교철학이 분명하게 비판적이며, 반독단론적 경향을 가지고 있었다는 것은 이미 언급되었던대로 틀림없으며 우리의 다음의 분석 전부에 의해 입증될 것이다. 다른나라들과 꼭 마찬가지로 인도에서 철학은 전우주를 포함하는 반시적인(semipoetical) 비행으로 시작되었다. 초기단계 동안 그것은 존재하는 모든 사물들에 관한 독단적이고 입심좋은 언명들로 가득 차 있었다. 그러한 것이 우파니샤드 시기의 인도철학의 특징이었다. 그것의 일원론적인 경향에 대립한 초기불교는 존재를 물질, 정신, 힘이라는 요소들로 분석한 다원론 체계로 귀착했던 비판정신을 분명하게 보여주었다. 후기불교는 앞선 시기의 존재론 및 심리학이 완전히 논리학 체계와 인식론에 자리를 내주었던 결과를 지닌채 비판정신을 계승했다. 그것은 단순한 주장에 지나지 않는 독단적인 방법을 버렸고 인식의 근원들과 한계에 대한 연구에 착수했다. 우리가 본대로 근원은 두가지일 뿐이며 그것들이 초월할 수 없는 한계는 우리가 역시 본대로 경험, 즉 감각적 경험이다. 초감각적인 것, 즉 경험세계의 한계를 초월한 것은 인식할 수 없다.

우리가 지식의 비감각적 근원을 가지고 있다는 것은 사실이며,

그것은 우리의 오성이다. 그러나 이 근원은 직접적이지 않고, 독립적이지 못하며, 그것은 감각적 경험을 넘어설 수 없다. 따라서 모든 초감각적 대상들, 《즉 대상들이 존재하는 장소, 그것들이 존재하는 시간, 그것들이 가지고 있는 지각 가능한 질에 관해서는 미칠 수 없는》[112] 모든 대상들은 인식할 수 없다. 그러므로 모든 형이상학은 단죄되고 있다. 그러한 대상들은 《확인할 수 없다》,[113] 우리의 오성, 또는 우리의 생산적 상상력은 초감각적 영역에서 상이한 종류의 구성에 빠질 수도 있지만, 그러한 모든 구성은 변증법적, 말하자면, 자기모순적일 것이다. 무모순은 실재와 진리의 궁극적 검증이다.

불교의 또 하나의 부분, 즉 종교적인 부분에 매우 확고하게 확립되어 있는 불타의 전지에 관한 교의는 단호하게 변증법적인 것이라고 선언되고 있는 것에 사학자는 충격을 받지 않을 수 없는데, 그것은, 우리는 긍정이나 부정으로도 아무것도 《규명》할 수 없다는 것을 목적으로 한다.[114] 예를 들면 보편자들의 실재에 관한 바이쉐시카 학파의 독단론적 사상도 마찬가지이다. 이 객관적 실재를 확립하기 위해서 제시된 논거들은 부인하기 위해서 제시된 것일지도 모르는 동등한 설득력을 가진 다른 논거들에 의해서 상쇄되므로, 그것은 변증법적이다.

우리는 다르모타라의 저술에서 다음과 같은 매우 독특한 언급을 보게된다.[115] 그는, 《그것이 기초하고 있는 추론과 논리적 구성은

---

111) NBT, 6 16쪽 12행 이하.

112) *deša-kāla-svabhāva-viprakṛṣṭa*(*viprakṛṣṭa*=*atīndriya*)NBT., 39쪽 21행을 참조하라.

113) *aniščita.*

114) NB.와 NBT., 39쪽 20행 ; 75쪽 13행 이하 ; Santānāntara-siddhi의 결론절을 참조하라.

115) NBT., 81쪽 19행 이하(본문), 번역. 223쪽 이하.

교리상 신봉되는 것이며,[116] 그 논의의 기초는 독단이다》라고 말한다. 그러한 논의들은 《(실재의 사실들에 대한 편견없는 고찰에서) 당연히 발전된 것이 아니지만, 그것들은 환각적인 (변증법적인) 사상들의 영향 하에서 산출되는 것이다...》[117] 《그러한 논의들에 적합한 대목들, 말하자면 형이상학적[118] (초감각적) 문제들, 즉 예를 들면 보편자들의 실재의 문제와 같은 직접적 관찰 또는 타당한 추리로는 도달할 수 없는 문제들인 주제들이 있다. 이러한 문제들에 대한 연구에 달라붙을 때, 독단적인 논구들이 번성하게 된다...》《과학적[119] 학설들의 제창자들은 사물들의 진정한 본질에 관해서 실수를 저질러 모순적인 특징들을 그것들의 탓으로 돌리고 있다...》《그러나 논의가 정확하게 관찰된 실제 사물들의 진정한 본질에 근거하고 있을때,[120] 따라서 필연적 연속 또는 필연적인 공존 또는 (확인할 수 있는 대상의) 부존에 대한 충분한 논의가 확립될때, 모순이 있을 여지는 없다.》《사실들은 어떤(제멋대로인) 배열들에 의해서가 아니라 그것들의 진정한 본질에 의한 논리적 추리로서 확립된다. 따라서 공존, 연속 또는 부존이라는 사실들이 실제 사물들의 실재하는 상태로 확립될 때, 모순이란 있을 수 없다. 확립된 사실은 궁극적으로 실재적인 사실이다. 정확하게 확립된 것은 (환상의 영역

---

116) *āgama-siddha.*

117) *avastu-daršana.*

118) *atīndriya.*

119) *šastrakāra* ; 여기에서 *šastra*=*āgama, āgama*라는 용어는 계시라는 의미를 가질 수 있고, 그때 그것은=*āmnāyā*=*šruti*=*dharma*=*sūtra*이거나, 예를 들면 바이쉐시카 학파의 체계처럼 독단적 학문을 의미할 수 있다. 양경우에 있어서 그것의 반대는 *pramāṇa*일 것이다. TSP., 4쪽 이하에서 그것은 불교적 계시를 의미하고 있다.

120) 비판의 이러한 기본적 원리는 두운체의 언어로 특수한 함축성을 가진채 표현되고 있다-*yathā-avasthita-vastu-sthiti.*

으로) 침입하지 않고 확립된 사실이다... 그러한 사실들은 상상력에 기초하고 있지는 않지만, 실재 그 자체가 있는 것처럼 그것들은 있다.》 그러한 독단적 주장의 한 보기는 보편자들이 객관적 실재라는 이론이다.

〈카말라쉴라〉[121]는 동일한 취지로 다음과 같은 주목할만한 구절을 말하고 있다. 《불타 자신은 다음과 같이 말하기를 좋아했다 : "오 형제들이여! 결코 내말을 순전한 경건심에서 받아들이지 말라! (금세공사들이 불, 금으로 된 대상을 조각내는 절단, 시금석의 세 가지 방법 모두로 그러하듯이) 현명한 학자들에게 그것들을 검증하게 하라"고 그는 말했다.》[122] 이러한 말로써 불타는 우리들의 지식의 두가지(궁극적인 근원들)만이 있을 뿐이며, 그것들은 감관지각과 추론(즉, 감성과 오성)의 본질적인 원리들을 구성한다고 선언했다. 그는 (자기 자신의 말을 검증하는 방법들을) 설명하기 위해서 선택된 보기들의 배역들로 이것을 은연중에 말하고 있다. 감관지각은 (직접적 증거이므로) 그것과 유사한 불이라는 보기로 암시되고 있다. 궁극적 검증은 모순의 부존이다. 이것은 그 (궁극적 검증이 금으로 된 대상을 조각들로) 박살내는 것을 (필요로 하는 보석세공인이라는 보기로) 암시되고 있다. 그러나 이 (마지막 방법)은 (지식의 궁극적으로 상이한 세번째 근원이 아니며, 그것은 바로 일종의) 추론일 뿐이다(114. b. 4). (지식의 이러한 세가지 근원들과) 일치해서 인식된 대상들은 또한 상이한 세가지 종류, 말하자면 현존, 부존, 선험으로 되어있다.[123] 따라서 불타가 언급한 대상이 존

121) 그의 Nyāya-bindu-pūrva-pakṣa-samkṣipti에 있음. Tanjur. Mdo, vol. 112 ; 인용된 절은 북경판의 114ª. 8 이하부터 시작되고 있다. TSP., 12쪽 19행을 참조하라.

122) 티벳인들에 의하면 이 절은 *Ghana-sūtra*에서 나온 것이라고 하지만, 우리는 그것을 알아낼 수 없다.

재하고 있을 때, 그것은, 금의 순도가 불로 검증되는 것과 마찬가지로 직접 지각에 의해서 검증되어야만 한다. 대상이 숨겨져 있지만 (그것의 흔적이 있을때), 그것은 시금석으로 검증받을때의 금의 순도와 마찬가지로 (타당한) 추론으로 검증되어야만 한다. 그러나 만일 대상이 선험적인 것이라면, 보석은 (불과 시금석이 적당하지 않을때 그것의 금의 순도를 입증하기 위해서) 박살나야만 하는 것과 마찬가지로 모순의 부존으로 검증되어야만 한다. 따라서 우리가 선험적인 논설의 주제를 다루고 있는 완전히 신뢰할 수 있는 성전(불경)을 가지고 있는 그러한 경우에서 조차, 우리는 (성전에 대한 믿음이 아니라) 이론적 지식의 유일한 근원으로서 이성을 믿음으로써 앞으로 나아갈 것이다.[124)]

선험적 대상들의 예는 무엇보다도 먼저 도덕적 의무와 최후의 해방, 업과 열반의 법칙들이다. 이러한 대상들은 경험적으로 알려진 것은 아니지만, 그것들은 모순이 없으며 따라서 불타의 그것들에 대한 계시는 받아들여질 수 있다.

도덕과 최후의 해방은 실로 경험에 기초를 두고 있다고 할수는 없다. 세계과정을 통제하는 주인(主因)으로서의 업의 법칙과 그 과정의 궁극적 목적으로서의 열반의 법칙은 모든 존재들을 존중하고 있는 주장들이지만, 그것들은 비변증법적이고 모순이 없으며, 장소, 시간과 질에 관해서 《확인할 수 없는 것》이 아니며, 그것들은 비경험적, 즉 그럼에도 불구하고 비판적 인식론이 가정하고 있는 선험적 실재이다.

게다가, 우리의 모든 지식이 가능한 경험의 영역에 제한되어 있

---

123) =*pratyakṣa, parokṣa*와 *atyanta-parokṣa*(=*mñon-sum lkog-pa*와 *śin-tu lkog-pa*).

124) =*savikalpaka-pramāṇa-bhāve šrad-dadhānāḥ pravartante.*

기는 하지만, 우리는 이 경험적 지식 그 자체와 그것의 가능성의 선천적(*a priori*) 조건을 구별해야만 한다. 지식의 두가지 유일한 근원으로서의 감성과 오성 사이의 날카로운 구별은 곧바로 순수 감성, 순수 대상과 순수 이성(또는 오성)의 가정으로 통하게 된다.[125] 이들은 경험 속에 주어지지 않은 것들이지만, 그것들은 모순이 없으며, 우리의 전지식의 선천적 조건으로서, 그것이 붕괴되지만 않는다면, 필연적이기조차하다. 따라서 우리는 형이상학적 그리고 선험적 대상들을 구별해야만 한다. 첫번째 것은 《대상들이 위치해 있는 장소도, 그것들이 존재하고 있는 시간도, 그것들이 가지고 있는 지각할 수 있는 속성들에 관해서도 확인할 수 없는》 대상들이다. 반대로 두번째 것은 일반적인 경험적 지식의 가능성의 필연적인 조건이므로 우리들의 지식의 모든 작은 부분 속에 있는 그들의 존재에 관해서 확인할 수 있는 것들이지만, 그것들은 저절로 감각적 형상으로 나타날 수 없으며, 그것들은 다르모타라[126]가 말한 바와 같이 《(지식으로써) 얻을 수 없는 것들》이다. 따라서 그것은 형이상학적이거나 선험적인 것들은 구성된 개념들이라는 것이지만, 그것들은 변증법적이고 모순적인 환각이다. 예를 들면 궁극적 특수자, 궁극적 물자체와 같은 선험적 또는 선천적인 것들은 실재적[127]인 것일 뿐만 아니라 비록 개념으로 주어지지는 않고 있지만 바로 그 본질에 있어서 그것은 개념이 아니므로 그것들은 또한 실재 그 자체[128]이다. 우리들의 연구가 진전해 나가는 도중에 몇곳에서 이 주제는 보다 많이 언급될 것이다.

---

125) ***šuddham pratyakṣam**, šuddha-arthaḥ, šuddhā kalpanā.*

126) **NBT., 12쪽 19행**-*prāpayitum ašakyatvāt.*

127) *kṣaṇasya=paramārtha-sataḥ,* 같은 책.

128) *santāninaḥ=kšaṇaḥ=sva-lakṣaṇāni vastu-blútah,* 같은 책, 69쪽 2행.

# 제 2 부
# 감성 세계
(The Sensible World)

제 1 장　순간적 존재의 이론 · 138

제 2 장　인　과 · 197

제 3 장　감관—지각 · 235

제 4 장　궁극적 실재 · 285

# 제 1 장
# 순간적 존재의 이론
# (THE THEORY OF INSTANTANEOUS BEING)

## 1. 언급된 문제.

이 앞장에서는 불교도들은 두가지, 그러니까 지식의 두가지 근원, 즉 감관과 오성만 있을 뿐이라는 그들의 기본적 원리와 그것들은 하나가 다른 하나의 부정이므로 전적으로 이질적인 것이라는 사실에 집착하고 있다는 것을 지적하는데 중점을 두었다. 따라서 우리는 지식의 감각적 및 비감각적, 또는 비지성적 그리고 지성적 근원을 갖게 된다.

〈디그나가〉는 그의 위대한 서약을 시작하는 말에서, 지식의 이 두가지 근원에 엄격하게 일치해서 외부세계 또한 이중적이며, 그것은 특수자이기도 일반자이기도 한데 ; 특수자는 감각적 인식에 상응하는 대상이고, 일반자 또는 보편자는 오성 또는 이성에 상응하는 대상이라고 말하고 있다. 그러므로 우리는 유럽에서와 마찬가지로 인도에서 두가지 세계, 즉 지각할 수 있는 것과 지성으로 이해할 수 있는 것 (그러니까 *mundus sensibilis*와 *mundus intelligibilis,* χοσμοs αιδητοδ와 χοσμοδ νοετοδ)을 갖게 된다. 이제 우리는 계속해서 불교도의 전자와 후자에 관한 사상을 검토할 것이다.

지각적 세계는 바로 에너지의 순간적 번쩍임인 감각(*sensibilia*)으로 이루어져 있다. 그것들의 토대 또는 근본이라고 생각된 불멸의 영원하고, 충만한 물질은 상키야와 다른 학파들의 허구이다. 모든 사물들은 예외없이 순간적 사상(事象)들의 연속일 뿐이다. 〈카말라쉴라〉[1]는 다음과 같이 말한다. 《이러한 그것들의 순간성과, 분리되어 있는 순간들 속에 분할되어 있다는 성질은 모든 것에 가득 차 있다. 우리들의 기본적인 테제만이 이것을 증명하므로, 우리는 우리들의 대립자들이 상상한 (유신론자들의) 신, (상키야 학파의) 영원한 물질과 풍부한 모든 (형이상학적) 실재들을 **단 일격에**[2] 부인할 수 있었다. 그것들을 하나하나 검토하고 공들여서 매우 장황하게 논박하는 것은, 그같은 것이 매우 쉽게 이루어질 수 있으므로[3] 전적으로 쓸모없는 수고이다. 실로 우리들의 대립자들 중의 아무도 이러한 실재들은 순간적인 것이고, 그것들은 나타나자마자 사라지며, 그것들의 본질은 배후에 아무런 흔적도 남기지 않고 사라지는 것[4]이라고 하는 것을 인정하려들지 않을 것이다. 정말로 우리는 일반적인 존재의 순간성을 증명함으로써, 이러한 (형이상학적) 실재들은 그 자체로(*eo ipso*) 부인되었을 것이라는 것을 아주 잘 알고있다. 따라서 우리는 계속해서 이미 검토한바 있는 그러한 실재들, 말하자면 신, 물질(자연, 다른 학파들에서 시인된 영혼), 독자부 불교도들의 (반영구적) 《인격》까지를 (다시한번) 부인하고 : 또한 결과적으로 검토될 그러한 (영속적인) 실재들, 말하자면 보편자, 실체, 질, 운동, 내속, (설일체유부) 불교도들이 인정한 《삼계》에 존재하는 (순간적) 요소들,[5] 유물론자들이 인정한 (영원한) 물질,[6] 바라문들이 인정한 영원한 성전들[7]까지 부정하는 것을 지지하기

1) **TSP.**, 131쪽 17행 이하(요약)
2) *eka-prahāreṇa eva.*
3) *svalpa-upāyena.*
4) *niranvaya-nirodha-dharmaka.*
5) *trikāla-anuyāyino bhāvasya(dharma-svabhāvasya),* CC., 42쪽을 참조하라.
6) 직역. 《**Cārvāka**의 네가지 거대한 요소》.
7) 직역. 《Jaiminīyas 학파의 성전들의 영원한 소리》.

위해서 이 이론을 증명하는 논의들을 상술할 것이다. 따라서 (영속적인 실재의 흔적은 조금도 남지 않을 것이고) 순간적 존재의 이론은 명백하게 확립될 것이다. 따라서 존재의 (가정된) 안정성에 대한 비판적 검토는 불교철학의 마지막 성과를 포함하는 것이다》. 그러한 것이 불교의 주요한 사상이다 — 존재의 분리된, 순간적인 소부분들 이외에 다른 어떤 궁극적 실재도 없다. 그것이 신이건 물질이건 간에 영원한 실재들은, 영속적이고 영원한 것이라고 가정되기 때문에, 실재가 아닐 뿐만 아니라, 경험적 대상들의 단순한 안정성 마저도 우리들의 상상에 의해서 구성된 것이다. **궁극적 실재는 순간적이다.**

## 2. 실재란 운동이다.

예의 〈카말라쉴라〉[8]는 《일상적인 목적들을 추구하는 보통의 인간[9]으로서는 (그가 원하는) 모든 것의 존재 또는 비존재에 관해서 묻는 것[10]이 당연하다…… 그러지 않는 것은 이상할 것이다.[11] 따라서 직접적이든 간접적이든 간에 어떤 시간, 장소에서든지 사람이 이용하는 것을 그는 '실재'라고 부른다[12]…… 이제 우리들(불교도)은 그러한 (실재적인) 사물들, 말하자면 어떤 합목적적 행동의 대상들인 사물들[13]이 순간적이며, (그것들은 순간적 지속을 가지고

8) TSP., 151쪽 19행 이하.
9) *prekṣavān.*
10) *arthasya(=vastu-mātrasya)astitva-anastitvena vicāraḥ.*
11) *unmattaḥ syāt.*
12) *yad eva padārtha-jātam...tatraiva vastu-vyavasthā*; *padārtha*와 *vastu*간의 차이에 주목하라; *padārtha*들 중에서 그것들만이 유효한 *vastu*이다. 실재론자들은 *svarūpa-sattā*와 *sattā-sāmānya*를 구별하는데, 불교도들은 이러한 구별을 부정한다. SDS., 26쪽을 참조하라.
13) *arthā-kryā-kāri-rūpa.*

있다)는 것을 증명한다. 합목적적 행동의 대상이 될 자격이 실재를 입증하는 본질적 특징이라는 법칙에는 예외가 없다. 그것은 존재와 동일한 연장을 가지고 있는 특징이다.[14] 그러나 하나의 사물은 합목적적 행동의 대상이 될 수 없고 그것의 마지막 순간 이외에는 유효한 것이 될 수 없다. 그것의 이전 순간들은 결과를 산출하기 위한 유효한 순간과 중복될수 없고, 하물며 그것의 미래의 순간들도 전술한 결과를 산출할 수 없다》고 말한다. 예의 저자[15]는, 《우리는 하나의 대상은 (유일한 실재적인 순간이기도한) 존재의 마지막 순간에 도달할때만 어떤 것을 산출할 수 있으며, 나머지 순간들은 유효성이 없다고 주장한다》라고 말하고 있다. 하나의 씨가 발아할때, 이것은 그 씨의 마지막 순간에 의해서 이루어지는 것이지, 그것이 곡창지대 속에 조용히 놓여있는 그러한 순간들에 의해서 이루어지는 것은 아니다.[16] 그 씨의 이전의 모든 순간들은 새싹의 간접적[17] 원인들이라고 반대할 수도 있다. 그러나 이것은, 만약 그 씨가 매 순간마다 변하지 않는다면, 그것의 본질은 영속적이고 결코 변하지 않는 것이 될 것이기 때문에, 불가능하다.

만약 발아의 순간은 원인과 조건의 《총체》에 의해서 산출되는 것이라고 말한다면,[18] 모든 순간은 그것이 존재하는 것에 기인하는 그 자체의 원인과 조건의 총체를 가지고 있으므로, 매순간도 마찬가지이다. 《이러한 우리들의 순간(즉, 우리가 실재한다고 생각하

---

14) *sādhyena(=sattayā) vyāpti-siddhih.*

15) 같은책, 140쪽 19행을 참조하라.

16) *kuśūlādi-sthona janayati,* 같은책.

17) ***na mukhyataḥ***, 같은책, 140쪽 22행 ; 앞선 순간들은 *upasarpana-pratyaya*라고 불리운다. NK., 126쪽 8행, 135쪽 8행 등을 참조하라.

18) *sāmagrī=hetu-kāraṇa-sāmagrī* ; 한 사물의 원인들과 조건들의 총체는 그 사물자체로 부터 구별될 수 없다.–*sahakāri-sākalyam na prāpter atiricyate,* Tātp., 80쪽 5행.

는 순간)은 하나의 행동(즉, 균등한 순간들의 흐름)이 끝나는 순간 이다》.[19]그러나 이러한 의미의 행동은 결코 끝나지 않으며, 모든 순간은 필연적으로 다음 순간인 뒤를 잇는다. 실재의 본질을 구성하고 있는 운동의 단절은 바로 현저한 또는 비유사한 운동의 출현일 뿐 이다.[20] 우리가 순간들의 부단한 변화를 무시하고, 그것이 새로운 질이 될때, 즉 새로운 태도를 우리들의 행동 또는 사고에 깊이 새기는 것이 충분해질때만 그것을 알아차리는 것은 당연하기 때문에, 그것은 우리들의 실제적인 필요때문에 현저한 것이다. 한 사물의 존재에 있어서 앞선 순간들의 동일성은 다만 그것들의 차이점을 무시하는데 있다.[21] 이 동일성의 단절은 그것들의 운동상의 단절이 아니며, 그것은 항상 상상되는 것이며, 우리가 그 차이점을 알아차릴 수 없는 순간들의 통합이다. 《실재의 본질은 운동이다》라고 〈샨티라크쉬타(Šāntirakṣita)〉[22]는 말한다. 실로 실재란 운동이며, 세계는 하나의 영화이다. 인과관계,[23] 즉 서로를 잇는 순간들의 상호의존은 안정성 또는 지속이라는 환각을 불러일으키지만, 그것들은 말하자면, 그 자체에 어떤 진정한 영속적인 실체들도 없이, 그러나 또한 끊임없이 또는 극히 적은 간격으로[25] 번개처럼 존재하는 힘 또는 에너지[24]이다.

여기에서 간단하게 그 주요 윤곽이 그려지고 우리들의 분석의

---

19) AKB ad II. 46—*kriyā-parisamāpti-lakṣaṇa eva eṣo naḥ kṣaṇah*; 번역, vol. I. 232쪽.

20) *vijātīya-kṣaṇa-utpada.*

21) *bheda-agraha.*

22) TS., 138쪽 9행—*cala-bhāva-svarūpa*=*kṣaṇika*; TSP., 117쪽 17행—*cala*=*anitya,* 같은책, 137쪽 22행을 참조하라.

23) TS., I쪽—*calaḥ pratītya-samutpadaḥ*, TSP., 131쪽 12행을 참조하라.

24) *saṃskāra.*

경과 속에서 검토될 일련의 논의들에 의해서 지지되는 이 이론은 대립자들은 물론 불교도들 자신에 의해서 그들의 존재론 전부의 근본원리로 간주되고 있다.

외부세계에는 어떤 안정성도 없고 존재란 바로 외부의 변화과정의 흐름일 뿐이라는 사상은 그리이스 철학사로부터 우리에게 친숙한 것인데, 거기엔 그 초기시대에 〈헤라클레이투스〉라는 사람으로 그리이스 사상의 그 이후의 발전 속에서 곧 잊혀진 하나의 에피소드가 기록되어 있다.

우리는 그것을 인도에서 그 발단이 B.C. 6세기로 거슬러 올라가는 체계의 토대로서 다시 보게 된다. 그러나 여기에서 그것은 에피소드가 아니며, 그것은 일련의 정교한 체계들 속에서 다양한 변천을 통한 부단한 발전을 가지고 있으며, 15세기의 떠들석한 생 이후에 그것은 고향을 버리고 다른 불교국가들에서 새로운 안식처를 찾게 된다. 동일한 사상이 근대 유럽의 사색 속에 다시 나타나고 부분적으로나마나 근대과학에 의해서 지지를 받게 되므로, 역사학자는 인도에서 그것을 확립시킨 논의들과 거기에서 그것이 구체화된 형식들을 궤뚫어 보는데 흥미를 가질 것이다.

우리들은 인도에서 매우 상이한 두가지의 보편적 유동(流動)설을 대면하게 된다. 세계과정을 의미하는 운동은 계속적인 운동이거나 또는 그것은, 빽빽하기는 하지만,[26] 불연속적인 것이기도 하다. 후자는 거의 끊임없이 서로를 뒤따르고 있는 무한히 분리되어 있는 순간들로 이루어져 있다. 첫번째 것의 경우에 현상은 바로 영원하고, 두루 충만하며 미분화된 물질[28]의 바탕 위에 돌출해 있는 그것

---

25) *nirantara.*

26) *sāndratara.*

27) *vṛtti.*

과 동일한 파도 또는 파동[27)]일 뿐이다. 우주는 레가토(legato)의 운동이다.[29)] 두번째 것의 경우에는 물질이란 전혀 없으며, 에너지의 번쩍임[30)]이 서로를 뒤따르고 안정된 현상이라는 환각을 산출한다. 그때 우주는 스타카토(staccato)의 운동이다. 상키야 철학체계는 첫번째 견해를 주장하고, 두번째 것은 불교에서 유행한 것이다.[31)] 우리는 여기에서, 일반적인 철학사가에게는 그다지 낯설지 않은, 양자 모두 명백히 동일한 첫번째 원리로부터 생겨난 두가지의 정반대적인 철학체계의 경우를 만나게 된다.

불교도들이 제출했던 논의들은 다음과 같은 것들이다.

## 3. 시간과 공간의 관념성으로부터의 논의.

우주의 순간성 이론은 시간상의 모든 지속은 서로를 뒤따르는 찰나점들로 이루어져 있으며, 공간상의 모든 연장은 연속적 그리고 동시적으로 일어나는 찰나점들로 이루어져 있고, 모든 운동은 연속적 그리고 계속적으로[32)] 일어나는 이러한 찰나점들로 이루어져 있다는 것을 의미하고 있다. 따라서 우리들의 상상에 의해서 다음의

---

28) *pradhāna.*

29) *pariṇāma-vāda.*

30) *saṃkāra-vāda=sanghāta-vāda.*

31) 실재론자는 두가지 이론을 거부한다 ; Udayana, Panšsuddhi는 그것들을 매우 함축성있게 공식화하고 있다. 171－172쪽-*na tāvat pratikṣana-vartamā-natvam Saugata-mata-vad vastunaḥ suarūpotpādah, nāpi Sānkhya-vad va-stu-svarūpa-sthairye'pi pariṇati-bheda eva Mimāṃsakaiḥ svī-kriyate.* 그럼에도 불구하고 상키야는 *samavāya*의 가시성을 부정하고 이러한 기본적인 특징은 또한 바이쉐시카 학파로 부터 그들을 구별하고 또한 古요가 학파로부터 그들을 분명이 구별한다는 것이 부가되어야만 한다.

32) *nirantara-kṣaṇa-utpāda.*

상상된 실재들을 구성하고 있는 찰나점들 이상의 시간, 공간, 운동은 없다.

불교적 시간, 공간, 운동개념을 이해하기 위해서 우리는 인도의 실재론 학파들 속에서 확립된 다른 개념들과 그것들을 대질시켜야만 한다. 우리는 연구의 거의 모든 단계에서 이 방법으로 돌아가지 않을 수 없을 것이다. 우리는 시간과 공간으로 시작한다.

인도의 실재론자들에 따르면 시간은 실체이다. 그것은 영원하고 천지에 충만한 것이다.[33] 그것의 존재는 현상들 사이의 연속과 동시성이라는 사실들로부터 추론된 것이다. 공간 역시 실체이며,[34] 그것은 영원하고 포괄적인 것이다. 그것의 존재는 모든 연장을 가진 물체들은 불가입성(不加入性)을 가지며, 그것들은 공간상 서로 떨어져 있다는 사실들로부터 추론된 것이다. 〈프라샤스타파다(Prašastapāda)〉[35]는 시간, 공간 및 우주의 에테르는 그 각각의 것이 그 종류상[36] 유일한 것이므로 그것들에게 주어진 이름은, 말하자면, 독특한 이름들[37]이지, 일반적 용어들[38]은 아니라는 매우 흥미있는 말을 덧붙이고 있다.[35] 상이한 시간들이란 하나이면서 동일한 시간들의 부분들이다. 시간과 공간이 많은 공간과 상이한 시간으로 분할된 것으로 말해질때, 그것은 하나의 은유이다. 시간과 공간 그 자체가 아니라, 그것들 속에 위치한 대상들이[39] 분할되어 있는 것이다. 따라서 그것들은 《추론적 또는 일반적 개념이라고 불리워지는 것이

33) VS., 2. 6－9. Prasastp., 63쪽 23행 이하를 참조하라.
34) VS., 2. 10－16, Prašastp., 67쪽 1행 이하를 참조하라.
35) 58쪽 5행 이하.
36) *ekaika.*
37) *paribhāṣikyaḥ sanjñaḥ.*
38) *apara-jāty-abhāre.*
39) *añjasa ekatvepi...upādhi-bhedān nānātvopacāraḥ.*

아니라》[40] 그것들은 《단 하나의 대상》에 의해서만 산출되는 표상이다.[41]

유럽의 어떤 합리주의자들과 마찬가지로 인도의 실재론자들은 시간과 공간을 그 각각이 전우주를 담고있는 두개의 포괄적인 그릇으로 여긴 것은 명백하다.

불교도들은 이 두 그릇의 개별적 실재를 부정한다. 우리가 본대로 실재란 그 자체의 개별적 유효성을 가지고 있는 것이다. 그 사물들의 그릇은 개별적 유효성을 갖고 있지 않다.[42] 시간과 공간은 그것들 속에 존재하는 사물들로부터 분리될 수 없다. 따라서 그것들은 개별적 실재가 전혀 아니다. 우리들의 생산적 상상력의 능력에 의해서 우리는 동일한 대상을 다르게 볼 수 있으며 사물과 그것의 그릇을 구분할 수 있지만, 이것은 상상에 지나지 않는다. 모든 찰나점들은 시간의 작은 조각, 공간의 작은 조각 및 지각할 수 있는 질로 간주될 수 있지만, 이 차이점이란 그 찰나점에 대한 우리들의 정신적 태도[43]의 차이점에 불과한 것이다. 모든 상상과 관계를 끊은 찰나점 그자체, 즉 궁극적 실재는 질이 없고 시간을 가지지 않고 분할할 수 없다.

---

40) 시간과 공간의 비실재성을 확립하기 위한 칸트의 주요한 논의들 중의 하나가 칸트가 했던 것과 동일한 결론을 끌어내지못한채 인도의 실재론체계 속에서 보인다는 것은 이상하다. **CPR.**, 25쪽

41) **N. Kandalī**, 59쪽 6행을 참조하라－*vyakti-bheda-adhiṣṭhāna*-kant, **CPR.**, 25쪽은 이러한 사실로부터 시간은, 《단하나의 대상에 의해서만 산출될 수 있는 표상은 직관이기 때문에》, 직관임에 틀림없다고 결론 맺는다. 불교도들은 결코 그렇게 말하지 않을 것인데, 왜냐하면 그들에게 있어서 단 하나의 대상(*vyakti*=*svalakṣana*)은 다만 찰나점일 뿐이고 직관은 그것의 존재에 상응하는 순수감각(*nirvikalpakam pratyakṣam*)일 뿐이기 때문이다.

42) 그것들은 *artha-kriyā-kārin*이 아니다.

43) *kālpanika* ; kathāvatthu, 392쪽 이하의 번역자들의 언급을 참조하라.

불교는 그 철학의 첫번째 시기에 우주의 요소들 중의 한가지로서[44] 공간의 실재를 인정했다. 그것은 변하지 않고[45] 영원하며 포괄적인 요소로서 생각된 빈 공간이었다. 그러나 후기 불교도들이 본토에서 관념론과 직면하게 되었을때, 그들은 외부의 대상들의 실재는 엄밀한 증거를 허용하지 않고, 따라서 실체적 공간의 실재는 부정된다는 것을 간파했다. 실체적 시간[46] 역시 부정되었지만, 미묘한 시간, 즉 순간, 유효한 찰나점[47]은 옹호되었을 뿐만 아니라, 그것은, 우리가 멀지 않아 보게될 것처럼, 실재의 모든 체계가 의지하게 되어있는 지주가 되었다. 실체적 시간과 공간의 관념은 그것들이 그 경험의 근원을 상상할 수 없는 선천적 직관이라는 이유로 공격받은 것은 아니었지만 그것들은 그것들이 일상생활에서 은연중에 쓰여지고 있는대로의 지속과 연장의 관념은 모순을 포함하고 있고 따라서 객관적 실재로 받아들여질 수 없다는 이유때문에 변증법적으로 파괴되었다.

## 4. 지속과 연장은 실재가 아니다.

실로 만일 우리가 하나의 사물이 비록 여전히 하나이지만 연장과 지속을 가진다고 가정한다면, 우리가 실재를 유효성으로 간주하는 한, 모순에 빠지게 될 것이다. 하나의 실제적 사물은 동시에 여러

---

44) *ākāša*라는 이름하에, 그 이름은 니아야-바이쉐시카 체계 속에서 소리의 전파를 위해 복무하는 우주의 에테르를 뜻한다. **Kamalašila**는 **TSP.**, **140**쪽 **10**행에서 **vaibhāṣika**들은, 이 요소의 실재를 인정하므로, 불교도라고 불리울 수 없다고 말한다-*na šākya-putriyāḥ*.

45) *asaṃskṛta*.

46) *sthūlah kālaḥ*, *Kathā-vatthhu*에서는 *mahākāla*.

47) *kṣaṇaḥ=sūkṣmah kālaḥ*.

장소에 존재할 수 없으며, 동일한 실재가 상이한 시간에 실재할 수도 없다. 그러한 경우가 있다면, 그것은 모순율과 충돌하게 될 것이다. 하나의 사물이 한 장소에 있다고 한다면, 그것은 동시에 또 하나의 장소에 있을 수 없다. 또 하나의 장소에 존재한다고 하는 것은 앞의 장소에 존재하지 않는다는 것을 의미한다. 따라서 여러 장소에 존재한다고 하는 것은 주어진 장소에 존재하고 동시에 존재하지 않는다는 것을 의미한다. 실재론자들에 따르면 경험적 사물들은 제한된 실재적 지속을 갖는다. 그것들은 자연의 창조력 또는 인간의 의지 또는 신의 의지로 원자들에서 산출된 것이다. 원자들은 결합해서 새로운 실재적 통일체를 형성한다. 이들 창조된 실재적 통일체들은 그것들의 질료인(*causa materialis*)속에, 즉 원자들 속에 존재하거나 내재한다. 따라서 우리는 수많은 원자들, 즉 여러 장소에 동시에 존재하고 있는 하나의 실재적 사물을 갖게 된다. 이것은 불가능하다. 창조된 통일체는 허구이며 부분들만이 실재이거나 또는 부분들은 허구이고 궁극적 전체만이 실재일 뿐이다. 불교도들에게 있어서는 부분들만이 실재이며, 전체는 허구인데,[48] 왜냐하면 그것이 실재라고 한다면 동시에 여러 장소에 존재하고 있는 실재, 즉 주어진 장소에 동시에 존재하고 존재하지 않는 실재가 되기 때문이다.[49]

유사한 고찰에 의해서 하나의 사물은 어떤 지속도 가질 수 없다

48) 《여섯가지 불교 소논문(six Buddhist Tracts)》에 있는 ācārya Ašoka의 Avayavi-nirākaraṇa와 Tātp., 269쪽 3행 이하, NK., 262쪽 10행 이하, N. Kandali, 41쪽 12행 이하를 참조하라.

49) 라이프니츠의 말(Extrait d'une lettre 1693)을 참조하라—《연장이란 펼쳐진 것, 즉 부분들의 다수성, 연속성과 공존의 반복 또는 연속적인 다수성에 지나지 않는다》; 그리고 《내생각으론 물질적인 실체는 연장되는 것과 공간을 차지하는 것과는 완연히 다른것 속에 있다》; 그리고 《연장은 추상일 뿐이다》

는 것이 증명된다. 하나의 사물이 A라는 순간에 존재한다고 하면, 그것은 또한 어떤 순간 B에 존재할 수 없는데, 왜냐하면 A라는 순간에 정말로 존재한다는 것은 B라는 순간 또는 다른 어떤 순간에 아무런 실제적 존재도 가지지 못한다는 것을 의미하기 때문이다. 따라서 만일 우리가 동일한 사물이 계속해서 B라는 순간에 존재한다는 것을 인정한다면, 이것은 A라는 순간에 그것이 동시에 정말로 존재하고 정말로 존재하지 않는다는 것을 의미할 수 있을 뿐이다.

만약 하나의 사물이 각기 다른 순간들을 통해서 실재적 지속을 가질 수 있다면, 그것은 동시에 다른 시간에 존재하고 있는 실재적 통일체를 의미할것이다. 영속적인 통일체는 허구이며 순간들만이 실재이거나, 또는 순간들이 허구이고 지속만이 실재이다. 불교도들에게는 순간들만이 실재이며, 지속은 허구인데, 왜냐하면 그것이 실재라고 한다면 그것은 동시에 상이한 시간에 존재하는,[50] 즉 동시에 존재하고 주어진 순간에 존재하지 않는 실재가 되기 때문이다.

따라서 그것은 불교도들에게 있어서 궁극적 실재는 시간을 가지지 않고, 공간도 없으며 운동도 없다는 것이다. 그러나 그것은 영원한 존재라는 의미가 아니라 시간을 가지지 않는다는 것이고, 편재하는 것이란 의미가 아니라 공간이 없다는 것이며 포괄적인 운동없는 전체라는 의미가 아니라 운동이 없다는 것이지만, 그것은 지속, 연장과 운동을 가지고 있지 않다는 의미에서 시간도 없고, 공간도 없으며 운동도 없다는 것인데, 그것은 수학적 찰나점, 즉 행동의 유효성의 순간이다.

---

50) 2권, 부록 I에 번역되어 있는 Tātp., 92쪽 13행 이하를 참조하라 ; NK., 125쪽을 참조하라.

## 5. 직접 지각으로부터의 논의.

존재하는 모든 것의 순간성은 지각과 추론으로부터의 논의들에 의해서 한층 더 확립된다. 그 중 첫번째 것은 직접 지각으로부터의 논의이다.[51] 감각은 순간적 번쩍임이라는 것이 내성에 의해서 증명된다. 그러나 순간적 감각은 바로 순간적 사물의 반영일 뿐이다. 그것은 선행하는 것도 뒤따르는 것도 붙잡을 수 없다. 우리가 순간적 감각으로 푸른 색깔의 헝겊 조각을 지각할때와 마찬가지로, 우리는 그 감각, 즉 노란색이 아니라 푸른색에 상응하는 바로 그 사물을 지각하는 것이고, 바로 그대로 우리는 그 감각 속에서 선행한 것이나 뒤따르는 것이 아니라 바로 그 현재의 순간을 자각하는 것이다. 푸른 헝겊 조각의 존재가 지각될때, 그것의 비존재 또는 부존은 그 자체로(*eo ipso*) 배제되고 따라서 선행하는 그리고 뒤따르는 순간들 속에 있는 그것들의 존재 또한 배제된다. 현재의 순간만이 감각에 의해 포착된다. 모든 외부의 대상들은 감각자료로 환원될 수 있고, 상응하는 감각들은 항상 단 하나의 순간에 국한되므로, 모든 대상들은 그것들이 우리들에게 영향을 미치는한 순간적 존재들이라는 것이 분명해진다. 감각의 순간을 넘어서 있는 대상의 지속은 감각 그 자체에 의해서 보증될 수 없고, 그것은 그 감각의 연장, 즉 우리들의 상상의 구성이다. 후자는 감각에 의해서 자극될때 대상의 형상을 구성하지만, 감각만이, 곧 순수 감각이 순간적 존재를 겨누고 있다.

51) NK., 123쪽 14행 이하 ; Tātp., 92쪽 15행 이하.

## 6. 재인식은 지속을 증명하지 못한다.

이러한 논의에 대하여 실재론자들은 다음과 같은 이의를 재기한다.[52] 그는 감각은 푸른색의 표면만을 감지할 뿐이고, 그때 그것은 그것과 다른 것은 감지하지 못한다는 것은 옳다고 말한다. 그러나 우리는 감각이 그것의 지속의 정확한 시간을 감지하고, 이 지속은 순간적이라고 주장할만큼 전적으로 극단에 흐를 수는 없다. 감각 그 자체는 한 순간 이상 지속되고, 그것은 둘 또는 세 순간 동안 지속될 수 있다. 그것이 단 한순간 동안만 지속된다는 것은 전혀 증명되지 않고 있으며, 하나의 사물이 지속해서 차례로 일련의 감각들을 점차 산출한다고 하는 것이 전혀 불가능한 것은 아니다.

불교도들은 대답한다.[53] (논의를 위해서) 모든 존재의 순간성이 우리의 인식에 직접적으로 반영된 것이 아니라고 인정해보자(그러나 지속이 더 나은게 있는가? 지속은 직접적으로 반영된 것인가). 그렇다고 실재론자는 말한다. **귀중한 사실**, 즉 사물들의 안정성과 지속을 증명하는 **재인식이라는 사실**[54]이 있으며, 그것은 《이것은 (내가 전에 본 것과) 동일한 수정(水晶)이다》라는 패턴의 인식이다. 불교도들은, 이 판단은 수정의 안정성과 지속을 전혀 증명하지 못하며, 그것은 그 이전의 조건이 그것의 현재의 조건과 전적으로 동일하다고 하는 것을 증명하지 못한다고 대답한다. 그리고 이것이 증명되지 못한다면, 수정에조차 지각할 수 없는 부단한 변화과정이 있다고 하는 우리의 가정에 방해되는 것은 있지않다. 따라서 그

52) NK., 123쪽 23행 이하.

53) 같은책, 124쪽 7행.

54) *pratyabhijñā bhagavatī*, NS., 111. 1.2에 있는 동일한 논의를 참조하라.

것은 지속적인 실체가 아니라, 서로를 뒤따르는 순간적 존재의 변화가 될 것이다. 실로, 《이것은 동일한 수정이다》라는 판단은 아무런 공통점도 가지지 못한 완전히 이질적인 두가지 요소의 부정한 조합이다. 《이것》이란 요소는 현재, 감각과 실재적 대상을 지시하는 것이다. 《그것》이란 요소는 과거, 상상과 기억 속에서 배타적으로 잔존해 있는 것을 지시하는 것이다. 그것들은 뜨거움과 차거움만큼이나 다른 것이다. 그것들의 통일체는 전능한 신 인드라(Indra)조차도 창조할 수 없다. 만일 그러한 것들이 같아질 수 있다면, 전우주가 동일한 사물들로 구성되어서는 안될 이유가 없다. 그 기능이 과거에 제한되어 있는 기억은 현재의 순간을 붙잡을 수 없고, 그 기능이 현재에 제한되어 있는 감각도 과거를 감지할 수 없다. 원인들이 일치하지 않을때, 결과는 동일할 수 없거나 그렇지 않으면 결과는 원인이 아니라, 되는대로 산출되는 것이 될 것이다.

기억과 감각은 각각 그것들의 각자의 행동영역과 그 자체의 결과를 가지며, 그것들은 후자의 영역 속에 전자를 가져오기 위해서 섞일 수 없다. 재인식은 기억과 구별되는 것이 아니고, 기억은 사유구성에 의해서 산출되는 것이며, 그것은 실재의 직접 반영이 아니다. 따라서 재인식이 지속을 증명한다고 하는 실재론자의 주장은 그러했으면 하는[55] 그의 바램만을 나타낼 뿐이다.

### 7. 존재라는 관념에 대한 분석으로부터의 논의.

직접 지각도 재인식도 외부세계의 대상들의 안정성을 증명할 수는 없지만, 그럼에도 불구하고 불교도들은,[56] 논의를 위하여 그 점

55) *manoratha-mātram*, 같은책, 124쪽 24행을 참조하라.
56) 같은책, 127쪽 7행 이하.

을 시인하고 직접 지각은 약간의 안정성을 나타내는 대상들을 감지한다는 것을 인정해 보자고 말한다. 그러나 이 지각은 그릇되게 전해진 것이다. 안정성이란 환각이며,[57] 우리들이 안정성과 지속을 인정하는 것에 반대하는 설득력있는 논의들이[58] 있다.

첫번째 논의는 존재의 개념으로부터 부단한 변화의 사실을 분석적으로 연역하는데 있다. 존재, 실재적 존재는 우리가 본대로 유효성을 의미하고 유효성은 변화를 의미한다. 절대적으로 불변하는 것은 또한 절대적으로 무효한데 ; 절대적으로 무효한 것은 존재하지 않는다. 예를 들면, 우주의 에테르는 그것이 물질인 것을 인정하는 사람들의 견해에서조차 운동하지 않는 것으로 생각되고 있다. 그러나 불교도들에게는 운동하지 않는 것은 인과관계상 무효한 것이며 따라서 존재하지 않는다. 운동하지 않는다는 것과 존재하지 않는다는 것은, 결과를 산출하는 것 말고 그 존재를 증명하는 다른 수단이 없으므로 같은 뜻의 용어이다. 어떤 것이 전혀 아무런 결과도 없이 존재한다면, 그것의 존재는 무시할 수 있는 것이다. 불교도들은 변화하지 않는 것은 어떤 것도 존재하지 않는다는 결론을 내린다.

그 논의는 다음과 같은 삼단논법의 형식으로 되어있다.[59]

대전제. 존재하는 것은 무엇이나 순간적 변화에 종속되어 있다.

예.[60] 예를 들면 (그 궁극적 실재가 바로 유효한 찰나점인) 항아리처럼.

소전제.[61] 그러나 우주의 에테르는 운동하지 않는다고 생각된다.

---

57) *samāropita-gocarm akṣaṇikam,* 같은책.

58) 같은책, 123쪽 34행.

59) TS., 143쪽 17행 이하 ; 이 삼단논법은 SDS., 26쪽에서 상이한 형태로 나타나는데, 거기에서 그것은 Jñāna-šri와 NK., 127－9쪽에서 인용된 것이다.

60) Jñāna-šri의 보기는 아마도 운문적인 추론을 위한 *yathā jaladharaḥ*이다.

61) NK. 속에 있는 upanaya는 *saṃš ca…šabdādir*이고 Jñāna-šri의 공식은 *san-*

결론. 그것은 존재하지 않는다.

존재하는 모든 것이 매순간 변화한다는 것은 딜레마에 의해서 증명된다. 존재하는 것은 유효한 것을 의미한다. 따라서 문제가 생긴다. 이 유효성은 영속적인 것인가 아니면 순간적인 것인가? 그것이 만약 영속적이라면, 대상이 마지막 것으로 생각되는 모든 순간들은 결과를 산출하는데 참여해야만 한다. 그러나 그것은 불가능하다. 앞선 순간들은 결과를 산출하기 위해서 마지막 순간과 중복될 수 없다. 영속적인 것은 정적인 것을 의미하며 정적인 것은 무효한 것, 즉 그때 아무런 결과도 산출못하는 것을 의미하는데; 무효한 것은 존재하지 않는 것을 의미한다. 모든 실재적 대상은 그것의 존속기간의 다음에 오는 순간을 산출하는데 유효한 것이다. 따라서 대상은 동시에 그 결과를 산출하거나, 그것은 결코 결과를 산출하지 않을 것이다. 정적인 것과 정적이지 않은 것 사이의 중간에 있을만한 것은 없다. 정적이라고 하는 것은, 어떤 근대학자들은 물론 인도의 실재론자들이 우주의 에테르가 그렇다고 생각하는 것처럼 운동하지 않고 영원히 불변하는[62] 것을 의미한다.정적이지 않는 것은 매순간마다[63] 운동하고 변화하는 것을 의미한다. 사물들은, 일상생활의 소박 실재론과 실재론적 철학들이 가정하고 있는 것처럼, 멈출 수 없으며 휴식을 취한 후에 또 움직이기 시작한다. 살아있는 실재 속에는 항상 계속되는 운동이 있지만, 이러한 운동 중에서 우리는 우리가 상상 속에서 안정시킨 어떤 특수한 순간들만을 알

---

*taš ca bhāvā ami*이다. Šantirakṣita와 Kamalašila가 인용한 형식속에서 그 논의는 *prasanga-sādhana*이고, 영원한 시간과 영원한 신 등은 물론 움직임 없는 에테르도 대립자들에 의해서 존재하는 것으로 생각되므로, 따라서 그것들은 그들을 위해서 타당한 보기들일 뿐이다.

62) *nitya=apracyutā-anutpanna-sthiraika-svabhāva, Anekañ*taj, f. 2. a. 10.

63) *anitya=prakrtyā eka-kṣaṇa-sthiti-dharmaka,* 같은책.

아차린다.

존재로부터 순간성을 연역하는 것은 분석적 연역법[64]이라고 불리운다. 실로, 《존재는 유효성을 의미한다》와 《유효성은 변화를 의미한다》는 판단은 분석적인데, 왜냐하면 술어가 주어 속에 함축되어 있고 분석으로 이끌어져 나오기 때문이다. 존재하는 것으로 특징지워지는 동일한 것 역시 유효한 것 그리고 변화하는 것으로 특징지워질 수 있다. 존재, 유효성 그리고 변화라는 용어들은 《존재의 통일성(existential identity)》[65]에 의해 연관되어 있는 것이며, 말하자면 그것들은 실재의 하나이면서 동일한 점, 즉 실재의 사실에 적용되는 모순없이 존재할 수 있다.

존재의 동일성이라는 같은 연줄로 그것들과 연관되는 다른 특징들이 있다. 말하자면, 《기원을 가지고 있는 것은 무엇이나 항상 변화한다》,[66] 《원인들에 의해서 산출되는 것은 무엇이나 비영구적이다》,[67] 《그 원인들의 변화에 의존해서 변화하는 것은 무엇이나 순간적 변화에 종속되어 있다》,[68] 《의식적인 노력에 의해서 산출된 것은 무엇이나 비영구적이다》[69]-이 모든 특징들은, 그것들이 상이한 연장을 가질 수도 있지만, 《존재적으로 동일한 것》이라고 불리우는데, 왜냐하면 그것들은 하나이면서 동일한 실재에 적용되는 모순을 가지지 않을 수 있기 때문이다. 도공의 노력에 의해서 산출된 항아리 역시 가변적인 것, 산물, 기원을 가지는 것, 변화하는 것, 유효하고 존재하는 것으로 특징지워질 수 있다. 이러한 의미에서

64) *svabhāvānumāna.*
65) *tādātmya.*
66) NB., Ⅲ. 12.
67) 같은책, Ⅲ. 13.
68) 같은책, Ⅲ. 15.
69) 같은책.

순간성의 연역은 분석적 연역법이다.

## 8. 비존재라는 관념에 대한 분석으로부터의 논의.

순간적 존재의 이론에 찬성하는 이 앞의 논의는 유효성을 의미하는 존재라는 관념에 대한 분석으로부터 나온 것이다. 현재의 것 역시 분석적[70]이지만, 그것은 소멸[71]을 의미하는 비존재[72]라는 정반대의 관념으로부터 나온 것이다. 소멸된 사물에 대하여 소멸이란 무엇인가? 그것은 소멸된 사물 그 자체인가 아니면 다른 어떤 것, [73] 즉 그 소멸 중에 부가된 개별적 통일체인가? 그것은 실재적인 것의 비존재인가 또는 그저 관념에 지나지 않는 것인가?

여기에서 다시 불교의 견해를 이해하기 위해서 우리는 그것을 대립하는 것과 대조해야만 하고, 인도 실재론자들의 견해를 고려해야만 한다. 시간과 공간이 스스로 사물들이 존재하고 있는 진정한 실재들인 것처럼 ; 존재란 존재하고 있는 사물들 속에 본래부터 갖추어져 있는 것이고 ; 유효성이란 사물이 유효하게될때 그것에 덧붙여지는 것이며 ; 인과관계란 원인과 결과를 결합시키는 실재적 관계이고 ; 운동이란 사물이 움직이기 시작할때 그것에 부가되는 실재이며 ; 보편자란 특수자 속에 존재하는 실재이고 ; 내속이라는 관계는 그 관계의 구성요소들 속에 존재하는 실재이며, 실재론자들에게 있어서는 비존재조차도 유효하고 실재적인 것인데, 그것은 사라지는 사물 이상의 것이다.

불교도들은 이것은 부인하는데, 비존재는 존재할 수 없다. 그들

70) *svabhāva-anumāna.*
71) *abhāva.*
72) *vināša.*
73) *arthāntaram.*

은 실체화된 관념들 동아리 모두에 대하여 궁극적 실재성을 부인한다. 그들에게 있어서 그것들은 관념 또는 이름들에 불과하며, 그 중 어떤 것들은 가짜 관념(pseudo-idea)이기조차 하다. 단순한 관념 또는 이름은 개별적인 어떤 것도 상응하지 않는 이름인데, 그것은 그 자체의 상응하는 실재를 갖고있지 않다. 가짜 관념은 예를 들면 《천상의 꽃》처럼 전혀 아무것도 상응하지 않는 단어이다. 따라서 불교도들에게 존재란 존재하고 있는 사물들을 가리키는 이름일 뿐이고 ; 유효성이란 유효한 사물 그 자체이며 ; 시간과 공간은 사물들이 그것들 속에 존재하고 있는 이외의 것이 아니고 ; 또 이러한 사물들은 찰나점들의 통합을 의미하는 것 이상이 아니며 ; 인과관계란 사물들이 발원하는 의존적 기인인데, 이러한 사물들 자체가 원인이며 그것들의 존재 이외에 실재적 인과관계는 없고 ; 운동이란 움직이는 사물을 넘어서 있는 것이 아니며 ; 보편자란 특수자 속에 《존재하는》 실재가 아닌데, 그것은 그 사물 자체의 관념 또는 이름에 지나지 않는 것이고 : 내속이 특수자를 이름뿐인 보편자에 결합시키기 위해서 인정된 것이므로 두번째 정도의 비실재이다. 끝으로 비존재 또는 사물의 소멸 또한 소멸된 사물 이상의 것이 아닌 단순한 이름에 지나지 않는다.[74]

비존재라는 주제에 관한 불교도와 실재론자 사이의 논쟁은 존재에 대한 그들의 상이한 개념의 당연한 결과이다. 불교도들에게 있어서 유일한 실재란 유효한 찰나점이며, 나머지 모든 것은 해석 및 사유구성이다. 다른 한편으로 실재론자는 《존재》의 세가지 범주[75] (실체, 질, 운동)를 구별하고, 유효한 《의미》의 네가지 범주[76](보

74) TS., 134쪽 25행.
75) *sattā*=*astitva.*
76) *padārtha*=*bhāva.*

편자, 특수자, 내속 및 비존재)를 구별하는데, 그것은 또한 객관적 실재를 가지고 있다. 비존재는 그 자체의 원인들에 의해서 산출되는 것이므로 유효하다.[77] 예를 들면 항아리의 비존재는 망치로 내려침으로써 산출된 것이다. 그것은 《천상의 꽃》처럼 단순한 이름에 지나지 않는 것이 아니다.[78]

그러나 불교도들은 존재만이 원인을 가질 수 있으며, 비존재는 산출될 수 없다고 대답한다.[79] 다른 사물로 한 사물을 대신하는 것으로 그것의 비존재를 이해한다면,[80] 이 비존재는 대신된 사물 그 자체와 다른 것이 되지 못할 것이다. 그것의 단순한 비존재로 그것을 이해한다면,[81] 그때 그것의 원인은 아무것도 산출하지 못할 것이므로 원인이라고 불릴 수 없다. 아무것도 하지 못한다는 것은 어떤 것도 하지 못한다는 것을 뜻하며 ; 비산출자(non-producer)라는 것은 원인이 아니라는 것을 뜻한다. 따라서 비존재는 어떤 실재도 유효성도 가지지 못할 것이다.

---

77) TSP., 135쪽 1행 NK., 142쪽 1-2행을 참조하라.
78) Vātsyāna, NBh., 2쪽에 따르면, 존재와 비존재는 실재의 두가지 측면이다. 모든 사물은 존재와 비존재를 마찬가지로 가질 수 있다. 이러한 까닭으로 혼합된 니아야-바이쉐시카 학파는 古바이쉐시카 학파의 여섯번째 범주에 일곱번째 범주, 즉 비존재를 덧붙였다. 그러나 이 견해는 강한 반발없이 실재론 진영에서 유행하지는 못했다. 바이쉐시카 학파 중에서는 Prašastapāda와 미맘사 학파 속에서는 Prabhākara가 불교도에 대해서 이 점에서 다시 모였다. Prāšast, 225쪽과 ŠD, 322쪽 이하를 참조하라. Šantirakṣita는 135쪽 6행 이하에서 씨에 의해서 생겨난 식물처럼 비존재는 결과라고 간주하는 실재론자를 분명하게 비난하고 있다. 그러나 Kamalašila는 135쪽 16행에서 이것은 전혀 옳지 않으며, 니아야 학파와 다른 학파들이 실체(dravyādivat)와 같이 비존재는 《존재한다》고 주장하지 않으므로, 그것은 《의미(*padārtha*)》이지 실체(*dravya*)는 아니라고 말하고 있다.
79) TSP., 135쪽 10행.
80) 같은책, 135쪽 23행.
81) 같은책, 136쪽 3행 이하 ; NK.132쪽 8행 이하를 참조하라.

그러나 그때 실재론자는 다시, 소멸된 사물에 대하여 소멸이란 무엇이며, 그것은 있는 것인가 아니면 없는 것인가하고 묻는다. 그것이 없는 것이라면, 그것은 결코 소멸하지 않을 것이고 계속해서 존재할 것이라고 실재론자는 논한다. 따라서 그것은 유효한 것임에 틀림없다. 불교도들은, 그것이 사물이 소멸되는 도중에 있는 것에 부가된 개별적인 것[82]이라고 한다면, 부가된 것이라고 하지만 그것은 여전히 개별적일 것이고 그것은, 그러한 불편한 이웃이 가까이 있는 것에도 불구하고, 역시 여전히 영향을 받지 않는 것이라고 대답한다.[83] 실재론자는, 그러한 《위엄이 있는 신사》[84]로 하여금 파괴된 후에 다치지 않은 채 있게끔 한다면, 그것이 당신들의 《물자체》,[85] 즉 모든 일반적이고 특수한 속성과 유효성이 허용되지는 않는 사물[86]일 것이라고 응수한다. 그렇게 말함으로써 실재론자는 다만 찰나점 뿐이라고 하는 불교도의 궁극적 실재의 이론을 빗대어 말하고 있다. 그는, 이 점은 사물이 파괴된 이후에도 실로 여전히 남있을 것이라고 말한다. 불교도는 바이쉐시카 학파에게, 《이러한 당신의 실재론적 비존재는 텅빈 것이며 무인데, 왜냐하면 그것은 사라지는 사물바깥에 있기 때문이다》라고 말하는데, 그것은 외부세계에서 그것을 지지하는 그 자체의 것을 전혀 가지고 있지 않다.

---

82) TSP., 133쪽 20행 이하 ; NK., 132쪽 3행 이하.

83) NK., 139쪽 15행—*asmin (pradhuamse) bhinna-mūrtau kim āyātum bhā vasya? na kimcit!* 실재적 비존재, 실재적 관계, 실재적 소멸을 가정하는 실재론자들을 불교도들은 비난하고 있다. 이러한 것들이 실재적인 것들이라면, 그것들은 개별적인 물체들을 가지고 있어야만 하고, 따라서 우리는 《비존재라는 실물》을 가질 것이다라고 그들은 말한다.—*vigrahavān abhā vah, vigrahavān sambandhaḥ, bhinna-mūrtir vināšaḥ.*

84) *āyuṣmān bhāvaḥ,* 같은책.

85) *svalakṣaṇa,* 같은책.

86) *nirasta-samasta-arthakriya,* 같은책.

바이쉐시카학파는, 《정반대로 당신들의 비존재, 즉 유명론적 비존재가 사라지는 사물 속에 포함되어 있고 그 자체로 개별적 통일체를 의미하지 못하기 때문에 텅빈 것이며 무이다》라고 대답한다.[87] 비존재는 물론 존재는 그것들 사이에 언어표현에서 볼 수 있는 소유관계가 있기 때문에 명백한 어떤 것에 부가된 개별적 통일체들임에 틀림없다. 《한 사물의 존재》, 《한 사물의 비존재》라는 표현 속에서 소유격은 하나의 사물이 존재 또는 비존재를 가질 수 있다는 것을 가리키고 있다. 불교도들은, 이러한 표현은 《조상(彫像)의 몸통》처럼 그릇된 언어일 뿐인데, 조상 그 자체가 몸통이므로, 이 몸통을 소유하고 있는 것은 없기 때문이라고 대답한다. 여기에서 《의》라는 소유격은 전혀 아무런 의미도 없다.[88] 존재와 비존재는 한 사물의 상이한 부속물들이 아니며, 그것들은 그 사물 자체이다.

실로 두 종류의 소멸,[89] 즉 파괴[90]라고 불리우는 경험적 소멸과 덧없음[91] 또는 일시성[92]이라고 불리우는 선험적인 것이 있다. 첫번째 것은 망치로 내려친 항아리의 소멸이다. 두번째 것은, 말하자면, 시간이 흐름에 따른 항아리의 소멸인데 : 그것은 실재의 바로 그 본질인 지각할 수 없고, 무한히 누진적인, 부단한 퇴화 또는 일시성이다. 따라서 〈샨티라크쉬타〉[93]는 《실재 그 자체란 소멸, 말하자면 한 순간의 존속기간을 가진 궁극적 실재라고 불리운다》고 말한

87) NBT., 번역 83쪽 주 4를 참조하라.
88) TSP., 138쪽 27행, 142쪽 27행 등등.
89) TSP., 137쪽 21행, 156쪽 11행.
90) *Pradhvaṃśa*.
91) *vināśa*=*vinaśvaratva*.
92) *anitya*=*ksanika*.
93) TS., 137쪽 26행 — *yo hi bhāvaḥ kṣaṇa-sthāyīvināśa iti gīyate.*

다. 그것은 망치로 내려치는 것과 같은 원인[94]에 의해서 산출되는 것이 아니며 ; 그것은 실재의 본질[96]에 속하고, 실재는 일시적이므로 저절로 일어나는 것이다.[95] 한 사물의 소멸은 항상 그 이전의 존재를 바싹 뒤따르고 있다는 사실[97]은 그러한 실재에 적용되지 않는다.[98]

이 실재는 그 본질상 역동적이고,[99] 분할할 수 없고,[100] 비존재가 존재를 바싹 뒤따르기 위해서 부분들로 나누어질 수 없으며,[101] 그것의 덧없음은 그것의 산출과 동시적으로 일어나는데,[102] 그렇지 않으면 덧없음은 실재의 바로 그 본질에 속하지 않을 것이다.[103] 따라서 존재와 비존재는 《당나귀와 나귀가 같은 동물에 주어진 다른 이름들인 것처럼》 동일한 사물에 주어진 다른 이름이다.[104]

## 9. 샨티라크쉬타의 공식.

《순간적인 것은 그 자체의 소멸을 의미한다》[105]는 언명에서 〈샨티라크쉬타〉가 규정한 순간적 존재 이론의 공식은 매우 주목할만하다. 그것은 우리가 불교논리학에서 다루어야만하는 실재의 종류

94) TSP., 138쪽 2행－*ahetuka,* 같은책 133쪽 13행을 참조하라.
95) TS., 132쪽 12행 ; NK, 131쪽 23행
96) *vinašvara-svabhāva-vastu=cala-vastu-svabhāva,* TSP., 138쪽 10행.
97) *vastv-anantara-bhāvitva,* 같은책, 138쪽 11행.
98) *na⋯tādrši=na cala-svarūpe,* 같은책, 138쪽 10행.
99) *cala-bhāva-svarūpa,* 같은책, 138쪽 9행.
100) *niraṃša,* 같은책, 138쪽 10행.
101) *yena tad-anantara-bhāvitam asya bhavati,* 같은책, 138쪽 11행.
102) *nāšasya tan-nispattāv eva nispannatvāt,* 같은책.
103) *anyathā⋯(cala)-svabhāvam⋯na syāt,* 같은책, 138쪽 12행.
104) TS., 139쪽 7행.
105) TS., 137쪽 26행.

를 분명하게 보여주고 있다. 틀림없이 그것은 그 자체의 소멸이라고 불릴 수 있는 경험적 대상이 아니다. 항아리가 망치로 내려침으로써 조각날때, 그것이 존재하기를 멈췄다는 것을 부정할 사람은 없을 것이다. 그러나 위에서 언급한대로 이러한 분명한 경험적 변화를 넘어서 또 하나의 결코 시작되지도 멈추지도 않는, 무한히 누진적인, 부단한 변화, 곧 연속되어 있는 선험적인 궁극적 실재가 있다. 한 덩어리의 점토로 항아리를 만드는 것과 그것이 파편으로 변하는 것은 바로 새로운 질, 즉 이 부단한 변화중에서 현저한 순간들이다. 이 과정에는 영속적인 어떤 것도 없으며, 정적인 요소도 없다. 영원한 실체적 물질이란 영원한 실체적 영혼과 마찬가지로 순수한 상상이라고 선언된다. 따라서 샨티라크쉬타가 말한대로 매 다음 순간에는 이전 순간에 존재했던 것의 아주 미미한 부분도 남아있지 않다. 그 순간들은 필연적으로 분리된 것이며, 매 순간들, 즉 모든 순간적 존재는 다음 순간에 존속하지 못하므로 나타나자마자 소멸되는 것이다. 이러한 의미에서 모든 것은 그 자체의 소멸을 의미하고 있는 것이다. 이전 순간 중의 어떤 것이 다음 순간 속에 존속한다고 한다면, 이것은, 그것이 두번째 순간에 존속했던 것과 동일한 방식으로 세번째 및 그 다음 순간들 속에 존속할 것이므로, 영원함을 의미할 것이다. 정적인 것은 영원한 것을 의미하고[106]; 물질이 존재한다면, 그것은 필연적으로 영원하며, 그것이 존재하지 않는다면, 존재는 필연적으로 순간적이다.

위에서 이미 언급한대로, 첫번째 견해는 상키야 체계가 그리고 두번째 것은 불교가 주장한 것이다. 소박 실재론과 실재론적 체계

---

106) *nityatvam*=*avasthāna-mātram*-Tātp., 239쪽 24행 ; TSP., 140쪽 24행을 참조하라-*yady utpāda-anantaram navinašyet, tadā pašcād api…tad-avasthaḥ csyāt*).

들이 가정하고 있는대로 중간적인 것도 변화하는 질을 가진 영원한 물질도 있을 수 없다. 다른 한편으로 선험론자들은 궁극적 실재는 실체와 질로 분할될 수 없으며, 그것은 분할될 수 없고 순간적인 것임에 틀림없다고 가정한다.

이러한 종류의 소멸, 즉 선험적 소멸은 우연적인 원인들[107]에 의해서 산출되는 것이 아니다. 존재 그 자체가 부단한 소멸이므로, 그것은 존재하기를 계속할 것이며, 즉 모든 경우에 있어서 소멸의 어떤 원인도 필요로 하지 않고 소멸하고 변화하기를 계속할 것이다. 존재의 요소들은 자동적으로 덧없는 것이며,[108] 그것들은 항상 그리고 저절로 계속되는 변화를 산출하기 위해서 어떤 부가적인 상황도 필요로 하지 않는다.[109]

모든 사상(事象)들의 원인과 조건의 총체가[110] 존재하고,[111] 그밖의 다른 것은 필요하지 않으며, 총체란 사상 그 자체[112]이기 때문에, 그 사상이 필연적으로 뒤를 잇는 것처럼, 마찬가지로 모든 것은 그 본질상 덧없는 것이며, 소멸 또는 변화라는 다른 원인은 필요하지 않다. 실재란 유효성으로 특징지워졌으며, 그것은 또한 덧없음 또는 소멸로 특징지워진다.

107) TSP., 140쪽 25행 — *Kim nāša-hetunā tasya kṛtam yena vinašyeta.*
108) *svarasa-vināšinaḥ*(*sarve dharmāḥ*).
109) 같은책, 141쪽 9행 — *sarvathā akiṃcit-kara eva nāša-hetur iti.*
110) *sāmagrī.*
111) TSP., 132쪽 17행.
112) Tātp., 80쪽 5행을 참조하라 — *sahakāri-sākalyam na prāpter atiricyate.*

## 10. 변화와 소멸.

변화의 개념[113]은 소멸이라는 개념으로부터의 직접적인 결과이다. 실재론적 소멸관을 거부한 불교도들은 또 당연하게 실재론적 변화관을 거부한다. 《변화》라는 말의 정확한 의미는 무엇인가? 그것은 이미 언급한대로, 하나의 사물이 다른 사물에 의해서 대체된 것, 또는 사물은 여전히 동일하게 남았지만, 그것의 조건 또는 질이 변했다는 것, 즉 다른 질이 되었다는 것을 의미한다. 그것이 첫번째 것을 의미한다면, 불교도들은 이의를 제기하지 않을 것이다.[114] 그러나 모든 순간에 변화가 있으므로, 사물은 매순간 다른 사물에 의해서 대체될 것이다.

그것이 두번째 것을 의미한다면, 그때 일련의 어려움이 실재론자들에게 발생한다. 그는 실재적 질을 가지고 있는 실재적 실체들의 존재를 가정한다. 그러나 궁극적 실재는 그렇게 분할될 수 없으며,[115] 그것은, 마치 나그네를 위한 영원한 안식처처럼, 그 위에 위치한 실재적인 움직이는 질을 가진 견고한 물질을 의미할 수 없다. 소박실재론의 이러한 개념은 엄격한 시험(scrutiny)을 견딜 수 없다. 두가지의 상호관계가 있는 부분들에서 한가지만이 궁극적 실재로 남아있어야만 한다. 그것은 실체라고 불릴 수 있으며, 그러나 한편 그것은 질을 갖지 않은 실체일 것이다. 또는 그것은 질일 수도 있으나, 이러한 질은 어떤 실체에도 속하지 않는 절대적 질일 것이다. 야쇼미트라(Yašomitra)[116]는 《존재하고 있는 것은 무엇이나 사물이

113) *sthity-anyathātva* 또는 *anyathātva,* TSP., 110쪽 25행 이하를 참조하라.
114) *siddha-sādhyatā*, 같은책, 137쪽 23행.
115) 같은책, 134쪽 3행.

다》라고 말하는데, 그것은 질도 실체도 아니다. 실재, 존재, 사물과 순간적인 것은 동의어이다. 질이 실재라고 한다면, 그것들은 사물이다. 실체와 질의 범주는 상대적이며, 따라서 그것들은 궁극적 실재를 반영하지 않고,[117] 그것들은 우리들의 지성에 의해서 산출된 것이다.

실재적 실체 대 질의 관계를 이렇게 부정함으로써, 이미 언급한 대로, 불교도들은 상키야 학파와 일치했지만, 현실적인 면에서 양 학파는 반대 방향으로 갈라졌다. 상키야 학파는 그 자체가 끊임없이 변화하는 영원한 물질을 궁극적 실재로 간주했는데, 그들은 그것의 일시적인 현시인 개별적 실재를 부정했다. 반대로 불교도들은 영속적 물질의 개별적 실재를 부정했고 일시적인 질들만의 실재를 고수했으며, 그렇게 해서 그것들을 절대적 질, 즉 어떤 실체에도 속하지 않는 질로 전환시켰다.

게다가, 실재론자는 변화의 실재에 관해서 그가 소멸의 실재에 관해서 마주쳤던 것과 같은 어려움을 대면해야만 한다.[118] 변화는 변화하는 사물과는 다른 것을 의미하는가, 아니면 그것은 이 사물 그 자체인가? 그것이 다른 것이 아니라면, 그 사물에는 아무것도 일어나지 않을 것이고, 그 사물은 여전히 예전의 그것대로 남아있을 것이며, 변화는 없을 것이다. 그것이 별도의 것이라면, 그것은 여전히 별도의 것일 것이고 또한 변화도 없을 것이다. 《사물의 변화》라는 말이 그릇된 표현[119]과 실재, 궁극적 실재에는 모든 연속적인 순간의 다른 것이 있다는 것을 포함하고 있다고 가정하는 것 이외에 남겨진 다른 논쟁점은 없다. 놋쇠가 고체에서 액체상태로 변화할때,

116) CC, 26쪽 주를 참조하라. TSP., 128쪽 17행을 참조하라－*vidyamānam*＝*vastu*＝*dravya*＝*dharma*.

117) *dharma-dharmi-bhāvo⋯na sad-asad apekṣ̊ate.*(Dignāga)

118) TSP., 141쪽 2행 이하를 참조하라.

119) 같은책, 147쪽 27행.

실재론자는 물질은 《동일》하지만, 그것의 조건은 다르다고 간주한다.

파괴, 불 등을 산출하는 원인들은 물질을 소멸시킬 수 없지만, 그것들은 그것의 조건을 파괴하고 변화를 산출한다.[120] 사물은 절대적으로가 아니라, 조건적으로, 변화를 산출하는 원인들에 기능적으로 의존하여 사라진다. 그러나 이것은 불가능하다. 사물들은 머무르거나 움직여야만 하는데, 그것들은 둘 다 동시에 변화하거나 변함없을 수는 없다. 그것이 변화한다면, 그것은 동일한 것이 아니다.[121] 용해된 놋쇠의 예는 아무것도 증명하지 못한다. 용해된 놋쇠와 고체의 놋쇠는 《다른》 대상들인 것이다.[122]

## 11. 운동은 불연속적이다.

존재란 존재하고 있는 사물에 부가된 것이 아니고, 그것은 이 물자체이며, 소멸, 덧없음 또는 변화가 변화하거나 파괴되는 사물에 다시 보태진 실재적인 것이 아니고, 그것들은 물자체인 것과 마찬가지로,－운동도 사물에 덧붙여진 것이 아니고 물자체이다. 〈바수반두〉[123]는 《소멸때문에 운동은 없다》고 말한다. 사물들은 움직이지 않으며, 그것들은 그렇게 할 시간이 없고 나타나자마자 사라진다. 〈카말라쉴라〉는 순간적인 것들은 《그것들이 나타난 바로 그 장소

120) 같은책, 140쪽 27행－*anyathātvam kriyate.*

121) 같은책, 141쪽 1행－*na hi sa eva anyathā bhavati* ; 141쪽 9행－*naikasya anyathātvam asti.*

122) 같은책, 141쪽 10행－*na asiddho hetuḥ*, 즉 실재론자의 *hetu*는 *asiddha*이다.

123) AK., IV. I－*na gatir nāśat* ; Tātp., 383쪽 13행을 참조하라.－*karma-apalāpa-nibandhano hy ayam kṣaṇika-vādaḥ.*

에서 사라지기 때문에》 스스로를 옮길 수 없다고 말한다.[124)]

이 말, 즉 운동은 없고 운동은 불가능하다는 말은 실재란 운동이며, 모든 것은 바로 운동일 뿐이라는 것에 따른 이전의 말과 너무나 명백한 모순 속에 있는 것처럼 보인다. 실로 실재란 운동이라고 주장할때, 그것은 모든 것은 움직이고 안정성이란 전혀 없다는 것을 의미하는 것이며 ; 그리고 실재적 운동이란 있을 수 없다고 주장할 때, 실재란 안정되고 견딜 수 있는 것들로 이루어진 것 뿐이라는 함의가 뒤따른다. 그러나 이 두가지의 외관상의 모순적인 말들은 동일한 사실의 상이한 두가지 표현에 지나지 않는다.

소위 안정성이라는 것은 한 순간만의 안정성이며,[125)] 소위 운동이라고 하는 것은 번갈아, 밀접한채 끊임없이 일어나고[126)] 따라서 운동이라는 환각을 산출하는 이러한 순간들의 연속 이상의 것은 아니다. 운동은 번갈아 빛을 내고 따라서 움직이는 빛이라는 환각을 산출하는 일련의 등불과 같다. 운동은 일련의 부동으로 이루어진 것이다. 〈바수반두〉[127)]는, 《등불의 빛은 일련의 번쩍이는 불꽃의 부단한 산출에 적합한 보통의 비유적 이름이다》라고 말한다. 《이러한 산출이 그 위치를 바꿀때, 우리는 빛이 움직였다고 말하지만, 실재로는 다른 불꽃이 근접한 다른 위치에 나타난 것이다》.

따라서 불교도들은 순수 사변적 방법으로 근대 수리물리학과 어느 정도 유사한 방식으로 운동을 상상하게 되었다.

이 문제에 있어서 불교도의 입장을 보다 잘 이해하기 위해서 우리는 여기서 또다시, 무엇보다도 먼저, 불교의 견해와 인도의 실재

---

124) TSP., 232쪽 **90**행 *tasya* (*kṣaṇikasya*) *janma-deša eva cyuteḥ, nāšād, dešāntara-prāpty-asambhavāt.*

125) *eka-kṣaṇa-sthiti.*

126) *nirantara-kṣaṇa-utpāda.*

127) **AK., IX. Soul Theory, 938**쪽에 있는 나의 번역을 참조하라.

론자들의 견해를 대조해보아야만 한다. 이것은 우리를 또 하나의 차이점, 즉 경험적으로 고찰된 운동과 선험적으로 고찰된 운동 사이의 차이점으로 이끌 것이다.

실재론적 〈바이쉐시카〉 학파에 따르면, 운동이란 실재이며, 그것은 유존재(類存在)가 내속하고 있는 세가지 사물들 중의 하나이며, 나머지 둘은 실체와 질이다.[128] 운동이란 움직이는 사물과 다른 것이며, 그것은 사물의 위치와 사물의 결합이 파괴되고 새로운 위치와 그것과의 새로운 결합이 산출되었다는 사실에 있다. 〈프라샤스타파다(Prašastapāda)〉[129]는 운동을 실재적인 비상대적인[130] 원인, 즉 공간상의 입자들의 위치변화를 산출하는 것으로 정의한다. 그것은 첫번째 순간에 순간적이며 물체가 다시 정지하는 순간까지 다음 순간들 속에서 지속적이고, 일으켜진 운동 또는 타성(momentum)[131]이다. 바이쉐시카 학파는 지속, 즉 운동이 멈출때까지 지속되는 것으로 하나의 인상지워진 운동을 받아들인다.[132]

반대로 니아야 학파에 있어서는, 일으켜진 운동이란 또한 각각의 것이 그것을 뒤따르는 것을 야기시키는 순간적 운동으로 분할된 것이다. 이러한 점에서 니아야 학파의 견해는 불교도의 것과 일치하고 있다. 그러나 실재의 단하나의 찰나점으로서의 절대적 순간이라는 사상은 모든 실재론자들에게 마음에 들지 않는 것이었는데 :

---

128) 바이쉐시카 학파에 따르면(VS., I. 2. 7-8) 최고의 유개념인 《존재》, 즉 *sattā*는 실체, 질 그리고 운동의 범주들에 속하는 사물들 속에 배재하고 있다. 다른 범주들은 《의미》 *padārtha*이며, 그것들은 이따금 *svarūpa-sattā* 라고 불리우는 《*Geltung*》(효력)을 가지고 있지만, 《존재하지》 않는다.

129) prašastp., 290쪽 이하.

130) *anapekṣa,* 즉, 단순히 나머지에 비례하지 않는( ? ).

131) *saṃskāra.*

132) *bahūni karmāṇi…ekas tu samskāro'ntarāle,* 같은책, 302쪽 11행.

그들이 부단한 변화를 받아들이는 그러한 경우들에서조차 위에서 언급한대로 그들은 세가지 순간적 또는 여섯가지 순간적 지속으로 그것을 구성하고 있다. 한 물체가 땅에 떨어질때, 그것에 작용하는 힘은 첫번째 경우에 중력이고 일으켜진 운동은 잇따르는 순간들 속에 있지만 중력은 계속해서 작용한다.[133] 나중에 언급할 것처럼, 이것은 낙하하는 물체들의 가속된 운동의 보기를 보여주고 있다.

불교의 견해는 어떤 실체의 존재도 부정하는 기본적 이론때문에 이러한 사변들과는 구별된다. 따라서 사물에는 운동이 없지만, 사물 자체들은 운동이다. 그러므로 바수반두는 《소멸때문에 운동은 없다》고 선언하는데, 그가 부정한 것은 실재적 운동이라는 이러한 실재론적 사상이다. 운동은 경험적으로 존재한다. 실재론자들이 단순히 이 경험적 운동이 그 배후에 어떤 원인을 가지고 있다고 주장한다면, 불교도는 반대하지 않을 것이다.[134] 그러나 그의 이론에 따르면 이 원인은 번쩍임 속에 어떤 영속적인 물질도 갖지않는 인접한 장소에서 서로를 뒤따르는 순간적 번쩍임으로 이루어져 있는 것이다. 이러한 번쩍임은 동일한 물질에서가 아니라, 말하자면, 이전의 번쩍임은 잇따르는 것이 일어나기 이전에 전적으로 소멸되므로[136] 무로부터[135] 나타나는 것이다 카말라쉴라[137]는, 《존속하는 사물의

---

133) *ādyam gurutvād, dvitiyādīni tu gurutva-saṃskārābhyam* 같은책, 304쪽 17행. 《왜 우리는 그것의 시작과 끝 사이의 간격에 있는 하나의 운동을 가정하지 않는가…》라고 Prašasta는 묻고 있다. 302쪽, 11행, 즉 왜 우리는 불교도와 니아야학파와 같이 그것이 순간적인 것이라고 주장하지 않는가? 《많은 연결 때문에》라고 대답하는데, 즉 운동이란 바로 그 정의상 공간을 가진 연결－분리이고, 예를 들면 화살이 날아가면서 통과하는 공간 만큼 많은 연결들이 있다. 그러한 운동은 분할할 수 없다는 베르그송의 생각을 참조하라. 바이쉐시카 학파에 따르면 운동은 무한히 분할될 수 있지만, 힘(*saṃskāra*) 또는 타성은 하나인 것이다.

134) 앞선 순간의 《존재》는 원인이다 : *sattaiva vyāpṛtih,* TS. Kār. 1772.

135) *niranvaya.*

아주 미미한 입자도 (다음의 잇따르는 순간 속에는) 없다》고 말한다.

불교도들이 스스로 세계의 실재적인 조건이라고 생각한 그림은 그들이 낙하하는 물체 속의 가속도라는 현상[138] 또는 떠오르는 연기라는 현상[139]을 설명하려고 했던 방식으로 밝혀진 모든 것 중의 최상의 것이다. 그들은 이러한 현상들 속에서 그 존재의 매순간에 낙하하는 물체는 상이하게 구성되어 있으므로, 정말로 《다른》 물체라는 그들의 사상의 주목할만한 확증을 구할 수 있었다. 그것의 무게는 매순간마다 다르다. 모든 물질적인 물체는 네가지 기본적인 요소들로 구성되어 있는데, 그것은 전통적으로 지, 수, 화, 풍이라고 불리운다. 《지》라는 이름으로 고체의 요소가 이해되고, 《수》라는 이름은 응집 또는 점착성의 힘을 가리키는 것이며, 《화》는 온도를 의미하고 《풍》은 무게 또는 운동을 의미한다. 이러한 모든 요소 또는 힘들은 물질의 어떤 조각 속에서든지 항상 동일한 비율로 존재하고 있다. 물체들이 어떤 때는 고체이고 어떤 때는 액체이며 때로는 뜨겁고 때로는 움직이고 있다면 이것은 에너지의 양적 우위가 아니라 요소들을 의미하는 에너지에 있어서의 세기[140]에 보다 크게 의존하고 있다. 물 속에 고체성의 요소가 있다는 것은 그것이 표면 위에 배를 띄우는 능력으로 증명된다. 불에 《액체》 요소가 있다는 것은 불의 입자가 불꽃 속에서 결합되어 있다는 사실에 의해서 증명된다. 물질의 기본적인 요소들은 실체적 원자들이라기 보다는 오

136) *niruddha.*
137) TSP., 183쪽－*na hi svalpiyaso'pi vastv-aṃśaya kasyacid anvayo'sti.*
138) AKB., ad Ⅱ. 46. de la Vallée의 번역, I. 229－230쪽.
139) 같은책.
140) *utkarṣa* 이런식으로 고대 인도인은 기계적 물질이론에 반대되는 일종의 역동적 물질이론을 가지고 있었던 것처럼 보인다. 하단을 참조하라.

히려 힘 또는 에너지의 순간적 정량(定量)이라는 것은 분명하다. 따라서 그것들은 《협력자》 또는 《협력하는 힘》의 범주에 들어간다. 네번째 요소는 《운동》이라고 불려지지만, 또한 《가벼움》, 즉 무게[141] 이다. 따라서 모든 물질적 대상은 척력, 인력, 열과 무게라는 힘들의 집합점이다. 하나의 물체가 떨어질때, 모든 점에 있어서 그것의 운동은 가속되니, 즉 《다른》 운동이다. 그것은 또한 무게 그리고 중력의 다른 정량이다. 불교 철학자는 낙하하는 물체는 그 운동의 모든 연속적 순간에서 다른 물체인데, 왜냐하면 에너지의 정량이 매 순간마다 다르고 일반적인 물질적 물체들은 그것들의 구성 속으로 들어가는 에너지의 정량 이상의 것이 아니라고 결론을 맺는다.[142]

## 12. 소멸은 어떤 선천적인 것이다.

따라서 비존재와 소멸이라는 관념에 대한 분석에서 시작한 논의는 인과관계적 유효성으로서의 존재의 관념에 대한 분석에서 나온 논의와 마찬가지로 순간성의 이론의 확립으로 통하는 것이다. 우리는 양논의가 분석적이며, 따라서 결론은 논리적 필연성을 띠고 나타난다는 것을 지적했다. 두번째 것과 아주 사소하게 구별되는 세번째 논의가 있다. 그것은 모든 것은 반드시[143] 종말을 가지고 있어야만 한다는 사실로부터 출발한다. 모든 사람이 주지하고 있는 이 평범한 진리는, 상세히 검토될때, 덧없음이 존재의 바로 그 핵심이라는 것 이외에는 아무것도 의미할 수 없다. 모든 것이 덧없다면,

141) *laghutva=īraṇātmaka,* AKB., ad I. 12를 참조하라.

142) 낙하하는 물체 속의 운동에 관해서는 NV., 420쪽을 참조하라.

143) *dhruva-bhāvi=avaśyam-bhāvi,* NK., 132쪽 14행 이하 ; Tātp. 383쪽 19행 이하 ; TS., 132쪽 15행 이하 ; NBT., 11. 37.

그것은 항상 덧없는 즉 그 자체의 본질로부터 떼어놓을 수 없는 것이며, 따라서 지속은 전혀 없다. 모든 것의 덧없음은 어떤 선천적인 것이다.

따라서 그것은 모든 존재의 순간성이 선천적으로[144] 확립될 수 있는 것이란 것이다.

〈바차스파티-미쉬라(Vācaspati-mišra)〉[145]는 우리에게 초기 불교도들은 관찰로부터 귀납적으로 순간성이란 관념을 추론했으며, 그것은 그들에게 후천적(a posteriori)인 관념이었다는 것을 알려주고 있다. 맨 처음에 그들은 불, 빛, 소리, 사유와 같은 대상들은 매순간마다 변화하고 있다는 것을 알아차렸다. 그들은 조금 더 주의를 기울임으로써 우리의 몸 역시 끊임없이 변화하고 있으며, 따라서 모든 연속적인 순간마다 그것은 《다른》 몸이라는 것을 깨닫게 되었다. 그리고 나서 그들은 관찰로부터의 광범위한 일반화, 즉 귀납적 방법으로 《우리의 이 몸이 바로 그러한 것처럼 수정 역시 그러하다》고 결론을 맺는데 ; 그것은 또한 모든 잇따르는 찰나점 속에 있는 보다 오래된 순간이다. 초기 불교도들은 이러한 방식의 추론을 따랐다. 그러나 후기 불교도들은 귀납으로부터의 일반화로 순간성을 증명하지는 않았다. 그들은 소멸, 즉 종말은 필연적이고 불가피한 선천적인 어떤 것이며, 그것을 관찰에 의해서 증명할 필요는 없다고 생각했다. 실재론자들은 다음과 같은 추론[146]으로 대답했다. 그들은 불교도들에게, 《다음의 딜레마를 고찰해 보라-파편들이란 존재의 연속성은 항아리란 존재의 연속성을 필연적으로 바싹 뒤따

144) 비경험적이라는 의미에서 선천적인(*a priori*) ; 문자 그대로 *a priori*는 *prat yañcaḥ pratyāyḥ*로 변역될 수 있다. NK., 267쪽 19행을 참조하라. *purāñ caḥ*=*a posteriori*(후천적인), Tātp., 84쪽 18행.

145) Tātp., 380쪽 이하.

146) 같은책. 386쪽 14행 이하.

르고 있는가 혹은 그렇지 않는가? 그렇지 않다면, 항아리의 종말은 전혀 필연적인 것이 아니다. 실로 우리는 하고 싶은만큼 눈을 뜨고 있을 수 있는데, 우리는 항아리가 파편으로 변하는 순간[147]말고는 항아리의 종말을 감지하지 못한다. 따라서 항아리의 필연적인 종말은 실제로 증명된 것이 아니다. 따라서 이제 그것이 실제로 일어남에도 불구하고 (선천적으로) 필연적인 것으로 인정해 본다면, 우리는 이 필연적인 종말은 망치로 내려치는 것, 말하자면, 외래의 원인에 의존하고 있으며, 그것은 전혀 필연적인 것이 아니라는 것을 깨닫게 된다. 그 종말은 비조건적인 선천적 필연성을 동반하는 것이 아니며, 당신들은 그것이 특수한 상황에 의존하고 있지 않다는 것을 증명해야만 한다. 따라서 당신들의 순간적 변화의 증명은 이런 식으로 거부되므로, 당신들은 정말로 그 존재의 연속 순간 속에 있는 동일한 항아리의 재인식은 그것이 하나이면서 동일한 항아리이지 (매순간마다 '다른' 항아리가 아니다)는 것을 증명한다는 것을 인정해야만 한다.》고 말한다. 그러나 불교도들은 《(선천적으로) 필연적이지 않는 것은 무엇이나, 천의 색깔이 칠해진 물감에 의존하고 있는 것과 마찬가지로, 특수한 원인들에 의존하고 있는데; 그것은 필연적이 아니다. 모든 존재하는 사물들이 또한 그 종말에 특수한 원인들에 의존하고 있다면, 우리는 결코 종말이 없는 경험적 대상을 가지게 될 것이고, 우리는 영원한 경험적 대상들을 가지게 될 것이다. 그러나 이것은 불가능하다. 종말의 필연성은 사물들은 생겨나서 그것들이 생겨난 동일한 순간에 움직이며, 그것들은 특수한 원인없이 스스로 움직이고, 다음 순간에 이어지지 못한다는 사실을 가리킨다. 따라서 그것들은 매순간마다 변화하고 있다는 것이 증명되는

147) NK., 139쪽 21행 이하.

것이다》고 대답한다.

## 13. 모순율로부터 추론된 순간성.

존재하고 있는 것은 무엇이나, 《다른》 존재하고 있는 사물들로부터 떨어져서[148] 존재하고 있다. 존재한다는 것은 떨어져서 존재하는 것을 의미한다. 실제로 존재하는 것은 그 자체의 존재를 가지고 있는데 : 그 자체의 존재를 가지고 있다는 것은 다른 존재하고 있는 사물들 중의 바깥에 있다는 것을 의미하는 것이다. 이것은, 《떨어짐(apartness)》이라는 관념이 《존재》라는 관념의 본질적 특징에 속하므로,[149] 하나의 분석명제이다. 어떤 것이 다른 존재하고 있는 사물들로부터 떨어져 있지 않다면, 그것의 존재가 다른 사물들의 존재와 하나로 합쳐져 있다면, 그것은 그러한 다른 사물들을 가리키는 이름 또는 우리들의 상상의 구성에 불과한 것이다.

예를 들면, 전체는 그것의 구성요소들로부터 떨어져서 존재하지 못하고, 시간과 공간은 찰나점에서 떨어져서 존재하지 못하며, 영혼은 정신적 현상들과 떨어져서 존재하지 못하고, 물질은 감각자료 등등과 떨어져서 존재하지 못한다. 그러므로 그것들은 떨어져 있는 것이 아니며, 그것들은 전혀 존재하는 것이 아니다.

그러면, 다른 모든 존재하고 있는 사물들로부터 실제로 완전히 떨어져서 있는 것은 무엇이며, 그것은 전적으로 유일한 것인가?[150] 그것은 수학적 《찰나점》이다.[151] 그것의 다른 존재들과의 관계만이

148) *sarvam pṛthak,* NS., IV. I. 36.
149) *bhāva-lakṣaṇa-prthaktvāt,* 같은책.
150) *sarvato uyāvṛtta, trailokya-vyāṛtta.*
151) kṣaṇa=*svalakṣaṇa.*

《다른 것(otherness)》이다. 그것은 질이 아니라, 수적으로 다른 것이다. 모든 관계와 모든 질은 적어도 두가지 실재에 속하는 것이고, 따라서 그 자체의 존재를 가지고 있지않는 것과 마찬가지로 비실재적인 것 그 자체는 이 두가지 실재로부터 떨어져 있는 것이다.

이 《다름의 법칙(law of otherness)》의 공식은 다음과 같다. 하나의 사물은, 상반된 속성들로 결합되어 있다면 《다른 것》이다.[152] 질적 차이는, 질들이 상호배타적이라면, 사물의 차이점을 포함하고 있다. 두가지 질은 하나가 다른 것의 아래에 있고, 하나가, 예를 들면 색채와 빨간색처럼, 다른 것의 부분이라면 상반된 것이 아니다. 그러나 그것들은, 예를 들면 빨간색과 노란색 또는 보다 적절하게 빨간색과 빨간색이 아닌 것처럼, 양자 모두 동일하게 결정할 수 있는 것 아래에 있다면 상반적인 것이다. 결정할 수 있는 것이 매우 동떨어져 있거나 공통적인 결정할 수 있는 것이 전혀 없다면, 상반성은 더욱 더 크다.[153] 다름의 법칙에 대한 이 언급은 아리스토텔레스의 유럽 논리학에 표현되어 있는 모순율의 부정적 형식일 뿐이라는 것은 명백한데 ; 동일한 시간, 장소, 관계에서 두가지 상호배타적인 속성들을 가질 수 있는 것은 아무것도 없다. 이러한 모순율의 유럽적 공식은 실체와 질의 관계, 또는 《계속자와 우연자》의 존재를 전제로 하고 있다. 인도에서 우리는, 위에서 언급한대로, 이러한 관계의 객관적 실재를 부정하는 두체계를 만나게 된다. 상키야학파는 계속자만을 인정하고 불교도들은 다지 우연자만을 인정한다. 그러므로 하나의 사물은, 그것의 결정적인 것이 다를때 다른 사물인 것이다. 이러한 결정적인 것은 시간, 공간 및 질이다.[154] 하

152) NBT., 4쪽 — *virūddha-dharma-saṃsargād anyad vastu.*

153) 모순율과 *apoha*에 관해서는 아래를 참조하라.

154) *deša-kāla-ākāra-bhedas ca viruddha-dharma-saṃsargaḥ* NBT., 같은책.

나의 사물은, 예를 들면 동일한 사물이 동시에 빨갛고 노랄 수 없는 것처럼, 즉 빨간색과 빨간색이 아닐 수 없는 것처럼, 그것의 질이 다를때 다른 것이다. 예를 들면, 한 장소에서의 보석의 빛남과 다른 장소에서의 보석의 빛남이 두가지 상이한 것처럼 공간상의 그것의 위치가 다를때 그것은 다른 것이다.

연장을 가진 물체는 적어도 공간의 두점의 위치를 포함하고 있으므로, 연장은 궁극적으로 실재적인 것이 아니고, 모든 점에 있어서 사물은 궁극적으로 다른 사물이다. 시간도 마찬가지이다. 동일한 사물이 실제로 상이한 두순간에 존재할 수 없고, 모든 순간에서 그것은 다른 사물이다.[155] 감각의 순간과 사물의 통각의 순간조차도 궁극적 실재에 있어서 상이한 두가지 사물들과 관계되어 있다. 표상속의 그것들의 통일체는 구성된 것 또는 상상된 통일체이다.

따라서 모든 실재는 다른 실재이다. 동일한 것 또는 비슷한 것은 궁극적 실재가 아니다. 실재는 유일한 것이고,[156] 물자체이며, 관계가 없는 것이다. 모든 관계는 구성된 것이고, 관계와 구성은 같은 것이다. 궁극적 실재는 구성된 것이 아니고, 상상된 것이 아니며, 관계가 없는 실재이고, 엄밀하게 그 자체내에 있는 사물인데, 그것은 수학적 찰나점이다.

우리는 인도의 동일률과 모순율의 공식을 고찰할때 이 문제로 되돌아 올것이다. 지금은 모순율과 순간적 존재의 이론 사이의 연관을 지적하는 것으로 충분하다. 유럽의 많은 철학자들은 동일성은 차별을 포함하고 있다고 말하고 있다. A와 B는, 비록 그것들이 동

155) NBT., 4쪽 6행에 있는 보기는 틀림없이 불교도와 실재론자 양자에 의해서 입증될 것이라는 의도로 선택된 것이지만, 불교도의 진짜 의도는 같은책, 4쪽 8행 이하에 있는 언급에 나타나 있다.

156) *svalakṣaṇam = paramārtha-sat.*

일하고, 더더구나(*a fortiori*) 유사할 뿐일 때에도 다른 것이다. 불교철학은 분리된 찰나점들인 절대적으로 다르고 비동일적인 실재들이라는 (선험적) 관념을 가지고 움직인다.[157] 자연에 두가지의 절대적으로 동일한 사물은 없으며, 보이지 않는 것들의 동일성은 질적 변화의 연속내에 분해되어 있다는 라이프니츠의 원리는 어느 정도 불교의 견해와, 즉 불연속적인, 유일한, 분리된 사물은 모든 연속의 한계이며 수학적 찰나점이라고 하는 절대적인 궁극적 실재로 전환된다는 주요한 차이점과 더불어 비교할만 하다.[158]

## 14. 찰나점은 실재인가. 미분.

앞의 설명에서 불교도들에게 있어서 경험적 시간과 공간은, 그것만이 궁극적 실재인 지각할 수 있는 찰나점들에 기초한 우리들의 오성에 의해서 구성된 허구라는 것은 충분하게 입증되었다. 실재를 《이것》, 《지금》, 《여기》로 축소하고 우리들 지식의 나머지 모든 것들을 상상적 및 상대적 차별로 변환시키는 이 이론에 반대해서, 실재론자들은 찰나점 그 자체는 또한 사유 속의 구성일 뿐이며 상응하는 어떤 실재도 없는 그저 이름에 불과한 것이므로, 일반법칙에 예외적인 것이 아니라고 아주 당연한 이의를 제기했다. 웃됴타카라

---

157) *kṣaṇikatva*라는 관념의 역사에 관해서는 아래를 참조하라.

158) 근대의 저서 중에서 나는 W. E. Johnson Logic, I. XII장에서 철저히 논의되고 있는 《다름의 법칙》을 본다. 인도의 사색과의 일치는 종종 두드러진다. 그러나 《실재하는 것》은 실제적인 《하나》이어야만 하고, 실제적 존재는 하나의 존재를 의미한다는 생각은 《상호전화하는 존재와 일자(*ens et unum convertuntur*)》를 주장한 스콜라 학자들에게는 이미 친숙한 것이다 ; 그것은 라이프니츠에 의해서 상술되었고 그로 하여금 단자(Monad)의 궁극적 실재성을 확립하게끔 했다.

(Uddyotakara)〉[159]는 불교도들에게, 《시간 그 자체가 이름일 뿐이라고 가정함에 있어서, 당신들은 또한 틀림없이 가장 짧은 시간, 즉 시한(time-limit) 역시 이름일 뿐이라고 가정해야만 한다》고 말한다. 불교도는 가장 짧은 시간, 즉 수학적 찰나점은, 과학에서 검증된 것이므로, 실재적인 것이라고 응수한다.[160] 천문학자는 그것을 모든 계산의 기초로 삼고있다. 그것은 분할할 수 없는 시간의 입자이며, 그것은 선행과 결과라는 관계 속에 있는 어떤 부분도 포함하지 않는다.[161] 인도의 천문학자들은 《크게 측정된 시간》[162]과 정확하게 측정된 《미묘한 시간》[163]을 구별했다. 단 한순간 동안의 사물의 운동을 그들은 순간적 운동 또는 《바로 그 시간의 운동》[164]—즉, 다른 시간, 다른 순간이 아니라—이라고 불렀다. 이 순간은 실재가 아니며, 그것은 단지 수학적 편의[165]에 지나지 않는 것이라고 말한다. 불교도들은, 《정반대로 우리는 존재의 순간성이 궁극적으로 실재적인 것이라고 주장한다》고 말한다. 구성, 즉 허구가 아닌 우주 속의 유일한 사물은 지각할 수 있는 찰나점인데, 그것이 모든 구성의 실재적 토대이다.[166] 그것은 감각적 형상 속에 나타날 수 없는 실재인 것은 사실이지만[167] 이것은 사유구성이 아니기 때문에 올바른 것이다.

159) NV., 418쪽 15행.
160) NVTP., 387쪽 1행—*jyotir-vidyā-siddha.*
161) *pūrva-apara-bhāga-vikala.* 같은책, NK., 127쪽 12행을 참조하라.
162) *sthūla-kāla, kāla-piṇḍa.*
163) *sūkṣma-gatiḥ.*
164) *tat-kāliki gatiḥ.*
165) *sanjñā-mātram.*
166) *vāstavikṣaṇikatā abhimatā.*
167) *kṣaṇasy(jñānena) prāpayitum aśakyatvat, NBT.* 12쪽 19행(*prāptiḥ=savikalpakam jñānam*)을 참조하라.

실재라는 절대적으로 유일한 찰나점은, 그것이 나타내질 수 있는 것처럼, 대명사 《이것》, 《지금》 등으로 말고는 역시 이름지워질 수 없다.[168] 따라서 그것은 단순한 이름이 아니고, 전혀 이름이 아니며, 이름을 가지고 있지 않은데 : 궁극적 실재는 형언할 수없다. 형언할 수 없는 것은 항상 다소 사유구성이다.[169] 따라서 그것은 수학적 찰나점들이 실재론자에게는 허구이고 불교도들에게는 실재이며, 역으로(*vice versa*) 경험적 시간 또는 《큰 시간》,[170] 《실체적 시간》[171]은 실재론자들에게는 실재이며 불교도들에게는 허구인 것이다. 수학자가 미분으로 속도를 구성하는 것처럼, 마찬가지로 인간의 정신, 즉 자연의 수학자는 순간적 감각으로 지속을 구성한다.

공간 역시 순간적 감각 이외의 다른 궁극적 실재를 포함하고 있지 않다는 것은 이미 지적되었다.[172] 다르마키르티는 《연장을 가진 형식은 그 관념 (이상이) 아니라 (실재적) 대상 속에 존재한다. (연장을 가진 물체)가 (연장을 가지지 않는)것 속에 존재한다는 것을 인정하는 것은 모순일 것이며, (하나인 동일한 연장을 가진 물체가) 여러 (원자들) 속에 존재한다는 것을 인정하는 것은 불가능하다》고 말한다.[173] 따라서 연장을 가진 물체란 허구이며, 찰나점이라는 궁극적 실재를 인정하는 것 이외에 남아있는 논쟁점은 없다.[174]

미분을 발견한 영광이 실제로 힌두 천문학자들에게 돌려져야만 하는지 어떤지는 결정할 수 있는 다른 사람들을 위해 남겨두어야

168) TSP., 276쪽.
169) *šbdā vikalpa-yanayah, vikalpāh, šaboda-yonayah*(Dignāga).
170) *sthūla-kāla.*
171) *kāla-piṇḍa.*
172) 위 146쪽 이하를 참조하라.
173) NVTT., 425쪽 20행－*tasmān nārthe na vijñāne*……를 참조하라.
174) S. Maimon은 물자체를 《감각의 미분》과 비교하고 있다.

만 하지만,[175] 여하튼 그들은 의심할 여지없이 수학상의 0의 발견자들이었다. 따라서 수학적 한계라는 관념은 인도의 학자들에게는 익숙한 것이었음에 틀림없다.[176]

그들이 그것을 일반 철학의 영역에 적용했고, 그들이 그렇게 한 유일한 학파가 아니라는 것은 조금도 이상하지 않다.[177]

## 15. 순간성 학설의 역사.

순간적 존재 이론의 기원은 십중팔구 불교 이전이다.[178] 불교에

---

175) B. N. Seal 박사는 그것을 주장하고 그 사실을 제출받은 영국천문학자인 Spottiswoode씨는 조건부로 그것을 인정하고 있다. P. G. Ray의 《힌두의 화학》, II권, 160쪽 이하를 참조하라(거기에서 B. N. Seal 박사의 논문이 그의 힌두의 실증철학으로부터 전재되어 있다).

176) M. H. 베르그송은 수학자의 세계는 실로 순간적 세계라고 주장하는데, 그것은 또한 불교도의 세계와 같은 *kṣaṇika*이다. 그는 다음과 같이 말한다. (Cr. Ev. 23－24쪽)－《수학자가 다루는 세계는 매 순간마다 죽고 다시 나는 세계, 즉 데카르트가 연속적 창조를 말할 때 생각한 세계이다》. 이 생각은 실로 매우 불교적인데, 산스크리트어로 옮긴다면 다음과 같다－*ye bhāvā nirantaram ārabhyanta iti mahāpanprṇdita-šri-Dhekaratena vikalpitā s, te sarve vyotir-vidyā-prasiddhāḥ. pratikṣaṇam utpadyante vinašyante ca.* 이것은 베르그송의 말을 정확하게 번역한 것인데, 마치 인도 원전으로부터의 인용문처럼 보인다. 사유 또는 구성적 사유라는 말의 동의어 중의 하나가 계산(*sankalana*)이라는 것 또한 주목할만하다. 따라서 사유, 생산적 상상과 수학은 밀접한 관련을 갖게 되는 것이다. 2권, 부록 I, §8을 참조하라.－*samākalayet*＝*vikalpayet*＝*utprekṣeta.*

177) 다른 많은 점들에서 처럼, 이 점에서 상키야－요가 학파는 불교의 견해와 매우 가깝게 된다. Vyāsa III. 52를 참조하라－*kālo vastu-šunya-buddhi-nirmāṇah sarva-jñāna-anupāti, kṣaṇas tu vastu-patitah*…B. N. Seal, 앞의 책, 80쪽을 참조하라. *Vijñāna-bhikṣu*는 《시간이란 《순간》과는 별도인 실제적이거나 물적인 존재가 아니지만, 후자는 실재하는 것이며, 현상속의 일군의 변화와 동일한 것이다》라고 지적하고 있다.－*guṇa-pariṇāmasya kṣaṇatva-vacanāt.* 같은책.

178) CC., 65쪽 이하를 참조하라.

있어서 그것의 변천은 상이한 부파들의 역사와 섞여있다. 이들 부파의 대부분의 문헌은 복구되지 못하고 망실되었으므로, 우리는 그 발전의 주요 진로를 임시로 끌어내게 할 다소의 두드러진 특징들을 지적하는 것으로 만족해야만 한다. 현재 우리는 1) 상당히 정확하게 규정되었을때의 최초 형태의 학설, 2) 소승학파들 속에서의 일련의 일탈과 변동, 3) 그것이 완전히 포기된 것처럼 보인 대승학파들 속에서의 그 학설의 위기, 4) 아상가와 바수반수 학파 속에서 그것의 재도입과 5) 디그나가와 다르마키르티 학파에서의 그것의 마지막 형태를 구별할 수 있다.

우리가 보아온 이 마지막 형태는 궁극적 실재가 수학적 찰나점, 선행과 결과라는 관계 속에 있는 어떤 부분들도 포함하지 않는 시간단위 또는 보다 정확하게 실재의 지극히 작은 미분점에 속하는 것이며, 그것으로 우리의 지성은 다양한 형상으로 우리의 오성 앞에 출현하는 경험적 세계를 구성한다는 것을 의미한다. 그 시기의 이론은 인식론적 연구에 기초하고 있는 것이다. 따라서 그것은 우리들의 지식의 두가지 이질적인 근원, 즉 단순히 순수 실재의 독립된 찰나점들을 제공하는 감관과 이러한 무한소로부터 다양하고 정연한 세계를 구성하는 지성이란 이론의 직접적인 결론이다.

이 역사과정의 반대쪽 끝, 즉 불교의 출발점에서 우리는 비록 당시 그것은 인식론적 토대가 없기는 하지만, 본질적으로 같은 이론을 보게 된다.

모든 실재는 순간적인 개별적 요소들 속에 분할되어 있다. 순간성의 이론은 존재의 개별적 요소들이라는 다원론 속에 내포되어 있다. 불교가 요소설로 출현하자마자, 그것은 이미 순간적 요소들의 이론이었다. 우파니샤드[179]와 샹키야의 일원론에 대한 힘찬 저항으로 일어난 그것은 중간에서 멈춘 것이 아니라, 곧장 존재의 가장 미세한 요소들의 배타적 실재를 주장했던 것이다.[180] 그러나 이러한 요소들은 수학적 점이 아니었고, 그것들은 인과관계적 상호의존의 법칙으로서만 개별적 삶 속에서 하나로 연결되어 있는 순간적인 감각자료 및 사유자료였다. 불교도들은 서서히 이 정확한 공식화에 도달했고, 그 발전의 출발점은 일시성이 자연스럽게 그 자체를 일상생활 속의 정신에게 시사하는 대로의 그것에 대한 일반적이고 매우 인간적인 고찰이었다고 가정하는 것이 자연스러울 것이다. 그러나 불교의 기본적인 원리들이 규정된 시기에, 《실체도 없고, 지속도 없으며, 열반 이외의 다른 더없는 행복이란 없다》는 공식은 이미 단순한 일시성이 아니라, 두순간은 두가지의 개별적 요소들이므로, 그 궁극적 존재가 단 한순간의 지속에 한정되어 있는 존재들의 요소들을 가리켰던 것 같다.[181]

---

179) Vedānta의 역사에서와 꼭 마찬가지로 우리는 여기에서 상호간의 도움을 보게된다. 초기 불교도들은 상키야 사상의 영향을 받았지만, 후에 파탄잘라 요가는 설일체유부의 공식에 큰 영향을 받았다. 나의 CC., 47쪽을 참조하라.

180) 고 M. E. Senart의 매우 현명한 제안, 즉 *satukārya-dṛṣṭi*라는 술어는 처음에 satkāya-dṛṣṭi라는 말의 전와(轉訛)라는 것을 받아들인다면, 상키야 학파의 기본적인 교의가 불교도들에게는 근본적인 오류가 되는 것을 알 수 있을 것이다. 상키야(와 Ājivika)는 모든 사물은, 끊임없이 변화하지만, 영원히 존재하고 세계에는 새로운 어떤 것도 나타나거나 사라지지 않는다고 주장한다 ; 반대로 불교도들은 모든 사물은 순간적으로 존재하고, 그것은 무로부터 나타나서 곧 무로 되돌아가며, 어떤 실체(sub-stance)도 전혀 없다고 주장한다. 이 양 이론은 극단적인(*ekānta*) 것이며, 그것들은 내속, 실체와 질이라는 범주들과 영원한 원자들을 부정하고 무한가분성을 주장하고, 바이쉐시카 학파는 이 점에서 그 양 이론을 반대한다. 논쟁의 중심점은 내속의 문제였던 것처럼 보인다. 바이쉐시카, 그리고 아마도 초기 요가학파는 그것을 인정했고, 상키야와 불교도는, 비록 반대의 측면으로부터이지만, 그것을 거부했다. 불교도들의 《극단적인》 입장이 그들의 본래의 견해였던 것처럼 보인다. 독자부, 설일체유뷰, 음광부와 다른 학파들에 있어서의 그것으로부터의 일탈은 개별적이고 순간

이제 그 학설의 최초의 그리고 마지막 형태의 바로 중간에서 그것은 위험한 위기를 경험한다.

중관학파는 존재의 가정된 찰나점들의 실재를 무뚝뚝하게 부정했다. 그 이론에 반대해서 그들은 상식에 호소했다. 그들은, 사려분별이 있는 사람이라면 누가 실재적 사물이 동시에 나타나고, 존재하고 사라질 수 있다는 것을 믿으려할 것인가 하고 생각했다.[182] 그러나 이 부정은, 그 학파가 모든 개별적 대상과 모든 관념을 변증법적이고, 상대적이며 환각적인 것으로 선언했으므로, 순간성 이론과 어떤 특별한 관계가 없다.

첫번째 시기 동안의 순간적 실재 이론의 역사는 인간정신이 순수변화라는 관념, 즉 전혀 실체가 없는 실재라는 관념과 씨름하는 것이 얼마나 어려운것인가를 명백하게 증명해 주고 있다. 변화하는 질들을 가진 영속적인 실체의 범주들은 우리들의 모든 사고습관에 매우 뿌리깊어서 우리는 항상 순수변화라는 것이 논리에 의해 우리에게 역설될때마저도 그것을 인정하기를 꺼리게 된다.

〈독자부(Vatsīputrīya)〉는 살아있는 인격의 요소들 사이에 어떤 통일체의 존재를 인정했던 초기 학파들 중에서 첫번째 것이었다. 이 문제에 있어서 그들의 입장은 고도로 교훈적인 것이다. 그들은 감히 영혼의 영적 실체를 다시 인정하지 못했고, 불교단체들 속의 이러한 사상에 대한 반대가 매우 강했다. 그러나 그들은 또한 인격의 개별적 요소들 사이의 어떤 종류의 통일체를 부정하기를 꺼렸고 인격을 구성하고 있는 개별적 요소들은 인과관계의 법칙에 의해서만 결

---

적인 요소들에 대한 《극단적인》 견해가 근저에 있다는 것을 분명하게 보여주고 있다.

181) CC., 38쪽.

182) Candrakirti in the madhy. Vrtti., 547쪽을 참조하라.

합되어 있다는 것을 인정한다. 따라서 그들은 중간방법을 택했다. 인격은 변증법적인 것, 즉 그것의 요소와도 같지 않고 그것과 다른 것도 아니라고 선언되었다. 그것은 궁극적 요소들이란 실재가 주어진 것도 아니고, 실재가 완전히 부정된 것도 아니었다.[183] 변증법적 실재를 인정하고 모순의 법칙을 무시하는 이러한 방법은 도처에 이중적인 그리고 모순적인 실재적 본질이 있다고 가정하는 자이나 교도들 사이에서 매우 인기가 높은 변증법적 방식을 생각나게 한다. 그것은 동시에 모든 요소들의 근본적 개별성 및 그것들의 인과법칙 속에서의 배타적 인연이라는 학설은 독자부의 등장 이전에 있었다는 것을 증명해준다.

절대적 변화의 이론에 대한 또 하나의 공격이 설일체유부와 음광부(飮光部, Kāšayapīya)학파 속에서 일어났다.

절대적 변화의 이론은 현재의 것만이 존재한다는 사상을 뜻한다. 과거의 모든 것은 더 이상 존재하지 않기 때문에 존재하지 않고, 미래의 것은 아직 존재하지 않기 때문에 존재하지 않는다. 설일체유부는 이것에 대하여 과거의 것과 미래의 것은 실재하는데, 왜냐하면 현재의 것은 과거에 그 근원을 가지고 있으며 그것의 결과는 미래에 있기 때문이라고 이의를 제기했다. 음광부는 과거를 그 영향이 다한 과거와 그 영향이 아직 다하지 않은 과거로 나누었다. 그들은 두번째 것이 실재하고, 첫번째 것은 실재하지 않는다고 주장했다. 이 이론은 영속적 물질과 그것의 변화하는 현시를 가지고 있는 상키야 학파의 영역으로 옮겨갈 위험성을 포함하고 있다. 사실 어떤 설일체유부론자들은 요소들을 영속적 본질과 순간적 현시로

---

183) 그 이론에 대한 바수반두의 설명을 참조하라. AK., IX나의 Soul Theory에 있는 번역.

나누었다.[184] 그럼에도 불구하고 그들은 상키야로 빠졌다는 비난에 항의했다. 그들은, 모든 요소는 순간적이고 그것들은 바로 같은 순간에 나타나고 사라진다고 주장했다.[185]

바수반두는 우리에게 설일체유부의 이론은《주석문헌》의 혁신이며, 즉 그것은 〈논사(論師)〉들에 의해서 도입된 것이라는 것을 알려주고 있으며[186] 그에 따르면 그것은 불타의 진짜 설교에 있지 않다고 한다. 따라서 사우트란티카(Sautrāntika)학파, 말하자면 그 기치상 설교의 진짜 교의로의 복귀를 선언한 그 학파는 요소들의 영속적 본질을 부정했고 실재란 순간적 번쩍임으로 이루어진 것이고, 《요소들은 비존재로부터 생겨나고 한 순간만 존재한 후에 다시 비존재로 돌아간다》는 학설을 재확립했다. 불타는 그의 한 설교 속에서《시각이 일어날때, 그것은 절대적인 무로부터 발생하며, 그것이 사라질때, 그것은 무로 물러간다》고 말한다.[187] 그러나《무로부터》일어난 것이기는 하지만, 요소들은 상호의존적, 즉 안정성이라는 환상을 자아내는 인과법칙에 의해서 연관되어 있다.

개별적, 순간적 그리고 동등한 요소들이라는 원리로부터의 더 심한 일탈은 물질을 일차적인 것과 이차적인 것으로 나누고 정신적 현상 또는 도덕적 힘을 의미하는 이차적 요소들로부터 떨어져 있는 순수의식이라는 중심요소 사이에 확립된 차이점에 있다.

---

184) 바수반두의 설명, CC., 76쪽 이하에 있는 번역을 참조하라 ; O. Rosenberg. Problems를 참조하라.

185) 설일체유부가 근대의 Geltungs-philosophie를 차지하고 있는 동일한 문제에 몰두했다는 것은 분명하다. 과거의 것은, 보편자와 마찬가지로, 존재하지 않지만, 그것이 타당하므로, 그것은 존재하는 것이다(*es gilt, es hat Bedeutung*).

186) CC., 90쪽.

187) 같은책, 85쪽.

이것은 분명하게 실체와 질의 범주가 부분적으로 그 시초에 불교에 의해서 그것들이 빼긴 보통의 지위로 재돌입하기 위한 뒷문이었다.[188] 따라서 순간적 요소들을 일차적인 것과 이차적인 것으로 나누는 것은 이의제기의 여지가 있었다. 〈바수반두〉는 우리에게 〈붓다데바(Buddhadeva)〉가 인격의 정신적 요소들 중에서 순수의식의 중심적 지위도 물질의 요소들 중에서 만져서 알 수 있는 것들의 근본적 지위도 인정하지 않았다는 것을 알려준다.[189]

세일론(Ceylon) 학파는 본래의 학설, 말하자면 모든 요소는 순간적이며, 그것은 두개의 연속적인 순간 동안마저도 지속될 수 없는데, 왜냐하면 이전 순간에 존재한 것으로서 다음 순간에 존속하는 것은 아무것도 없기 때문이라는 학설을 충실하게 보존했다. 그러나 중반기에 이 학파는 매우 이상한 이론을 궁리해냈는데 그것에 따르면 사유의 순간은 순간적 감각자료[190]보다 무척 더 짧다고 한다. 일종의 이미 확립된 조화가 외부세계의 순간들과 그것들의 인식의 순간들 사이에 존재한다고 생각됐으며, 한 순간의 감각자료는 17가지 사유순간에 상응한다. 감각자료를 분명하게 감지하기 위해서 사유는 17가지 사유순간에 상응한다. 감각자료를 분명하게 감지하기 위해서 사유는 17가지의 연속적 단계, 즉 잠재의식의 상태에서 일으켜지는 순간으로부터 그 상태로 복귀하는 순간까지를 통과함에 틀림없다. 어떤 이유로 그 연속이 불완전하다면, 인식은 명백하지 못할 것이다. 이 17가지의 순간들은 다음과 같다 : 1) 잠재의식,[191] 2－3) 사유의 첫번째 운동과 그것의 소멸,[192] 4) 5감관 중의 하나의

188) 나의 CC., 35쪽 이하를 참조하라.
189) AK., IX를 참조하라. 나의 Soul theory를 참조하라.
190) Abhidhammatthasaṃgaho, IV. 8(Kosambi 편집, 18쪽).
191) *atita-bhavaṃga.*
192) *bhavaṃga-calana, bhavaṃsga-uccheda.*

선택,[193] 5) 선택된 감관,[194] 6) 감각,[195] 7) 표상,[196] 8) 그것의 긍정,[197] 9－15) 감정,[198] 16－17) 반영의 두 순간,[199] 그 이후에 외부의 감각자료의 한 순간에 상응하는 연속은 끝난다.

이 이론은 다른 모든 학파들에게 그다지 알려지지 않은 것처럼 보인다. 그러나 지속도 실체도 없다는 기본적인 사상은 틀림없이 그것을 궁리해낸 사람들을 지도했던 것이다.

대응의 첫번째 시기에 순간적 존재의 이론은, 경험적인 수준에서 중관학파가 소박 실재론에 반대할만한 것을 가지지 못했고[200] 절대에 관해서 그것은 신비적 직관을 통한 인식만을 인정했으므로, 모든 중요성을 상실했다.

그러나 순간적 존재의 이론은 대승의 두번째 시기, 즉 유가행파의 불교적 관념론 속에서 다시 주장되었다. 이 학파는 〈나는 생각한다 고로 나는 존재한다(*cogito ergo sum*)〉는 원리에 근거해서 사유의 실재를 주장하는 것으로 출발했다. 사유의 요소들은 순간적인 것으로 간주되었지만, 그 학파는 동시에 부분들의 실재를 부정하지 않는 전체의 실재를 주장하는 것으로 출발했다. 사유의 요소들은 순간적인 것으로 간주되었지만, 그 학파는 동시에 부분들의 실재를 부정하지 않는 전체의 실재를 주장하는 것을 목표로 삼았다. 궁극적 요소들은 세 부문으로 나누어졌다 : 순수 또는 절대적 존재,[201] 순수한

193) *pañcadvārāvajjana-cittaṃ.*
194) *cakkhu-viññanaṃ.*
195) *sampaṭicchana-cittaṃ.*
196) *santiraṇa-cittaṃ.*
197) voṭṭhapana-*cittaṃ.*
198) *javanaṃ.*
199) *tadārammaṇam.*
200) 위 37쪽을 참조하라.
201) *pari-nispanna.*

상상[202]과 그것들 사이의 우연적 실재,[203] 첫번째와 마지막 부분은 실재의 두가지 종류로 인정되었고 두번째 것, 즉 순수한 상상은 비실재적이며 비존재라고 선언되었다. 이러한 요소들의 삼중분할에서 우리는 이미 지각할 수 있는 실재와 후에 디그나가의 학파 속에서 그의 인식론의 초석이 된 상상적 사유 사이의 그 근본적인 구별의 기원을 본다.

그러나 순간적 존재의 이론이 불교적 관념론에 의하여 재도입되었다고는 하지만, 그것은 무조건적인 영향력을 향유하지는 못했다. 소승시기에 실체와 질의 범주는 공식적으로 금지되었기는 하지만, 항상 어떤 뒷문을 통하여 재등장하는 경향이 있었던 것처럼,[204] 관념론적 시기에 마찬가지로 영혼의 관념은 그것이 비록 공식적으로는 계속해서 거부되었지만—불교도들은 여전히 무영혼의 옹호자들로 남았다—, 그럼에도 불구하고 불교철학의 영역에 출몰했고 그 자체를 이러저러한 형태로 불교의 바로 그 심장부에 도입하려는 경향이 있었다. 처음에는 《창고의식(藏識)》[205]은 거부된 외부세계를 대신하는 것으로 생각되었다.

이전의 행위의 모든 흔적과 미래의 사유들의 모든 기원은 그 그릇 속에 저장되어 있다. 불교전통에 따라 이 의식은 또한 순간적인 것으로 여겨졌지만, 그것은 틀림없이 변장한 영혼일 뿐이며 그러한 것은 디그나가와 다르마키르티 학파 속에서 거부되었다.[206] 성아상

---

202) *pari-kalpita.*

203) *para-tantra.*

204) CC., 35쪽을 보라.

205) *ālaya-vijñāna.* 이상가의 존재의 요소들의 체계에 대한 재정리에 관해서는 L. De la Vallée Poussin, Les 75 et les 100 dharmas, Muséon, VI, 2, 178 이하를 참조하라. 아상가의 체계는 *saṃskṛta* 중에서 *ālaya-vijñāna*와 *asaṃskṛta-dharma* 중에서 *tathatā*를 포함하고 있다.

206) 2권. 부록 III. §5를 참조하라.

가, 즉 불교적 관념론의 창시자는 틀림없이 《창고의식》 이론과 중관학파의 신비사상 사이에서 동요했는데, 그들에게 있어서 개별자란 절대 또는 불타의 우주신(法身)의 현시일 뿐이다. 《불타의 자식》,[207] 《불타의 씨》,[208] 《불타의 자궁》,[209] 《불타됨(佛性)의 요소》,[210] 라는 이름 하의 이러한 현시는 불타의 우주신이 베단타 학파의 《최상의 브라흐마》에 상응하는 것처럼, 베단타 학파의 명(命, jiva)에 상응하는 변장한 영혼일 뿐이다.

디그나가와 다르마키르티의 사우트란티가－요가차라(Sautrāntika－Yogācāra) 학파에서 순간적 존재의 이론은 마지막으로 여기에서 검토된 논의들을 가진 형태로 규정되었지만, 그것은, 나중에 설명될 것처럼, 최상의 절대라는 견지에서 다른 수준 위에 있는 요소들의 통일을 배제하지 못했다.

## 16. 유럽의 몇몇 유사한 이론들.

라이프니츠는 그의 《변신론(辯神論, *Théodicée*)》의 서문에서 우리들의 이성이 길을 잃는 유명한 미로 중의 하나는 연속성과 그것의 요소들인 것처럼 보이는 분할할 수 없는 점들에 대한 토론에 있다고 선언한다. 연속적이라는 실체의 관념과 불연속적 요소들이라는 정반대의 관념을 중재하기 위해서 그는 외연적이 아니고 내포적이며 지각력이 있는 단위들인 단자(Monad)설을 고안해냈다. 라이프니츠와 불교의 관념들 사이의 유사성에 관한 약간의 논평이 나중에 이

207) *tathāgata-gotra.*
208) *sarvajña-bija.*
209) *tathāgata-garbha.*
210) *tathāgata-dhātu.* 아상가 사상의 발전은 물론 이 문제에 관해서는 E. Obermiller의 Uttara-tantra 번역을 참조하라.

루어질 것이다.

헤라클레이투스의 견해와의 비슷함은 이미 지적되었다. 또한 우리는 그들과 근대 철학자, 베르그송의 견해 사이의 주목할만한 일치에 관해서 독자의 주의를 끄는 몇몇 기회들을 갖는다.

대조하는 방법으로 불교의 관점을 보다 잘 이해하기 위해서, 한번 더 이 점을 재고하는 것은 아마도 잘못된 것이 아닐 것이다. 양체계속에서 보편적 유동(流動)이라는 사상이 띠고있는 모습에는 실로 많은 유사점이 있지만, 이 사실을 해석함에 있어서 또한 차이가 있다. 그것의 입증을 위해 사용된 주요 논의들에는 거의 완전한 일치가 있고, 양체계의 궁극적 목표에 주요한 차이점이 있다.

베르그송의 궁극적 목표는 실재적 지속과 실재적 시간을 입증하는 것이며, 그는 실재론자다. 불교도의 궁극적 실재는 우리의 시간과 공간을 넘어서 있는 것이며, 그는 선험론자다.

존재의 보편적 유동이라는 사실의 입증을 위한 논의들은 양측에서 1) 내성, 2) 부단한 변화를 의미하는 존재란 관념의 분석과 3) 가짜관념인 비존재란 관념에 대한 분석으로부터 나온다.

베르그송[211)]은 《'존재'라는 말의 정확한 의미는 무엇인가》 하고 묻고 《우리는 멈춤없이 변화하고, 그 상태 자체는 바로 변화일 뿐이고》,[212)] 《변화란 우리가 맨처음에 생각한대로 휠씬 더 근본적이다》[213)]라고 대답한다. 이 변화의 영속적 토대, 즉 자아는 《실재를 가지지 않으며》,[214)] 《한 상태에서 다른 상태로 나아가는 것과 동일한 상태에 존속하는 것 사이에는 본질적 차이란 없고》, 그것은 《끝없

211) 《창조적 진화(Creative Evolution, London, 1928)》 1쪽.
212) 같은책, 2쪽.
213) 같은책, 1쪽.
214) 같은책, 4쪽.

는 흐름》이다.[215]

이러한 말로써 베르그송은 1) 자아, 즉 정신적 현상을 위한 영속적인 토대는 없다, 2) 존재란 부단한 변화를 의미하는 것이며, 변화하지 않는 것은 존재하지 않는다, 3) 이 변화하는 상태들은 영속적인 토대에 의해서 연관되어 있는 것이 아닌데, 왜냐하면 그것들은 오직 인과법칙, 즉 연속과 상호의존의 법칙에 의해서만 연관되어있기 때문이라는 취지의 언급을 하고 있다. 불교철학의 기본적인 원리들과의 일치는 보다 더 완전할 수 없다.

불교는 1) 무아설,[216] 2) 일시성, 또는 순간적 존재의 교의,[217] 그리고 3) 의존적 기인의 교의,[218] 즉 흘러가는 현상들의 영속적인 토대 대신에 인과법칙을 사용하는 교의라고 불리웠다.

베르그송[219]은 계속해서, 늙음의 원인은 실재론자들이 생각하는대로 식(食)세포가 아니고 그것은 더 심원해야만 하는데, 《늙음에 있어서 당연히 필요한 것은 존재하는 모든 것들에 있어서의 형태변화의 근소하고 무한히 누진적인 연속이다》고 말한다. 《연속은 물질계에서조차 부정할 수 없는 사실이다》.[220] 우리가 보아온대로 불교도 역시 불, 소리, 운동 또는 사유의 의사(疑似) 지속을 구성하고 있는 부단한 변화를 알아차린 이후에 그 주의를 인간의 몸으로 돌렸다. 인간의 몸 또한 부단한 변화일 뿐이다. 불교도는, 《인간의 몸이 그러한 것처럼 수정도 마찬가지이고》, 존재란 부단한 변화일 뿐이라고 결론을 맺는데 : 이것은, 예를 들면 우주의 에테르처럼, 변

215) 같은책, 3쪽.
216) *anātma-vāda.*
217) *kṣaṇika-vāda.*
218) *pratitya-samutpāda-vāda.*
219) 같은책, 19－20쪽.
220) 같은책, 10쪽.

화하지 않는 것은 존재하지 않는다는 일반법칙이다. 우리의 사유가 운동을 안정성으로 변환시키는 이유는, 베르그송에 따르면, 우리는 《우선 첫째로 행동의 필요성만을 생각하고 있다》는 사실이다. 《끊임없이 그 자체를 형성하고, 그 자체를 파괴하지만, 결코 형성된 어떤 것도 아닌》[221] 지속에서 《우리는 우리의 관심을 불러일으키는 이들 순간[222]을 뽑아내며》,[223] 사유는 사물들에 대한 행동을 준비한다. 우리가 보아온대로 불교도 역시 사유를 사물들에 대한 합목적적 행동의 준비, 그리고 실재를 이 행동을 경험하는 것, 또는 찰나점이라고 정의하고 있다.

그러나 더욱 더 주목할만한 것은 불교도들과 베르그송 모두 자신들의 이론을 위해서 비존재와 소멸이라는 관념의 분석으로부터 끌어낸 논의에서의 일치이다. 비존재란 관념은 부정판단의 본질이란 문제에 밀접하게 관련되어 있다. 이 문제는 지그바르트(Ch. Sigwart)에 의해서 유럽 논리학에서는 해결되었는데 ; 부정이란 특수한 종류의 긍정일 뿐이다.[224] 나중의 장에서 보게될 것처럼 이것은 정확히 불교의 견해이다. 베르그송은 그의 가장 뛰어난 면(page)들[225]을 이 이론의 발전에 충당하고 있다. 이때 그는 소멸이란 가짜관념이며, 《우리는 (한 사물 대신에) 다른 실재의 존재를 볼때마다 추구하는 사물이 부재한다고 말한다》[226]는 것을 입증한다.

그는 소멸은, 산출이 무에 부가된 것이 아닌 것처럼, 사물에 《부가된》 것이 아니라는 것을 입증한다. 베르그송은 무는 적어도 어떤

221) 같은책, 287쪽.
222) Ital · mine.
223) 같은책, 288쪽.
224) Creative Evolution, 304, 312쪽을 참조하라.
225) 같은책, 287－314쪽.
226) 같은책, 312쪽.

것 이상을 포함하고 있다고 주장하기조차 한다.[227] 그것은 샨티라크쉬타가 《물자체는 소멸이라고 불린다》고 선언한 것과 동일한 것이 아닌가?[228]

불교도와 베르그송 양자는 일상의 변화, 소멸 및 운동의 개념을 불합리한 것이라고 거부했다. 변화란 조용하게 존재하고 있는 사물로 안내된 갑작스런 재앙이 아니고, 소멸이란 존재를 대신하는 것도 아니며, 운동도 사물에 부가된 것이 아니다. 양체계는 영속적인 실체의 존재를 부정한다. 그들은 그점까지는 일치한다. 베르그송의 역동적 존재개념, 즉 존재란 부단한 변화, 부단한 운동, 오로지 운동, 절대적 운동, 움직이는 어떤 물질도 갖지 않는 운동이라[229]—우리의 사고습관이 파악하기 매우 힘든 이 사상—는 그의 사상은 그 부정적인 면, 곧 그것의 물질부정에 있어서 정확히 불교의 주장과 동일한 것이다. 우리가 보아온대로 인도인 측에는 부단한 변화를 주장한 세가지 상이한 체계가 있다: 물질 그 자체가 부단한 변화라고 주장한 상키야 체계; 질이나 조건에 있어서 부단한 변화를 따르는 영속적인 물질의 존재를 주장한 요가체계와 영원한 물질의 실재를 부정하고 실재를 물질이라는 바탕이 없는 운동에 지나지 않는 것으로 축소한 불교체계.

그러나 여기에서 양체계 사이의 주요한 차이가 시작된다. 베르그

227) 같은책, 291쪽, 그리고 302쪽—《우리들의 주장이 아무리 이상하게 보일지라도 《존재하지 않는》 것으로 간주되는 대상에 대한 관념 속에, 《존재하는》 것으로 간주되는 동일한 대상에 대한 관념에서보다, 더 많은…것이 있다》 290쪽에서 베르그송은 《무라는 관념에 거의 주의를 기울이지 않는》 철학자들을 비난하고 있지만, 이것은 결로 인도의 철학자들을 가리키는 것은 아니다. 어떤 헤겔주의자들 또한 무는 유 이상이라고 생각했다÷Trendelenburg, Log. Untersuch I. 113을 참조하라.

228) 위 161쪽을 참조하라.

229) 특히 《La perception du changement》에 관한 그의 강의를 참조하라.

송은 우리들의 인식기관을 순간적으로 안정된 순간촬영사진[231]으로 운동을 재구성하는 영사기[230]와 비교한다. 이것은 정확히 불교의 견해이다. 그는 존재란 연속적인 새로운 창조라는 데카르트의 견해를 인용하고 있다.[232]

그는 또한 《나르는 화살은 움직이지 않는다, 왜냐하면 그것은 움직일 시간, 말하자면 적어도 그것이 두 순간을 허용하지 않는다면, 적어도 두개의 연속적인 위치들을 차지할 시간이 없기 때문이다》[233]고 주장한 제논의 오류추리를 인용한다.

그것은 바수반두가 (다음 순간에) 사물은 더 이상 존재하지 않기때문에 운동은 없다고 말한 것,[234] 또는 샨티라크쉬타가 두번째 순간에는 이전 순간에 존재했던 것의 가장 미미한 부분도 남아있지 않다고 말한 것과 바로 같은 것이 아닌가?[235] 그러나 베르그송에 따르면 이 순간성은 우리들 사유의 인위적인 구성이다. 그는 《상태들로 변화를 재구성》하려는 모든 시도는, 《운동이란 부동성으로 이루어진 것이라는 명제가 불합리하기》 때문에, 운이 다한 것이라고 생각한다.[236] 그러나 우리가 보아온대로 불교도는 부동성으로 운동을 구성하는 것을 설명하는 것이 도전받을때 역시 무한수의 부동으로 운동의 연속성을 구성하는 수학적 천문학을 가리킨다.[237] 우리의 인식기관은 영사기일 뿐만 아니라, 또한 자연의 수학자이다. 실로 연속성이 인정된다고 할지라도 감관들은 순간적인 감각들만을

---

230) 같은책, 322쪽 이하.
231) 같은책, 322, 358쪽.
232) 같은책, 24쪽－107쪽, 상단 주 9를 참조하라.
233) 같은책, 325쪽.
234) AK., IV. 1.
235) TS., 173쪽 27행, TSP., 138쪽 12행을 참조하라.
236) 앞의 책, 325쪽.
237) 위 178쪽을 참조하라.

뽑아낼 수 있으며, 그것들의 연속성을 재구성하는 것은 지성의 일이다. 베르그송은, 화살이 A점을 떠나서 B지점에 떨어진다고 하면 그에게 있어서 단 하나의 운동은 《전적으로 두 끝 사이의 운동》이라고 생각한다.[238] 그러나 불교도들에게 상상 속말고는 끝이라는 것은 전혀 없으며, 보편적 운동은 결코 멈추지 않고, 일상생활에서 끝이라고 불리우는 것은 바로 변화의 순간, 곧 소위 《다른 운동의 산출》[239]일 뿐이다. 간단히 말해서 불교도들에게 지속은 구성이고, 순간적 감각들이 실재적이지만, 반대로 베르그송에게 있어서는 지속이 실재적이고, 순간들은 그 안에 있는 인위적으로 잘라진 것들이다.[240]

238) 앞의 책, 326쪽.

239) *Vijātiya-kṣana-utpāda*.

240) 이 대목에서 비교를 완전하게 하기 위해서 우리는 성자의 지성만으로 알 수 있는, 비감각적인, 신비한 직관에 대한 불교 이론을 가지고 베르그송의 예술가의 직관을 숙고해 보아야만 하지만, 이것은 개별적으로 다룰만한 거대한 주제이다.

# 제 2 장
# 인 과
# (PRATĪTYA-SAMUTPĀDA)

## 1. 기능적 의존으로서의 인과.

《불교철학의 모든 보석들 중에서 인과의 이론이 첫째가는 보석이다》라고 카말라쉴라는 말한다.[1] 그것은 《의존적 기인》 또는 더 정확하게 《결합된 의존적 기인》이라는 이름으로 표시된다. 이 용어는 실재의 모든 찰나점이, 그것이 필연적으로 이어받는 찰나점들의 결합에 의존하여 일어난다는 것, 그것의 바로 전항들인 《원인들과 조건들의 총체성》에 기능적으로 의존하여 일어난다는 것을 의미한다. 앞장에서 《찰나적 존재》의 이론은 불교체계의 전체가 서있는 기초로 특징지워졌다. 《의존적 기인》의 이론은 그러나 그것의 또하나의 측면이다. 궁극적 실재로서의 실재는 유효성의 찰나점들로 환원되고, 이 찰나점들은 그것들의 원인들인 다른 찰나점들에 기능적으로 의존하여 일어난다. 그것들은 그것들이 유효한한, 말하자면 그것들이 스스로 원인들인한 일어나거나 존재한다. 존재하는 것은 무엇이건 원인이고, 원인과 존재는 동의어이다.[2] 고대의 한 문헌은 이 주제에 관하여 다음과 같은 유명한 말을 하고있다-《모든 (실제적) 힘들은 찰나적이다. (그러나) 어떻게 (절대적으로) 지속을 갖지 않는 하나의 사물이 (그럼에도 불구하고) 어떤 것을 산출할

1) TSP., 10. 19쪽.

2) *yā bhūtih saiva kriyā.*

시간을 가질 수 있겠는가? (이것은 소위) '존재'가 유효성에 불과하고, 그것이 바로 창조적 원인이라 불리는 유효성이기 때문이다》.[3] 실제적 존재가 단지 하나의 찰나점인 것과 똑같이 하나의 실제적 원인은 단지 이 동일한 찰나점이다. 다시 말해서, 존재는 역동적이고 정태적이 아니며, 그것은 상호의존적인, 즉 원인들인 찰나점들의 연속으로 구성된다.

그래서 불교의 인과이론은 《보편적 순간성》이론의 직접적 결과이다. 하나의 사물은 다른 사물들에 의해서, 또는 개인의 의지에 의해서 산출될 수 없으니, 왜냐하면 다른 사물들이나 개인들은 순간적 존재들이기 때문이다. 그것들은 어떤 것을 산출할 시간이 없다.

지속의 두순간들조차도 그들에게는 허용되지 않는다. 지속이 없기때문에 실제적 운동이 없는 것과 똑같이, 산출에는 시간이 필요하기 때문에 실제적 산출은 있을 수 없다. 운동의 실재론적 관념은, 이미 지적되었던 것과 같이, 《모순적으로 반대되는 술어들, 예를 들어 동일한 장소에서 동일한 사물의 존재와 비존재를 연결시킨 것》[4]을 함축한다. 인과의 실재론적 관념도 마찬가지로 하나가 다른 하나를 산출하고자 작동하거나 《일하는》 두 사물들의 동시적 존재를 함축한다. 하나의 다른 하나에 대한 행동이 일어나기 위해서는, 최소한 얼마동안이라도 원인과 결과가 동시에 존재해야 한다. 실재론자들에 의하면 옹기와 옹기장이는 단지 일련의 찰나점들일 뿐이다. 그것들 중의 하나는 옹기라 불리는 연속의 최초의 순간을 수반한다. 세계과정의 진행은 비인격적이다. 《일할》 수 있는 지속하는 자아는 없다. 그러므로 원인은 결과가 산출될때, 더 이상 존재할

---

3) TSP., 11. 5쪽, 거기에서 그 연은 불타자신의 것으로 추정되고 있다.
4) CPR., 시간에 대하여, §5(2 ed.); 위 148쪽 이하를 참조하라.

수 없다. 결과는 원인을 뒤따르지만 그것에 의해 산출되는 것은 아니다. 말하자면 그것은 무로부터 솟아나오는데,[5] 왜냐하면 원인과 결과의 동시적 존재는 불가능하기 때문이다.

불교도들 중에서 바이브하쉬카스(Vaibhāṣikas)파[6]는 동시적 인과의 가능성, 즉 두개나 또는 그 이상의 사물들이 상호적으로 서로의 원인이 된다는 것, 즉 의존한다는 것을 인정한다. 그러나 이것은 분명히 오해인데, 왜냐하면 다음과 같은 딜레마가 있기 때문이다.[7] 동시적으로 존재하는 사물들 중의 하나는 그 자체가 이미 산출되었을 때에 다른 것을 산출하는가, 또는 그 전에 다른 것을 산출하는가? 그것은 분명히 자체가 산출되기 전에는 다른 것을 산출할 수 없다. 그러나 만일 그것 자체가 산출된다면 동시적인 존재인 다른 사물도 또한 산출되고, 그것은 어떠한 두번째 산출도 필요로 하지 않는다. 유효한 인과는 불가능하게 된다. 동시적 인과는 원인과 결과가 정태적이고, 그것들의 인과가 신인동형론적 방식[8]으로 계속되는 것으로 상상될때만 가능하다 : 예를 들어 옹기는 그때 옹기장이와 동시에 존재할 수 있다. 그러나 원인은 결과를 쪽집게로 잡는 것도 아니고,[9] 그것을 존재로 밀어넣는 것도 아니다. 결과는, 한 소녀가 애인의 강한 포옹으로부터 빠져나오는 것처럼 원인에 의해 강한 포옹으로부터 솟아나와 존재하게 되는 것은 아니다.[10]

원인도 결과도 실제로 어떤 일도 하지 않으며, 그것들은 《힘이

---

5) *abhūtvā bhavati.*

6) TSP., 175쪽 24행을 참조하라. *sahabhū-hetu*와 *samprayukta-hetu*가 있다. CC. 30 및 106을 참조하라.

7) 같은책, 176쪽 1행.

8) 같은책, 176쪽 6행.

9) 같은책, 176쪽 12행.

10) 같은책, 176쪽 13행.

없고》, 《일이 없고》, 《쓰이지 않는다》.[11] 만일 우리가, 원인이 어떤 것을 《산출한다》고 말한다면, 그것은 하나의 부적당한 관습적[12] 표현, 하나의 은유이다.[13] 우리는 다음과 같이 말했어야 한다 : 《결과는 이러이러한 하나의 사물에 기능적으로 의존하여 일어난다》.[14] 결과는 원인의 존재 이후에 즉각적으로 일어나므로, 그들 사이에는 어떤 《일》이 행해질 수 있는 간격이 없다. 원인의 작용이 없고 이 작용은 아무것도 산출하지 않는다.[15] 원인의 단순한 존재는 그것의 일을 구성한다.[16] 그러므로 우리가, 그렇다면 결과를 산출하는 원인의 《작용》이라 불리는 것은 무엇인가, 그리고 결과의 원인에의 《의존》이라 불리는 것은 무엇인가라고 묻는다면, 대답은 다음과 같은 것이 될 것이다 : 결과가 항상 원인의 현존을 뒤따른다는 사실을 우리는 원인의 결과에의 의존이라고 부르고, 원인이 항상 그것의 결과를 앞선다는 사실을 우리는 원인의 작용이라고 부른다.[17] 원인은 사물 자체, 순수한 사물, 모든 연장과 모든 부가적 작용력을 잃은 사물이다.[18]

---

11) *nirvyapāram eva,* 같은책.
12) *sanketa.*
13) *upalakṣaṇam.*
14) *tat tad āśritya utpadyate,* 같은책, 176쪽 24행.
15) *akiṃcit-kara eva vyāpāraḥ,* 같은책, 177쪽 3행.
16) *sattāiva vyāpṛtih,* TS., 177. 2.
17) TSP., 177쪽 11행.
18) 같은책, 177쪽 3행 — *vastu-mātrm vilakṣaṇa-vyāpāra-rahitam hetuḥ,* 같은책, 177쪽 23행.

## 2. 인과의 공식들.

《의존적 기인》이라는 용어의 의미를 드러내는 세가지 공식들이 있다. 첫째는 《이것이 존재하면 저것이 나타난다》[19]는 말로 표현된다. 둘째는 말한다-《실제적 산출은 없으며 오직 상호의존만이 있다》.[20] 세째는 말한다-《모든 요소들은 무력하다》.[21] 첫째의, 그리고 더 일반적인 공식은 이러이러한 조건들 아래서 결과가 나타나고, 조건들의 변화와 함께 결과에서의 변화도 있다[22]는 것을 의미한다.

당시 인도에 존재하고 있었고 불교가 대항해서 싸워야했던 다른 이론들을 거부하고 대체하기 위하여 의도되었다는 것을 우리가 고려할때, 이 공식들의 충분한 의미와 모든 함축들이 스스로를 드러낸다. 상키야 학파, 실재론 학파, 유물론 학파의 이론들이 있었다. 상키야 학파에 의하면, 이미 언급한 것과 같이, 실제적 인과는 전혀없고, 새로운 산출이라는 의미에서의 인과도 없고 《창조적》[23] 인과도 없다. 결과는 동일한 재료의 또 하나의 나타남에 불과하다. 소위 산출이란 전혀 산출이 아닌데, 왜냐하면 결과는 그것의 원인들과 (존재론적으로) 동일하기 때문이다 : 그것은 자기 자신의 《자아》[24]로부터의 산출이다. 다른 한편으로 실재론자들은 모든 대상을 하나의 분리된 전체,[25] 그것을 구성하는 부분들에 부가적으로 결합된 전체라고 간주한다. 인과가 작용할때, 이 전체는 증가분을 받아

19) *asmin sati idam hbavati* CC., 28쪽 이하를 참조하라.
20) *pratītya tat samputpannam notpannam tat sabhavataḥ.*
21) *nirvyāparāh(akiṃcit-karāḥ)sarve dharmah.*
22) *tad-bhāva-bhāvitva, tad-vikāra-vikāritva.*
23) *ārambha.*
24) *svata utpādaḥ.*
25) *avayavin.*

들이고[26] 결과를 산출하여 새로운 전체가 산출된다. 그 두 전체들 사이에는 하나의 다리, 《내속》[27]의 사실, 즉 개별적 통일체인 하나의 연결 고리가 존재한다. 모든 경우의 인과는 그러므로 그 자신의 《자아》로부터 나온 인과가 아니라, 즉 다른 자신으로부터(*ex alio*)[28] 나온 연기이다.

세번째 이론은 우연적 산출[29]을 인정하고 모든 엄격한 인과법칙들을 부정하였다. 이 세 이론들에 대한 불교의 대답은 이렇다 : 《그 자체의 자아로부터도, 다른 자아로부터도, 우연으로부터도 사물들은 산출되지 않는다. 실제로 그것들은 전혀 산출되지 않으며 그 원인들에 기능적으로 의존하여 일어난다》.[30] 진화의 과정에서 그 형태를 바꾸는 하나의 영원한 재료라는 의미에서의 인과는 없는데, 왜냐하면 그러한 재료는 전혀 없고 이 재료는 하나의 허구이기 때문이다. 또한 갑자기 다른 것으로 변화하는 하나의 실체라는 의미에서의 인과도 없다. 우연적 기인도 없다. 모든 기인은 엄격한 인과법칙들에 종속된다. 그것은 어떠한 머무르는 재료, 어떠한 실체의 형태가 아니라 에너지의 덧없는 번쩍임인데, 엄격한 인과법칙들에 따라서 나타난다.

이 인과의 이론이 《무실체》[31] 이론, 즉 덧없는 요소들(이 요소들은 우연히 나타나는 것이 아니라 인과의 법칙들에 따라서 나타난다)을 궁극적 실재로서 지속과 연장을 갖는 것으로 인정하지 않고

26) *atiśaya-ādhāna.*
27) *samavāya.*
28) *parata-utpādaḥ.*
29) *adhītya-samutpāda=yadṛcchā-vāda.*
30) *na svato, na parato, nāpy ahetutaḥ, pratītya tat samutpannam, nṗtpannam tat svabhavataḥ.*
31) *anātma-vāda.*

단지 계속되는 빽빽한 흐름으로 인정하는 이론의 직접적 귀결이라는 것은 분명하다.[32]

상키야 체계에서, 의식 자체를 뺀 모든 정신적 현상을 포함하는 《질료》와, 심연에 의해 《질료》로부터 분리된 순수《의식》이라는 단지 두개의 실체들을 확립하도록 이끌었던 정신과 육체의 평행의 문제—이 문제가 불교에서는 매우 쉽게 해결되었다. 의식은 이러이러한 사실들의 작용이다. 일순간 주의가 기울여지면 색깔있는 헝겊조각, 보는 감관, 시각적 의식이 나타난다.[33] 이 상호의존은 명백한데, 왜냐하면 만일 원인들의 하나에서 변화가 일어나면 결과에서도 변화가 일어나기 때문이다 : 만일 눈이 병에 걸리거나 못쓰게 된다면, 시각적 의식도 변화하거나 사라질 것이다.

유럽은 물론 인도에서 매우 자주 토론된 문제, 즉 어둠은 빛을 산출할 수 있는가 아닌가, 낮은 이전의 밤의 결과인가 아닌가 하는 것은 불교의 인과론에서는 매우 자연스럽게 해결된다 : 낮이라고 불리우는 그 연속의 첫번째 순간은 밤이라고 불리우는 마지막 순간의 뒤를 잇는다. 모든 순간은 그것의 전항들의 《총체》의 산물이고, 그것은 항상 앞선 순간과는 다른 것이지만, 경험적 관점에서

---

32) 중세의 한 저술가는 유명한 게송으로 네가지 주요한 인과관계 이론을 다음과 같이 요약하고 있다(그의 《Sankṣepa-šariraka》, I. 4속에 있는 Sarvajñātamuni)—

*ārambha-vādah Kaṇabhakṣa-pakṣaḥ,*
*sanghāta-vādas tu Ḃhadanta-pakṣaḥ*
*Sānkhyādi-pakṣaḥ pariṇāma-vādo*
*Vivarta-vādas tu Vedanta-pakṣaḥ* ;

이것은 다음과 같이 번역될 수 있다 : 창조적 진화는 실재론자의 주장이다. 불교도는 대답한다. 《그것은 (순간들의) 덩어리이네》, 《영원히 변화하는 물질》이라고 상키야는 대답하고, 베단타는 말하네 : 환각 !

33) *cakṣuh pratītya rūpam ca caksur-vijñānam utpadyate.*

보면 그것은 양자, 즉 같은 것일 수도 다른 것일 수도 있다. 발아의 순간은 종자의 순간과 다른 것이다. 경험은 다른 인과관계가 동일한 것인만큼 가능하다는 것을 보여준다.[34)]

우리가 《유사한》 순간들[36)]의 차이를 지각하지 못하고 그것들이 실체와 지속을 나타낸다고 가정하는 것[37)]은 우리들의 경험적 인식의 한계이다.[35)]

따라서 우리가 불교 속에서 기능적 상호의존이라는 의미로 매우 날카롭게 표현된 인과론을 만나게 된다는 것은 의심의 여지가 없다.

## 3. 인과관계와 실재는 동일하다.

따라서 불교도들에 의하면, 실재란 역동적이며 정적 사물은 전혀 없다. 그들은 결코 싫증내지 않고 《우리가 존재라고 부르는 것은 항상 하나의 행동》이라고 되풀이해서 말한다.[38)] 샨티라크쉬타는 《존재는 일(**work**)이다》라고 말한다. 행동과 실재는 같은 뜻의 용어이다. 《인과관계는 운동이다》.[39)] 하나의 사물이 오직, 조용하게 행동하지 않은채 존재할 수 있고 그리고 나서 말하자면 갑자기 일어나서 행동을 산출한다고 생각하는 것은 의인법적 환각이다. 존재하는 것은 무엇이나 항상 행동하고 있다.

---

34) *vijatīyād apy utpatti-daršānāt.* Tipp., 30쪽 18행.

35) *ajñādivad-arvag-dršah.* NK., 133쪽 5행.

36) *sadṛša-parāpara-utpatti-vilabdha-buddhayaḥ*(*na labdha-buddhayaḥ*), 같은책.

37) 《동일한 인과(*sajātiva-ārambha*)》의 원리를 지키면서, 화학적 화합물 속의 새로운 질의 형성을 설명하기 위해서, 의학파는 물론 바이쉐시카와 상키야 학파는 매우 복잡하고 미묘한 이론을 고안해 냈다. B. N. Seal은 그것들을 매우 분명하게 설명하고 있다. 앞의 책.

38) *sattaiva vyāpṛtiḥ,* TS., 177쪽 2행.

39) *calaḥ.pratītya-samutpādaḥ,* 같은책, 1쪽.

실제로 존재하는 것은 무엇이나 원인이라는 결론은 위에서 인용된 존재의 정의로 불교도들에게 강조되고 있다. 존재, 즉 실재적 존재는 유효성일 뿐이다.[40] 따라서 유효하지 않은 것 또는 원인이 아닌 것은 존재하지 않는다. 〈웃됴타카라〉[41]는 불교도들에게 《원인이 아닌 것은 이중적인데, 당신들에게 있어서 그것은 존재하지 않는 것이나 변화하지 않는 것이다》라고 말한다. 〈카말라쉴라〉[42]는 웃됴타카라의 이 말을 정정하고 그가 적의 이론을 충분히 알지 못하고 있다고 비난하는데, 그는 《논리학도인 불교도들[43]은 원인이 아닌 것은 필연적으로 실재가 아니라고 주장하기 때문이다》라고 말한다.[44]

이것은 실재적인 것은 바로 원인이고, 존재하는 것은 결코 무엇이나 필연적으로 원인이라는 것을 의미한다. 실재론자들과 불교도들 사이의 이 토론은 공간의 실재에 관한 문제, 즉 그것이 텅빈 공간인가 아니면 물질이 충만한 공간(plenum), 곧 우주의 에테르로 가득 차 있는 공간인가 하는 것을 언급하고 있다. 논리학도가 아니었던 초기 불교도들은 텅빈 공간[45]을 가정했는데, 그것은 그럼에도 불구하고 그들에게는 객관적 실재, 요소, 다르마(法), 불변하고 영원한 열반과 비슷한 불변하고 영원할 실재였다. 실재론자들은 이 공간을 영원하고 운동하지 않으며 가침투적(可浸透的) 실체, 즉 우주의 에테르로 가득 채웠다.[46] 논리학을 공부한 후기 불교도들은 결코 변하지 않고 움직이지 않는 것이 존재하지 않으며 : 존재는

---

40) *artha-kriyā-kāritvam=paramārtha-sat,* NBT., I. 14－15.
41) NV., 416쪽.
42) TSP., 140쪽 7행.
43) *nyāya-vādino Bauddhāḥ,* 같은책.
44) *akāraṇam asad eva,* 같은책.
45) AK., I. 5.
46) *ākāso nityaš cu akriyaš ca.*

변화라는 것을 근거로 그러한 불변하고 운동이 없는 영원한 물질의 실재를 무시했다.

다른 많은 경우들과 마찬가지로 이 경우에 철학사가는 불교도들은 근대 심리학에 다소 유사함을 보이고 있는 추론의 경로를 지나갔다는 것이 주목할만한 것임을 알게 될 것이라고 나는 믿는다.

## 4. 두종류의 인과관계.

그러나 상이한 두가지 실재, 즉 직접적인 것과 간접적인 것이 있다. 전자는 궁극적이고 순수하며 – 그것은 찰나점이라는 실재이다. 후자는 그 찰나점에 결합되어 있는 실재인데, 그것은 우리들의 생산적 상상력의 기능에 의하여 인위적으로 구성된 형상과 혼합되어 있다. 그것은 경험적 대상이라는 실재이다. 따라서 또한 상이한 두가지 인과관계, 즉 궁극적인 것과 경험적인 것이 있다. 전자는 찰나점의 유효성이고, 후자는 그 찰나점에 결합되어 있는 경험적 실재의 유효성이다. 그리고 우리가 《실재란 운동이다》와 《운동은 불가능하다》는 두 주장 사이의 외관상의 모순을 지적했던 것과 마찬가지로, 우리는 《모든 실재의 점은 유효하다》와 《유효성은 불가능하다》는 두 주장 사이의 또 하나의 모순에 직면하게 된다. 실로, 위에서 언급한대로 실재의 모든 요소들은 순간적이며 그것들은 어떤 것을 행할 시간이 없기 때문에 《비활동적》[47]이다. 그 모순의 해결은 개별적 유효성도 존재에 부가된 유효성도 없고, 존재 그 자체가 바로 인과적 유효성[48]이며, 원인과 사물은 하나이면서 동일한

---

47) *nirvyāpāra.*
48) *sattaiva vyāpṛtiḥ.*

실재에 대한 상이한 고찰이라는 사실에 있다. 《수단과 (행동의 대상)에 대한 행위자의 관계는 궁극적 실재가 아니다》라고 카말라쉴라[49]는 말하는데, 《왜냐하면 모든 실재적 요소들은 순간적이며 전혀 일할 수 없기때문이다》. 실재와 인과적 유효성을 동일시 한다면, 모든 실재는 동시에 원인이라고 말할 수 있다. 그것들을 분리시키면, 그것은 우리들을 두가지의 모순적으로 반대되는 술어들을 가지고 있는 명제로 끌어들이기 때문에, 그렇게 되면 하나의 사물이 상이한 두가지 시간과 장소에 존재해야만하므로, 유효성을 불가능하다고 말해야 한다. 예를 들면 항아리는 실재론자들에게는 그것이 망치로 내려침으로써 박살나는 순간까지 연장과 지속을 가지고 있는 부분들로 구성되어 있는 실재적 대상이다. 진흙 덩어리와 항아리, 항아리와 파편, 도공과 항아리, 망치와 파편들 사이에는 인과관계가 있다. 그러나 불교도들에게는 사물, 즉 훨씬 전에 사라진 순간은 원인일 수 없고, 훨씬 후에 나타날 사물을 직접적으로 산출할 수 없다. 불교도[50]는 《영속적 대상은 (매우 빽빽한) 통일체를 의미하므로 그것의 구성요소들은 지속적인 통일체 때문에 상이한 순간들이기를 멈출 것인데, (매우 빽빽한 통일체는) 결과의 산출자와 마찬가지로 생각할 수 없는 것이다》라고 말한다. 이것에 반대하는 사람은 우리는 대상의 유효성이 그 존재의 매순간마다 변한다고 주장할 수 없다고 말한다.[51] 경험은 일련의 순간들이 바로 동일한 유효성을 가질 수 있다는 것을 보여준다. 그렇지 않고 만일 푸른색 헝겊의 첫번째 순간이 푸른 색의 감각을 산출하고, 다음 순간들은 그렇게 할 수 없다면, 그것들은 필연적으로 다른 감각들을 산출할

49) TSP., 399쪽 12행 — *na pāramārthikaḥ kartṛ-kāraṇādi-bhāvo'sti, kṣaṇikatvena nirvyāpāratvāt sarva-dharmāṇām.*

50) NK., 240쪽, 바차스파티는 여기에서 유가행파를 인용한다.

것이다. 상이한 순간들이 하나이면서 동일한 유효성을 동시에 가질 수 없다면, 푸른색의 형상은 결코 일어나지 않을 것이다. 그 대답은 푸른색의 대상의 모든 순간에 지각할 수 없는 변화가 있는 것과 마찬가지로, 감각과 형상의 모든 순간에는 부단한 변화가 있다는 취지의 말이다. 그 차이점을 무시함으로써만 겉으로는 같은 모양의 대상과 형상이 산출되는 것이다.[52)]

따라서 두가지 실재, 즉 한 순간의 선험적 실재와 제한된 지속을 가지는 사물인 경험적 실재가 있는 것과 마찬가지로, 두가지 인과관계, 곧 궁극적으로 실재인 것과 조건적 및 경험적으로 실재인 것이 있다. 다르모타라[53)]는 인과관계가 상상된 것일 뿐이라면, 그것은 실재적일 수 없다고 말한 반대자에게 대답하면서, 《그렇다. 그러나 연속적 존재들(즉 지속을 가지고 있는 대상들)은 실재가 아니지만, 그것의 구성요소들,[54)] 즉 찰나점들은 실재이다……》[55)]고 말한다. 《결과가 산출될때, 우리는 (그 결과와는 별도로) 지각할 수 있는 사실로서의 인과관계 그 자체를 실제로 경험하지는 못한다. 그러나 실재적 결과의 존재는 실재적 원인의 존재를 전제로 하고, 따라서 (간접적으로) 인과의 관계는 또한 필연적으로 실재적인 것이며》,[56)] 즉 경험적 인과관계는 조건부로 실재적인 것이다.

---

51) 같은책.
52) 같은책.
53) NBT., 69쪽 1행 이하.
54) *santāninas.*
55) *vastu-blūta.*
56) 같은책., 69쪽 11행.

## 5. 원인들의 다원성.

불교의 인과론의 한층 더한 특징은 하나의 사물은 결코 아무것도 산출할 수 없다는 내용에 있다. 그것이 결과적으로 공동요소(co-factor)[57]들이라고 불리우는 다른 요소들과 결합할때만 결과가 일어난다. 따라서 《의존적 기인》이라는 용어는 《결합된 기인》[58]이라는 용어와 동의어가 된다. 이 연관은 다음의 공식에 표현되어 있다.

《하나에서 하나가 나오는 것도 아니고
하나에서 다양한 것이 나오는 것도 아니네》.

또는 약간 수정되어,

《하나에서 하나가 나오는 것이 아니며.
총체로부터 모든 것은 나타난다》.[59]

이 총체는 원인과 조건으로 이루어져 있고 그것들의 상이한 분류는 거의 모든 불교학파들 속에서 시도되었다.

실재론자들에게 인과관계란 두개의 정적 사물의 연속에 있는 것이다. 이러한 의미에서 그들에게 인과관계란 일대일의 관계이고, 한 통일체는 다른 것을 산출한다.

불교도들은 경험이 보여주는 것처럼 하나의 실재적 통일체는 결

---

57) *saṃskāra.*
58) *saṃskṛtatvam = pratītya-samutpannatvam = sambhūya-kāritva = dharmatā.*
59) *na kiṃcid ekam ekasmāt, nāpy ekasmad anekam,* 또는 *na kim̄cid ekam eksma samagryaḥ sarva-sampatteḥ, passim.*

코 다른 통일체를 산출할 수 없다고 이의를 제기한다. 예를 들면 단 하나의 원자는 그것의 다음 순간 말고는 그 밖의 것을 산출하는 《능력》이 없다. 《능력》이 생겨나기 위해서는 수많은 단위들이 항상 요구된다, 실재론자는 종자가 《물질》, 즉 재료, 수동적 원인[60]이라는 것을 부정하지 않는다. 실제로 결과를 산출하기 위해서는 그 《도움》[61] 또는 유효성이 요구되는 행동하는 또는 유효한 원인들이 있어야 한다. 불교도는 어떤 원인이 수동적이고 유효하지 못하며 아무것도 하지 못한다면,[62] 그것은 무시되어도 무방하다고 대답한다. 그러므로 유효한 다른 원인들만이 결과를 산출할 수 있어야 한다.[63] 따라서 습기, 열, 토양 등등은, 종자가 아무것도 하지 않으므로, 종자없이 싹을 틔워야만 한다.

불교의 관점은 실재론자들의 인과관계의 전개념은 의인법적이라는 것이다. 도공이 한덩이의 진흙을 취해서 그것으로 단지를 만드는 것처럼, 발아작용 또한 마찬가지이다. 유효하기 위해서 그것들은 서로 도와야 한다.[64] 이 도움은 또 의인법적 패턴으로 상상된 것이다. 엄청나게 무거운 것이 움직여지는 것처럼—협력하는 원인들도 마찬가지인데, 그것들은 충분한 도움이 그것들에 주어질 때 결과를 산출한다.[65] 물질적 원인은 《그것들을 본질적으로 향상시킨다》.[66] 유효한 원인들은 자신들을 물질적 원인의 하나 가운데로 끼워넣는데, 그것들은 후자를 파괴하거나 소멸시키고 남아있는 물질로 그것

60) *samavāyi=kārana.*
61) *upakāra=kiṃcit-karatva.*
62) *akimcit-kara=anupākarin.*
63) SDS., 23쪽.
64) *paraspara-upakārin.*
65) AK, II. 56.
66) *sahakari-samavadhāna.*

들은, 석수가 낡은 집을 부수고 그 낡은 벽돌들로 새집을 짓는 것처럼, 새로운 사물을 《창조한다》.[67]

불교도에 따르면, 한 사물의 파괴도 다른 사물의 창조도 한 실체의 다른 것으로의 유입도, 원인들 사이의 의인법적인 상호도움도 없다. 부단하고, 끊임없고, 무한히 누진되는 변화가 있다. 실로 하나의 결과는 사람의 협동에 의해서 산출된 것과 비교할 수 있다. 따라서 불교도들은 그것을 《의인법적》 결과[68]라고 부른다.

그러나 모든 인과관계를 사람의 협동을 닮은 것으로 설명하는 대신에 불교도는 이러한 사람의 협동마저도 일종의 비인격적인 과정으로 간주한다. 모든 협력하는 원인들은 유효한 순간들의 한 점으로 집중하는 흐름이다. 그것들은 거기에서 운동이 스타카토이므로 《기어가는》 원인들[69]이라고 불리운다. 그것들이 만나는 점[70]에서 새로운 연속이 시작된다. 물질적, 정적 그리고 수동적 원인들은 전혀 존재하지 않는다. 원인, 유효성 또는 순간은 바로 동일한 것들을 위한 다른 이름이다. 토양, 습기, 열 및 종자라는 순간들의 연속이 결합할때, 발아의 최초 순간은 그것들의 마지막 순간의 뒤를 잇는다. 따라서 불교의 인과관계는 다대일의 관계이다. 그것은 《일과산출론(one-result--production)》[71]이라는 이름을 부여받고 실재론자들의 《상호부조》 또는 《상호영향》[72] 설과는 대조되는 것이다.

〈다르모타라〉[73]는 말한다 : 《협동은 두가지 종류일 수 있다. 그것

---

67) *ārabbyate kiṃcid nūtanam.*
68) *purṣa-kāra-phalam=puruṣeṇa iva kṛtam.*
69) *upasarpaṇa-pratyaya.*
70) *sahakāri-melana.*
71) *eka-kārya-kāritva,* 또는 *eka-kriyā-kāritva.*
72) *paraspara-upakāritva* ; *upakārin=kimcit-kārin.*
73) NBT., 10쪽 11행, 번역 26쪽.

은 (실재적) 상호영향이거나 (실재적 상호영향이 없는) 한 결과의 산출이다. (불교에서는) 모든 사물들은 순간들일 뿐이므로, 사물들은 어떤 부가적인 결과도 가질 수 없다. 따라서 협동은 (몇몇의 동시적 순간들에 의해서) 산출되는 (즉 그것에 잇따르는) 한 (순간의) 결과로 이해되어야만 한다. 말하자면 인과관계의 모든 행동에서 절대로 빼놓을 수 없는 협동은 다대일 관계로 이해되어야만 한다》.

## 6. 원인들의 무한성.

인과관계가 다대일의 관계라고 한다면, 이《다》는 계산될 수 있는 것인가 아닌가, 주어진 사상(事象)의 모든 원인과 조건은 그 사상을 예언할 수 있기 위해서 충분하게 알려질 수 있는 것인가 아닌가하는 문제가 생긴다. 대답은 부정쪽이다. 우리가 주어진 사상에 직접적으로 혹은 간접적으로 영향을 미치는 모든 종류의 원인과 조건을 알려고 하자마자, 인과관계는 매우 복잡하게 나타나므로 그것은 실제적으로 알 수 없게 된다. 전지적 존재를 제외하고는 아무도 하나의 사상의 산출에 영향을 미칠 수 있는 모든 상황의 무한한 종류를 인식할 수 없다. (라훌라(Rahula)를 인용하면서) 〈바수반두〉는 말한다 :

《공작새 꼬리의 한 반점에서
번쩍이는 광채를 일으키는
모든 종류의 원인은
우리의 지식으로는 얻을 수 없네.
전지자는 그것들 모두를 알고 있다네》.[74)]

74) AK. IX, 나의《영혼론(Soul Theory)》, 940쪽을 참조하라.

그럼에도 불구하고 연속의 다소 꽤 의존적인 규칙바른 것들은 인과관계의 상이한 경향들로 우리에게 인식될 수 있다. 따라서 두 세트의 네가지 주요 《조건들》과 《네가지 종류의 결과》를 가진 《여섯가지 원인들》이 설일체유부 속에서 확립되었다.[75] 그것들 중에서 《일반적 원인》,[76] 즉 특별한 이름으로 구별될 수 없는 원인으로 특징지워지는 원인이 있는데, 왜냐하면 그것은 주어진 사상을 제약하는 수동적인 것 전부(즉, 비교적 수동적인 것)는 물론 능동적인 상황을 포함하고 있기때문이다. 수동적인 상황들은 절대적으로 수동적인 것은 아니고, 그것들은 또한 어떤 의미로는 능동적인데, 말하자면 그것들은, 그렇게 할 수도 있지만, 사상(事象)에 간섭하지 않는다. 그것들의 존재는 그것에 끊임없는 위협이다. 〈바수반두〉[77]는 수동적인 원인은 무엇인가에 관한 매우 독특한 보기를 들고 있다.[78] 마을사람들이 그들의 우두머리에게 와서 절을 하면서 말한다 : 《당신 덕택으로 우리는 행복합니다》. 그 우두머리는 마을사람들의 행복을 위해서 적극적인 일은 한적이 없지만, 그는 그들을, 그럴수도 있었지만, 억압하지 않았고 따라서 그는 그들의 행복의 간접적 원인이다. 이와같이 그것은 한 사상의 주변 속의 모든 실제적 상황은, 그것이 그것의 산출에 간섭하지 않는다고해도 그것의 원인이 된다는 것이다. 예를 들면 천상의 연꽃과 같은 비실재적인 것은 어떤

---

75) 아래 225쪽을 참조하라.

76) *kārana-hetur višeṣa-saṃjñayā nocyate, sāmānyam hetu-bhāvam* (*apekṣya*) *Ja kāraṇahetuḥ*(Yašomitra).

77) **AKB.**, ad. II. 50.

78) Sigwart, 앞의 책, II, 162를 참조하라—《또한 부동도 바로 동일한 힘의 유출로 나타나고, 거기에 변화가 상응한다. 그것은 단독의 힘으로는 행동을 허락하지 않는다는 조건에 기초하고 있다(auch die Ruhe ersheint jetzt als Ausfluss derselben Krafte, denen die Veranderung entspricht, sie ist in Bedingungen gegrundet, welche keiner einzelen Kraft eine Action gestatten)》.

영향도 가질 수 없다. 그러나 사물의 산출에 앞선 순간에 존재하는 실재적인 것은 항상 그것에 대하여 약간의 직접 또는 간접의, 가까운 또는 먼 영향력을 가지고 있다. 그러므로 《일반적 원인》의 정의는 다음과 같다. 《일반적 원인이란 무엇인가?》 하고 바수반두[79]는 묻고, 과학적인 산스크리트 문체의 표현력 전부를 가지고 대답한다 ―《자기 자신이란 단 하나를 제외하고, 우주의 모든 요소들은 한 사상(事象)의 일반적 원인이다》.

말하자면, 자기원인(*causa sui*)은 없지만 단 하나를 예외로 하고 우주의 모든 요소들은 하나의 일반적 원인이다. 초기 불교도들이 존재를 무한한, 분리되어 있는 찰나점들로 분석하기 시작하자마자, 그들은 그것들을 상호연관되어 있는 또는 협력하는 요소들[80]이라고 불렀다. 그것들의 상호의존이라는 관념은 《모든》이라는 용어를 일종의 전문용어로 전환시키므로 그들에게는 민감한 것이었다.[81] 《모든》은 《집단들》, 《인식의 토대들》과 《개별적 삶의 구성부분들》의 상이한 세가지 제목아래 분류된 모든 요소들을 의미하는 것이다.[82] 인과론에서 분리된 요소들의 상호연관된 전체로서의 우주라는 이 관념은 다시 나타난다. 그것은 또 원인과 조건의 《총체》[83]라는 관념 속에서 다시 등장한다. 하나의 사상의 실재론적 존재는 그 원인과 조건의 총체가 존재한다는 보증이다. 실로 결과 그 자체는 바로 그것의 원인들의 총체의 존재일 뿐이다. 종자와 필요한 양의 공기, 토양, 열 그리고 습기가 그것 속에 있고, 다른 모든 요소들은 간섭하지 않는다면, 새싹은 이미 거기에 있는 것이다. 그 결과는 그것

79) *svam vikāya sarve dharmāḥ-svato'nye kārạna-hetnḥ*, **AK., II. 50**을 참조하라.
80) *samskāra=saṃskṛta-dharma.*
81) CC., 5와 95쪽.
82) *ṣarvam=skandha-āyatana-dhātavaḥ.*
83) *hetu-kāraṇa-sāmagrī.*

의 원인들의 총체의 존재 이상의 것이 아니다.[84] 이 총체 속에 《일반적 원인》은 포함되어 있다. 그것은 주어진 순간의 우주의 조건을 제외하면 어떤 것도 그 순간에 나타나는 사상의 궁극적 원인은 아니며, 또는 어떤 순간의 우주의 상태와 그 순간에 우주의 어떤 부분에서 산출되는 변화 사이에는 부단한 관계가 있다는 것을 의미하는 것이다.[85]

따라서 그것은 하나의 사상이 발생할때 그 원인의 존재에 대한 추론은 그 결과의 가능한 출현에 대한 원인의 존재로부터의 추론보다 더욱 더 신뢰할 수 있다는 것이다. 결과의 마무리는 항상 어떤 예언할 수 없는 사상에 의하여 위험에 빠져있다.[86]

## 7. 인과와 자유의지.

인과론에 관련해서 자유와 필연성이라는 큰 문제에 관한 불교의 태도는 간단하게 말해져야만 한다.

안믿을 이유가 없는 전통에 의하면, 특수인과론[87]은 무분별한 결정론에 대하여 자유의지를 옹호하기 위해서 불타 자신에 의해 확립되었다. 거의 모든 인류를 항상 당황하게 만드는 이 문제는 또한 불타시대에 열렬하게 토론되었다. 그는 그의 동시대인 중의 한 사람이며 극단적인 결정론을 설교하고 모든 자유의지와 도덕적 의무를 절대적으로 부정했던 〈고살라 마스카리푸트라(Gosāla Maskariputra)〉의 학설을 골라서 특별히 혹평했다. 그에 따르면 모든 사물

84) Tātp., 80쪽 5행을 참조하라—*sahakāri-sākalyam na prāpter atircyate.*

85) B. Russel, Mysticism, 195쪽에 있는 〈원인이란 관념에 대하여(On the Notion of Cause)〉를 참조하라.

86) NBT 제2장의 결론절을 참조하라.

87) 12가지의 *pratītya-samputpāda.*

들은 불변하게 고정되어 있는 것이고 아무것도 변화할 수 없다.[88] 모든 것은 운명, 주위의 환경과 자연에 의존한다. 그는 모든 도덕적 의무를 부정했고 개인적 행동에 있어서 자제심이 전혀 없었다. 불타는 그를 낚시꾼처럼 단지 사람들을 파멸시키기 위해서 사람을 잡는《나쁜 놈》이라고 비난했다. 그는 그의 철학을 가장 해로운 체계라고 거부했다. 그는《자유로운 행동이 있고, 응보가 있다》고 선언했다.《나는 자유로운 행동의 교의를 주장한다》.[89]

그러나 다른 한편으로 우리는 원인없이는 아무것도 발생하지 않고, 모든 것은《의존적으로 기인하는 것》이라는 말에 직면하게 된다. 제2의 불타라고 할 수 있는〈바수반두〉는 무조건적으로 자유의지를 부정했다. 그는《행동은 몸, 또는 말, 또는 마음으로 되어 있는 것이다》라고 말한다.《첫번째 두 부문, 즉 몸과 말은 전적으로 마음에 의존하고 있으며, 마음은 설득하기 어려운 원인과 조건에 전적으로 의존하고 있다》. 따라서 우리는 동시에 완전한 모순에 봉착하게 된다.

결정론에 반대해서 불교도들은 자유의지와 의무를 주장한다. 자유에 반대해서 그들은 인과법칙의 가장 엄격한 필연성을 주장한다. 불타는 필연성, 즉 인과관계에 기초를 두고있는 응보의 필연성이 있기때문에 자유가 있다는 역설적 명제를 주장한 것으로 전통에 나타나 있다.

그 퍼즐의 해결은 자유의 개념의 차이에 있는 것처럼 보인다. 불교도들에게 있어서 경험적 존재는 감옥에 비길만한 속박의 상태이다. 운동하는 실재의 그 자체의 원리에 의해서 삶은 최후의 해방속에 있는 출구[90]를 향해 끊임없이 움직이고 있다. 불교도가 엄격한

88) Hoernle, art. Ājivaka in ERE 및 V. C. Law, Gleanings를 참조하라.
89)《*aham kriyāvādi*》, 같은 책을 참조하라.

인과법칙에 종속되어 있는 것으로 생각한 것은 바로 이 운동이다.

블교도에게 운동 또는 삶이란 모든 세부사항에 있어서 가장 엄격한 필연성으로 특징지워지는 과정이지만, 그것은 필연적인 최후의 목표를 향해 나아가는 필연적인 운동이다. 여기에서 인과관계는 궁극성과 다른 것이 아니다. 고살라(Gosāla)에게 필연성이란 틀림없이 정적 필연성, 변하지 않는 실재와 속박도 최후의 해방도 없는 것을 뜻한다. 불교도들에게 있어서는 반대로 필연성이란 부단한 변화, 연속되어 있는 필연성, 정확한 목표로 불가피하게 나아가는 것이다. 따라서 해석된 바수반두의 말들은 불타가 했다고 여겨지는 선언과 모순되는 것이 아니다.

그러나 불교도들은 항상 그들의 견해에는, 속박되고 그리고 나서 해방될 수 있는 자아, 즉 행위자는 전혀 존재하지 않으므로, 속박이나 해방을 위한 여지가 없다고 하는 비난에 대하여 자신들을 옹호하지 않을 수 없었다. 불교도는 이것을 시인하지만, 사상들의 흘러가는 연속이 필요한 유일한 행위자다[91]라고 주장한다. 불타는 《(자유로운) 행동이 있고, 응보가 있지만 나는, 이들 요소들의 연속을 제외하고는, 한 세트의 순간적 요소들에서 다른 것으로 나아가는 행위자는 보지 못했다》고 말한다.[92] 이 연속은 그것을 가지고 있고, 그것은, 그러그러한 점들에 주어져 있으며, 다른 그러한 것들은 필연적으로 나타날 것이다》.

정신의 흐름 속에는 엄격하게 조건지워지지 않고, 즉《의존적으로 기인》하지 않고 아무렇게나 나타나는[93] 개인들의 의지의 동향을

---

90) *niḥsarṇa*=*mokṣa*.

91) *kārakas tu nopalabhyate ya imān skandhān vijahāty anyāṃš ca skandhā n upādatte*, TSP., 11쪽 13행을 참조하라.

92) *anyatra dharma-sanketam.*

구성하고 있는 실로 단 하나의 순간도 없다. 그러나 모든 육체적 행동에 선행하는 의지는 강할수도 약할 수도 있다. 그것이 약하다고 한다면 행동은 준자동적이다. 그때 그것은 아무런 결과도 갖지 못 할것이고, 그것은 보상도 벌도 수반하지 않을 것이다. 그러한 것은 우리들의 보통의 동물적 기능 또는 우리들의 보통의 일[94]이다. 그러나 의지가 강하다면, 뒤따르는 행동은 솔직한 도덕적 성격을 가질 것이고, 그것은 덕있는 행동이거나 죄악일 것이다. 그러한 행동들은 보상 또는 벌인 응보가 필연적으로 뒤따를 것이다.

도덕적, 비도덕적 행위는 각각 필연적으로 그것의 결실을 가져야만 한다는 법칙은 업의 법칙이다.

이전 행위의 결과로서 어떤 것이 발생한다고 하면,[95] 그것은 업이 아니고, 말하자면, 그것은 심화된 결과를 가지지 않을 것이며, 그것은 준자동적이다. 결과를 갖기 위해선 행동은 자유로와야만 한다.[96] 즉 그것은 의지의 강력한 힘에 의해서 산출되어야 한다.[97]

---

93) 상키야에서 업은 행동을 선하거나 악하게 만드는 아주 미세한 원자보다 작은 입자들 또는 물질적 힘들의 특수한 배열 속에 있는 것으로 유물론적으로 설명되고 있다. 소승에서 의지(*centana*)는 순간적인 번쩍임의 흐름을 나타내는 정신적(*citta-samprayukta*) 요소(*dharma*) 또는 힘(*saṃskara*)인데, 그것의 모든 순간들은 총계(*samagri*) 또는 앞선 순간들에 의해서 엄밀하게 통제된다. 외관상의 자유는 주어진 행동의 모든 조건들에 대한 우리들의 무지에 있다. Garbe는 상키야의 교의는 모순을 포함하고 있지만, 그것은 아마도 불교적인것과 꼭 마찬가지로 설명되어야만 한다고 생각하고 있다. 결정론은 응보를 피하는 것이 불가능하다는 것을 의미한다.

94) *airyapathika.*

95) *vipāka*=*karma-phala.*

96) *savipāka*=*karma.*

97) **AKB. ad II. 10** 이하를 참조하라. 대우주적으로 고려해본다면, 우리는 주어진 행동의 모든 원인과 조건을 알 수 없으므로, 그것은 자유롭게 보이지만, 의지(*cetanā*)의 매 단하나의 순간도, 소우주적으로 고려해 본다면, 모든 앞선 순간들의 전체에 엄밀하게 순응하여 나타나는 것이 아닐 수 없다. 외관상의 자유는 모든 아주 미세한 영향력들에 대한 우리들의 무지속에 있다.

업의 법칙은 불타에 의해서 밝혀졌다. 그것은 경험적으로 증명될 수 없다. 그것은 선험적이다.[98] 그러나 비판적으로 검토될때 그것은 모순을 포함하고 있지 않음이 밝혀질 것이고 따라서 비판적 정신조차 그것을 믿을 수 있다. 소위 자유의지라는 것은 아무것도 아니지만, 인과관계에 모순되는 것과는 거리가 먼 강한 의지와 업의 법칙은 그 인과관계의 특수한 경우일 뿐이다.

따라서 그것은 불교의 자유의지는 필연성의 한계 이내에 있는 자유라는 것이다. 그것은 인과관계의 한계를 벗어나지 않고 움직이는 자유, 즉 의존적 기인의 감옥안에 있는 자유이다. 그러나 이 감옥은 출구를 가지고 있다. 업의 법칙 이외에 불교의 또 하나의 근본원리는 선행의 총계가 악행의 총계를 압도한다는 단호한 확신인 것처럼 보인다. 세계과정의 전개는 도덕적 진보의 전개이다. 모든 선행이 그것의 결과를 초래할때 최후의 해방은 열반 속에서 이루어질 것이다. 그때 인과관계는 소멸되고 절대가 달성되는 것이다. 나가르주나는 말한다—《(모든 현상들이 종속되어 있는) 원인들과 조건들을 고려해서, (우리는 이 세계를) 현상적(이라고 부른다). 방금 말한 이 세계는 원인들과 조건들이 무시될때 (영원한 것의 관점으로부터 보여진 *sub specie aeternitatis* 세계는) 절대라고 불리운다》.[99]

## 8. 의존적 기인의 네가지 의미.

불교는 그 역사적 발전의 모든 국면에서 인과론에 여전히 충실했다.

---

98) 위 133쪽을 참조하라.

99) 나의 Nirvāṇa, 48쪽을 참조하라. 현상계에서 도덕률을 정당화하는 어려운 문제에 관해서는, 같은책. 127쪽 이하를 참조하라.

그러나 잇따르는 세대들은, 순간적 요소들이라는 관념으로 보다 깊게 간파하려고 노력했던 정도로 그것을 다르게 해석하게 되었다. 따라서 우리는 의존적 기인론의 네가지 주요 모습을 구별할 수 있는데, 그중 둘은 소승에 속하고 철학상 그것의 극단적 다원론과 일치하는 반면에, 나머지 둘은 대승에 속하고 그것의 극단적 일원론과 일치한다.

초기불교에는 상호의존의 상이한 두가지 이론, 즉 특수한 것과 일반적인 것이 있다. 일반화된 이론은 특수한 것의 이후의 발전이다. 불타의 교설이라는 이름으로 통하는 초기불교 문헌 중의 그 부분은 특수한 이름만을 언급하고 있으며, 일반적 이론은 그것에 추가되고 후기에 기원을 갖고있는 철학적 논문들 속에 포함되어 있다. 이 역사적 발전은 불교도들 자신에게 분명했다. 바수반두는 설교는, 그것의 대중적이고 고의적인 성격때문에, 그것 속에 일반적 이론이 암시되고 있음에도 불구하고 일반적 이론을 언급하지 않는다고 말한다.[100] 그것의 명백한 언급은 소승의 박사들과 논사들의 창작이다.[101] 따라서 그는 매우 독립적으로 인과법칙의 두가지 면을 다루고 있다. 그는 일반적 인과법칙을 존재의 모든 요소들에 대한 상세한 열거, 분류 및 정의에 대한 결론으로서, 그의 위대한 개론의 제2권에서 상세히 설명한다.[102] 모든 요소들에 대한 설명을 마치고나서, 그가 인과관계의 상이한 경향들에 따라서 그것들의 상호의존을 설명하는 것으로 결론을 맺는 것은 당연하다. 그러나 특수한, 주로 도덕적 의미를 가지고 있는 의존적 기인의 특수한 법칙을 그는 제3권에서 다루고 있는데, 거기에선 존재의 상이한 영역들이 기술되어

100) AK., III. 25, O. Rosenberg, Problems, 223쪽과 나의 CC., 29쪽을 참조하라.
101) 같은책.
102) AK., III.

있다. 개별적 생물들, 또는 보다 정확하게 요소들의 집합은 전생에서 획득된 공덕 또는 공과에 따라서 이러한 영역들 속에서 자신들을 형성하며, 도덕적 인과관계의 특수한 법칙은 이에 관련해서 발전된 것이다. 양학설, 즉 일반적인 것과 특수한 것은 구별되었음에 틀림없고, 그 문제가 다른 측면으로부터 연구되기는 했지만 후기의 대승[103]에서조차 구별되었다. 그러나 그것들은 또한 보다 근대는 물론 고대에 종종 혼동되었다.

아누룻다(Anuruddha)는 그 학설의 많은 대가들(붓다고샤는 그 집단에 속하는 것처럼 보인다)이, 마치 그것들이 동일한 이론[104]

103) 나의 Nirvāṇa, 134쪽 이하를 참조하라.

104) Abhidhammatthasaṃgaho, VIII. 3. CD. Kosambi의 편집). Anuruddha는 Visuddhimaggo의 Buddhaghoṣa와 같이 *paticca-samuppada-naya*를 *paṭṭāna-nayo*와 혼동하는 그러한 *acariyas*를 분명하게 비난하고 있다. 여기에서 *pratitya-samutpāda*란 술어는 특수이론에 소속된 것이고, 일반적인 것은 *paṭṭhāna*라는 이름하에 속한다. 그것은 일반적인 이론을 *pratitya-samutpada*라는 이름으로 명명하고 특수한 이론을 *12nidānas*라는 이름으로 표시한 나가르주나와는 반대되는 것이다. Šantirakṣita(kar 544)는 명백히 *pratitya-samutpada*라는 술어로 양 이론을 이해하고 있다. 유가행-원전들에 근거를 둔 SDS., 40쪽 이하는 어떤 의식적인 중개자도 갖지 않고 맹목적으로 서로 작용하는 원인들이란 의미의 *pratyaya-upanibandhana pr. S. upt.*와 소승의 12 *nidāns*와 대승의 *dharmatā*를 포함하는 인과적 연속의 불변의 질서라는 의미의 *hetu-upanibandhana pr. S. utp*를 구별하는데, 양 이론은 또한 의식적인 중개자에 대한 부정을 함축하고 있다. 따라서 그 술어는 1) 엄밀한 결정론, 2) 상호작용, 3) 실체의 부정, 4) 중개자의 부정을 의미한다. 그것의 동의어는 *pratitya-samutpāda*=*saṃskṛtava*=*sambhūya-karitva*=*saṃskāra-vāda*=*eka-kriyā-kāritva*=*kṣana-bhanga-vāda*=*niḥsvabhava-vāda*=*anātmavāda*=*pudgala-šunyatā*(소승)=*sarva-dharma-šunyatā*(대승)=*paraspara-apekṣā-vā d a*(상대성)-바이쉐시카의 반대이론은 다음의 동의어들로 특징지워진다.-*paraspara-upakāra-vāda*=*ārambha-vāda*=*sahakāri-samavad-hāna-vāda*=*sthira-bhāva-vāda*=*asat-karya-vāda*=*parata-utpāda-vāda.* 상키야 이론은 *sat-kārya-vāda*=*svata-utpāda-vāda*=*prakṛti-vāda*=*pariṇāma-vāda*라고 불리운다. 베단타의 이론은 *vivarta-vāda-māyā-vāda*=*brahma-vāda*라고 불리운다. 유물론자들의 이론은 *adhitya-samutpā-da-vāda*=*yadṛcchā-vāda*라고 불리운

또는 하나가 다른 것의 부분인 것처럼, 그것들을 혼동했다는 것을 입증하고 있다.

특수한 이론은 불교가 도덕법칙을 가정하지만, 이 법칙의 주체는 가정하지 않고있다는 악명높고 어찌할 바를 모르게 하는 사실을 설명하는데 목표를 두고있다. 선행과 그것을 위한 보상이 있고, 악행과 벌이 있다. 속박의 상태와 최후의 해방의 상태가 있다. 그러나 이러한 행위들을 하는 사람도, 속박의 상태 속에 사는 사람도, 최후의 해방으로 들어가는 사람도 없으며 : 영혼도, 자아도, 인격도 없다. 물질적 그리고 정신적인 분리된 요소들의 집단만이 있을 뿐인데, 그것은 상호연관되어 있고, 자신들을 형성하고 자신들을 해체한다. 그것들은 도덕법칙, 즉 최후의 영원한 정지로 향한 진보적 발전의 법칙에 종속되어 있다. 그러나 인격적 행위자, 영속적인 영적 원리, 도덕율의 주체는 전혀 필요하지 않다. 불타는 《나는 자발적인 행위가 있고 그것들을 위한 과보가 있지만, 이러한 행위들의 하수인은 전혀 존재하지 않는다고 선언한다》고 말했다. 《이러한 요소들을 가정하고, 그것들의 운반자이며, 그것들을 벗어던지고 새로운 한세트의 요소들을 가정하는 사람은 없다》.[105] 그것들은 《이것이 있으므로, 저것이 나타난다》는 공식에 따라서 나타나고 사라진다. 《그것들은 하나의 자신, 또는 다른 자신에서, 그리고 아무렇게나 나타나는 것이 아니고, 그것들은 실제로 산출되는 것이 아니며, 그것들은 상호의존적 출현으로 나타난다》.[106]

현상적 삶의 전부는 12부분으로 된 바퀴로 상징된다. 그것은, 우

---

다. 불교도들은 상키야 학파(*na svataḥ*), 바이쉐시카 학파(*na parataḥ*)와 유물론학파(*nāpy ahetutaḥ*)의 이론을 부정한다. 그러나 중관학파는 또한 *māyā-vāda*라고 불리울 수 있다.

105) TSP., 11쪽 13행.

106) 위 217쪽을 참조하라.

리들의 제한된 지식의 주요한 요소에 의해서 조건지워지는데, 즉 전연속이 조건지워지는 것이다. (1)절대적 지식의 요소가 나타날때, 현상적 삶의 신기루는 사라지고 영원성이 이루어진다. 현상적인 삶 속에서 탄생 전의 힘들은(2) 점차로 물질적 및 정신적 구성요소들(4), 즉 여섯가지 감관(5), 다섯가지 외부 및 한가지 내부감관의 감각(6)과 감정(7)을 발육시키는 새로운 생명을 산출하고(3) ; 의식적인 삶은 욕망(8), 자유로운 행동(9)과 일(10)을 가진 완전히 성장한 사람 속에 산출되며, 그 이후에 전연속을 지배하는 무지의 요소가 소멸되고 열반에 도달하는 순간까지 계속해서 끊임없이 새로운 삶(11), 새로운 죽음(12)이 온다. 승원철학이 상호의존적 요소들의 특수한 이론을 맞추었던 12단계에는 엄밀하게 논리적인 비례는 없다. 그중 하나는 전연속을 지배하고(1), 또 하나(2)는 전자에 관련되어 있으며, 여덟가지(3－10)는 현재의 삶과 관련되어 있고 마지막 둘(11－12)은 미래의 삶과 관련되어 있다.[107] 현재의 것은 이전의 것에 달라붙은 것이고 영원한 영혼 또는 자아라는 형식으로 영속적인 원리를 가정할 어떤 필요도 없이 상호의존의 법칙에 따라서 미래의 근원이다. 카말라쉴라는 말한다[108] :《실제적 인격의 부정과 이전의 행동이 결과를 가지는 능력을 일으키는 것 사이에는 모순이 전혀 없으며》, 그것은 다음[109] 순간에 존속되는 실재의 아주 미미한 부분도 없으며 : 아무것도 존속하지 못하고, 다음 것은 이전

107) 그 연속의 두 구성요소－*avidyā, saṃskāra*－는 전생을 가리키고, 둘－*jāti*와 *jarā-maraṇa*는 내세를 가리키며, 나머지 8개의 구성요소는 현세를 가리킨다. 대승에서 *12nidānas*는 *saṃkleša*의 《거대한 장애》라고 불리우며 세가지 부분으로 구별된다 : 세가지 *kleša-saṃkleša*－*avidyā, tṛṣṇā̄, upāpāna,* 두가지 *karma-samkleṣa*－*saṃskāra, bhava,*－그리고 나머지 7개의 구성요소는 *jati-saṃkleša*로 불리운다.

108) TSP., 182쪽 19행.

것과의 상호의존에서 일어난다는 것에 간섭하지도 않는다.

기억이라는 사실은 또한 이전의 인상들의 《창고》를 가정하지 않고 인과법칙에 의해서 충분하게 설명된다. 속박되어 있고 그리고 나서 해방되는 어떤 사람의 속성은 속박도 해방도 아니다. 그러나 무지, 생, 사의 요소들은 현상적 삶의 형세를 산출하고, 그것들은 속박이라고 불리우며 : 이들 요소들이 절대지의 면전에서 사라질때, 결과로서 일어나는 순수의식은 해방이라고 불리는데, 그것은 《열정과 무지로 오염된 의식 그 자체는 현상적 삶이고, 그것들로부터 자유로울때 바로 그 의식은 해방이라고 불린다》[110]라고 말해져왔기 때문이다.

일반화된 인과론은 어떤 영속적인 요소의 존재를 부정하고 개별적인 일시적 요소들 간의 상호의존만을 가정하는 동일한 원리를 모든 일반적인 현상, 즉 모든 감각자료, 감각, 관념과 의지에 적용하고 있다. 모든 개별적인 사실, 즉 실재의 모든 찰나점은, 이 이론에 따르면, 원인과 조건의 총계에 의해서 조건지워지는 것인데 : 따라서 이 총체는 인과적 의존의 특수한 경향으로 분석될 수 있다.

그러한 인과적 의존의 상이한 경향이 소승학파들 속에서 달리 나타나고 있다. 이것만이 그 학설의 후기의 기원의 충분한 증거가 될 수 있다. 설일체유부는 **네가지 조건들과 여섯종류의 원인들**을 구별한다. 학설의 그 단계에서는 원인이라는 것과 조건이라는 것 사이에 엄중한 경계선은 없다. 여섯가지 원인들의 목록은 그 자체를 네가지 '조건들'이란 원래 체계에 접목하게된 후기의 학설인 것처럼 보인다. 이들 조건-원인은 다음과 같다 :

---

109) 같은책, 183쪽 12행.
110) 같은책, 184쪽.

1. 대상－조건[111](所緣緣) : 이 원인은 존재하는 모든 것을 포괄한다. 모든 요소들은,[112] 그것들이 이 인식의 대상일 수 있는한, 대상원인이다.

2. 직접적으로 선행하고 같은 종류의 것으로 된 조건[113](等無間緣) : 그것은 사유의 흐름속에서 직접적으로 선행하는 순간을 나타내고 따라서 자아 또는 바이쉐시카학파의 내속적 원인[114]을 대신하려고 의도된 것이다.

그것은 본래 정신적 인과관계만을 가리키는 것이었으나, 나중에 《기어가는 원인》[115] 또는 알려지지 않은 원인(*causa repens*)이라는 이름하에, 질료인(*causa materialis*) 또는 일반적인 내속적 원인을 대신하게 되었다.

3. 유효한, 결정적인 또는 《지배적》 조건[116](增上緣)은, 그 이름이 암시하고 있는 것처럼, 예를 들면 시각에 관해서 시각기관처럼 결과의 성격을 결정하는 원인이다.

4. 〈협력하는 조건〉[117](因緣), 즉 시각에 관해서 빛 등등과 같은 것. 선행하는 것을 가지고 그것들은, 모든 요소들은 다소 상호의존적이므로, 존재하고 있는 모든 사물들을 동시에 포함하고 있다.

〈여섯가지 원인들〉의 세트는 다음과 같다 :

1) 일반적 원인[118](能作因) : 그것은 이미 위에서 설명되었고, 그것은 또한 존재의 모든 요소들을 포함하고 있다.

---

111) *ālambana-pratyaya.*

112) *sarve dharmāḥ=chos. thams-cad(dmigs-rgyu).*

113) *samanatara-pratyaya.*

114) *samavāyi-kārana.*

115) *upasarpaṇa-pratyaya.*

116) *adhipati-pratyaya.*

117) *sakakāri-pratyaya.*

118) *kārana-hetu.*

2)와 3) 《동시적》[119] 원인(俱有因)과 《관통하는》[120] 원인(相應因)은 상호인과작용으로 정의된다. 두번째 것은 정신적 요소들만을, 말하자면 순수의식이라는 요소[121]는, 비록 개별적 요소이지만, 결코 단독으로가 아니라 항상 다른 정신적 요소들,[122] 즉 감정, 관념과 의지와 함께 나타난다는 사실만을 가리키는 것이다. 첫번째 것은 주로 물질의 기본적인 요소들,[123] 즉 감촉할 수 있는 요소들은, 역시 개별적 요소들로 간주되기는 하지만, 색깔 등의 2차적 요소들[124]없이 단독으로는 결코 나타나지 못한다는 법칙을 가리키고 있다. 이 두가지 원인들은 틀림없이 실재론자들이 가정한 내속이라는 범주를 대신하기 위해 의도된 것이다.

4) 상응하는 《자동적 결과》[126]를 가지는 《같은 종류의 것으로 된 원인》[125](同分因)은 모든 대상들의 존속기관과 안정성이라는 관념을 불러일으키는 찰나점들의 동등한 흐름을 설명하기 위해서 의도된 것이다.

5) 〈도덕적 원인〉(異熟因) 또는 업[127] : 그것은 분명한 선 또는 악인 도덕적 성격을 가지고 있는 모든 행위를 가리킨다.

그것은 주로 유기체의 발전 또는 전위와 방어를 구성하고, 그 배후에서 공덕 또는 공과의 힘이 삶의 형성에 영향을 미치는 《성장의 원인》[128]과 동시에 작용한다.[129]

---

119) *sahabhū-hetu.*
120) *sampprayukta-hetu.*
121) *vijñāna-citta.*
122) *caitta.*
123) *mahā-bhūta.*
124) *bhautika.*
125) *sabhāga-hetu.*
126) *niṣyaṇda-phala.*
127) *vipāka-hetu=karma.*

6) 비도덕적 또는 《전능의》 원인[130](遍行因) : 이 이름하에 보통 사람의 상이한 열정들[131]과 습관적인 사고방식이 이해되는데, 그것은 그가 경험적 실재의 근원과 본질을 보는 것을 막고 따라서 그가 성자가 되는 것을 막는다.

결과는 네가지 상이한 종류, 즉 《자동적》[132] 또는 《의인법적》,[133] 《독특한》,[134] 또는 《최후의 해방》[135]으로 되어있을 수 있다. 처음 두 가지는 이미 설명되었고, 세번째 것은 예를 들면 시각기관에 관해서 시각과 같은 결과에 대한 우리들의 보통의 관념에 상응한다. 마지막 것은 모든 생의 최후의 결과와 마찬가지인 열반이다.

이미 언급한대로 세일론학파는 생을 회전시키는 12가지 연속단계 속에 있는 인과법칙의 특수한 형식과 인과관계의 21가지의 상이한 경향을 구별하는 일반법칙을 혼동했다. 이들 21가지의 경향들은 쉽게 설일체유부의 네가지 및 여섯가지 경향들로 축소될 수 있다.

대승시기에 있어서 의존적 기인의 교의는 불교의 중심적이고 주요한 부분이라고 단호하게 선언되고 있다. 그러나 그것의 해석은 매우 다르다. 상호의존은 여기에서 상대성[136]을 의미하며 상대성은 개별적 요소들의 비실재[137]를 의미한다. 그것들은 《짧고 긴것처럼》[138] 상대적이며, 즉 그것들은 그것만으로는 아무것도 아니다. 생의

---

128) *upacaya-hetu.*
129) AKB., I. 37, CC., 34쪽을 참조하라.
130) *sarvatraga-hetu.*
131) *kleša.*
132) *nisyanda-phala.*
133) *puruṣakāra-phala.*
134) *adhipati-phala.*
135) *visaṃyoga-phala.*
136) *paraspara-apekṣatva = pratītya-samutpannatva = šūnyatā = dharmatā.*
137) *šūnyatva = svabhāva-šūnyatva.*
138) *dīrgha-hrasva-vat.*

12단계의 교의는 현상적인, 비실재적 생만을 가리킬 뿐이라고 선언되었다.[139] 일반적 인과론, 즉 《네가지 조건들의》 이론은 역시 조건적이고 비실재적인 것이라고 부정되었다.[140] 그러나 여기에서 우주라는 관념을 의미하는 《의존적 기인》의 관념 그 자체는 새로운 불교의 중심관념이 된다.

《의존적 기인》이라는 용어의 의미는 대승의 가장 늦은, 관념론 학파 속에서 다시 한번 변했다. 그것은 더이상 그 부분들이 그저 환각적 실재만을 가지고 있는 **운동하지 않는 우주**를 가리키지 않는다. 반대로 의존적 기인은 여기에서 **운동**,[141] 즉 본질적으로 운동인 우주를 의미한다.

대승에 있어서의 《의존적 기인》의 원리에 대한 두가지 해석들간의 차이는 대승의 첫번째와 두번째 시기에 각각 유행했던 사상들의 대표자들로서 간주될 수 있는 〈나가르주나〉와 〈샨티라크쉬타〉의 논문들의 첫번째 시들에서 분명하게 나타나고 있다. 이들 첫번째 시들은 평소와 다름없이 불타에 대한 공손한 인사말을 포함하고 있으며 그를 《의존적 기인》이라는 교의의 창시자로서 찬양하고 있다. 이 교의는 짧지만 동시에 의미심장하게 특징지워져 있다. 나가르주나는 말한다[142]－《나는 다원성도, 차별도 없고 시작도 끝도 없으며 운동도 없고 이곳도 저곳도 아니라는 의존적 기인의 원리를 선언한 불타에게 인사한다》. 〈샨티라크쉬타〉는 말한다－《나는 모든 것은 운동이고, 신도 물질도 없고 실체도 질도 없으며, (개별적) 활동들과 보편과 내속도 없지만, 모든 사실과 그것의 결과 사이에

139) 나의 Nirvana, 134쪽을 참조하라.
140) 같은책, 나가르주나는 《六因》의 교의를 몰랐던 것처럼 보인다.
141) *Calaḥ pratītya-samutpādaḥ*, TS., 1쪽.
142) 한층 더한 직역은 나의 Nirvāṇa, 69쪽을 참조하라.

는 엄격한 일치가 있다는 의존적 기인의 원리를 선언한 불타에게 인사한다……》.

## 9. 유럽의 몇몇 유사한 이론들.

불교의 인과관계 교의는 유럽에서의 불교학의 바로 그 시초에 학자들의 주목을 끌었지만, 그 이해와 그것의 역사적 발달에 대한 지식은 지금까지는 매우 느린 진전을 보이고 있다. 그처럼 철저하게 오해되고 많은 근거없는 추측과 기발한 철학적 사색이 사용된 다른 불교 교의는 아마도 없을 것이다. 우리는 아마도 인도의 의학에서 구할 수 있는 그것의 전불교적 근원들에 대한 어떤 지식도 없으며, 초기불교의 학파들 속에서 그것이 경험한 해석상의 변천에 관하여 많이 알고 있지도 못하다. 오히려 그것의 이름을 위해 만들어진 산스크리트 및 팔리 단어들의 직역은《의존적 기인》이외의 것일 수는 없지만, 대다수의 학자들은 그것에 대하여 의존적 기인이라는 의미를 제외하고 가능한 그리고 불가능한 모든 의미를 생각했다.

이렇게 된 이유는 부분적으로 그것이 논리적 가능성 말고는 거의 있을성 싶지않게, 너무 사실같지 않게 보였고, 인도인들이 인류사상사의 매우 이른 시기에 가장 진보된 근대과학들 속에서 받아들여지고 있는 것과 원칙적으로 동일한, 전적으로 근대적인 인과관계 학설을 가지고 있었다는 사정에 있다.

유럽에 있어서 이 이론의 입안자인 마하(S. Mach)는 불교의 것과 다소 유사한 추론의 추이를 겪었다. 그는 사색이 자아의 존재에 더 이상 관심을 가지지 않을때, 즉 자아가 부정될때 인과법칙, 즉 수학적 의미로는 기능적 상호의존, 존재의 개별적 요소들의 법칙 말고는 그대신에 아무것도 남아있지 않다고 말했다. 불교는 이러한 요소들의 개별성을 그것의 극단적 한계로, 즉 수학적 찰나점으로 확장했지만, 상호의존의 공식은 항상 동일한 것-《이것이 있으면 저것이 나타난다》이다.

불교의 인과론은 실체라는 범주의 객관적 실재의 부정으로 조건지워지므로, 그것은 당연히 동일한 부정을 공유하고 있는 유럽의 모든 이론들과 어느 정도 일치함이 틀림없다. 유럽에서 예를 들면 밀(J. S. Mill)은 실체의 객관적 실재를 부정하는데, 그에게서 실체란 《(일시적, 즉 순간적) 감각의 영속적인 가능성》에 불과한 것이고: 칸트에게는 정신적 범주일 뿐이며, 버트란드 럿셀에게는 《물질의 영속적인 부분들》이 아니라, 질과 관계를 가지고 있는 《짧은 사상(事象)들》이다. 우리가 보아온대로 불교도들에게서 그것은 그 속에 질과 관계를 갖지 않는 순간적 사상들이다. 초기 불교도들에게 그것은 특수한 에너지의 순간적 번쩍임이며, 후기 불교도들에게 그것은 수학적 찰나점이다. 세계 속에는 안정성이 있거나 안정성이 없고 지속이 있거나 지속이 없다. 양자 모두일 수는 없다. 《짧은 지속》은 경험적 관점에서 볼때는 매우 간단한 것이지만, 궁극적 실재의 관점에서 보면 그것은 《비영속적 지속》이다. 사물들은 스스로 무상한 것이고, 그 본질상 그것들은 지속을 결코 가질 수 없다. 이것이 아마도 다르마키르티가 럿셀에게 할 종류의 대답이다.

실체란 우리들의 이성이 일반적 성질에 의해서 우리에게 강요되고 《감성의 다양성》에 기초한 이성에 의해 구성된 범주라는 칸트의 사상에-이것에 대하여 불교도는 아무도 아무런 이의도 제기하지 않을 것인데, 그것은 이중적 실재의 수용, 스스로 있는 사물들의 궁극적 실재와 경험적 산물들의 구성적 실재(즉, 비실재)를 의미하기 때문이다. 선험적인 것이 아니라 경험적인 인과관계는 하나의 범주이다.

아마도 J. S. 밀의 관점은 주로 초기 불교도와 공유하고 있는 바가 있는데, 왜냐하면 그들의 순간들이란 비영속적 감각자료, 실체가 없는 지각할 수 있는 질이기 때문이다. 불교도들에게 있어서 안정성과 지속은 바로 끊임없이 서로를 잇고있는 《순간들의 사슬》일 뿐이다. 《순간들의 사슬》이라는 관념은 《사상들의 연속》이라는 근대적 관념에 매우 가깝게 상응하고 있다. 럿셀씨에 따르면 《사상들의 연속은 물질의 한 조각이라 불려지며…》,[143] 사상들은 《순간적이 아니라 급속한 변화》인데,[144] 그것들은 《간격과 같은 짧은 시간》[145]으로 떨어져 있다. 《상식적인 것이란 선형(線形)노선을 따라서 연속적인 사상들을 연관시키고 있는 일차수(first order) 미분법칙의 존재라고 내가 정의하고 있는 성질이다》.[146] 이것은, 사상들은 순간적이고 간격없이 또는 극히 작은 간격으로 계속된다는 차이점이 있지만, 우리에게 불교적 견해를 상기시킨다. 〈카말라쉴라〉[147]가 설명하고 있는 것처럼 《이전의 순간에 있는 것의 가장 미미한 부분도 그 다음에 계속되는 순간에 있는 것이 아니라고 한다면》, 변화는 순간적인 것임에 틀림없다.

기능적 상호의존의 법칙으로서 인과법칙을 해석하는 것, 우리가 보아온 바의 《이것이 있으면 저것이 생긴다》는 원리는 또한 《순간적 존재》설의 직접적 귀결이다. 인과관계는 안정성 또는 지속사이가 아니라 찰나점들 사이에서 행해진다. 이것도 역시, 우리가 럿셀이

---

143) 물질의 분석(Analysis of Matter), 247쪽.

144) 같은책, 245쪽.

145) 같은책, 372쪽에서 한광선의 두 점 사이의 간격이 0일 가능성이 인정되고 있다. 그 간격은 그럼에도 불구하고 실재론자들에게 있어서 《신비롭고 설명할 수 없는 것》으로 남아있다.

146) 같은책, 245쪽.

147) TSP., 182쪽 12행.

그것은 안정성의 작은 조각들과 지속간의 작은 부분들 사이에서 행해지고 있다고 주장할 것으로 생각하고 있지만, 그의 견해이다. 원인들의 다원성이라는 학설, 즉 인과관계는 다대일의 관계라는 주장과 원인들의 무한성이라는 학설, 말하자면 모든 개개의 변화들에는 존재의 삼라만상의 상응하는 상태가 있다는 학설—이들 두 학설에는 불교적 견해와 최근의 럿셀씨의 견해 사이와 거의 정확한 일치가 있다고 나는 생각한다.[148]

인과관계에 관한 상식적인 실재론적 관념과 연관되어 있는 일련의 편견들에 관해서 동일하게 말해져야 한다. 원인들은 《작용하고》,[149] 그것들은 나타나는 결과를 《강요한다》[150]는 편견, 의인법적 패턴으로 인과관계를 생각하는 경향,[151] 결과는 원인과 《유사한》[152] 것이야만 한다는 한층 더한 편견—이 모든 경우에 일치는 주목할만하다. 부정적인 측면에 있어서 일치는 거의 완전하다.

긍정적인 측면으로는 찰나점과 짧은 사상 사이에 있는 모든 차이점이 있다. 궁극적 실재의 관점에서 보면 짧은 사상과 긴 사상 사이에는 차이점이 거의 없는데, 이 특징은 매우 상대적이다. 그러나 지속이 있다는 것과 없다는 것 사이에는 커다란 차이점이 있다. 럿셀씨에게 찰나점이란 그저 《수학적 편의》일 뿐이다. 니아야 학파라는 인도의 실재론자들에게 그것은 또한, 우리가 보아온대로, 그저 관념 또는 이름에 지나지 않는 것이다. 그러나 불교도들에게 있어서 그것은 선험적 또는 궁극적 실재를 나타낸다. 우리들의 이성의 모

148) Mysticism(1921), 187쪽 이하에 있는 〈원인이란 관념에 대하여(On the Notion of Cause)〉.
149) 같은책, 192쪽.
150) 같은책, 190쪽.
151) 같은책, 189쪽.
152) 같은책.

든 인위적인 구성의 한계로서 그것은 실재적인 것이며, 실재이다. 찰나점말고는 다른 어떤 실재도 없으며, 짧거나 길거나 나머지 모든 것들은 이것에 기초한 우리들의 이성에 의해 구성된 것이다.

우리는 그 가치를 평가하고 일반적인 인류사상사 속에서 이러한 불교의 사색이 차지할만한 위치를 결정하는 것을 일반 철학자에게 맡겨야만 하지만, 작고한 리즈 데이비즈(T. W. Rhys Davids) 교수가 이 주제에 바쳤던 감명적인 말들을 인용하는 것은 그만둘 수 없다. 그는 불교사상과 평생동안 친교한 인상을 이와 같이 요약하고 있다 : 《인도의 종교 중에서 불교만이 영혼을 무시하면서 우뚝 서있다. 이 새로운 출발의 활력과 독창성은 불교가 서있는 완전한 고립, 이 점에서, 그때 세계에 존재하고 있던 다른 모든 종교체계들보다 뚜렷하다. 그리고 아직도 애니미즘적 선입관에 빠져있는 유럽의 저술가들이 그 교의를 평가하고 이해하는데서조차 만나게 되는 매우 큰 어려움은, 우리가 인류사상사의 매우 이른 시기에 그것의 창시자가 철학과 종교에 있어서 매우 결정적이고 광범위한 단계를 점한다는 것이 얼마나 어려운 것이었던가를 깨닫게 도울 것이다…… 각각의 모든 물질적 또는 정신적인 조건의 비영속성이라는 교의 ; 어떤 영속적인 원리, 실재, 실체, 《영혼》의 부존은 그것에 접근할 수 있는 수많은 관점들로, 그만큼 다른 경전들 속에서 다루어지고 있다》.[153)]

153) T.W. Rhys Davids. Dialogues, v. II, 242쪽.

# 제 3 장
# 감관－지각
# (PRATYAKṢAM)

## 1. 감관－지각의 정의

불교도들에 의하면, 실제로 있는 그대로의 사물에 대한 정의는 주어질 수 없다. 《만일 사물이 알려진다면 그것의 정의는 쓸모없고, 그리고 만일 그것이 알려지지 않는다면 그것의 정의는 불가능하기 때문에 더더욱 쓸모없다》.[1] 이것은 물론 불교도 자신들이 그들의 탐구의 각 단계에서 정의에 의존하지 않았다던가, 그것들을 가능한한 날카롭고 분명하게 하려고 노력하지 않았다는 의미가 아니고 사물이 본래 무엇인가, 그것의 본질이 무엇인가를 우리가 표현할 수 없고 오직 그것의 관계들을 안다는 의미이다. 인도의 실재론자들은 유럽의 동료들, 학자들과 그들의 스승인 아리스토텔레스와 마찬가지로 사물은 《본질》을 가지고 있으며 그것을 지적하는 것이 중요하다고 믿었다. 예를 들어서 그들에게 불이라는 요소의 정의는－《불됨(fireness, 또는 불의 본질)을 갖는 요소가 불이다》[2]라는 것이었다. 이 《불됨》은 인도의 실재론자들에게 불의 본질[3]이었고, 그 정의는 예를 들어 다음과 같이 반가언적 형식(mixed hypothetical form)의 부정논법(*modo tollente*)[4]으로 완전히 표현될 수 있는 생략

1) N. Kandalī, 28쪽 22행.
2) 같은책, 28쪽 15행. 거기에 *pṛthivī*의 정의가 주어져있다.
3) *svarūpa.*(自性 또는 自相)

삼단논법(abridged syllogism)이다.

무엇이든 불의 본질을 갖지 않는 것은 불이라고 불릴 수 없다(예를 들어 물).
이 요소는 불됨을 갖는다.
그것은 불이다.[5)]

불교도들은 그러한 정의들이 쓸모없다고 주장했는데, 《본질》이 존재하지 않기 때문이다. 그들에게 모든 우리의 개념적 지식, 언어, 모든 이름붙일 수 있는 사물들, 모든 이름들의 특징적 모습은 그것들이 변증법적이라는 것이다. 모든 단어나 모든 개념은 그것의 대응물과 상호 관련되어 있고, 그것이 주어질 수 있는 유일한 정의이다. 그러므로 모든 우리의 정의들은 어떤 특수한 관점으로부터 취해진 감추어진 분류들이다.[6)] 정의된 사물은 부정적으로 특징지워진다.[7)] 예를 들어 우리는 《푸른》색이 무엇인지 말할 수 없지만 모든 색을 푸른색과 비-푸른색으로 나눌 수 있다. 비-푸른색도 차례로 똑같은 이분화 원리에 따라서 여러 다양한 색으로 나뉠 수 있다. 푸른색의 정의는 그것이 비-푸른색이 아니라는 것이 될 것이고, 역으로 비-푸른색의 정의는 그것이 푸른색이 아니라는 것이 될 것이다. 이 불교의 이름에 대한 이론은 《불교유명론》[8)] 또는 《불교변증법》이라 불릴 수 있는데 후에 다루어질 것이다. 우리가 그것을

---

4) *Kevala-vyatireki-anumāna.*
5) 불교도들에게 이것은 불완전한 삼단논법일 것이다.
6) *apekṣā-vašāt.*
7) *vyāvṛtti-vašāt.*
8) *apoha-vāda.*

지금 언급하는 것은 감관-지각의 정의가 그것과 명백한 관련을 가지고 내려졌기 때문이다. 본래 지식이 무엇인지를 우리는 결코 알지 못할 것이며, 그것은 미스테리이다. 그러나 우리는 그것을 직접적인 것[9]과 간접적인 것[10]으로 나눌 수 있다. 직접적인 것은 간접적인 것이 아닐 것이고, 간접적인 것은 직접적인 것이 아닐 것이다. 우리는 지식을 생리적 반사[11]로 환원시키는 지식에 대한 견해를 취할 수도 있는데, 그러함에도 불구하고 우리는 직접 반사와 간접 반사, 단순 반사와 조건 반사,[12] 즉 반사와 비-반사로 나눌 것이다. 인식론의 전체 학문은 직접적 지식과 간접적 지식 사이의 원리적 차이라는 이 기초 위에 세워진다. 우리는 지식의 직접적 근원은 감성이고 간접적 근원은 지성 또는 오성이라고 부를 수도 있지만, 이 용어들의 의미는 감성은 오성이 아니고 오성은 감성이 아니라는 것이 될 것이다.

오직 이 두 종류의 지식[13]이 있을 뿐이라고 언급한 후에-그것을 그는 습관적으로 지각과 추론이라고 부른다-디그나가(Dignāga)[14]는 지각을 다루면서 이 지식의 근원이 《비-구성적》이라고 말하는데, 그것은 그것이 간접적이 아니고 직접적이라고 언급하는 다른 방법일 뿐이다. 산스크리트어로 추론을 가리키는 이름은 문자 그대로 《차후의 측량》인데, 바로 그 이름에 의해서도 그것은 간접적 지식이다.[15] 사물들의 존재는 직접적으로 지각되거나 또는 간접적으

9) *sākṣāt.*

10) *parokṣa.*

11) *pratibhāsa*(*ādarśavat*).

12) *niyata*-resp. *aniyata*-*pratibhāsa*(그 용어들이 NBT., 8쪽 8행 이하에서 쓰이고 있는 의미로).

13) Pr. samucc., I. 2.

14) 같은책, I. 3.

로 추론될 수 있는데, 그것들을 인식하는 다른 방법은 없다. 여기에서의 직접적인 것과 간접적인 것에 대한 정확한 표준은 인식의 이론에 의해 확립되어야 하지만, 그러나 오직 우리가 조금의 간접적인 것도 포함하지 않는 직접적인 것과 조금의 직접적인 것도 포함하지 않는 간접적인 것을 확립했을 때, 다시 말해서 우리가 무엇이 순수 감성[16]이고 무엇이 순수 오성[17]인지를 확립했을 때, 우리는 그것을 알게 될 것이다. 모든 사람들에 의해 만장일치로 받아들여지는 그러한 사물들을 언급하는 것은 쓸모없다고 다르모타라(Dharmottara)는 말한다.[18] 〈감관－지각〉이란 용어를 주의가 일깨워진 관찰자에 의한, 그의 시야 안에 놓여있는 대상에 대한 직접적 인식이라고 이해하는데 대해서는 이론이 없다. 그러나 이 단순하고 명백한 사실이 많은 상이한 해석들을 불러일으켰고, 옳은 견해는 잘못된 견해들에 대한 비판과 거부를 통해서 확립될 것이다. 그래서 그것은 부정적으로, 구분에 의해서(*per differentiam*) 확립될 것이다. 디그나가와 다르마키르티(Dharmakirti)에 의해 감관－지각에 부여된 특징들은 그래서 두가지 목표를 갖는다. 1) 이 지식의 근원을 다른 인식의 수단으로부터 구별하는 것.[19] 2) 그것의 불교적 개념을 다른 학파들의 상충하는 견해들로부터 구별하는 것.[20] 그래서 감관－지각은 부정적으로 확립될 것이며, 그리고 이것이 그것을 정의하는 유일한 방법이다.

---

15) *anumāna. anumāna－vikalpa*와 *pratyakṣa－vīkalpa*가 있으나 *nirvikalpaka* =*kalpanā-apoḍha*와 대비되는 것으로서의 *anumāna*는 *vikalpa*의 대표이다.

16) *šuddham pratyakṣam*=*nirvikalpakam.*

17) *šuddhā kalpanā.*

18) NBT., 6쪽 19행 이하.

19) *anya-vyāvṛtty-artham.*

20) *vipratipatti-nirākarañāṛtham.*

감관-지각을 감관들에 의해서나 또는 대상에 의해 감관들에 가해진 자극에 의해서 생겨난 종류의 인식으로 통상적으로 정의하는 것[21]은 여러가지 점에서 불완전하다. 무엇보다도 그것은 인식으로서(*quá cognition*)의 모든 참된 인식의 일반적 특징, 말하자면 그것이 재인식이 아닌 새로운 인식,[22] 새로운 어떤것에 대한 인식이라는 점을 무시한다. 그리고 그러한 것은 오직 모든 인식의 첫번째 순간일 뿐이다. 감관-지각, 참된 감관-지각, 또는 감관들에 의한 인식은 오직 지각의 첫번째 순간이다. 이어지는 순간들에서 주의가 일깨워질 때, 그것은 더 이상 최초의 순간에 그랬던 바와 같은 순수 감관-지각은 아니다. 더우기 그 통상적 정의는 감관-지각의 고유한 기능과 그것의 다른 원인들의 기능 사이에 감추어진 혼동을 포함하고 있다. 감관-지각이 그 자체의 기능, 그 자체의 대상, 그 자체의 원인을 가지고 있기 때문이다. 그것의 기능은 대상을 감관들에 부여하는 것인데,[23] 물론 강제로[24] 그것을 시야 안에 끌어들인다는 의미에서가 아니고 지식에 의해서이다. 그것의 대상은 특수한 사물[25]인데, 이것만이 홀로, 실재적이고 유효하여 감관들에 자극을 일으킬 수 있는 실재적 대상이기 때문이다. 원인, 또는 원인들의 하나는 다시 특수한 사물이다. 모든 지식의 일반적 특징은 그것을 산출하는 원인들의 하나가 동시에 그것의 대상이라는 것이다. 이 원인이 다른 원인들 또는 다시 말해서 대상이 되는 사실, 객관적 실재[26]로부터 어떻게 구별되어야 하는지는 후에 다루어질 것이다. 현재 우리의

21) *artha-indriya-sannikarṣa-utpannam,* NS.I.1.4.
22) 제1부 3을 참조하라.
23) *sākṣāt-kāritva-vyāpāra.*
24) *na haṭhāt,* NBT., 3쪽 8행.
25) *svalakṣaṇa,* NBT., 12쪽 13행.
26) *viṣayatā*(*tad-utpatti-tat-sārūpyābhyām*).

주요 요점은 감관-지각의 정확한 기능을 결정하는 것이다. 이 기능은 대상의 존재-그것의 단순한 존재 그리고 그 이상은 아님-를 시야 안에 신호하는데 있다. 존재한다고 그렇게 보고된 대상의 심상을 구성하는 것은 다른 기관에 의해 실행되는 또 다른 기능, 즉 첫번째 것의 궤도를 뒤따르는 연속 작용이다. 그러므로 감관-지각의 현저한 특징은 그것이 구성적이 아니라는 것이다. 그것은 심상의 구성을 수반하지만 그 자체는 비-구성적이다. 그것은 그것의 모든 기억적 요소들을 빼앗긴 감관-지각이다. 그것은 순수 감관-지각이다. 우리는 그것을 결코 감관-지각이라고 불러서는 안될 것이다. 그것은 감각이고 심지어 순수한 감각, 지각의 감각적 핵심이기조차 하다. 그래서 감관-지각의 기능은 생산적 상상력의 기능과 날카롭게 구별된다. 첫째것은 대상의 존재를 가리키는 것이고 둘째것은 그것의 심상을 구성하는 것이다. 감관-지각의 완전한 정의는 따라서 이 차이점을 밝힐 것이다. 그것은 이렇다 : 지각은 지식의 근원으로, 대상을 시야 안에 부여하는 그것의 기능은 대상의 심상 구성을 수반한다.[27] 이 정의는 매우 자주 되풀이되며, 오직 최초의 순간이 실제로 감관-지각이고 이어지는 심상은 기억적이라는 취지가 된다. 불교의 정의의 최종 결론은 매우 단순한 것이다. 즉 지각은 개념을 수반하는 감각인데, 개념이 바로 특별한 의미에서의 심상이기 때문이라는 것이다. 그러나 《수반한다》는 말에 강조가 주어지고 이것이 정의를 전혀 단순하지 않게 만드는데, 이 《수반한다》는 말의 함축들이 많고 깊기 때문이다.

27) NBT., 3쪽 13행 : 10쪽 12행.

## 2. 다르마키르티의 실험

그러나 순수 감각이라는 이 단일한 순간은 그 계(corollary)인 수학적 찰나점(point-instant)과 똑같이 단순한 약속이 아닌가? 비록 외부의 대상으로부터 온 자극에 의해 생겨났다고 해도 절대적으로 성질이 없는 순수한 대상으로부터 온 것인데 그것이 정말로 실재일까? 그것은 모든 각각의 형적으로부터 상상적이고 구성적인 요소를 절대적으로 제거해버린 것으로 생각된다. 그러나 그것 자체가 순수한 상상이 아닌가? 잘 알려진 바와 같이 이 질문은 인도에서만 제기되어온 것은 아니다. 불교도들의 대답은 수학적 찰나점의 실재에 관한 질문에 대한 그들의 대답과 동일하다. 단일한 순간은 절대적 특수와 같이 하나의 심상으로 나타낼수 있는 어떤 것이 아니고 《우리의 지식에 의해 도달될》[28] 수도 없으니, 말하자면 그것은 경험적으로 실재하는 어떤 것이 아니다. 그러나 그것은 모든 다른것들에게 실재를 부여하는 요소이다. 그것은 모든 참되고 일관된 지식의 불가결한 조건이다. 그것은 초경험적이지만 형이상학적은 아니며 《천상의 꽃》은 아니다.

그것은 니아야파(Naiyáyks)의 〈신〉, 상키야파(Sānkhyas)의 〈질료〉, 바이쉐시카파(Vaišeṣikas)의 〈보편과 내속(The Universals and the Inherence)〉, 또는 이 모든 체계들의 〈영혼〉과 같은 형이상학적 실체가 아니다. 다르마키르티는 내성에 대한 실험에 의하여 그것의 실재를 증명하려고 기도한다. 형이상학적 실체들은 그것들이 순수한 상상이고, 실재의 의미가 없고, 그것들이 부여될 수 있는 순수 감각의 순간이 없기 때문에 형이상학적이다. 그것들은 《장소, 시간,

28) NBT., 12쪽 19행.

그리고 감각할 수 있는 질들을 얻을 수 없다》. 그러나 이 점(point)과 이 감각은 경험적 실재와 경험적 인식의 모든 각각의 행동에 직접적으로나 간접적으로 현존한다. 이것을 우리는 내성에 의해 간접적으로 증명할 수 있다.[29] 다르마키르티는 말한다－《그 감각은 생산적 상상력과는 전혀 다른[30] 어떤 것이며－바로 내성[31]에 의해 증명될 수 있다. 사실 모든 사람은 하나의 심상이 말로 할 수 있는(이름과 합치할 수 있는) 어떤 것이라는 것을 알고 있다.[32] 이제 만일 우리가 색깔 있는 헝겊 조각을 응시하기 시작하여 다른 무엇들(대상들)에 대한 우리의 모든 생각들을 끊어버린다면, 그래서 만일 우리가 우리의 인식을 강고한 상태[33]로까지 줄인다면, (그리고 무의식인 것처럼 된다면) 이것은 순수 감각의 상태가 될 것이다.[34] 그래서 만일 우리가 (그 상태로부터 깨어나서) 생각하기 시작한다면, 우리는 우리가 (우리 앞에 색깔 있는 헝겊 조각의) 심상을 갖고 있었다는 (기억의) 느낌을 갖겠지만, 그러나 우리는 우리가 이전의 상태에 있었을 때, 느낌을 갖지 않았는데, (우리는 그것을 명명할

29) *pratyakṣam kalpanāpoḍham pratyakṣeṇaiva sidhyati,* Pram. Vārt, III, 125 ; Anekāntj, 207참조 : Ts., 374쪽 7행 이하 참조.

30) 외적 실재의 한점(*svalakṣaṇa*)과 감각(*pratyakṣa*) 사이에는 공존(*tad-bhāva-bhāvitā*)이 있다. 그 공존은 긍정적이며 부정적이다 : 실재가 있으면 감각이 있으며, 감각이 없으면 실재가 없다. 감각의 부재는 대상의 부재에 기인할 수도 있고, 또는 그것의 절대적 비실재에 기인할 수도 있다. 전자는 1) 시야를 가로막는 중간적 공간(*vyavadhāna*)이 있는 경우, 즉 대상이 그의 시야 안에 없는 경우, 2) 대상이 절대적으로 비실재적인 경우, 즉 형이상학적이며 시간, 공간, 감각할 수 있는 질 안에서는 접근할 수 없는 경우(*desa-kāla-svabhāva-viprakṛṣṭa*)이다. TSP., 378쪽 17－18행을 참조하라.

31) *pratyakṣena＝sva-saṃviditena.*

32) *vikalpo nāma-saṃšrayah.*

33) *stimitena cetasā.*

34) *akṣa-jā matiḥ.*

수 없었다) 왜냐하면 그것이 순수 감각이었기 때문이다》.[35] 다르마키르티의 이 실험은 베르그송(M.H. Bergson)에 의해 시도된 것과 주목할만한 일치점이 있다.[36] 프랑스의 철학자는 말한다. 《나는 나의 눈을 감고, 나의 귀를 닫고, 감각들을 하나 하나 소멸시키려고 한다…… 나의 모든 지각들은 사라지고, 물질적 세계는 침묵 속으로 가라앉는다…… 아마도 나는 나의 직전의 과거에 대한 기억까지도 말살하고 잊을 수 있을 것이다 : 그러나 최소한 나는 나의 현재의, 가장 극단적으로 약화된, 즉 나의 몸의 실재적 상태의 의식을 유지한다》. 《가장 극단적으로 약화된》 이 의식은 분명히 다르마키르티의 순수 감각이라는 순간, 현재의 순간에 다름아니다. 베르그송은 그것을 무의 관념이 사이비－관념이라는 증명으로 들고 있고, 불교도들도 정확하게 같은 목적으로 그것을 언급한다.[37] 그러나 그것은 동시에 경험적 실재, 경험적 인식의 최소 한계가 있다는 증명이며, 이것이 바로 순수 감각이다.

카말라쉴라(Kamalašila)는 다음 구절들에서 같은 실험에 대해 언급한다.[38] 《대상이 파악되어 그 자신의 절대적 특수성으로 나타나는 바로 그 최초의 순간[39]에 순수 감각인 의식의 상태가 산출된다.[40] 그것은 이름에 의해 특수화된 어떤 내용도 포함하고 있지 않다. 그래서 다음 순간, 동일한 대상이 주의깊게 주목될 때, 주의는 그것이 연결된 관습적 이름 쪽으로 벗어난다.[41] 그 후에, 대상이 그것의

---

35) *indriyād gatau.*
36) Creative Evolution, 293쪽.
37) 앞의 책 93쪽을 참조하라.
38) TSP., 241쪽 5행 이하.
39) *prathamataram.*
40) *akṣāšritam upajāyate.*
41) *samaya-ābhoga.*

이름에 따라 주의깊에 주목된 이후에, 그것의 (지속하는) 존재[42]와 다른 (조건들)에 대한 관념이 일어난다 : 그 다음에 우리는 그것을 지각의 판단[43]에 맡긴다. 이제 그것의 이름에 의해서 동일한, 주의깊게 주목된 대상을 가리키는 이 관념들이 생겼을 때, 어떻게 (그것들이) 바로 기억적이라는 것을 (부정하는 것이 가능하겠는가)……(그 때에 대상은 감관들에 의해서 지각되었을 뿐만 아니라 오성에 의해서도 판단되었기 때문에). 그리고 여기에서 묘사된 정신상태의 연속이 올바르게 관찰된다는 증거가 어디에 있는가?[44] 그것은, 우리의 주의가 다르게 끌려질 때, 우리는 (오직) 그것의 어떤 조건들에 의해 구분되지 않는 것의 단순한 존재를 인식할 수 있다는 (알려진 사실)에 놓여 있다. 사실 (지속하는) 실체에 대한 관념들은 바로 여기에서 묘사된 대로 일어나기 때문에, 그러므로, 관찰자의 주의가 다르게 끌려질 때, 그것이 다른 대상을 향하게 될 때, 그것이 다른 대상에 의해 충분히 흡수될 때, 그때는, 비록 그가 그의 앞에 서있는 대상을 본다고 하더라도, 그의 주의가 그의 대면하고 있는 대상의 관습적 이름의 (내용)으로부터 옮겨졌으므로, (모든 지각의 당시에 그리고) 바로 최초의 순간에 모든 가능한 조건이 없는[45] (매우 불명확한) 어떤 것에 대한 단순한 감각만이 있다. 만일 이것이 그렇지 않고, 그리고 만일 모든 의식적 상태가 (본래) 그것의 이름에 의해 제시된 모든 조건들을 포함하고 있는 대상과 관계하는 것이라면, 방심 상태의 (그리고 오직 그의 감관들에 의해서만 대상을 파악하는) 관찰자가 단순한 사물, 모든 질들을 결한 사물을 보

42) *sad-ādi-pratyayāh.*
43) *tad-vyavasāyitayā.*
44) *ālakṣitah.*
45) *sarva-upādhi-vivikta-vastu-mātra-daršanam.*

는 것이 어떻게 가능하겠는가》.

〈디그나가〉는 《아비다르마경》으로부터 같은 취지의 한 구절을 인용한다.[46] 《푸른 헝겊 조각에 대한 정관(靜觀)에 빠진 사람은 푸른색을 지각하지만, 그것이 푸른색이라는 것을 알지 못한다 : 그래서 대상에 대하여 그는 오직 그것이 대상이라는 것만 알지 그것이 어떤 종류의 대상인지 모른다》. 이후의 저자들에 의해 매우 자주 되풀이되는 이 인용은 〈디그나가〉가 《설일체유부(Sarvāstivādins)》의 저술들에서 순수 감각에 대한 그의 관념들의 씨앗을 이미 발견했었다는 것을 가리켜 주는 것이 될 것이다. 그러나 그 학파는 세가지 종류의 구성적 사유를 인정했으며, 그것들중의 하나, 구성적 사유의 씨앗인 《자연적 구성》[47]은 그들에 의해서 심지어 모든 초보적 감각, 또는 감관—지각에 존재한다고 생각되었다.

## 3. 지각과 환각

감관—지각의 두번째 특징적 모습은, 올바른 지식의 두 근원들중의 하나라고 생각되는데, 그것이 어떤 감관—환각[48]도 포함하지 않아야 한다는 것이다. 사실상 감관—지각은 오직 감각에 의해서 산출된 지식이 감관들의 환각을 나타내지 않는다는 조건 아래서만 믿을만한 지식[49]의 근원으로 간주될 수 있다. 그러나 올바른 감관—지각의 이 두번째 특징을 언급하는 것은 불필요하게 보이는데, 왜냐하면, 체계의 분류에 따르자면, 감관—지각은 올바른, 즉 비—

46) Pr. sarmucc. vṛtti ad I. 4. 이 구절은 매우 자주 인용된다(*-saṃsargī, -samangī, -sangī*의 어미 변화와 함께). TSP., 11—12를 참조하라.

47) *svabhāva-vitarka,* AK., I. 33을 참조하라.

48) *abhrānta.*

49) *pramāṇa.*

환각적인 인식의 변종이기 때문이다. 다르모타라(Dharmottara)[50]는 그 정의가 그러므로 다음과 같은 의미를 가질 것이라고 말한다.—《직접적인 그 일관된 지식은 일관적이다》, 비—환각적이라는 용어를 통한 일관적이라는 용어의 완전히 쓸모없는 되풀이.

그러나 《환각》이라는 용어는 한가지 뜻만 가진 것이 아니다. 여러 종류의 환각들이 있다. 선험적 환각이[51] 있는데, 그것에 의하면 모든 경험적 지식은 일종의 환각이고, 오직 그릇된 인식의 어떤 예외적 경우들에 영향을 주는 경험적 환각[52]이 있다. 지식은 선험적으로 올바르지 않아도 경험적으로 올바를, 즉 일관적일 수 있다. 예를 들어, 두 사람이 같은 눈병에 의해 영향을 받을 때, 그것 때문에 모든 대상이 그들에게는 이중으로 보이고, 그들의 지식은 진실이 아니라도, 즉 다른 모든 사람들의 지식과 일치되지 않더라도 서로는 일치될 것이다. 그들 중의 하나가 달을 가리키면서 《달이 두개 있군》이라고 말하면, 다른 하나가 《그래, 정말로, 달이 두개 있네》라고 대답할 것이다. 비록 그들의 감관—기능의 조건에 의해 제한되지만, 그들의 지식은 서로 일치한다.[53] 모든 경험적 지식도 바로 같은 입장인데, 그것은 우리의 감관—기능의 조건에 의해 제한된다.[54] 만일

---

50) NBT., 7쪽 16행.

51) *mukhya-vibhrama.*

52) *prātibhāsikībhrāntiḥ.*

53) Santānāntarasiddhi, 나의 번역과 비교해보라.

54) 환각 *bhrānti*=*vibhrama*이라는 용어는 애매한데, 왜냐하면 그것은 경험적인 것(*prātibhāsiki bhrantiḥ*) 뿐만 아니라 선험적인 것도 의미하기 때문이다. 예를 들어 추론은 선험적 관점(*bhrāntam anumānam*)으로부터는 환각적이지만 경험적 관점으로부터는 일관적이다 ; TSP., 390쪽 14행을 참조하라—*samvāditve'pi*(그렇게 읽으라) *na prāmāṇyam iṣṭam.* 그러나 TS. 394쪽 16행—*vibhrame'pi pramāṇatā*—에서 *pramāṇa*란 용어는 *saṃvāda*의 의미로 사용되었다. *avisaṃvāditva*는 *upadaršita-artha-prāpaṇa-sāmarthya*를 의미한다. 감각(*upadaršana*), 주의(*pravartana*), 개념(*prāpaṇa*)이 동일한 대상을

우리가 다른 직관, 불타들과 보살들만이 소유하고 있는 지성적인, 비 감각적인 직관을 소유하고 있다면, 우리는 모든 것을 직접적으로 알고 전지(全知)하게 될 것이다. 그러나 우리는 오직 한 사물의 최초의 순간만을 직접적으로 인식하며, 그것에 의해 대상의 심상을 구성하는 우리의 지성의 작용들은 주관적이다. 그러므로 모든 심상들은 선험적 환각들이며, 그것들은 궁극적 실재들이 아니다. 다르모타라에 의하면, 《비－환각적》 특징을 도입함으로써 〈다르마키르티〉는, 순수 감각속에서 우리의 모든 지식의 그 구별 속에서 우리가 궁극적 실재와, 인식할 수 없는 《물자체》[55]와 접촉한다는 것을 지적하려고 했다는 것이다. 잇따르는 심상들, 개념들, 판단들, 추론들은 경험적인, 인공적으로 구성된, 주관적인 세계로 우리를 옮겨 가게하며, 이 차이를 지적하기 위하여 다르마키르티는 감관－지각에 대한 그의 정의에 비－환각적이라는 특징을 도입하였다. 이 해석에 비추어 보면 《비－환각적》이라는 것은 비 주관적인, 비－구성적인, 비－경험적인, 선험적인, 궁극적으로 실재적인 것을 의미할 것이다.[56] 비－환각적이라는 특징은 그러므로 추론과, 비－감각적 지성의

---

가리킬 때 일관성(*saṃvāda*)이 있다. 달과 별들은 *deśa-kāla-ākāra-niyatāḥ*이고, 그러므로 유효하고, 실재적이고 일관적이고, *svocitāsvartha-kriyā s u vijñāna-utpāda-ādiṣu samarthāḥ*이지만, 그러나 그것들은 선험적 실재의 관점으로 부터는 환각들이며 오직 순간들만이 실재적이다. NK., 193쪽 16행 이하, 그리고 NBT., 5쪽 이하를 참조하라. 동일율, 모순율, 경험적 인과율의 법칙들은 논리적 사고나 또는 일관된 사고의 필요 조건들이지만, 이 논리적 일관성은 선험적 환각(*bhrānti, aprāmāṇya*)과 함께 한다. 환각의 문제만큼 그렇게 인도 철학자들의 관심을 깊게 끈 문제는 없다. 그것과 관계되는 이론들은 많으면서도 매우 난해하다. 바챠스파티미쉬라(Vācaspasamišra)는 그 문제에 대한 특수한 저술, Brahma-tattvasamikṣā에 헌신했지만, 그것은 아직 복원되지 못하고 있다. 주요 이론들에 대한 간략한 언급은 그의 Tātp., 53－57쪽에서 발견된다.

55) NBT., 7쪽 13행－*pratyakṣam grāhye rūpe* (＝*paramārtha-sati*) *aviparyastam, bhrāntam hy anumānam svapratibhāse aṇarthe* (＝*saṃvrtti-sati*)……

작용들로부터 감관-지각을 구별해 줄 것인데, 그것들은 선험적 관점으로부터는 환각들이다. 그러므로 두번째 특징은 거의 첫번째의 동의어가 될 것이다. 순수 감각은 수동적이거나 또는 《비-구성적》이고, 그러므로 비-주관적이고, 선험적으로 진실이고, 비-환각적이다.

여기까지가 다르모타라에 대한 설명이다. 그러나 그의 해석은 다르미키르티에 의해 주어진 환각의 보기들과 명백히 상충한다. 그것들은 감관-기능들의 비정상적 상태에 의해 산출된 경험적 환각의 모든 보기들이다.[57]

비-환각성이라는 특징을 언급할 필요성은 〈스승〉《자신의 무리》 안에서,[58] 디그나가의 추종자들 사이에서 정말로 논쟁거리였다. 그것은, 우리가 어떤 의도로 그랬는지를 모르지만, 처음에 아상가에 의해 언급되었다.[59] : 그것은 디그나가에 의해 버려졌고, 그 다음에 다르마키르티에 의해 재도입되었고,[60] 그의 몇몇 추종자들에 의해 다시 버려 졌으며[61] 마지막으로 다르모타라에 의해서 모든 이후 세대의 불교 논리학자들을 위해 확립되었다.

비-환각성이라는 특징을 버리는데 있어서 디그나가는 세가지

---

56) 다르모타라는 만일 첫번째 특징(*nirvikalpaka*)이 추론과 대조되는 것으로 해석된다면, 두번째(*abhrānta*)는 오해를 불식하는 것으로 취해져야 한다고 생각한다. 그러나 그 반대도 또한 가능하다 : 그러므로 *abhrānta*는 추론과의 혼동을 막아줄 것이며, *kalpanāpoḍha*는 니아야파와 같이 감성과 오성 사이의 근본적 차이를 부정하는 사람들을 겨냥한 것이다. NBT. 7쪽 또한 TSP., 392쪽 9행을 참조하라.

57) NB. 그리고 NBT, 9쪽 4행 이하.

58) *sva-yūthyāḥ,* TSP. 394쪽 20행.

59) Tucci, 앞의 책을 참조하라. 그것은 단순히 NS., I.1.4로부터 빌려왔을지도 모른다.

60) NK., 192쪽을 참조하라.

61) TSP., 위의 인용문 중.

다른 고려들에 의해 인도되었다. 무엇보다도 환각은 항상 환각적인 지각적 판단을 포함한다. 그러나 판단은 인식의 감각적 부분에 속하지 않는다. 만일 우리가, 나무가 고정되어 있을 때, 땅 위를 움직이고 있는 나무를 지각하려고 한다면, 《이것은 움직이고 있는 나무이다》라는 인식은 하나의 판단이고, 그리고 모든 판단은 감관들의 반사 작용이 아니고 지성의 구성이다.[62] 비-환각적이라는 특징을 그들의 감관-지각 정의에 포함시켰던[63] 니아야학파에 의해 내려진 감관-지각의 정의를 비판하면서, 디그나가는 《환각적 인식의 대상은 지성에 의해 구성된 대상이다》[64]라고 말한다. 《순수 감관-지각, 즉 순수 감각으로서, 감관-지각은 올바른 것이건 그릇된 것이건 어떤 판단도 포함하지 않는데, 왜냐하면, 그것이 비-구성적이기 때문이다. 그러므로 그것은 어떠한 환각도 전혀 포함할 수 없다》. 디그나가의 이 생각은 다르모타라의 위의 해석과 그 궤를 같이하지만, 그러나 디그나가에 의하면 그것은 《비-환각성》에 대한 언급을 불필요하게 만드는데, 왜냐하면 선험적으로 비-환각적이라는 것은 바로 비-주관적이고 비-구성적이라는 것을 의미하기 때문이다. 두번째 특징은 첫번째의 반복이 될 것이다.

비-환각성을 빼버리기 위한 디그나가의 더 이상의 고찰은 다음과 같은 것이다. 그는 그의 논리학이 오직 대상의 실재를 인정하는 실재론자들이나 외적 세계의 실재를 부정하는 관념론자들에게 모두 받아들여질 수 있기를 원했다. 그는 분명히, 몇몇 현대 논리학자들

---

62) 다르모타라에 의하면 《나무》라는 부분은 올바른 지각이고 《움직이고 있는》이라는 부분은 환각이다. NBT., 7쪽 5행 이하, 그리고 Tipp., 20쪽 14행을 참조하라.

63) NS. I. 1. 4(*pratyakṣam*)…… *avyabhicāri*……

64) Pr. samucc. vṛtti, ad I. 19—*yid-kyi yul ni ḥkhrul-pai yul yin*=*manoviṣayo hi vibhrama-viṣayaḥ*.

과 같이,[65] 논리학이 형이상학적 문제들을 결정하는 적절한 기초가 아니라고 생각했다. 인식을 직접적인 것과 간접적인 것으로 나누는 것, 그리고 판단의 논리적 기능들은 외적 실재가 인정되는 경우이건 부정되는 경우이 건간에 똑같이 남아있다. 디그나가는 《바다비디(Vādavidhi)》에서 공식화된 《감관-지각은 (순수) 대상 자체에 의해 산출된 지식이다》[66]라는 〈바수반두〉의 정의를 거부하는데, 왜냐하면 그것은 실재론적 해석이 주어질 수 있기 때문이다. 같은 이유로 그는 비-환각성의 특징을 버리기로 결정했다 : 그것은 모든 경험적 인식을 가망없는 환각으로 보는 유가행파(Yogācāras)의 견해를 배제하는 것으로 해석될 수 있다. 순수 감각이 수동적이고 비구성적이라는 것을 의미하는 정의는 양 파들에게 받아들여질 수 있다. 지넨드라부디(Jinendrabuddhi)[67]는 말한다. 《비록 그 실재적 본질에 있어서 외적 대상을 인식할 가능성이 없다고 확신했을지라도, 디그나가는 인식 과정에서의 결론 단계의 문제에 대한 그의 견해를 그렇게 공식화하여, 그것이 외적 세계의 존재를 옹호하는 실재론자들과 그것을 부정하는 관념론자들을 모두 만족시키기를 원한다.》

〈카말라쉴라〉[68]는, 비-환각성을 포함하는 다르마키르티의 정의를 말하지만, 같은 결과에 대한 진술을 포함하고 있다. 그는 《비-환각적이라는 용어가 대상의 (궁극적) 실재인 형상이 아니라 일관된 지식[69]을 가리키는 것으로 이해되어야 한다. 왜냐하면, 만일 그렇지 않다면, 유가행파의 의견을 따라서 볼 때, 외적 대상들은 전혀 존재하지 않으므로 양 이론들을 만족시키려고 의도한 정의가 너무

---

65) 예를 들어 Sigwart, 앞의책, I, 106. 409쪽을 참조하라.
66) *tato arthād utpannam jñānam,* Tātp., 99쪽을 참조하라.
67) 이 책 2권 부록 Ⅳ, 5장 6 ; Tipp., 19쪽 ; TSP., 392쪽 6행을 참조하라.
68) TSP., 392쪽 5행 이하.
69) *saṃvāditva.*

좁은 것이 될 것이기 때문이다(그것은 관념론적 견해를 배제할 것이다)》라고 말한다. 실재론자들과 관념론자들을 둘다 만족시키기 위하여 디그나가는 비-환각적이라는 특징을 버렸고, 다르마키르티는, 비록 그가 그것을 재도입했지만, 관념론적 견해에 영향을 미치지 않는 해석을 그것에 가했다.

〈디그나가〉는 비-환각성이라는 특징을 피하는 세번째의, 그리고 결정적 생각을 가졌다. 이 용어가 많은 해석들을 허용하므로, 그의 의견으로는 그것의 도입이 전체 체계에 위험하고 심지어 자살적임이 입증될 수 있었다.

그 체계는 지식의 두 이질적 근원들 사이의 날카로운 구별 위에 세워져 있다. 이 원리에 따르면 감관들은 판단할 수 없다. 그러나 만일 환각들이나 그릇된 판단들이 감관들의 고려에 놓이게 된다면, 실재론자들이 정말로 주장하는 바와 같이, 올바른 판단들이 같은 고려에 똑같이 놓이지 않아야 한다는 이유도 없다. 그러므로 체계의 기초는 논파될 것이다. 모든 연장된 물체의 지각은 감관-환각인데, 왜냐하면《연장은 결코 단순한 반사 작용이 아니기》[70] 때문이다. 한 사물의 지속은 마찬가지로 환각이 될 것인데, 왜냐하면 오직 순간적 실재만이 단순한 반사 작용에 상응할 것이기 때문이다. 한 물체의 통합, 다량의 여러 원자들로 구성된 그 부분들의 통합은, 숲을 구성하고 있는 다양한 나무들 대신 멀리서 하나의 숲을 지각하는 것이 환각인 것과 마찬가지로, 환각이 될 것이다.[71] 반대로, 만일 이것들이 올바른 지각들이라고 선언된다면, 그 한계는 어디인가? 왜 이

---

70) NK., 194쪽 8행-*apratibhāso dharmo'sti sthaulyam.* 바챠스파티(Vācaspati)는 설명한다.-*pratibhāsa-kāla-dharmaḥ pratibhāsa-dharmaḥ,* 즉 순간은 연장되지 않는다.

71) 같은책, 194쪽 12행.

중의 달, 횃불을 빨리 돌릴 때의 불의 원, 보트에 탄 승객에 의한 움직이는 나무 등등의 지각만이 다만 환각들이어야 하는가?[72] 《비-환각성이 (전체 체계에) 치명적이므로 스승(디그나가)은 비-환각성의 특징을 버렸다》[73]고 바차스파티미쉬라(Vācaspatimišra)는 말한다.

물론 〈디그나가〉는 환각적, 또는 그릇된 지각들이 있다는 것을 부정하지 않으나, 그러나 그것들은 따로따로 다루어져야 한다. 논리적 오류들[74]이나 불법(illicite) 추론들이 있는 것과 똑같이 지각의 오류들[75]이나 불법으로 감관들의 고려에 놓인 인식들도 있기 마련인데, 반면에 그것들은 감관들에 의해서가 아니고 지성에 의해서 산출된다. 이 이른바 감관-지각들은 네가지 다른 종류들이 있다.[76] 그것들은 다음과 같다. 1)고유의 환각들, 예를 들어 신기루(*fata morgana*)같은 것. 그것들은 지성의 고려에 놓여져야 하는데, 왜냐하면 그것들이 사막에서 물에 대한 어떤 열망이라는 지성에 의해서 오류로 구성되기 때문이다 : 2)모든 경험적 지각[77]은 선험적 환각인데, 왜냐하면 그것이 객관화된 심상을 외적 실재로 보는 오류로 구성되기 때문이다 : 3)모든 추론과 그것의 결과는 감관-지각으로 불

---

72) 같은책, 194쪽 16행.

73) 같은책, 194쪽 17행-*tad iyam abhrāntatā bhavatsv eva praharati ity upekṣitā ācāryeṇa.*

74) *hetv-ābhāsa.*

75) *pratyakṣa-ābhāsa.*

76) The kārikā Pr. samucc. I.8은 이렇게 복원될 수 있다-*bhrāntiḥ saṃvṛtti-saj-jñānam anumānānumeyam ca* ; *smṛtir abhilāṣaš ceti pratyakṣābham sataimiram,* TSP., 394쪽 20행을 참조하라. 거기에서 *sataimiram*은 *ajñānam*으로 설명되는데, 그것은 또한 *taimirika-jñānam*으로도 설명된다 ; 지넨드라부디는 양 설명들을 다 포함하고 있다.

77) *saṃvṛtti-saj-jñāna.*

불법적으로 다루어진다 : 예를 들어 우리가 《이것은 연기인데, 불의 표시이다》, 《연기의 존재에 의해 지시된 불이 있다》고 말할 때, 이 판단들은 불법적으로 지각적 판단들의 형태를 띠고 있지만 실제로는 기억적이다 : 그리고 4)모든 기억과 모든 바램들은, 그것들이 이전의 경험[78]에 의해 불러일으켜지기 때문에, 그것들이 가끔 불법적으로 감관-지각들의 형태를 띠고 있지만, 오성에 의해 산출된다.

그래서 디그나가는 환각의 개념을 일반화하고, 신기루와 같은 경험적 환각과 우리의 경험적 지식의 전체에 의해 드러나는 선험적 환각을 동일선상에 놓는다. 그의 감관-지각은 모든 기억적 요소들을 제거해버린 순수 감각이다. 순수 감각에 대해서는 비-환각적이라는 특징이 부적절한데, 왜냐하면 그러한 감각은 그릇된 것도 아니고 올바른 것도 아니기 때문이다. 디그나가의 실제적 정의는 감각이 우리의 합목적적 행동들[79]의 실제적 안내자인 일관된 사유-구조와 구별되어야 한다는 것을 의미한다.

여기까지가 〈다그나가〉에 대한 설명이다. 그러나 〈다그마키르티〉는 이 점에 있어서 그의 스승과 다르다. 그는 비-환각성이라는 특징을 재도입하는데, 그의 논거들은 다음과 같은 것들이다.

우리는 감관-환각과 오성의 환각 사이를 구별해야 한다. 예를 들어 우리가 새끼줄을 뱀으로 잘못 볼 때, 이 환각은 감관들에 제시된 질료에 대한 오성의 그릇된 해석에 의해 산출된다. 이 환각은 대상이 뱀이 아니고 새끼줄이라는 것을 우리가 깨닫자마자 곧 멈춘다.[80] 그러나 만일 한 사람이 눈병으로 인해 모든 것을 두 개로 보기 때문에 두 개의 달을 본다면, 이 환각은 비록 그가 달이 하나

---

78) *pūrva-anubhava.*

79) *kalpanā-apoḍha=avisaṃvādi-kalpanā-apoḍha,* TSP., 394쪽 21행을 참조하라.

80) TS., 392쪽 13행 그리고 TSP., 392쪽 23행.

라는 것을 깨닫는다고 하더라도 계속될 것이다.[81]

더우기 직접적 감관－지각[82]의 특징적 모습인 그러한 모든 생생함으로 광경들이 보이는 환상들[83]과 꿈들이 있다. 그것들은 개념적 사고의 특징적 모습인 모호함과 일반성이 없다.[84] 그것들은 지성에 의해 한 사물이 다른 사물로 잘못 해석된 것으로 이해될 수 없는데, 왜냐하면 이 사물은 전적으로 없는 것이기 때문이다. 만일 우리가 모든 개념적 사유는 그것이 한 사물을 다른 사물로 잘못 보는 것으로 구성되기 때문에 환각이라는 정의를 고수한다면, 우리는 환상들이 올바른 지각들이라는 불합리한 결론에 도달하기 마련인데, 왜냐하면 그것들은 한 사물을 다른 사물로 잘못 보는 것으로 구성되지 않기 때문이다.[85]

만일 우리가 환각과 환상의 성격에 대한 이 매우 흥미로운 논의의 모든 상세한 것들을 다루게 된다면, 그것은 우리를 너무 멀리 끌고

---

81) 같은책, 394쪽 5행 이하.

82) TSP., 392쪽 23행.

83) *niradhiṣṭhānam jñānam＝kešoñdrāḍi-vijňām,* NK., 192쪽 20행 그리고 TS., 392쪽 3행을 참조하라.

84) 같은책－*na hi vikalpānuviddhasya spaṣṭārtha-pratibhāsatā,* NK., 263쪽 13행을 참조하라.

85) 오성의 자발성의 본질인 《구성성(*kalpanā＝yojanā*)》이 《일반적 심상의 모습을 한 실재적 사물, 즉 특수성에 대한 인식(*sāmānya-ākārā pratitir vastuni kalpanā*)》이기 때문에 그러한 구성성은 환상에는 없을 것인데, 왜냐하면 거기에는 특수한 외적 사물이 없기 때문이다. 그러므로 그것은 《비－구성적》이며 정의에 들어갈 것이고 올바른 감관－지각일 것이다. 같은 일이 《천상의 꽃》이나 생생한 꿈들에서 일어날 수도 있다. 그것들은 참된 감각에 기초한 구성들이 아니고, 그러므로 《비－구성적》인 것으로서 그것들은 올바른 감관－지각들의 정의에 들어갈 수도 있다. 이 치명적 결론들을 경계하기 위해서는 다르마키르티가 생각한대로 《비－환각적》이라는 조건의 부과가 필요하다. 그러나 만일 이《비－환각성》이 그것의 선험적 한계에까지 이르게 된다면, 그것은 디그나가가 생각한대로 논리에 치명적일 것이다, NK., 191－194쪽을 참조하라.

갈 것이다.[86] 다르미키르티는 감각의 고려에 놓여야 하는 환각들이 있다고, 그리고 비 환각적이라는 특징이 올바른 지식의 근원으로서의 감관-지각의 정의에 불필요한 것이 아니라고 주장한다. 다르모타라는 다음과 같은 문장으로 논의를 결론짓는다.[87] 《환각의 원인들은 다양하다. 그것들은 외적 대상이나 또는 관찰자에게 있을 수 있다 ; 그것들은 감각-기관의 질병에 의해 나타날 수도 있지만, 그러나 그것들은 또한 정신적으로 병든 사람의 환영들처럼 전적으로 심적[88]일 수도 있다. 그러나 모든 경우의 환각에서 감관-기능들은 필연적으로 포함되고, 그것들은 비정상적 상태에 있다.》

그러므로 감관들이 판단하지 않으며, 그것들이 옳바른 것이건 그릇된 것이건 판단을 전혀 포함하지 않는다는 것은 사실이지만, 그러나 비정상적 상태에 있는 감관들은 판단의 기능에 영향을 주고 오성을 미혹할 수 있다.

이 결론은 다음과 같이 주장한 칸트의 견해를 우리에게 상기시킨다.[89] 《감관들에는 옳건 그르건 판단이 전혀 없기 때문에 잘못될 수 없다. 감성은 오성이 그 기능을 행사하는 대상으로서 오성에 종속된다면 참된 지식의 근원이지만, 그러나 감성은, 만일 그것이 오성 자체의 행동에 영향을 주고 그것을 판단으로 이끈다면 오류의 원인이다(일 수 있을까?)》 더우기 다르마키르티는 우리의 인식에 있어서의 오성의 평가에 대해 디그나가와 일치하지 않았던 것으로 보인다. 후자에 의하면 오성은 환각의 근원인데, 왜냐하면 그것은 실재의 직접적 직

86) 그것들에 대한 요약이 TS. 그리고 TSP., 392-395쪽, 그리고 지넨드라부디에 의하면 Pr. samucc., I, 8.에서도 발견된다.

87) NBT. 9쪽 14행 이하.

88) 같은책, 9쪽 13행-*vātādiuṣu kṣobham gateṣu…… adhyātmagatam vibhrama-kāraṇam.*

89) CPR., 239쪽.

관대신에 그것의 심상들을 구성하기 때문이다. 비록 다르마키르티가 이 의견을 공유하고 있기는 하지만, 직관은 그에게 외연에 있어서 감각보다 훨씬 더 넓은 것이었다. 감각, 또는 감성적 직관이 직접적 인식의 유일한 종류인 것은 아니다. 대당(對當)은 그에게 있어서 감각과 개념 사이에 있는 것이 아니고, 직접적 인식과 간접적 인식 사이, 또는 직관과 개념 사이에 있는 것이었다. 감성적 직관이 직접적 지식의 유일한 방법은 아니고 지성적 직관[90]도 또한 있다. 그것의 순간은 모든 감관-지각에 현존하고 있다.

## 4. 직관의 종류들

### a) 정신적 감각(mānasa-pratyakṣa)

지각에 해당하는 산스크리트 용어는 그러므로 외연에 있어서 감관-지각보다 더 많은 것을 포함하는데, 그것은 간접적 지식 또는 개념들에 의한 지식과 대조되는 직접적 지식 또는 직관을 의미한다. 감관-지각은 직관의 오직 한 종류이다. 또 하나의 직관, 지성적인 것이 있다. 보통 사람은 그러한 직관의 재능을 소유하고 있지 아니하며, 그것은 이론상 인간이 아니고 초인간적 존재인 성인의 배타적 능력이다. 이 지성적 직관의 순간은 그것의 두번째 순간, 순수 감각을 따르는 순간에서 모든 지각에 포함되는 것이 허용된다.[91] 그것은 분명히, 들어오는 자극이 감관-기능에 작용을 미치는 순간을 뒤따르는 주의의 요소일 뿐이다. 인식의 이론은 지식의 두 근원들, 감관들과 지성의

---

90) *manasam yogi-jñānam,* TSP., 392쪽 17행.

91) 2권, 부록 III을 참조하라 : 이 이론은 TS와 TSP에서 상세하게 설명되고 있지는 않지만 거기에 언급되고 있다. 396쪽 2행.

날카로운 구분을 확립한 후에, 그것들의 협력에 대해서 어느 정도 설명할 필요가 있었다. 그것들을 분리시킨 이후에 이론은 그것들을 재통합해야 한다고 느꼈다. 초기 불교에서 지각의 기원은 세 요소들, 예를 들어 색(외적인)이라는 하나의 요소, 시각 기관(내적인, 그리고 육체적인)이라는 하나의 요소, 그리고 여섯번째 감관(내적인, 그리고 정신적인)이라는 하나의 요소의 상호의존적 나타남으로 설명되었다. 셋은 함께 색이 있는 표면의 감각, 또는 감관—지각을 산출한다. 감성과 오성 사이의 날카로운 차이를 확립함으로써 디그나가는 여섯번째 감관을 폐지하고, 순수 감각에 의해 육체적 감각—기관을 대체하는데로 나아갔다. 그러므로 색깔있는 헝겊 조각의 지각은 지성에 의한 하나의 심상의 구성을 수반하는 순수 감각의 순간으로 설명되었다. 주어진 감각을 위하여 색깔들이나 다른 연상들의 범위내에 한 장소를 발견하는 것은 오성의 일이 되었다. 그러나 오성의 이 작업의 첫번째 순간은 순수 감각과 유사한 것으로 상상되었다. 그것은 또한 직접적, 직관적, 비—개념적이었다. 지각의 첫번째 순간은 그러므로 말하자면 《감관적 감각》이고 두번째는 《지성적 감각》이다. 우리는 《지성적 직관》이라는 용어를 성인의 신비스런 직관을 가리키는 말로 남겨두기 위하여, 첫번째를 순수 감각의 순간, 그리고 두번째를 《정신적 감각》의 순간으로 부를 수도 있다. 이 《정신적 감각》이 순수 감각과 오성의 작업의 중간 단계이므로, 판단의 문제를 다룰때 결국 한번 더 언급될 것이다.

b) 성인의 지성적 직관(yogi—pratyakṣa)

우리의 직관은 언제나 감각적이다. 그것은 모호하고 일반적인 심상들, 또는 일반적이기 때문에 모호한 개념들로 그것을 설명하려고 하는 오성을 즉각 수반하는 생생하고 명료한 실재의 순간에 제한된다. 만일 우리가 다른 직관, 실재를 감각의 최초의 순간에 느끼자마자 직접적으로 이해하는, 지성에 의한 직관을 가지고 있다면, 우리의 지식은 비제한적일 것이다. 우리는 가까이에 있는 것같이 멀리 있는 것을 알고 현재와 똑같이 과거와 미래를 알 것이다. 우리는 우리의 감각의 제한들로부터 자유로운 존재들을 상상할 수도 있다. 그들의 인식은 두 이질적 근원들의 피곤한 협력으로 구성되지 않을 것이다. 그들은 변증법적 개념들의 순회에 의해서 실재를 인식할 필요가 없을 것이며, 오직 하나의 인식 방법－직접적 직관－을 가질 것이다. 그들의 전지(全知)에 대하여 우리는 판단할 수 없는데, 왜냐하면 전지를 판단하기 위해서는 우리 스스로 전지적이어야만 하기 때문이다. 그러나 우리는, 우리가 우리의 제한된 구성들 속에서 접근하기에 그렇게 무한한 고통을 느끼는 이 실재를 그들은 지성적 직관에 의해서 직접적으로 명상하리라고 상상할 수 있다. 우리가 본대로 생산적 상상력은 선험적 환각, 우리의 모든 지식에 내재하는 환각이다. 이 환각으로부터 자유로운 것은 오직 성인의 지성적 직관이다.

설명적 대조에 의하여 우리의 제한된 인식을 특징짓기 위하여 지식의 두 근원들과 그것들의 제한적 성격, 상상의 공허함과 감관들의 맹목에 대한 이론은 그 대응물로서 자유 직관을 필요로 한다고 보여진다. 그러한 것이 지성적 직관 이론의 논리적 가치가 되어야 한다. 다르마키르티의 불가지론적 태도는 위대한 결단과 모든 논리적 날카로움을 가지고 표현되었다. 그의 《전지적 존재》는 인간 인식의 접근할 수 없는 한계이다.

c) 내성(sva－saṃvedana)

모든 의식은 자의식[92]이라는 것이 사우트란티카－요가차라 학파의 근본 주제이다. 외적 대상에 대한 모든 인식은 동시에 그 인식의 인식이다. 모든 느낌과 모든 의지는 한편으로는 어떤 대상과 연결되지만, 다른 한편으로는 또한 자의식이다. 우리는 그러므로 《우리의 앎에 대한 앎》을 가지고 있다. 지식은 자명하다.[93] 옆에 있는 대상들과 그 자체를 동시에 비추는 램프가 그 자체의 빛남을 위해 빛의 외적 근원에 의존하지 않는 것과 같이, 지식도 자명한데, 왜냐하면 그것은 알려지기 위하여 의식적 빛의 다른 어떤 근원에도 의존하지 않기 때문이다. 상키야 학파와 의학파는 지식이, 본래 무의식적이지만 〈영혼〉으로부터 빌려온 의식을 받는 생리적 반사들과 같은 어떤것으로 구성된다고 주장했다. 불교도들에게는 의식이 〈영혼〉과 내적 감관으로 나누이지 않는다 : 내적 감관, 《여섯번째》 감관 자체가 순수 의식이다. 소승 불교의 선배들에 의해서 〈영혼〉이 무시된 것과 똑같이 사우트란티카－요가차라 학파는 《여섯번째》 감관을 무시한다. 그들은 《만일 우리가 푸른 헝겊 조각을 지각한다는 것을 모른다면, 우리는 결코 그것을 지각하지 않을 것이다》[94]라고 주장한다. 《모든 정신적 현상들과 마찬자기로 모든 (단순한) 의식은 자의식이다》라고 다르마키르티는 말한다.[95] 말하자면 단순한 의식,[96] 시야 안에 있는 아주 불명확한 어떤것에 대한 우리의 앎이라는 단순한 사실, 그리고 모든 감정들과 의지들 뿐만 아니라 모든 구성된, 복잡한 정신적 현상들,[97] 심상들, 생각들, 간단히 말해서

---

92) *jñāsya jňānam＝jñāna－anubhava.*

93) *svayam-prakāša.*

94) SDS. 30쪽을 참조하라. 거기에 다르마키르티의 시가 인용되어 있다.
*apratyakṣo-palambhasya nārtha-dṛṣtiḥ prasidhyati.*

95) NB., I. 10, 11쪽.

96) *citta＝vijñānam＝manas.*

정신이라는 자격을 갖는 모든 정신적 현상들은 본래 자의식적이다.

이것은 본능적 생각들과 행동들[98]이 있다는 사실을 방해하지 않는다. 본능, 습관, 카르마는 인도철학에서 그것들에 귀속되는 모든 중요성을 사우트란티카－요가차라 학파에서도 가지고 있다. 어떤 행동들은 준－자동적인데, 왜냐하면 들어오는 자극이 곧바로 합목적적 행동을 수반하기 때문이다.[99] 그러나 이것은 단지 그렇게 보일 뿐인데, 왜냐하면 습관적이고 매우 빠른 중간의 복잡한 과정은 추론적인 내성을 벗어나기 때문이다. 그것은 그것이 무의식적이거나 또는 전혀 자의식적이 아니라는 의미는 아니다. 갓난아이가 울기를 멈추고 입술을 어머니의 가슴에 댈 때, 그의 행동은 그런 의미에서 자의식적이다.[100] 이런 의미에서의 자의식은 생의 동의어이다.

자의식에 대한 이 이론의 충분한 함축은 오직 그것을 다른 학파들의 교의들과 비교함으로써, 그리고 인도와 티벳에서의 그것의 역사를 고찰한 이후에야 이끌어 내어질 수 있다. 그러나 이것은 특별한 취급을 요하는 광범한 주제이다. 여기에서는 다음의 간단한 지적들로 충분할 것이다.

상키야 학파와 의학파들의 입장은 이미 언급되었다. 자의식적인 것은 오직 분리된, 영원한, 변하지 않는 실체로서의 개인의 〈영혼〉이다. 감정들과 의지들 뿐만 아니라 모든 인식의 과정과 그것의 모든 형태들은 본래 무의식적이다. 다섯개의 외부의 감관들과 그들의 감각의 대상들이 있고, 개별성에 대한 무의식적 느낌,[101] 바람직한

---

97) *caitta＝citta-samprayukta-saṃskāra.*

98) *vāsanā＝saṃskāra＝karma＝cetanā.*

99) NBT., 4쪽 17행.

100) 같은책, 8쪽 12행.

101) *ahaṃkāra.*

것과 바람직하지 않은 것에 대한 무의식적 느낌,[102] 그리고 판단의 무의식적 기능[103]의 3중적 기능들을 가진 하나의 내부의 감관[104]이 있다. 이 기능들은 〈영혼〉에 의해 그것들에게 비추어지는 빛을 통하여 의식적이 된다. 비슷하게 감관들에 의한 외부의 대상들의 지각은 본래 무의식적 과정이지만 〈영혼〉에서의 반성을 통하여 의식을 받는다. 내성은 그러므로 외적 지각의 양식 위에서 설명된다. 다섯개의 외부의 감관들이 또한 외부의 대상들을 지각하는 〈인식자〉, 또는 〈영혼〉의 기관들인 것과 똑같이, 여섯번째, 또는 내부의 감관은 특수한 대상들을 지각하는 〈영혼〉의 기관이다.

〈영혼〉, 〈기관〉, 〈대상〉의 3조는, 외적 지각의 양식 위에서 내성을 해석하는 원리와 동시에, 실재론적 학파들에서 존속되고 있다. 그들은 또한 외부의 감관들의 다섯 기관들과 협력하는 여섯번째 기관, 또는 내부의 감관[105]을 가정한다. 그러나 〈영혼〉은 더이상 순수 의식으로 구성된 불변하는 실체가 아니다. 그것은 영원한 〈영혼〉에 내재하는 일시적인 정신적 현상들인 《질들》을 가지고 있다. 그러나 그것들은 〈영혼〉에 의해서 직접 인식될 수 없는데, 왜냐하면 인식은 하나의 행동으로, 칼의 날이 그 자체의 날을 벨 수 없는 것과 똑같이 그 자체의 대상이 될 수 없기 때문이다. 미맘사 학파에게 〈영혼〉과 의식은 동의어이며, 의식은 〈영혼〉의 질이 아니고 그것의 본질이다.[106] 니아야-바이쉐시카에서 의식은 오직 내부의 감각 기관과의 상호 작용을 통해서 〈영혼〉안에서 산출된 일시적인 현상이다. 그것만으로는, 그것은 《돌처럼》[107] 무의식적이다. 두 실재론적

102) *manas.*

103) *buddhi.*

104) *antah-karaṇa.*

105) *manas.* 그것은 여기에서 불교도들의 *manas*와는 상당히 다르다.

106) *jñānā-svarūpo, na tu jñāñaguṇavān ātmā.*

학파들에서의 〈영혼〉의 개념에 대한 이 차이는 내성에 대한 그들 각각의 설명들에서의 차이를 포함한다. 미맘사에게 자의식은 추론이고 니아야 학파에게 그것은 분리된 지각이다. 시각에 의해 항아리가 지각될 때, 하나의 새로운 질, 《인식됨》[108]의 질이 일어난다고 미맘사는 주장한다. 항아리에 있는 이 질의 현존은 우리가 자아(Ego)에 있는 인식의 현존을 추론하도록 해준다.[109] 니아야-바이세쉬카에서, 〈영혼〉이 감관들의 매개를 통하지 않고는 인식할 수 없다는 규칙은 내부의 대상들 뿐만 아니라 외부의 대상들에도 적용된다.[110] 외부의 대상, 말하자면 하나의 항아리에 대한 지각이 《이것은 하나의 항아리이다》라는 판단의 형태로 〈영혼〉에서 산출될 때, 그 지각에 대한 지각, 즉 자기-지각이 《나는 이 항아리의 지각을 부여받는다》는 형태의 새로운 판단[111]으로 뒤따른다. 《〈영혼〉에 내재하는 질들인 기쁨과 고통이 파악될 때, 내부의 기관과 기쁨의 질 사이의 상호 작용은 시각의 기관과 항아리에 내재하는 색깔의 질 사이의 상호 작용과 동일하다.》[112] 아니, 〈자아〉 자체는 동일한 방식으로 인식된다. 〈영혼〉의 인식이 내부의 감관에 의해서 〈자아〉의 형태로 산출될때, 이 인식은 이전의 무의식적 〈영혼〉에서 일어난 새로운 질이다.[113] 이 과정에서 기관은 내부의 기관이고, 대상은 무의식적 〈영

107) 나의 Nirvana, 54쪽 이하를 참조하라.

108) *jñātatā*, NK., 267쪽 12행을 참조하라.

109) 그러므로 인도의 극단적 실재론자들과 미국의 신-실재론자들, 행동주의자들 사이에는 상당한 일치가 있다. 양 편 모두에서 내성 뿐만 아니라 심상들도 부정된다(*nirākāram jñānam*). 미맘사와 똑같이 러셀은(An. of Mind, 112쪽) 《(내부의) 대상과의 관계는 추론적이고 외적이다》라고 생각한다. 프라바카라는 불교도들을 지지한다(*ātma svayam-prakāšaḥ*).

110) NBh., 16쪽 2행을 참조하라.

111) *anu-vyavasāya*.

112) Tarkabhāṣā, 28쪽을 참조하라.

113) 같은책.

혼〉이고, 그것의 인식은 그 〈영혼〉에서 산출된 새로운 질이다.

소승 불교에서 실체로서의 〈영혼〉과 동시에 그것의 질들도 사라진다. 그러나 〈의식〉, 〈기관〉, 〈대상〉의 3조는 외부의 지각의 양식 위에서 자기-지각을 해석하는 것과 마찬가지로 유지된다. 또한 《여섯번째》 기관[114]이 있는데, 그것에 관해 말하자면 모든 정신적 현상들이 그것의 《대상들》[115]이다. 그것은 순수 의식의 일시적인 흐름을 나타내고, 그것은 〈의존적 기인〉의 법칙들을 따라서 외부의 다섯 감관들과 공동으로 그 자체의 대상들로서의 정신적 현상들을 직접적으로, 그리고 외부의 대상들을 간접적으로 인식한다.

이 모든 교의들에 디그나가는 단호한 부정을 대립시킨다. 그는 말한다.[116]

> 어떤 대상들도 느낌들이 아니고,
> (여섯번째) 감관은 지성이 아니다.[117]

여섯번째 감관의 지위에 관하여 소승의 학파들 사이에 어떠한 일반적 일치도 없다. 그들중의 일부는 설일체유부와 같이 이 감관을 지성과 동일시 한다. 그들에게 순수 의식, 내부의 감관과 지성 또는 오성은 동일한 것이다.[118] 그러나 다른 학파들은 상좌부와 같이 의식의 요소와 나란히 여섯번째 또는 내부의 감관[119]을 가정한다. 이

114) *mana-indriya*=*āyatana* No. 6.

115) *viṣaya*=*dharmāḥ*=*āyatana* No. 12.

116) 소승에 있어서의 인식의 이론에 관하여는 나의 CC., 54행 이하를 참조하라.

117) Pr. samucc., I. 21, NVTT., 97쪽 1행을 참조하라-*na sukhādi prameyam vā, mano vāstindriyāntaram.*

118) AK., II, 34-*cittam, mano, vijñānam ekārtham.*

119) *hadaya-dhāthu.*

점에 관한 니아야 학파와의 논쟁에서 디그나가는 그들이 스스로 감관들이 열거되는 경구에서 오직 다섯개의 감각 기관들을 언급하고 있다는 사실에 주목한다.[120] 그러나 바챠야나(Vātsyāyana)[121]는 〈인식자〉, 즉 〈영혼〉이 기관의 매개를 통하지 않고는 인식할 수 없다는 규칙을 고수한다. 《감관－지각의 모든 경우에 〈인식자〉[122]는 감각 기관의 매개를 통하여 판단하는데,[123] 왜냐하면 만일 감각 기관이 파괴된다면 상응하는 후속의 판단[124](“나는 이 항아리의 인식을 부여받았다”는 형태로)이 일어나지 않기 때문이다》라고 그는 말한다. 《그러나 그때 당신은 어떤 사람 자신, 그 자신의 느낌들과 생각들에 대한 지각을 설명해야 하는가?》라고 한 반대자가 말한다. 바챠야나는 대답한다. 《이것은 내부의 감각 기관을 통하여 행해지는데, 왜냐하면 내부의 감관은 (니아야의 경구들에서) 여러 점들에서 (다른 기관들과) 다르다고 하여 따로 셈해지고 있지만 분명히 하나의 기관이기 때문이다……(이 경구에는 여섯번째 기관에 대한) 특별한 부정이 없고 (이 침묵은), 동의의 표시이다.》《그러나, 그렇지 않다는 언명의 부재가 동의의 표시라면 (다섯개의 외부의) 감관들을 언급하는 것이 필요하지 않았을 것이다.(그것들에 관하여 일반적 일치가 있으므로)》[125]라고 디그나가는 말한다.

디그나가는 내부의 감관의 존재를 부정하고 그의 《정신적, 또는 지성적 감각》[126]으로 그것을 대체했다. 모든 인식은 주체와 객체,

---

120) NS., I. 1. 12.
121) NBh., ad I. 1. 4, 16쪽 2행 이하.
122) *jñātṛ.*
123) *vyavasāya.*
124) *anu-vyavasāya.*
125) Pr. samucc., I. 21, NVTT., 97쪽 28행을 참조하라－*anisedhād upāttam ced, anyendriya-rutam vṛthā.*
126) *mānasa-pratyakṣa.*

이해하는 부분과 이해되는 부분으로 나누인다. 그러나 이해하는 부분은 더이상 또하나의 주체와 또하나의 객체로 나누이지 않는다. 의식은 두 부분들, 하나를 바라보는 다른 하나로 분리되지 않는다. 외부의 지각이라는 양식 위에서 내성을 해석하는 것은 잘못이다.

진정한, 계속적인 내성을 찬성하는 다르모타라의 주장은 다음과 같은 것이다. 직접적 감관-지각이라는 의미에서 지각이란 무엇인가? 그것은 무한한 감각의 최초의 순간이 지각된 대상[127]의 심상을 구성하는 과정이다. 《대상의 그 형태는 감관-지각적인데 그것에 대하여 시야 안에 어떤 것의 존재를 단순히 신호해줄뿐인 감각의 직접적 기능은 그것의 심상[128]의 구성을 수반한다》고 그는 말한다. 우리는 의문의 여지 없이 우리의 개인적 동일성, 우리 자신의 〈자기〉에 대한 느낌을 갖는다. 그러나 이 느낌이 〈자아〉의 심상의 구성을 수반하는가? 결코 그렇지 않다. 이 느낌은 단순히 우리 의식의 모든 상태를 동반할 뿐이다. 우리가 푸른 헝겊 조각을 지각하고 동시에 편안한 느낌을 경험할 때, 이 편안한 느낌은 푸른 헝겊 조각에 의해 산출된 감각에 상응하는 심상은 아니다. 그러나 어떤 외부의 대상, 예를 들어 색깔 있는 헝겊 조각이 지각될 때, 우리는 동시에[129] 또 하나의 사물, 어떤 즐거운 것을 의식한다. 이 느낌은 우리의 〈자아〉의 상태에 대한 느낌이다. 《사실, 〈자아〉가 그 안에서 느껴지는[130] 이 형태는 자의식적인 데에 있는 직접적 자기-지각[131]이다. 그러므로 시각을 경험하는 시간에, 우리는 동시에 다른 어떤

---

127) NBT., 11쪽 12행.

128) *vikalpena anugamyate.*

129) *tulya-kālam,* NBT., 11쪽 9행.

130) *yena rūpeṇa ātmā vedyate,* 같은책, 11쪽 8행 ; *ātmā*는 여기에서 물론 유심론자들이나 실재론자들의 실체적 *ātma*가 아니다.

131) *tad rūpam ātma-saṃvedanam pratyakṣam,* 같은책.

것, 부가적인 어떤 것, 모든 정신 상태를 동반하는 어떤 것, 지각된 외부의 대상[132]과는 다른 어떤 것, 그것 없이는 절대적으로 하나의 정신 상태[133]도 없는 어떤 것을 경험하는데, 이 어떤 것이 우리 자신의 〈자아〉이다.》

그러므로 지식에 대한 앎이 있다. 그것은 의문의 여지 없이 정신적 사실,[134] 〈자아〉의 느낌이다 : 그것은 직접적이고, 그것은 구성[135]이 아니고 환각이 아니며, 그러므로 그것은 그것의 종류들의 하나와 같이 감관-지각의 정의 아래 들어간다.

이 점에 대해서 의식의 무관심한, 냉담한 상태의 존재를 부인하는 이론이 언급되어야 한다. 〈자아〉는 항상 어느 정도, 아주 약간이라도, 감정적이다. 대상들은 바람직하건 바람직하지 않건간에 무관심한 것들은 없다. 그것들은 획득되거나 또는 회피된다. 실재론적 학파들에서 가정된 무관심은 단지 외관상의 무관심이고, 대상들은 회피되어야 할 것들의 부류에 속하게 되는데, 왜냐하면 원해지지 않아야 한다는 것은 회피되어야 한다는 것을 의미하기 때문이다. 살아있는 존재 안에 있는 의식의 흐름에는 중단이 없다. 심지어 깊이 잠든 상태나 강직증적 혼수 상태에서도 계속되는 일종의 의식적 상태가 있다. 더우기 의식은 항상 행동을 위한 준비인데, 바로 그 본질상 그러하다. 따라서 그것은 절대적으로 무관심하게 두어질 수 없다. 관심의 요소로서의 자아는 모든 의식적 상태를 동반한다.

---

132) *nilādy-arthād anyat,* 같은책.

133) *nāsti sā kācit citta-avasthā yasyām ātmanaḥ saṃvedanam na pratyakṣam syāt,* 같은책.

134) *jñānam eva.*

135) 이 자의식은 *kalpanā=šabda-saṃsarga-yogyatā*에 대하여서는 *nirvikalpaka*이지만, 다른 근본적, 또는 선험적 *kalpanā=grāhya-grāhaka-kalpanā*에 대하여서는 분명히 아니다.

그러므로 〈우파니샤드〉에서 〈최고 브라흐마〉로 왕관을 차지했던, 인도 철학에서의 〈자아〉는 상키야에서는 순수 실체로, 실재론적 학파들에서는 질을 갖는 실체로 되었다. 그래서 소승 불교에서 그것은 여섯번째 감관의 기능들을 갖는 단순한 생각의 흐름이라는 지위로까지 격하되었다. 그것은 심지어 논리 학파에서는 그 지위마저도 잃고 모든 정신 상태의 부수적 요소, 일종의 《선험적 통각》—주체와 객체로의 의식의 가름이 모든 가능한 경험을 앞서기 때문에 선험적이다—이 된다. 그래서 그것은 가능한 경험의 선험적 조건들에 속한다. 그러나 후에 보게될 것처럼[136] 그 내력의 끝에서, 개혁 베단타에서, 중관 학파에서, 그리고 마디아미카—스바탄트리카—사우트란티카와 마디아미카—프라상기카—요가차라의 혼합 학파들에서 그것은 다시 고양되고 〈최고 브라흐마〉의 지위를 다시 주장한다.[137]

---

136) 이 점에 대해 최근의 《Acta Orientalies》에 있는 E. Obermiller의 〈Uttaratantra〉 번역을 참조하라.

137) 이것은 물론 《흄의 시대 이래로 심리학에서 가장 수수께끼인 것으로 상당하게 간주되어왔던(W. James)》 것에 대한 인도인의 견해들의 매우 간략한 언급일 뿐이다. 그러나 소승 불교도들은 그들이 자아(*pudgala*)를 각 부분이 분리된 사실(*dharma*)인—그것의 존재에 대해 말하자면—하나의 집합(*saṃskāra-samūha*)으로 묘사하기 때문에 영국과 프랑스의 관념 연합론자들 및 독일의 헤르바르티안들과 일치한다는 것은 주목되어야 할 것이다; 베단타, 상키야, 그리고 인도 실재론자들은 유심론적 이론을 옹호하는데, 그에 비해 불교 논리학자들의 이론은 일종의 선험적 이론으로 특징지워질 수 있다. 칸트는 잘 알려진대로 그의 선험적 통각의 이론 외에, 외부의 대상들에 의해 자극되는 외부의 감관들과 똑같이, 우리의 내부의 대상들에 의해 자극될 수 있는 《내부의 감관들》(*"der innere Sinn von uns selbst afficiert werde"*)이라는 이론도 가지고 있었다. 칸트의 이론의 이 부분은 니아야파의 견해와 거의 완전히 일치한다. 아니, 자아의 지각조차도 양측에 내부의 감관을 통하여 산출된다—《내부의 감관들의 대상인 자아(*der Gegenstand des inneren Sinnes, das Ich*)》(CPR., 472쪽). 이것은 산스크리트어로는 반드시 *ātmā āntarasya idriyasya arthaḥ*로 번역되어야 하며, 우리는 이것이 Tark-Bhāṣā, 28쪽에서 정확히 진술되고 있음을 안다.

## 5. 감관-지각에 대한 인도인의 견해들의 역사

지각에 대한 최초의 체계적 견해는 상키야 학파의 이론에 의해 대표된다. 위에서 이미 언급된대로[138] 이 체계에 따르면 모든 종류의 변화하는 지각들은 그것만으로는 무의식적이지만 〈영혼〉에 의해 그들에게 반사된 빛으로부터 빌어온 의식을 받는 육체적 반사들이다. 〈내부의 기관〉[139]은 근본 물질의 최초 축폐선들중의 하나이다 : 그것은 〈대원리〉[140]라고 불리는데, 왜냐하면 그것은 그것의 활동내로 국한되고, 인식할 수 있는 모든 것을 포괄하기 때문이다. 그것은 외부의 다섯 감관들에 의해 도움을 받는데, 각각은 그 자체에 상응하는 제한된 대상 영역을 갖는다. 이 작인들은 인식의 행동에서 각각 그 자신의 분야를 맡는다 : 외부의 감관은 지각하고 내부의 기관은 판단하고 〈영혼〉은 해명한다.[141]

의학파들도 마찬가지로 〈영혼〉, 〈내부의 기관〉, 그리고 외부의 다섯 감각 기관들을 가정한다. 이 다섯 기관들을 구성하는 재료는 다섯 종류의 외부의 질료에 상응한다. 각 기관은, 비슷한 것은 오직 비슷한 것들에 의해서 감지될 수 있다는 원리, 즉 잘 알려진대로

---

138) 위 261쪽을 참조하라.

139) *buddhi*=*antaḥ*-*karaṇa*, 그것의 기능은 *adhyavasāra*, 즉 《판단》이다 ; *ahaṃkāra*와 *manaḥ*의 기능은 그것과 관련된다.

140) *mahat*.

141) Iśvarakṛṣṇa, Kār. 5의 정의에 의하면 지각은 지각적 판단(*prativiṣaya-adhyava-sāya*)이지만, 바르사가나(Tātp., 105쪽 10행)에 의하면 그것은 《대상의 형태를 취하는》 감관들에 의해 산출된(*indriyāṇām artha-ākāreṇa pariṇataṇaṃ*) 단순한 감각(*ālocanā-mātram*)이다. 상키야경들은 분명 그들 사이에 약간의 정도 차이가 있기는 하지만 불명확한 감각(*nirvikalpaka*)과 명확한 판단(*savikalpaka*)을 둘 다 가정한다 ; 참된 지각은 그들에게는 명확한 것이다.

고대 그리스의 철학자들에 의해서도 가정된 원리 때문에 그 자체의 제한된 영역 내에서만 활동한다. 예를 들어, 보는 기관은, 기관과 색깔들이 둘 다 불 등의 요소라는 본성을 갖고 있기 때문에, 오직 색깔들을 감지할 수 있다.[142] 내부의 기관도 마찬가지로 육체적이며, 그것은 특수한 재료의 단일한 원자[143]로 구성된다. 그것은 무한한 속도로 기관의 한 위치로부터 다른 기관의 위치로 움직이는데, 어디에서나 〈영혼〉과 외부의 감관 사이의 연결을 이룬다. 그러므로 그것은 지적 〈영혼〉과 육체적 기관 사이에 개입하는 것으로 상상되는 신경 전류[144]로 비유될 수 있다. 외부의 대상들을 감지하는데 있어 외부의 감관들을 돕는 것 이외에도 이 내부의 기관은 그 자체의 특수한 행동 영역을 가지고 있다. 그것은 외부의 감각할 수 있는 대상들에 대해서 뿐만 아니라 우리 마음[145]의 내부의 작용들에 대해서도 적용되며 독립적으로 지각되고 반성된다. 내부의, 또는 지성적인 대상들은 : 〈영혼〉, 〈판단〉, 내부의 기관, 그리고 그것의 특별한 대상들, 느낌들, 생각들, 의지들 등이다.[146] 그것들은 내부의

---

142) 상키야 체계에서 다섯 감각 기관들과 질료의 다섯 상응하는 요소들은 원형적 인격(*ahaṃkāra*)으로부터의 평행적 진화에서 산출되고, 그러므로 그것들은 인격의 소산들(*ahaṃkārikāṇi indriyāṇi*)이라고 불린다. 니아야-바이쉐시카, 초기 요가, 미맘사, 그리고 의학파들에서 이 원칙은 빠지고, 감각기관들은 질료의 상응하는 요소들(*bhautikāni indriyāṇi*)과 같은 원자들로 구성된다. 불교도들은 외부의 다섯 감관-기능들의 소재지로 다섯개의 특별한 종류의 반투명 재료(*rūpa-prasāda*)를 가정한다.

143) *aṇutvam atha caikatvam dvau guṛau manasaḥ smṛtau,* Cakrapāni ad I.8.5와 비교해보라. 실재론자들은 그러므로, 의학파들과 마찬가지로, 내부의 기관이 동시에 두 상이한 장소들에서 존재할 수 없으므로 두가지 동시적 느낌들이나 생각들의 가능성을 부인하였다.

144) 가르베(Garbe) 교수는 상키야 학파의 *indriyas*를 신경 체계의 기능들에 대한 우리의 관념들과 비교한다. Sānkhya Phil., 235쪽.

145) *manasas tu cintyam arthaḥ,* 같은책, I. 8. 16.

146) *mamo, mano'rtho, buddhir, ātmā ca ity adhyātma-dravya-guṇa-saṃgrahaḥ,* 같은책, I. 8. 12.

기관에 의해 직접적으로 파악된다.

우리는 그러므로 다음과 같은 정리를 갖는다. 내부의 감관에 의해 도움을 받는 외부의 감관들은 외부의 대상들을 감지한다. 내부의 감관[147]은 우리들의 마음의 작용들을 초래하며 본능적으로[148] 바람직하고 바람직하지 않는 대상들 사이를 구별한다. 다른 하나의 내부의 기관, 또는 이 기관의 다른 하나의 기능인 판단[149]은 분명하고 명백한 지각을 산출하지만, 전 과정은 오직 그것을 의식적으로 만드는 〈영혼〉으로부터 오는 빛에 의해 비추어지기를 원한다. 이 정리는 상키야 이론과 실질적으로 다르지 않다. 지성은 가끔 여섯번째 감관으로 간주되지만, 때로는 외부의 다섯 감각 기관들만 언급된다.[150] 이 경우에, 차크라파니(Cakrapāṇi)는 이것이 모순이 아니라고 언급한다.[151] 그는, 모든 다른 과학들의 기초인[152] 의학이 분명히 상충되는 의견들을 가끔씩 인정하고 승인할 수 있는데, 그것은 그것이 항상 특별한 맥락에서 그렇게 하기 때문이라고 말한다. 감관-기능들에 대해 할애한 장에서 그것들의 특별한 특징들이 지적되어 있고,[153] 그러므로 그것들은 비-감각적 반성 기관이라는 그것 자체의 특수한 영역 내에서 지성과 구별된다. 그러나 그의 저서의 다른 부분들에서 차라카(Caraka)는 지성을 감관-기능들 사이에 포함시키고, 바이쉐시카 학파나 상키야 학파와 똑같이 여섯(세분하면 열하나) 감관-기능들과 기관들을 센다.[154]

---

147) *manaḥ,* 같은책.

148) *ūha-mātreṇa=nirvikalpakena,* 같은책, ad IV. 1. 20.

149) *buddhi=adhyavasāya,* 같은책.

150) 같은책, IV. 1. 37-40.

151) Ad I. 8, 3.

152) *sarva-pāriṣam idam šāstram,* 같은책.

153) *adhika-dharma-yogitayā,* 같은책.

실재론적 체계들, 니아야-바이쉐시카, 미맘사, 자이나도 마찬가지로 〈영혼〉, 내부의 감관, 그리고 외부의 다섯 감관들을 가정하지만 인식을 산출하는 데 있어서 그들의 역할은 다르게 분류된다.

판단의 기능, 즉 참된 인식은 내부의 기관으로부터 〈영혼〉으로 이동한다. 니아야-바이세쉬카에 따르면 그것은 내부의 기관과의 접촉에 의해 그 위에 산출되는 〈영혼〉의 성질이다.[155] 미맘사에 따르면 그것은 인식 자체이다.[156] 인식은 그러므로 기관들을 통한, 〈영혼〉에 의한 판단이다. 그것은 〈영혼〉과 내부의 기관, 그리고 내부의 기관과 외부의 기관의 이중적 접촉을 통하여 외부의 감각할 수 있는 대상들에 대해 적용된다 : 그리고 내부의 기관의 매개적 연결을 통하여 내부의 대상들, 느낌들, 생각들, 그리고 의지들에 대해 적용된다. 내부의 기관은 여기에서 그 판단의 기능을 잃지만, 그러나 외부의 감관들을 돕고 지각하는 기능들, 마음 자체의 작용들을 유지한다. 감관-지각은 그러므로 지각적 판단을 포함한다. 무한한 감각은 비록 인정된다고 해도 미약한 정도의 지각에 불과한 것이다.

소승 불교도들은 〈영혼〉도 함께 빼버리지만 내부의 기관을 정신화한다. 인식의 전체 작업은 그러므로 이 내부의 기관에 맡겨진다.

---

154) 상키야에서 *buddhi, ahaṃkāra, manas*는 각각 고유한 기능을 갖는 세가지 상이한 내부의 기관들이다. 니아야-바이쉐시카에서 *buddhi, upalabdhi, jñāna*(*manas*가 아니다)는 동의어이다(NS., I.1.15). 불교에서 *citta, manas, vijñāna*는 순수 감각을 의미하는 동의어이지만, *buddhi*=*adhyavasāya*=*niš caya*=*sanjñā*는 개념을 의미하고, 따라서 그것은 *manas*의 대상이다. 대승의 관념주의적 학파들에서 순수 감각은 *pratyakṣa*와 *vijñāna*라고 불리며 *sākā ra*, 즉 하나의 심상 또는 개념이 된다.

155) 니아야-바이세쉬카의 *ātmā*는 *svato'cid rūpam nityam, sarvagatam, cetanā -yogād, cetanam, na svarūpataḥ*이다. TS., 79-80쪽.

156) 미맘사학파의 *ātmā*는 *caitanya rūpam, caitanyam buddhilakṣaṇam*이다. 같은책, 94쪽.

그것은 외부의 대상들을 감지하는데 있어서 외부의 감관들을 돕고 마음의 내적 작용들을 직접적으로 인식하는 것으로 가정된다. 지성은 그러므로 외부의 다섯 기관들과 협동하고 내부의 세계를 인식하는데 있어서 그 자체의 특별한 대상들을 갖는 여섯번째 기관이 된다. 《바이바시카(Vaibhāṣika) 학파에 따르면 눈은 보고 지성은 인식한다》[157)]라고 바수반두는 말한다.

〈의존적 기인〉의 원리에 따르면 인식은 초기 불교에서 최소한 세 요소들의 합존재(compresence)[158)]로 해석된다 ; 순수 의식, 대상, 감각 기관. 이것이 감각을 산출한다.[159)] 심상, 개념,[160)] 또는 판단은 개념 요소의 부가에 의해 산출되지만, 순수 의식의 요소는 모든 인식에 존재한다. 그것은 여섯번째 기관[161)]으로 요소들의 체계에 들어가지만, 〈바수반두〉[162)]는 이것이 그 안에서 다른 기관들이 기관들이라고 이해된다는 의미에서 전혀 하나의 기관이 아니라고 언급한다 : 그럼에도 불구하고 균형을 위해 지성은 여섯번째 기관으로 간주되는데, 왜냐하면 예를 들어 색깔 있는 표면을 감지하는 시각 기관과 우리 자신들에 의해 지각되는 우리 마음의 작용들을 살피는데 채용되는 순수 의식 사이에는 유사함이 있기 때문이다. 이 작용들은 《여섯번째 감관》의 특별한 대상들인데, 반면에 외부의 감각할 수 있는 대상들의 지각에 있어서 그것은 오직 다른 감관들의 작업을 돕는다. 우리는 그러므로 초기 불교에서 이미, 비록 다른 방식으로 이기는 하지만 불교 논리학의 매우 현저한 특징인 순수 감각과 개

157) AKB., I. 42.
158) *sannipātaḥ.*
159) *sparšaḥ=trayāṇam sannipātaḥ.*
160) *sanjñā.*
161) *mana-āyatana=ṣaṣṭhendriya=indriyāntara,* CC., 96쪽을 참조하라.
162) AK. I. 16, CC., 64쪽을 참조하라.

념 사이의 날카로운 구분을 갖는다. 여기에서 상키야 학파, 의학파, 실재론 학파의 여섯번째 감관 및 영혼을 대체하는《여섯번째 감관》은《순수 의식의 그룹》[163]으로서 요소들의 체계에 들어가고《개념들의 그룹》[164] 및 다른 그룹들과는 구별된다.

대승에서 이 정리는 급진적으로 변화하였다. 중관 학파는 일반 논리학에 대한 그들의 부정적 태도 때문에 고려 밖에 놓여져야 한다.[165] 그러나 초기 관념론자들, 아상가와 바수반두는 외부세계의 실재성을 부인할 때, 인식의 전체를 우리 자신의 마음의 작용들을 주시하는 과정으로 변환시켰다. 외부의 세계 대신에 그들은《의식의 창고》[166]를 가정하였다. 이것은 그러나 디그나가와 다르마키르티에 의해 변장한 〈영혼〉이라고 거부되었다.[167] 그래서 그들은 최종적으로 불교 논리학에서 비-구성적 순수 감각과 구성적, 또는 개념적 종합이라는 두 이질적 요소들을 수립하였다. 이것은 내성의 이론, 심상들과 명칭들의 이론과 함께 불교 인식론의 근본적 특징들이다.

이 역사적 발전으로부터 이끌어내져야 하는 교훈은 순수한, 심상 없는 의식이라는 관념이 인도 철학에서 항상 살아있었다는 것이다. 우리는 그것을 상키야 학파와 의학파들의《영혼》에서, 실재론자들의 심상 없는 인식에서, 소승 불교의《의식의 그룹》또는《여섯번째 감관》에서, 그리고 논리학자들의《순수 감각》에서 만났다. 그러나 후자만이《감관 지각은》모든 기억적, 또는 모든 지성적인 요소가 전혀 없는《순수 감각이다》라고 주장한다. 그들의 교의에 불명확한 지각과 명확한 지각 사이의 차이를 도입했던 모든 다른 학파들에

163) *vijñāna-skandha.*

164) *sanjñā-skandha.*

165) 나의 Nirvāṇa, 141쪽 7행을 참조하라.

166) *ālaya-vijñāna.*

167) 2권 부록 Ⅲ, 4장 5를 참조하라.

게 그 차이는 오직 정도의 차이였으며, 감각은 불완전한 지각이고, 참된 인식은 명확한 지각에 의해 산출되는 것이었다. 그러나 불교도들에게는 그것은 바로 그 반대이어서, 참된 인식은 그것이 비-구성적이고 따라서 주관적이 아니고 인위적이 아니기 때문에 순수 감각이다. 그것이 바로 우리가 궁극적 실재, 〈물자체〉, 순수 대상 또는 순수 존재와 접촉하는 지점이다. 이것이 또한 후일의 베탄타 학파가 이 점에 있어서 불교 논리학에 집중하는 까닭이기도 하다. 우파니샤드의 언명을 사용하여 그들은 감관-지각을 《간접적이 아닌》[168] 지식으로 정의하는데, 그것은 우리가 본대로 불교의 정의의 실제적 의미이다. 그들은 그것을 〈절대자〉, 〈유일자〉, 분화되지 않은 순수 〈브라흐마〉에 대한 직접적 느낌과 동일시한다.

실재론자들의 정의는 감관-지각이 감각적 자극에 의해 산출되고 그것이 지각적 판단을 포함한다고 언급한다.

아상가의 정의는 축어적으로 다르마키르티에 의한 것과 같지만 그것의 모든 함축들을 포함하지는 않는다.

바수반두는 분명히 두가지 정의들을 산출했었다. 첫번째는 그가 그의 《바다-비디(Vāda-vidhi)》에 삽입했던 것이다. 그것은 《감관-지각은 대상 자체로부터 산출된 바로 그 인식이다》라고 언급한다. 이 《자체》의 강조에 의해서 궁극적으로 실재적인 대상, 찰나점의 단순한 유효성이 의미된다. 이 정의는 디그나가에 의해 신랄하게 비판되었는데, 왜냐하면 그것이, 《대상과 감각 기관 사이의 접촉으로부터 산출된다》는 실재론자들의 정의의 첫 부분과 근접하게 닮았고, 그래서 실재론적 의미로 오해되기 쉽기 때문이다. 후속 작품 《바다-비다나(Vāda-vidhana)》에서 바수반두는 아마 그의 정의를

168) *pratyakṣa*=*aparokṣa,* 나의 Nirvāṇa, 159쪽 주2를 참조하라.

바로잡고 디그나가의 그것과 일치시켰겠지만, 그 작품이 분실되었기 때문에 우리는 그것을 정확히는 알 수 없다.

## 6. 유럽의 몇몇 유사한 이론들

우리는 인도에서 불교도들의 지식 이론과 그 반대 이론들 사이에 쟁점이 되는 주요 요점이 감관-지각, 엄격한 의미에서 감관에 의한-지각이 또한 지각적 판단을 포함하느냐 하지 않느냐라는 것임을 보아왔다. 이 질문은 또한 다음과 같은 형태로 물어질 수 있다 : 순수 감관-직관, 또는 순수 감각은 실재인가? 그리고 그 질문은 다음과 같은 그 이상의 질문과 밀접하게 관련된다 : 지식, 감성과 오성이라는 실제로 두개의, 그리고 오직 두개의 근원들이 있는가? 우리는 선정(禪定)의 심리학에 있어서 위대한 스승들인 설일체유부학파의 의사들이 우리의 감관들은 푸른 헝겊 조각에 대한 명상에 깊이 몰입되고, 어떤 다른 들어오는 자극의 배제에 몰입될 수 있는 반면에 우리의 오성은 그것에 대해서 전혀 모르고, 그래서 우리는 《이것이 푸르다》라는 판단을 주장할 수 없다는 점을 주목했었던 것을 보아왔다. 우리는 다르마키르티가 순수 감각의 한 요소의 실재를 증명하는 내성에 대한 실험을 되풀이 하도록 우리에게 요청한 것을 보아왔다. 우리는 또한 인도의 실재론자들이 이중적 감관-지각, 즉 불명확하고 혼란한 것과 지각적 판단을 포함한 명확한 것을 인정하는한 어느 정도 그 점을 인정한다는 점을 보아왔다. 불교의 논점은 순수 감각, 또는 직관이 존재하고 그것은 지각적 판단을 수반한다[169]는 것이다. 반대의 논점은 명확할뿐만 아니라 혼란한 감관

---

169) *vikalpena anugamyate.*

-지각이 있다는 것과 후자는 지각적 판단을 포함한다[170]는 것이다. 차이는 매우 적은 것처럼 보이지만, 그것은 근본적이고, 불교 철학의 전체 체계가 그것으로 더불어 확립되기도 하고 무너지기도 한다. 그것은 불교의 존재론, 찰나적 실재의 이론과 밀접히 관련된다. 보통의 상태에 있는 순수 감각은 지속을 갖지 않는다. 즉 그것은 오직 한 순간만 유지하고, 따라서 경험적으로 인식할 수 없고 언표불가능하며, 언표불가능성이 그것의 특징적 표시이다. 우리는 그러므로 그것을 우리의 지식의 선험적 요소라고 불러왔는데, 왜냐하면 비록 본래 경험적으로 인식할 수 없고 느낄 수 있는 심상으로 인식할 수 없을지라도 그것은 모든 경험적 지각과 일반적인 모든 참된 지식의 불가결한 조건이다.

다른 사람들은 유럽 철학의 역사가 불교의 교의와 부분적으로, 또는 심지어 완전히 일치하는 교의를 포함하는지의 여부를 판단하는데 더 유능할 것이다. 우리의 임무는 그것을 가능한한 더 분명하게 하기 위해서 비교에 의해 인도의 이론을 기술하는 것이다. 그 근본적 원리는 매우 분명하게 보이는데, 감관들과 오성은 인식의 다른 근원이고, 정도에 있어서가 아니라 본질에 있어서 다르며, 상호간에 하나는 다른 하나의 부정이라는 것이다. 그러나 두 근원들은 상호작용을 하며 실제적, 즉 경험적 인식에서 그것들의 상호 관계하는 부분들을 분리하는 것이 항상 쉬운 것은 아니다. 전 체계가 그 구분 위에 세워졌기 때문에 우리는 우리의 탐구의 과정에서 그것으로 되돌아가고 그 결론들과 함축들이 말려든 어려움을 지적하는 여러번의 경우를 당하게 될 것이다. 비슷한 경우로 유럽의 사상이 유사한 어려움에 말려든 것으로 보인다면, 이것은 간접적으로 그

170) *vyavasāyātmaka,* NS., I. 1.4.

어려움들이 본질적이며 문제 자체에 속한다는 점을 증명하는 것이 될 것이다.

유럽의 철학자들 중에서는 〈라이드(**Reid**)〉가 지각과 관념적 재생으로부터 감각을 날카롭게 구분해서 유명하다. 그에게는 《감각》이란 말이 외부의 대상에 대한 어떠한 앎도 함축하지 않는 주관적 상태를 의미할 뿐이다. 감각을 갖는다는 것이 단지 감각 기관들에 주어지는 인상에 기인하는 어떤 종류의 느낌을 갖는 것이라면 순수 감각은 순수하게 감정적인 의식일 것이다. 다른 한편 지각을 갖는 것은 현재의 감각에 의해 대상을 알게 되는 것이다. 감각의 의미를 전달할 때, 그것은 더 이상 순수 감각이 아니고 지각이 된다. 그 의미는 감각으로부터 오는 것이 아니고 기억이나 상상과 같은 다른 근원으로부터 온다. 이 이론은 순수 감각—***nirvikalpakam pratyakṣam,*** 상상과 결부된 감각으로서의 지각—***savikalpakam pratyakṣam,*** 그리고 관념적 재생 또는 순수한 상상—***kalpanā***—***matram***의 인도적 구분에 매우 가까운 것처럼 보인다. 그러나 그 구분은 비록 날카롭게 형식화되었지만 라이드의 손에서 광범한 결론들을 내도록 이끌지 않았고 그의 후계자들의 수중에서 반은 지워졌다.

외부의 사물들에 의해 만들어진 명확한 인상으로서의 로크의 《관념》도, 《더 약하게 되는 느낌》인 흄의 《관념》도 순수 감각과 충분한 지각 사이와 같은 어떤 충분한 구분을 하지 않는다.[171)]

비록 〈라이프니츠〉는 지각이 기계론적 입장에서 불가해하다는 것을 분명히 알고[172)] 그것의 선험적 기원을 발견하고 당황했지만, 그럼에도 불구하고 감각은 그에게는 혼란한 지각일 뿐이었다.

---

171) 이 점에 관한 그의 결정의 부족으로 로크가 이끌려간 모순들에 대해서 T. M.Green, Introduction to Hume's Treatise을 참조하라.

172) Monadology, 17.

그러나 〈칸트〉는 그의 비판적 시기의 초기에, 잘 알려진대로, 그 구분을 재정립했다. 그는 이 본질적이고 《발생적인》 차이가 거의 완전히 폐지된 것이 철학에 《매우 손해되는》 것이었다고 생각했다. 상상은 칸트에게 경험적 지각의 필요 요소이었다. 이 점에 있어 그의 이론과 라이드의 이론 및 인도의 이론과의 일치가 있었다. 그러나 순수 감각과 순수 상상의 문제는 어려움들을 제시한다. 전자는 칸트가 감각과 직관, 그리고 시간과 공간의 형식들인 선천적 순수 직관의 형식들을 구분함으로써 복잡하게 되었다. 우리는 불교도들에게 있어서 시간과 공간의 형식들이 우리 마음의 원래적 소유가 아니고, 모든 다른 감성적이고 추상적인 형식들이 그런것과 똑같이 우리의 생산적 상상력의 능력에 의해 구성된다는 것을 보아왔다. 순수 감성으로서의 감성은 그것만으로는 절대적으로 무형식적이다. 생산적 상상력(*vikalpa*)에 대해 말하면, 그것은 불교 논리학에 있어서 감성이 아닌 모든 것을 포괄하는 용어이다. 그것은 그러므로 칸트의 생산적 상상력과 함께 그의 오성, 판단, 이성과 추론을 포함한다. 그것은 오직 이분화 원리가 아닐 수 없는데, 왜냐하면 그것이 감성적인, 순수하게 감정적인 의식과 지성적인, 순수하게 자발적이고 상상적인 의식 안에서 인식인 모든 것을 나누기 때문이다. 감각과 상상은 각각 그 자체의 대상과 그 자체의 기능을 갖는다고 불교도들은 말한다. 감관들의 기능은 대상, 순수 대상을 현존하게 하는 것이며, 그 이상은 아니다. 상상의 기능은 그것의 심상을 구성하는 것이다. 순수 감각의 대상은 순수 대상이고 상상의 대상은 그것의 심상이다. 감각이 없다면 우리의 지식은 "실재의 공(空)"[173]일 것이라고 불교도들은 말한다. 《직관이 없다면 우리의 모든 지식은

173) *vastu-śūnya.*

대상들이 없을 것이고 따라서 전적으로 공허하게 남을 것이다》[174] 라고 칸트는 말한다.[175] 《만일 (범주들에 의한) 모든 사유가 경험적 지식으로부터 제거된다면, 어떤 대상에 대한 지식도 남지 않게 되는데, 단순한 직관에 의해서는 아무것도 사유될 수 없기 때문이다》 라고 칸트는 말한다. 《어떤 지각적 판단도 없는 순수 감각은 전혀 존재하지 않는 것과 같다》[176]고 다르모타라는 말한다. 《개념이 없는 직관은 맹목이다》[177]라고 칸트는 말한다. 《개념없이 순수 감각만으로는 우리가 어디로 움직여갈지도 어디로 움직여가는 것을 삼가야 할지도 결코 알지 못할 것이다》라고 불교도들은 말한다. 《이 두 힘들, 또는 능력들은 그들의 기능을 교환할 수 없다》고 칸트는 말한다.[178] 오성은 볼 수 없고 감관들은 생각할 수 없다. 같은 것이 불교도들에 의해 수백번 말해지고 되풀이되었다. 《그들의 결합에 의해서만 지식은 산출될 수 있다》고 칸트는 말한다.[179] 《이 두 (결합된) 인식의 방법들은 오직 성공적인 합목적적 행동에 관해서만 (즉 경험적 영역에서) 올바른 인식의 방법이다》라고 불교도들은 말한다.[180] 《이 (두) 능력들의 어느것도 다른 것보다 더 나은 것은 아니다》라고 칸트는 말한다.[181] 《감관-지각은 그들중에서 유력한[182] 것이 아니다. 감관-지각과 추론(즉 감각과 오성)은 둘 다 동일한 힘을 갖는다》[183]라고 불교도들은 말한다. 《순수직관과 순수개념은

174) CPR., 50쪽.
175) 같은책, 50쪽 그리고 41쪽.
176) *asat-kalpa,* NBT., 16쪽 6행.
177) CPR., 41쪽.
178) 같은책, 41쪽.
179) 같은책, 41쪽.
180) 2권 부록 Ⅲ, 3장 2를 참조하라.
181) 2권 1장 7.
182) TSP., *pratyakṣam na jyeṣṭham pramāṇam.*

오직 선험적으로만 가능하다》라고 칸트는 말한다.[184] 다르모타라는[185] 이 관념에 대해 다음과 같은 새로운 견해를 갖는다. 《순수 감각[186]은, 지각적 판단[187]이 (말하자면) 그 자체의 (개념적) 기능을 소홀히 하면서 감각의 기능을 취하는, 즉 시야 안에 대상의 존재를 지시하는 곳에서[188] 우리의 지식의 근원이 된다》고 그는 말한다. 그러한 순수 감각에 대한 해석은 그러므로 개념과 판단에 넘겨진다.

일부 표현들에서 뿐만 아니라 근본적 원리들에서의 이 일치는, 내가 알고 있는 한에서는, 매우 주목할 만한 것으로 간주되어야 한다.

근대 인식론 뿐만 아니라 근대 심리학은 감각과 개념 사이에서와 같은 《발생적인》 차이라는 관점을 버렸고, 정도의 차이와 복잡성의 차이로 복귀했다. 제임스(W. James)는 이 주제에 대하여 다음과 같은 방식으로 말한다.[189] 《더 부족한 의식과 더 풍부한 의식 사이에 어떤 날카로운 경계선을 긋는 것은 불가능한데, 왜냐하면 우리가 최초의 조야한 감각을 넘어서는 순간에 우리의 모든 의식은 연상의 문제이고, 여러 연상들은 점점 서로를 변화시키면서 연합이라는 같은 기계의 모든 소산들이 되기 때문이다. 더 직접적 의식에서는 더 적은, 더 먼 의식에서는 더 많은 연합적 과정들이 이용된다.》 제임스는 《우리가 최초의 조야한 감각을 넘어서는 순간》이라고 말한다. 불교도들은 조야한 감각이라는 바로 이 최초의 순간이 순수 감각

183) *tulya-bala* NBT., 6쪽 12행.
184) 같은책, 41쪽.
185) NBT., 16쪽 16행.
186) *kevalam pratyaksam.*
187) *yatrārthe.*
188) *pratyakṣa-pūrvako'dhyavasāyas.*
189) Psychology, II, 75쪽.

이라고 대꾸했을 것이다. 나머지 모두가 연상의 문제라는 것은 최초의 순간이 연상의 문제가 아니고 순수 감각이라는 명제와 모순되지 않고 단지 그것을 확인시켜줄 뿐이다. 실재의 본질이 순간적이므로 순수 감각이 오직 순간만 지속한다는 조건은 그것의 실재를 부인하는 것이 아니라, 반대로 그것을 지지한다. 이 실재는 추론적인 사유로 인식할 수 없고, 따라서 언표불가능하지만, 그러한 것이 바로 감각에 나타난 바로서의 궁극적 실재의 성격이다. 《그러므로 플라톤이 오래 전에 생각했던 바대로—비록 그 교훈이 각 세대의 철학자들에게 새롭게 가르쳐져야 할 것으로 보이지만—철저한 감각주의는 말이 없어야 한다.》[190]

러셀(B. Russel)[191]에 의하면 《이론적으로, 가끔 실제적으로는 아니지만, 우리는 대상의 지각에 있어서 과거의 경험에 기인하는 부분을 대상의 성격으로부터의 기억적 영향들이 없이 진행하는 부분들로부터 분리할 수 있다》:《감각은 실제적 경험에서 이론적 핵심이고, 실제적 경험은 지각이다.》 이것은 인도의 실재론자들의 견해와 일치하는데, 그들에게는 《명확한 지각》은 참된 감관-지각이다. 러셀은 《이 정의들을 내리는데는 심대한 어려움들이 있다》고 덧붙인다. 근본적 어려움은 이것이니, 즉 순간적 감각이 기억적 요소들의 모든 형식으로부터 분리될 때, 그것은 다르모타라가 말한대로 《비-존재적인 것처럼》(*asat-kalpa*) 전혀 지식이 아니라는 점이다: 그것은 칸트가 생각했던 것과 같이, 그리고 인도의 실재론자들이 받아들이지 않을 수 없었던 것과 같이 지식이 아니고 지식의 《선험적》(*atindriya*) 근원이다.

지그바르트에 의하면 《이것은 금이다》라는 형식의 지각은 다음

---

190) T.H.Green, Introd. to Hume's Treatise, 36쪽(1898).
191) Analysis of the Mind. 131쪽.

과 같은 추론을 포함한다. 《내가 '이것은 금이다'라고 말하자마자 나는 하나의 보편적 개념을 통하여 그 현상을 해석하고 하나의 가정-결론을 수행한 것이다(*sobald ich sage 'dies ist Gold', interpretiere ich das Phaenomen durch einen allgemeiner Begriff und vollziehe einen Subsumptions-Schluss*)》[192] 이것은 모든 지각이 추론을 포함하고 있다는 것을 의미하겠지만, 지그바르트는 순수 감각(가장 엄밀한 의미에서 모든 해석으로부터 벗어난 주입적 직접 지각 *das im strengsten sinne injectiv direkt Wahrgenommene, von jeder Interpretation losgemachte*)[193]이 단지 색깔들의 지각만을 전달한다고 생각한다. 《무지개를 보는 사람은 단지 그가 어떤 방식으로 정리된 색깔들을 본다고 말할 수 있을 뿐이다.》 불교도들은 순수 감각에 의해서 《우리는 실제적으로 푸름을 지각하지만, 그러나 우리는 그것이 푸르다는 것을 알지 못한다(*nilam vijānati, na tu "nilam iti" vijānāti*)》고 주장한다. 우리가 그것은 푸르다고 말하자마자 우리는 이미 그것을 비-푸름과 비교했으며, 이것을 감관들만으로는 달성할 수 없다. 철저한 감각주의는 말이 없어야 한다. 현대의 철학자들 가운데서 베르그송(H. Bergson)은 감관들과 오성 사이의 경계를 재정립하려고 시도했다. 《주요한 잘못은 순수 지각과 기억 사이에서 사실상의 차이대신 정도의 차이만을 보는데 있다》[194]고 그는 말한다. 《지각에는 기억에는 전혀 존재하지 않는 어떤 것이 있고, 그것은 직관적으로 파악된 (궁극적) 실재이다.》[195] 이것은 불교의 이론, 즉 순수 감관-지각이 궁극적으로 실재적인 것을 파악한다는 이론과 일치하는 것

192) Logik, II, 395쪽.
193) 같은책, 393쪽.
194) Matiēre et Mémoire, 60쪽.
195) 같은책, 71쪽.

으로 보인다.[196] 그러나 차이점은 불교도들에게 이 궁극적 실재는 선험적이고 단지 느껴지며, 언표불가능하고 추론적 사유에 의해서 인식되지 않으며, 바로 언표가능한 모든 것의 모순 대당이 되는 부분이라는 점이다.[197]

---

196) *nirvikalpakam pratyakṣam paramārthasat gṛhṇāti.*

197) 베르그송의 지각은 전혀 순수하지 않다는 것, 추론적 사유가 계속 그것에 개입한다는 것, 모든 경험적 감각에는 개념적 관계들이 현존한다는 것이 O.Hamelin과 R.Hubert에 의해 지적되었다. Revue de Metaph., 1926, 347쪽을 참조하라.

# 제 4 장
# 궁극적 실재
# (PARAMĀRTHA-SAT)

## 1. 궁극적으로 실재적인 것.

앞의 두장과 서론은 충분한 명확함을 가지고 논리학파의 불교도들이 궁극적 실재[1]의 문제와 씨름한 방식을 밝혀야 했다. 긍정적으로, 실재적인 것은 유효한 것[2]이고, 부정적으로, 실재적인 것은 비-관념적인 것[3]이다. 관념은 구성된 것, 상상된 것, 우리의 오성의 기술이다. 비-구성적인 것이 실재적인 것이다. 경험적 사물은 감각을 기초로 하여 우리의 생산적 상상력의 종합에 의해 구성된 사물이다.[4] 궁극적으로 실재적인 것은 순수 감각에만 엄격하게 상응하는 것이다. 비록 경험적 대상 속에 혼합되어 있지만 감각의 요소와 상상의 요소는, 우리들의 인식에 있어서 순수 실재[5]의 부분과 순수 이성[6]의 부분을 결정하기 위하여, 분리되어야 한다. 이 분리가 성취된 이후에야 우리는 오직 상상에 의해 구성된 우리의 인식의 부분을 사유로 깨닫고 말로 표현할 수 있게 되었다. 우리는 단지

1) *paramārtha-sat.*
2) *artha-kriyā-kārin.*
3) *nirvikalpaka.*
4) *vikalpena anugataḥ sakṣāt-kāraḥ.*
5) *sattā-mātram.*
6) *šuddhā kalpanā.*

실재의 상상된 상부 구조를 인식할 수 있을 뿐이지 실재 자체는 인식할 수 없다. 이 표현할 수 없는 실재가 그럼에도 불구하고 표현되는데 도움이 되는 모든 표현들을 여기에서 되풀이 해보는 것도 나쁘지는 않을 것이다. 그것은——

1) 순수 대상,[7] 순수 감각 내에서, 다시 말하면 순수하게 수동적이고[8] 지성의 자발성[9]과는 본질적으로 다른 감각 내에서 감관들에 의해 인식된 대상 ;
2) 그러한 모든 대상은 세개의 세상들[10] 모두에서 《독특하고》 절대적으로 분리적이다.[11] 즉 우주의 다른 모든 대상들과 어떤 방식으로도 연결되고 있지 않다[12] ;
3) 그것은 그러므로 모든 대상은 부분적으로 유사하고 부분적으로 유사하지 않다는 법칙의 예외인데, 그것은 어떤 대상들과도 절대적으로 유사하지 않고,[13] 유사하지 않을 뿐이다 ;
4) 그것은 공간에서 연장을 갖지 않으며[14] 시간에서 지속을 갖지 않는다[15] ; 비록 모르는 대상에 의해 산출된 불명확한 감각이 시간과 공간에 국한될 수 있지만, 이 국한화는 이미 대상을 구성된 공간과 상상된 시간에 위치지우는 오성의 작업이다 ;

---

7) *šaddhā-arthah.*
8) *sva-rasika.*
9) 이 자발성은 *jñānasya prāpako vyāraḥ*라고 불린다. NBT., 152쪽을 참조하라.
10) *trailokya-vyāvṛtta.*
11) *pṛthak.*
12) *sarvato vyārtta.*
13) *atyanta-vilakṣaṇa.*
14) *deša-ananugata.*
15) *kāla-ananugata.*

5) 그것은 실재의 찰나점이고[16] 앞서거나 뒷서는 관계를 갖는 부분들을 갖지 않으며, 그것은 무한소의 시간이고 사물의 지속되는 존재 내에서 구분되는 것[17]이다 ;

6) 그것은 나눌 수 없고[18] 부분들을 갖지 않으며 궁극적인 단순함이다 ;

7) 그것은 순수 존재이다[19] ;

8) 그것은 순수 실재이다[20] ;

9) 그것은 엄격하게 본래 있는 그대로의 사물《자체의 본질》이다[21] ;

10) 그것은 극단적으로 구체적이고 특수하다는 의미에서 특수한 것[22]이다 ;

11) 그것은 유효한 것[23]이고 순수한 유효성이며 유효성 이외의 것이 아니다 ;

12) 그것은 오성과 이성이 심상들과 관념들을 구성하도록 자극한다[24] ;

13) 그것은 비-경험적, 즉 선험적이다[25] ;

---

16) *kṣana=svalakṣaṇa.*

17) *pūrvāpara-bhāga-vikala-kāla-kalā=kṣaṇa.*

18) *an-avayavin=niraṃśa.*

19) *sattā-mātram.*

20) *vastu-mātram.*

21) *sva-lakṣaṇa.*

22) *vyakti.*

23) *artha-kriyā-kārin.*

24) *vikalpa-utpatti-šakti-mat.*

25) *na saṃvṛti-sat=paramārtha-sat, jñānena prāpayitum ašakyaḥ.* 선험적이라는 관념은 *atyanta-parokṣa*일 것이다. 다음의 순간이고 마찬가지로 *nirvikalpaka*인 *mānasa-pratyakṣa*가 그렇게 명명된다. 2권 3장 17을 참조하라 ; 그 용어가 *indriya-pratyakṣa*에 관하여 사용되어야 한다고 나에게는 보이지 않

14) 그것은 언표불가능하다.[26)]

그러면 그것은 무엇인가? 그것은 어떤 것인가, 아니면 그것은 아무 것도 아닌 것인가? 그것은 바로 어떤 것인데 단지《내가 무엇인지 모르는》어떤 것이다. 그것은 **X**인데 영(zero)은 아니다. 그것은 최소한 양과 음의 크기 사이의 경계인 수학적 영에 비유될 수 있다. 그것은 하나의 실재이다. 그것은 실재,[27)] 존재의 궁극적으로 실재적인 요소이기조차하다. 이것 말고 다른 실재는 없으며, 모든 다른 실재는 그것으로부터 빌어온 것이다. 감각, 감성적 실재와 결부되지 않은 하나의 대상은 순수한 상상이거나 단순한 이름, 또는 형이상학적 대상이다. 실재는 감성적 존재, 특수성과 물자체와 동의어이다.[28)] 그것은 〈관념성〉, 일반성, 그리고 사유－구성에 반대된다.[29)]

## 2. 특수한 것이 궁극적 실재이다.

인식의 모든 대상들은 일반적, 보편적인 것들과 개별적, 특수적인 것들로 나누인다.

특수한 것만이 실재적 대상이고, 보편적인 것은 비실재적 대상[30)]

---

는다. 그러나 니아야학파는(Tarka-dipikā를 참조하라) *nirvikalpaka-pratyakṣa*를 *atindriya,* 그리고 *atindrya*=*atyanta-parokṣa*로 특징짓는다.

26) *anabhilāpya*=*avācya*=*anupākhya*=*anirvacaniya* ; 동일한 것을 의미하는 그 네 용어들 중에서 세번째는 중관학파에 의해서, 마지막 것은 베단타학파에 의해서 선호되는데, 따라서 그것들은 상응하는 함축을 갖는다.

27) *vastu-bhūta*=*vastu eva.,* NBT., 69쪽 2행을 참조하라.

28) *vastu*=*sattā*=*svalakṣaṇa*=*paramārtha-sat.*

29) *avastu*=*anartha*=*sāmānya*=*āropita*=*parikalpita.*

30) *avastu.*

이거나 비-대상,[31] 단순한 이름이다.[32] 이 이론과 같은 것은《존재하는 유일한 사물은 개별적인 것이다》라고 주장했던 오캄(Guillaume d'Occam)의 시대 이래로 논리학을 공부하는 학생들에게 친숙한데, 그것은 불교 논리학에서 특수한 위치를 갖는다. 개별과 보편 사이의 차이는 여기에서 학자들에 의해 생각된 것보다 훨씬 더 **근본적이다**. 한 사람, 한마리의 암소, 하나의 항아리 등은 특수한 것들은 아닐 것이며, 특수한 것은 여기에서 유효한 실재의 기초가 되는,[33] 감성적 찰나점일 따름이다. 이 찰나점에 관하여 사유에 의해 구성된 일반적 심상은 하나의 보편이다. 오직 이 감성적 찰나점만이 실재적 특수이고, 그것만이 궁극적으로 실재적인 물자체를 나타낸다.《(경험적으로) 인식되는 특수한 것은 궁극적으로 실재적인 사물이 아니다》라고 불교도들은 말한다.[34] 태우고 요리하는 불은 실재적 불이다. 다시 말해서 그것의 태움과 요리함은 실재적이다. 그러나 우리가 태우고 요리하는 모든 불에 정신적으로 적용하는 그 불은 그것의 일반적 모양을 대표하며 전혀 실재적이 아니다.[35] 이 일반적 불은 태울 수도 없고 요리할 수도 없으며 단지 상상될 수 있을 뿐이다.

인도의 실재론자들은 말로 표현할 수 있는 3중의 실재적 존재를 가정한다. 한 단어는 하나의 개별, 하나의 종 또는 형태 그리고 하나의 추상적 보편[36]을 표현할 수 있다. 최초의 두 부류들, 개별적인

---

31) *an-artha.*

32) *saṃjñā-mātram.*

33) *upādānam.*

34) *adhyavasiyamānam svalakṣaṇam na paramārtha-sat,* Tātp., 341쪽 26행을 참조하라.

35) 같은책. 2권 424쪽을 참조하라.

36) *vyakti-ākṛti-jāti,* NS., II. 2.63 : TSP., 281쪽 4행 이하를 참조하라.

것과 그것의 형태는 불교적 특수[37]와 상응하지만 니아야학파가 주장하는 바대로 그것들은 내포적 이름들에 의해 말로 표현될 수 있기 때문에, 불교의 관점에서 보면 그것들은 전혀 특수한 것들이 아니다. 불교의 관점에서 보면 이름에 의해 말로 표현될 수 있는 무엇이든지 하나의 보편이다. 특수한 것은 표현할 수 없는데,[38] 왜냐하면 그것은 궁극적인 특수, 물자체[39]이기 때문이다.

그러므로 〈특수〉와 〈보편〉은 서로의 부정으로 상호 규정될 수 있고, 그것들은 실재적인 것과 비실재적인 것,[40] 유효한 것과 비－유효한 것,[41] 비－구성적인 것과 구성적인 것,[42] 비－인공적인 것과 인공적인 것,[43] 상상되지 않은 것과 상상된 것,[44] 인식할 수 없는 것과 인식할 수 있는 것,[45] 언표할 수 없는 것과 언표할 수 있는 것,[46] 고유한 본질과 일반적 본질,[47] 그것의 모든 연장들을 빼앗긴 사물과 그래도 아주 기본적 연장을 갖고 있는 사물,[48] 독특한 것과 비－독특한 것,[49] 시공 안에서 되풀이 하지 않는 것과 되풀이 하는 것,[50] 단순한 것과 복합적인 것,[51] 나눌 수 없는 것과 나눌 수 있는

37) TSP., 282쪽 5행.
38) *abhilāpa-saṃsarga-yogyasya anvayino (a)svalakṣaṇatvāt,* Tātp., 342쪽 9행.
39) *svalakṣsṇam＝paramārtha-sat.*
40) *vastu, avastu.*
41) *samartha, asamartha*
42) *nirvikapaka, kalpita.*
43) *akṛtrima, kṛtrima.*
44) *anāropita, āropita.*
45) *jñānena aprāpya, prāpya.*
46) *anabhilāpya, abhilāpya.*
47) *svalakṣana, sāmānya-lakṣaṇa.*
48) *sarvato vyāvṛtta, avyāvṛtta.*
49) *trailokya-vyāvṛtta, avyāvṛtta.*
50) *deša-kāla-anugata, ananugata.*
51) *anavayayin, avayavin.*

것,[52] 선험적 사물과 경험적 사물,[53] 다른 것들에 의해 공유되지 않은 본질과 다른 것들에 의해 공유된 본질,[54] 외부적인 것과 내부적인 것,[55] 진짜와 가짜,[56] 비-변증법적인 것과 변증법적인 것,[57] 중요한 것과 중요하지 않은 것,[58] 무형식과 형식,[59] 물자체와 현상[60]처럼 상호 관련된다. 그러므로 존재한다는 것은 하나의 특수가 된다는 의미이거나 또는 라이프니츠가 표현한 대로《존재가 된다는 것은 하나의 존재가 된다는 것》, 하나의 모나드가 된다는 것이다.

## 3. 실재는 언표불가능하다.

관념 또는 사유-구성이 바로 그 정의에 의해 이름으로 표현될 수 있는 어떤 것이므로[61] 실재는 순수 실재, 관념에 모순적으로 반대되는 사물로서 말로 표현될 수 없는 어떤 것이어야 한다는 것은 분명하다. 모든 관계와 모든 구성으로부터 벗어난, 그리고 시간과 공간 안에 어떤 위치도 가지지 않고[62] 어떤 특징적 질도 갖지 않는 하나의 실재는 그것이 아주 불명확한 감각을 산출했다는 사실을

---

52) *abhinna, bhinna.*
53) *paramārtha-sat, saṃvṛti-sat.*
54) *asādhāraṇ, sādhāraṇa-lakṣaṇa.*
55) *bāhyam, abāhyam.*
56) *analitkam, alikam.*
57) *viruddha-dharma-adhyastam, anadhyastam.*
58) *atuccha, tuccha.*
59) *nirākāra, sākāra.*
60) *svalakṣaṇa=paramārtha-sat, saṃrṛti-sat=sāmānya-lakṣaṇa.*
61) NB., 7쪽 20행을 참조하라-*abhilāpa-saṃsarga-yogya-pratībhāsa-pratitiḥ kalpanā.*
62) 비록 찰나점이 실재일지라도 시간과 공간에서의 그것의 위치는 우리의 지성에 의해 구성된다.

제외하고는 그 안에 표현될 어떤 것도 없기 때문에 표현될 수 없다. 만일 푸른 헝겊 조각이 시각적 감각을 산출했다면 우리는 이 정신적 사건에서 두가지 근본적으로 상이한 사실들을 구별해야 한다. 최초의 순간에 하나의 감각이 산출되고 그것은 신선한 인식의 실재적 순간이다. 우리는 푸른 것을 인식했지만 아직 그것이 푸른 것이라는 것을 알지 못한다.[63] 홀로 이 인식을 산출했던 보는 감관은 홀로는 그것에 어떤 명확함도 줄 수 없다. 그러므로 그것은 말하자면 그 이상의 모든 작업을 그의 동료, 감관들에 의해 제공된 자료를 조작하고 기억적 요소의 도움으로 개념을 구성하는 오성에 위임한다. 본래 있는 그대로의 사물, 그것의 공유하지 않는 본질은 그러한 이름을 받아들일 수 없으며, 그것은 표현 불가능하다. 개념과 이름은[64] 그러므로 항상 많은 순간들에 관계한다. 단일한 순간의 순수 실재는 언표할 수 없다. 범위가 한 순간의 객관적 실재로 엄격히 국한되는 반사는 개념적 한정도 언어적 표현도 할 수 없다.

궁극적 실재, 본래 있는 그대로의 사물이 느껴질 수 없고 명명될 수 없다고 주장하는 것은 그것이 철저한 논리적 방법들에 의해서 인식될 수 없다는 것을 의미하며, 이런 의미에서 물자체는 인식 불가능하다.

---

63) TSP., 12~22쪽—*cakṣur vujñāna-sangi*(또는 *samangi,* 또는 *saṃsargi*) *nilam vijañāti, na tu nilam iti,* 이미 디그나가에 의해 Pr. samucc. vṛtti from the Abhidharma-sūtra에 인용되었다.

64) *dhī-dhvanī*, TS., 274쪽 18행 이하를 참조하라.

## 4. 실재는 생생한 심상을 산출한다.

인과적 유효성을 표식으로 하는 궁극적 실재의 그 이상의 특징은 또한 시야 안에 현존하는 요소와 관계된다. 그것이 생생한 감각[65]을 수반하는 감각을 산출한다는 사실이 바로 그것인데, 반면에 오직 모호한 심상만이[66] 부재하는 대상에 대한 사유에 의해서, 또는 말에서 그것의 이름에 의해서 기억 속에서 산출된다. 더우기 또다른 해석에 의하면[67] 생생함의 정도는 대상이 놓여진 거리에 반비례로 변화한다. 이 명백하고 단순한 사실, 즉 현존하는 가까운 대상은 생생한 심상을 산출하고, 멀거나 또는 부재하는 대상은 희미하거나 모호한 심상을 산출한다는 사실은 〈찰나적 존재〉의 이론에 비추어 특별한 해석을 받아왔다. 이 이론에 의하면 우리는 모든 순간에 《다른》 대상을 갖는다. 동일한 실재적 대상은 한 경우에 생생한 심상을 산출하고 다른 경우에 모호한 심상을 산출할 수 없다. 그것은 모순이 될 것인데, 왜냐하면 이 이론에 비추어 볼 때 이것은 그것이 동시에 두가지를 산출한다는 것을 의미할 것이기 때문이다. 실재론자들은 생생함과 모호함은 인식에 있지 대상에 있지 않다고 주장

---

65) *sphuṭa-pratibhāsa*=*sphuṭa-nirbhāsa*=*sphuṭābha*=*višada*=*višadābha*=*spaṣṭa*. 논리적으로 분명하고 뚜렷하다는 의미에서의 *spaṣṭa*와 혼동해서는 안된다. 그것은 그러므로=*niščita*=*niyata*.

66) *asphuṭa*=*avišada*=*kalpita*=*niščita*.

67) 다르모타라의 해석(NBT., 13쪽 2행 이하)은 아마도 잘못인 것 같은데, 왜냐하면 동일한 대상은 생생하고 모호한 표상들을 산출할 수 없기 때문이다. 또는 아니면 그것은 존재의 하나의 연속선의 동일함을 언급하는 것으로 이해되어야 한다. *sannidhāna*를 현존으로 보는 비니타데바(Vinitadeva)의 해석이 더 바람직하다. 2권 1장 6 ; TSP., 169쪽 21행, 510쪽 13행, 176쪽 23행을 참조하라—*sannidhir sadbhāvaḥ* ; Tātp., 13쪽 8행을 참조하라—*saṃvādakam sad bhrāntam api*……*pramāṇam*.

한다.[68] 동일한 대상은 같은 관찰자에게 다른 시간에, 또는 같은 시간에 다른 관찰자들에게 다른 인상들을 산출할 수 있는데, 왜냐하면 심상들이 선천적으로(*a priori*)가 아니라 후천적으로(*a posteriori*) 일어나기(arise) 때문이라고 실재론자는 말한다.[69] 그에게 그것들은 이질적 실재에 덧붙여진 주관적 창조물들이 아니다.

그러나 감각적 심상의 생생함은 추상적 사유나 기억적 표상[70]의 분명함이나 명백함과는 매우 다른 어떤 것이다. 전자는 분명히 후자에 정반대 된다. 〈바챠스파티미쉬라(Vācaspatimišra)〉는 우리의 연장된 물체[71]의 표상의 기원 문제에 대해 재미있는 논쟁을 기록한다. 불교도에 의하면 이 표상은 생산적 상상력, 또는 추상적 사유[72]의 구성이고, 그러므로 가공적이다. 실재는 연장되고 영속적인 물체들이 아니라 찰나적 감각들에서 입수되고 일련의 사건들을 구성하는 찰나점들로 구성된다. 우리의 이성은 그래서 종합의 과정에 의해, 말하자면 이 순간들을 계산하고 통합된 심상을 산출하는데, 그것은 바로 하나의 상상된 정신적 계산이다.[73] 실재론자는 통합이 결코 이런 방식으로 산출되지 않을 것이라고 반대한다. 그는 그러므로 연장된 물체가 실재적으로 존재하고 감관들에 의해 직접 감

68) *sphuṭatvam api jñeyatva-višeṣa eva, na saṃvedana-višeṣaḥ,* **NK.**, 267쪽 14행을 참조하라.

69) *parāñcaḥ pratyayāḥ, na pratyañcah,* **NK.**, 269쪽 19행을 참조하라. 이 맥락에서 *paranc*와 *pratyanc*의 의미와 **Tātp.**, 84쪽 18행을 비교해보면, 거기에서 *parāñ*은 마찬가지로, 이름들이 논리적으로 앞서고 관념들에 형태를 부여한다고 가정한 바이야카라나학파(Vaiyākaraṇas)와의 논쟁에서, 후천적이라는 의미로 사용된다.

70) *niyata-akāra = ṇiščita-akāra = niyatā buddhiḥ = paricchinnam jñānam = bcad-šes.*

71) *sthūlatva,* **NK.**, 262쪽 이하를 참조하라.

72) *vikalpa,* 같은책, 263쪽 9행.

73) *sankalanātmaka,* 같은책, 263쪽 10행.

지된다고 주장한다. 그의 견해를 옹호하여 그는 생생함의 현상에 대한 불교의 해석을 언급한다. 그는 다르마키르티를 인용하고,[74] 만일 연장된 물체가 사유-구성이라면 그것은 어떤 생생한 표상도 산출하지 않을 것인데 왜냐하면 《상상(또는 추상적, 개념적 사고)[75]은 대상의 생생한 심상을 산출할 수 없기 때문》이라고 그는 말한다. 불교도는 그래서 여기에 직접적 생생함이 없고, 연장된 물체의 표상은 개념적 사유에 의해 구성되며, 그것은 모호하고 일반적이고 추상적이라고 대답한다. 그러나 그것은 동시적 감각을 통하여 간접적 생생함을 받으며 생생함은 감각적 토대[76]에 속한다. 그는 분명히 개념적, 추상적 사유나 생산적 상상력이 작동을 시작하지 않는한 생생한 반영은 단순한 순간이며, 순간적 대상은 연장도 아니고 지속도 아니라고 생각한다. 그러나 이것을 다시 실재론자는 거부한다. 그는 불교도가 말하는 것처럼 연장된 물체가 감각에 의해서 감지되지 않고 그것이 단지 그러한 경우 뿐이라면, 즉 그것이 만일 감관들에 의해 직접 감지된다면 그것은 생생한 심상을 산출할 수 있다고 말한다.

동일한 문제가 〈샨티라크쉬타(Šāntiraksita)〉와 〈카말라쉴라(Kamalašila)〉에 의해 논의되었다.[77] 우리는 그들의 저서에서 다음과 같은 고찰들을 발견한다. 생생한 심상과 생생하지 않은, 또는 모호한 심상[78]은 두가지 매우 다른 사물들인데, 시각과 미각이 다른 것만큼 다르니, 즉 본질적으로 다르다. 그러므로 만일 하나의 이름, 또는 하나의 개념이 모호하고 일반적인 심상을 언급한다면, 그것은

---

74) 같은책, 263쪽 12행. 구절은 아직 확인되지 않았지만 분명 아마도 다르마키르티에 속할 것이다.
75) *vikalpa-anubandha,* 같은책.
76) *tad-upādhir,* 같은책.
77) TS.와 TSP., 280-281쪽을 참조하라.
78) *spaṣṭa, aspaṣṭa.*

순수 감각 내에 반영된 진정한 실재를 전혀 언급하지 않은 것이다. 그의 수족의 하나를 불에 태운 사람은 일반적 개념이나 이름에 의해서만 불을 아는 사람과는 매우 다른 표상을 불에 대해 갖는다. 그와 똑같이 그것이 감각적, 실제적 경험의 대상일 때에는 열의 감각이 생생하게 느껴지는데 반해서 열이라는 이름이 발음되는 것일 뿐일 때에는 전혀 느껴지지 않는데, 왜냐하면 이름은 다만 열에 대한 일반적이고 모호한 관념만을 불러 일으킬 수 있기 때문이다.[79)]

모호함은 그러므로 정도의 문제가 아니라 대상을 그것의 구체적 생생함 속에서 파악할 수 없는 모든 정신적 구성들의 내재적 성질이다.[80)]

## 5. 궁극적 실재는 역동적이다.

〈다르마키르티〉는 《감관－지각에 의해 인식된 대상은 그 대상의 특수한 본질이다》라고 말한다.[81)] 특수한 본질은 생생한 심상을 산출하는 본질이라고 그는 설명한다. 심상은 생생하거나 또는 모호하다. 오직 생생한 것만이 대상의 특수한 본질의 현존[82)]에 의해 산출된다. 우리는 그것이 하나의 심상이라고 말할 수 조차 없는데, 왜냐하면 우리는 아직 그것의 특징들을 깨닫지 못했고, 그것은 사라

---

79) *svalakṣaṇam avācyam eva,* 같은책, 280쪽 4행 : *avyapadesyam svalakṣaṇam,* 같은책, 280쪽 9행.

80) 이것은 또한 러셀의 견해와 같다고 보이는데, 그는 「마음의 분석(Analysis of Mind)」 222쪽에서 다음과 같이 말하고 있다. 《매우 특수한 사건들에 대한 우리의 심상들일지라도 항상 어느 정도의 모호함을 갖는다. 말하자면 사건은 어떤 한도 내에서 우리의 심상을 알아볼 수 있을 정도로 변화시키지 않고도 변화했을 수 있다.》

81) NB., 12쪽 13행.

82) 같은책, 12쪽 1, 3행. 우리는 여기에서 비니타데바(Vinitadeva)의 해석을 받아들이는데, 그에 의하면 *sannidhāna*는 시야 내에 현존함을 의미한다.

질 때 분명하고 명백한 심상에 의해 대체될 단순히 생생한 인상일 뿐이기 때문이다. 이 분명하고 명백한 심상은 인상에 의해, 즉 대상으로부터 오는 자극에 의해 그것을 구성하도록 인도되는 오성의 솜씨이다. 그러나 심상은 외부의 실재에 의해 불러 일으켜진 내적, 주관적 구성이다. 이 실재는 대상과 결코 유사하지 않으며, 그것은 단지 우리의 지성을 자극하는 원인일 뿐이다. 원인과 결과는, 우리의 불교 인과 이론 탐구에 의해 충분히 입증된 대로, 전혀 유사할 필요가 없다.

그러므로 질문이 제기된다. 왜 이 《특수》만이, 심상과 유사하지 않은 이 본질이 그럼에도 불구하고 순수 감관－지각에서 인식되는 배타적 대상인가?[83] 우리는 불을 보면서 우리의 심상에 내부적으로 표상되는 것과 똑같이 그것이 외부 세계에, 우리 앞에 있다고 굳게 확신하지 않는가?[84] 아니다, 특수한 본질만이 외부의 세계에 존재하는 것이니, 왜냐하면 그것만이 궁극적으로 실재적인 요소이기 때문이다라고 〈다르마키르티〉는 말한다.[85] 왜 그런가? 왜 특수한 본질이 홀로 궁극적으로 실재적인 요소인가? 왜냐하면 그것만이 유효하고, 실재의 본질이 바로 오직 그것의 유효하게 하는 능력이기 때문이라고 〈다르마키르티〉는 말한다.[86] 실재 아래서 우리는 유효성이라는 단순한 사실 이상은 아무것도 이해할 수 없다.[87] 심상은 유효하지 않다. 불은 우리가 우리 앞에 현존하고 있다고 생각하는 명확한 모양과 연장을 가지고 타고 있는 대상이 아니라 단순히 열 에너지라는 계기이며 나머지는 상상이다.[88] 항아리는 우리의 상

---

83) NBT., 13쪽 8행.
84) 같은책. *vahnir dršyātmaka eva avasiyate.*
85) NB., 13쪽 10행.
86) NB., 13쪽 15행.
87) *yā bhūtiḥ saiva kriyā ṛi,* 위를 참조하라.

상 안에 현존하는 명확한 색깔, 모양, 촉감, 지속을 갖는 연장된 물체가 아니라, 예를 들어 물을 붓는 일과 같은 것으로 표상되는 유효한 계기이며 나머지는 상상이다.[89] 그리고 다시 물을 붓는 일반적 모습이 아니라 특수한 사실이다.

다리가 막대기의 타격으로 부러졌을 때, 실재적인 것은 오직 그것이 부러졌다는 사실 뿐이다 ; 막대기, 타격, 다리는 상상에 의해 그 사실을 우리가 해석한 것이고,[90] 그것들은 연장적, 일반적, 상상적이다 ; 실재적인 것은 오직 특수한 지점이다. 외부의 실재는 오직 상상을 자극하는 힘이지 연장된 물체도 아니고, 재료도 아니고, 물질도 아니다 ; 에너지일 뿐이다. 외부의 사물에 대한 우리의 심상은 오직 외부의 유효한 실재의 결과이며,[91] 그것에 의해 산출된다.

그러므로 실재는 역동적이고,[92] 외부 세계의 모든 요소들은 단순한 힘이다.

## 6. 단자와 원자.

궁극적 특수가 그러므로 무한소의 외부의 실재라면, 또한 무한소의 외부의 실재인 원자와 그것은 어떻게 관련되는가? 불교의 물질은 위에서 언급되었다.[93] 이 이론에 의하면 물체는 분자들로 구성되고 하나의 분자는 최소한 여덟개의 원자들로 구성된다. 그것들

88) *auṣṇyam eva agniḥ.*

89) *bauddhānam kṣaṇa-padena ghatādir eva padārtho vyarahriyate na tu tadatiriktaḥ kašcit kṣaṇa-nāmạ kạlo'sti*(Brahmavidyābharaṇa, ad II, 2. 20).

90) TSP., 134쪽 18행.

91) 같은책. *upalambho eva kāryam.*

92) *sattaiva vyāpṛtiḥ, calaḥ pratityav-samutapādaḥ,* 위를 참조하라.

93) 위 170쪽을 참조하라. 나의 「Soul Theory」, 953쪽 주 11을 참조하라.

은 네개의 근본적 원자들과 네개의 부차적 원자들로 나누인다. 근본적인 것은 고체 원자, 액체 원자, 뜨거운 원자, 움직이는 원자이다. 부차적인 것은 색, 냄새, 맛, 촉감의 원자들이다. 부차적 물질은 반투명이다. 모든 부차적 원자는 그것의 지탱을 위해 네 근본적 원자들을 원하므로 물체가 울리지 않는다면 분자는 실제로 20개의 원자들로 구성된다. 만일 그것이 울리면 소리의 원자가 추가된다. 분자는 그러므로 각각 9개 또는 25개의 원자들로 구성될 것이다. 그러나 이 원자들은 특수한 종류의 것이다. 우선 그것들은 나눌 수 없는 것이 아니다. 불교도들은 나눌 수 없는 절대적으로 견고한 원자들을 가정한 〈바이쉐시카학파〉의 이론에 강력히 반대한다. 만일 두 원자들이 접근하면 그것들이 단지 한 면에서 서로 접촉하는가 아니면 전체적으로 모든 면에서 서로 접촉하는가라고 그들은 물었다.[94] 후자의 경우에 두 원자들은 합체할 것이고 전 우주는 단일한 원자로 구성될 것이다. 그러나 만일 그것들이 단지 한 면에서 서로 접촉한다면, 그때는 모든 원자가 최소한 여섯개의 다른 원자들—사방의 각 면에 넷, 위에 하나, 아래에 하나—에 의해 둘러싸이게 될 것이다. 그것은 그래서 최소한 여섯개의 부분들을 가질 것이다. 이 원자들의 그 이상의 특징은 그것들이 어떤 재료의 입자들이 아니라는 것이다. 견고한 원자는 견고함으로 특징 지워지는 재료의 원자가 아니고 불의 원자는 열로 특징 지워지는 재료가 아니다. 소위 불의 원자는 열의 에너지에 불과하다[95]; 운동의 원자는 운동 에너지에 불과하다. 견고한 원자는 척력을 의미하고 액체의 원자는 인력 또는 응집력을 의미한다. 물질(rūpa)이란 용어는 기발한 어원학에 의해 재료가 아니라 덧없음을 의미하는 것으로 설명된다.[96] 이 원

94) AK., I. 43. SDS., 31. 1을 참조하라.
95) *vahnir ausṇyam cva.*

자들의 그 이상의 특징은 모든 물체들이 같은 분자들로 구성된다는 것이다. 만일 하나의 물체가 불꽃으로 나타나고 다른 물체가 물이나 어떤 금속으로 나타난다면 이것은 상응하는 요소의 양적 우세에 기인하는 것이 아니라 그것의 강도[97]에 기인하는 것이다. 우리는 그러므로 불교의 물질 이론을 역동적 이론이라고 부를 수 있다. 〈설일체유부〉에서 정교화되었던 이 이론은 관념론적 학파들에게 보유되었다. 그것은 기계론적 이론으로 특징지울 수 있는 상키야 이론과 반대 되었는데, 왜냐하면 그것은 경험적 세계의 모든 변화들, 모든 진화와 모든 다양성을 설명하는 하나의 편재하는 일정 불변의 물질과 운동의 일정 불변한 하나의 원리를 가정했기 때문이다. 〈상키야학파〉와 불교도들은 둘 다 기원적, 특수적, 실재적 질들을 부여받은 네 종류의 원자들을 가정했던 바이쉐시카학파의 원자 이론의 반대자들이었다. 이 원자들은 복잡한 규칙들의 법전에 의해서 분자들과 더 고도한 집합들의 특수한 성격들을 산출하는 창조적 힘을 가지고 있었다.[98]

그래서 불교의 물질 이론은 실재를 유효성으로 보는 그 정의 및 인과를 운동으로 보는 그 이론과 충분히 일치하게 된다. 궁극적 실재는 역동적이고 순수 존재는 바로 유효성이다. 물자체는 우리의 감성이 외부의 실재에 의해 영향을 받는 방식일 뿐이다.[99]

〈다르모타라〉는 말한다.[100] 《우리는 '궁극적으로 실재적인'이라는 용어를 그 힘에 의해서 하나의 결과를 산출한다고 확인될 수 있는 어떤 것에 적용한다……이것이 바로 합목적적 행동들이 (상상에

96) CC., 11쪽 주 2를 참조하라.
97) *utkarṣa,* AK., I, CC., 29쪽 주를 참조하라.
98) B.N.Seal, Hindu Chemistry, II, 185쪽 이하의 뛰어난 분석을 참조하라.
99) NB., I. 12-15, *vastu=paramārthasat=artha-kriyā-sāmarthya-laksanam.*
100) NTB., 13쪽 18행, 번역, 37쪽.

의해) 구성된 대상들에 관련해서가 아니라 직접적으로 지각된 대상들에 관련해서 실현되는 이유이다. 한편 실제로 지각된 대상은 합목적적 행동을 산출한다. 따라서 실재적인 것은 오직 특수(즉 유효성의 유일한 점,[101] 물자체)이며 구성된(경험적) 대상이 아니다.》

## 7. 실재는 긍정이다.

궁극적 실재는 또한 긍정 또는 긍정의 본질로 불리어진다.[102] 다르모타라는 말한다.[103] 《긍정(즉 부정의 반대인 긍정)은 사물이다.》 그리고 《사물은 궁극적 실재와 동의어이다.》[104] 《궁극적 실재는 차례로 궁극적 특수》[105] 또는 엄격히 본래 있는 그대로의 사물이다.

특별히 실재와 모든 종류의 사유-구성 사이에 날카로운 구분을 수립하는 것을 주요 원리로 하는 논리학의 체계에 있어서 이 사물과 판단(즉, 사유의 기능)의 동일시를 이해하기 위해서, 우리는 불교 논리학자들에게 인식에 있어서의 근본적 행동은 개념이 아니라 긍정이라는 것을 마음에 새겨야 한다. 따라서 긍정과 긍정된 것, 개념 작용과 개념, 지각과 지각 대상 사이, 행동으로서의 인식과 내용으로서의 인식 사이에 차이가 없다. 암소의 개념은 《이것은 암소이다》라는 판단으로서 이해된다. 이 판단에서 긍정의 본질은 외부 실재의 찰나점에 의해 산출된 시각의 현존에 있고, 이 감각은 암소에 대

101) 《인식은 항아리에서 물을 퍼내거나 다리를 부러뜨리는 것과 똑같이 하나의 결과이다.》 TSP., 134쪽 18행을 참조하라.

102) *sva-laksaṇam vidhi-rūpam,* Tātp., 340쪽 13행, 341쪽 16행, *bāhyam, vidni-rūpam ago-vyāvṛttam*과 비교해보라.

103) NBT., 24쪽 16행-*vastu-sādhanam*=*vidheḥ sādhanam.*

104) 같은책, 13쪽 18행.

105) 같은책, 13쪽 11행.

한 종합적 구성을 하도록 지성을 자극한다. 《이것은 천상의 꽃이다》라는 판단에는 실제적 긍정이 없는데, 왜냐하면 환상이나 환각이 아닌 시각이 없기 때문이다. 긍정의 본질은 따라서 암소라던가 천상의 꽃이라는 개념에 포함되는 것이 아니라 외부 실재의 직접 반영인 감각의 순간에 포함된다. 이러한 의미에서 〈실재〉는 〈긍정〉을 의미한다. 《이 장소에 항아리가 없다》라는 부정적 판단조차, 그것이 형식에 있어서 부정적이지만, 긍정을 포함하는 것이니, 그것이 우리를 시각에 주의하도록 하기 때문이다.[106] 개념들은 최고 수준의 분명함과 명백함을 얻을 수 있지만 결코 그 안에 존재의 진상을 지니고 있지 않다. 우리는 《암소가 있다》 그리고 《암소가 없다》고 말할 수 있다. 암소라는 개념이 존재를 함축한다면 《암소가 있다》라는 판단은 불필요하고, 하나의 반복을 포함하게 되며 《암소가 있지 않다》, 즉 《여기에 암소가 없다》라는 판단은 모순을 포함하게 될 것이다.[107] 그러나 특수 감각, 찰나점은 존재이다. 우리는 《존재가 있다》라고 말할 수 없으니 그것은 반복이기 때문이고, 《존재가 있지 않다》라고도 말할 수 없으니 이것은 모순이기 때문이다. 그래서 불교도들은 유럽의 합리주의자들과 그들의 반대자들로 하여금 그렇게 오랫동안 존재론적 논증의 타당성에 대해 논쟁하게 했던 동일한 문제에 마주치게 되었다. 실재는 개념의 분명함과 명백함으로부터 추론될 수 없다. 반대로 분명하고 명백한 개념은 그것이 사유-구성이라는 보증이고, 따라서 비-실재이며 실재의 오명이다.[108] 모든 개념과 모든 판단의 실재는 빌어온 실재이고 상응하는 감각으로

---

106) 같은책, 22쪽 18행.

107) Tātp., 340쪽 10행 이하, 13쪽 2행 이하.

108) NBT., 48쪽 7행-*niščaya-ārūḍham rūpam-samāropitam*=*buddhy*=*avasitam,* 같은책, 51쪽 8행.

부터 취해진 것이다. 이러한 의미에서 긍정, 긍정의 본질은 물자체라고 말해진다.

### 8. 반론들

물자체의 이론이 모든 비-불교 학파들에 의해서, 그리고 불교도들 자체 내에서도 〈중관학파〉에 의해서 격렬하게 공격된 것은 극히 자연스럽다. 그렇지 않을 수 없었는데, 왜냐하면 이 이론은 그 중심에 〈불교 비평학〉의 교의를 요약하고 있기 때문이다. 〈중관학파〉에게 그 이론의 부인은 쉬운 일이었다. 그들에게는 유한과 무한, 나눌 수 있는 것과 나눌 수 없는 것 등, 우리의 논리적 개념들이 변증법적이고 모순적이었을 뿐만 아니라 모든 개념들이 예외 없이 상관적이고 모순적이고 따라서 비실재적이었다. 《물자체》는 그 자체의 자아에 의해서 특징지워지는 사물이 있다는 의미이다. 만일 이 관계가 실재적이라면 그것은 칼이 그 자신의 날을 베는 것과 유사할 것이다. 그러나 그것은 논리적이고 따라서 변증법적이고 비실재적이다.[109)]

자아나교도들은 방법에 있어서-비록 그 방법이 다른 목적을 위해 이용되었지만——〈중관학파〉의 논증과 실질적으로 다르지 않은 논증에 의해 물자체의 이론을 공격하였다.[110)] 그들에 의하면 상관성은 상관적 사물들이 실재적이 아니라는 의미는 전혀 아니다. 그것들은 동시에 실재적이고 상관적이다. 논리 뿐만 아니라 실재 자체의 본성도 변증법적이다. 실재는 동시에 영원하고 영원하지 않으며,

---

109) 나의 Nirvāna 142쪽 이하를 참조하라.

110) 자이나교도들의 물자체에 반대하는 논증들은 샨티라크쉬타(Šāntiraksita)에 의해 요약된다. TS., 486쪽 이하.

유한하고 무한하며, 동시적으로 특수하고 보편적이다. 이 모순은 실재 자체의 본성에 놓여 있으며 반드시 받아들여져야 한다.[111)]

물자체가 궁극적, 절대적 특수로서 모든 일반적 특징으로부터 절연되어 있다는 주장은 지지할 수 없다. 다른 모든 사물과 마찬가지로 그것은 동시에 특수하고 보편적이다.[112)] 물자체라는 생각은 그 자체 안에 모든 사물들을 포용하며, 그것은 보편이다.[113)] 더우기 모든 특수는 모든 다른 특수들로부터 구분되고 〈다름〉을 가지며 다름은 오성의 범주이다. 물자체의 가정된 《순수성》은 환상이다. 그것은 다른 모든 논리적 생각처럼 변증법적이고 동시에 특수하고 일반적이다. 그러나 이 특징은 그것의 실재를 방해하지 않는데, 이는 실재 자체가 변증법적이기 때문이라고 자아나교도들은 주장한다.[114)]

〈아리카(Ahrika)〉[115)]라는 성을 가진 한 자이나 철학자가 이 논의에서 철학사가들에게 알려진 논증 방식을 채택했다고 보고되었다. 모든 것이 동시에 어느 정도의 유사성과 어느 정도의 상이성을 포함하는데 유사성은 보편이고 비유사성은 특수라고 그는 주장했다. 절대적 특수와 같은 그러한 사물이 있다면 그것은 다른 모든 존재하는 사물들과 무관계하고 절대적으로 다를 것이며, 그것은 비-존재일 것이며, 그것은 아무 것도 아닌 것, 《천상의 꽃》일 것이다.[116)]

---

111) 같은책, 486쪽 23행.

112) 같은책, 486쪽 25행 이하 그리고 490쪽 11행.

113) 같은책, 487쪽 22행.

114) 이 문제에 대한 중관 학파와 자이나교도들의 상호적 입장은 헤겔의 관념론적 변증법과 또한 실재 자체가 변증법적이고 모순적이라고 기꺼이 가정했던 그의 유물론적 추종자들, 마르크스와 엥겔스의 변증법의 상호적 입장에 어느 정도 견줄 수 있다.

115) 같은책, 486쪽 25행.

116) 같은책, 487쪽 5행, 487쪽 20행 그리고 495쪽 12행.

그리고 다른 한편, 만일 그것이 어느 정도의 상이성을 포함하지 않는다면 그것은 다른 모든 사물들과 합체할 것이고 다양성이 함께 있지 않을 것이다. 존재자가 통일체이어야 한다고 주장하는 것은 잘못이다. 존재자는 항상 이중적이어서 동시에 존재하면서 비-존재하고, 움직이면서 멈추고, 일반적이면서 특수적이다. 실재의 본질은 변증법적, 즉 이중적이다. 만일 일반과 특수가 동일하다면 그것들은 같은 통일체에서 합체할 것이고 그 통일체는 이중적이 아닐 거라고 불교도는 대답한다. 그러나 만일 그것들이 동일하다면 그것들은 다를 것이고, 그리고 두 실재들이 있게 될 것이고, 존재는 다시 이중적이 아니게 될 것이다.[117] 만일 존재자는 동일한데 그것의 조건들 또는 질들이 다르다고 가정된다면 이 질들이 실재적인가 또는 상상적인가 하는 문제가 일어날 것이다.[118] 그러나 자이나교도는 실재적 질들을 가정한다. 그리고 실재적 질들은 모순적일 수 없으니 존재자는 항상 통일체이기 때문이다. 만일 하나의 사물이 다른 사물일 수 있다면 그것은 그것의 동일성을 잃고 다른 것이 될 것이다. 미치광이가 아닌 사람은 누구나[119] 모순율을 부정할 수 없고, 이 법칙이 우리가 보아온대로 궁극적 특수, 또는 엄격하게 본래 있는 그대로의 특수한 사물의 실재를 확립한다.

## 9. 실재에 대한 견해들의 발전

인도의 모든 철학 체계들은 동시에 〈구원〉의 교리들이다. 〈궁극적 실재〉의 문제는 그러므로 이중적인 면을 가지고 있다. 그것은

117) 같은책, 489쪽 7-10행.
118) 같은책, 490쪽 14행.
119) 같은책, 491쪽 9행.

윤회(samsāra)에서의 생명의 진화의 궁극적 요소이거나 또는 니르바나에서의 이 진화의 영원한 중지이다.

〈상키야〉에서 진화의 궁극적 요소들은 세 종류의 하부－원자적 〈실체들〉[120]인데, 그것들의 상이한 배열이 카르마(*karma*)라 불리는 주요 힘의 영향 아래 다양한 대상들과 그것들의 계속적인 변화를 창조한다. 니르바나는 이 진화의 영원한 그침이다. 초기 니아야와 바이쉐시카에서 궁극적 요소들은 카르마의 영향 아래 세계들과 그 진화를 창조하는[121] 네 종류의 원자들이다. 니르바나에서의 그 과정의 그침은 〈영원한 죽음〉인데, 왜냐하면 세계뿐만 아니라 의식도 소멸하게 되기 때문이다. 후기 니아야－바이쉐시카에서 〈영원〉 또는 니르바나는 영원한 신비이자 신에 대한 고요한 응시가 된다.

소승에서 세 종류의 〈실체들〉과 네 종류의 원자들은 세 종류의 요소들 또는 에너지들[122]에 의해 대체된다. 〈영원〉은 여기에서 또한 무의식, 카르마의 힘의 소멸 결과로서의 〈영원한 죽음〉의 상태이다.

대승의 제1기에서 카르마의 힘은 〈환각의 힘〉[123]이 된다. 〈영원〉은 영원한 것의 관점에서 본(sub specie aeternitatis) 세계, 이 〈환각〉의 파괴를 통해 얻어진 상태이다. 동일한 입장이 베단타에서도 받아들여진다.

최종적으로 대승의 제2기에서 궁극적 실재는 물자체이다. 카르마의 영향 아래 지성에 의한 주체와 객체[124]로의 그것의 분화는 세계 과정을 구성한다. 그것의 비－분화가 〈니르바나〉이다. 그것은 주체

120) *guṇa.*
121) *ārabhante.*
122) *dharma＝saṃskāra.*
123) *māyā.*
124) *grāhya-grāhaka-kalpanā.*

와 객체가 합체되어 있는, 말할 수 없는 〈순수 존재[125]와 순수 의식[126]의 영원〉이다.

그러므로 물자체는 한편으로는 영원한 객체, 인식의 궁극적 원인이다. 다른 한편으로 그것은 또한 주체와 객체가 〈최종적 절대〉 안에서 합체되는 지점이다.

지넨드라부디(Jinendrabuddhi)[127]는 말한다——《〈이것임(Thisness)〉(즉, 절대적 실재 또는 물자체)의 입장에서는 (객체와 주체 사이에) 전혀 차이가 없으나 우리가 〈선험적 환각〉에 의해 방해를 받을 때[127] 우리가 아는 모든 것은 주체와 객체의 구성에 의해 분화된 그것의 간접적 외양일 뿐이다.》

《자체의 본질》, 모든 요소에서 엄격하게 그것 자체인 본질이라는 생각은 이미 소승 불교에서 나타난다. 그 시기의 중심 개념인 존재의 요소는 《그 자체의 본질의 담지자》로 규정된다.[128] 그러나 이 생각은 많은 점들에서 후기의 그것과 다르다. 아직 실재와 관념 사이에 확정된 경계선이 없고, 존재의 요소들은 육체적인 것과 정신적인 것, 또는 육체적인 것, 정신적인 것, 힘들로[129] 나뉘는데, 그들은 모두 동일하게 실재적이다.[130] 실재는 유효성으로 규정되지 않는다. 모든 주의는 요소들의 모든 조합의 실재에 대한 부정에 집중된다. 역동적으로 고려된 물질이 미묘하게 되어 있고, 마음의 요소들이 서로 치외법권화 되어 있으므로 물질과 마음 사이의 차이는 거의

125) *svabhāva-kāya.*

126) *jñāna-kāya.*

127) 2권 부록 Ⅳ, 5장 10을 참조하라.

128) *sva-lakṣaṇa dharaṇād dharmaḥ.* Yašomitra ad AK. I. 3. 그리고 CC., 26쪽 7행=*attano pana sabhāvān dharenti ti dhammā,* Atthasālini, 39쪽 §94와 비교해보라. Mil. 205 그리고 Netti 20과 비교해보라.

129) *rūpa-jñāna-cittaviprayukta-saṃskāra.*

130) *bhāva=dharma=sat=anitya.*

없어지며 둘 다 힘이다.[131] 소승 불교 학파들은 《자체의 본질》을 하나의 찰나점으로 보는 정의에 있어서 동요하였다. 각 학파는 각각의 요소들의 명단을 가지고 있었다. 그러나 그 차이들은 본질적인 것이 아니었다. 모든 요소들을 순수 상상,[132] 순수 실재,[133] 그리고 그들 사이의 《상호의존적》[134] 부류의 세 부류로 구분하는 것은——이 구분은 초기 〈유가행 학파〉의 특징이다——이미 실재와 관념 사이의 날카로운 경계 설정을 의미한다. 다르마키르티는 실재를 유효성으로 정의하고 그것을 모든 종류의 관념과 철저하게 대비시킴으로써 그 이론에 최종적 형태를 부여했다. 실재적인 것은 그러므로 순수 존재, 궁극적 특수, 물자체와 동의어적이 되었다.[135] 그것은 모든 정신적 구성의 《비-존재》, 관념, 일반성과 구별되고 반대되었다.

〈절대〉가 순수 감각에 의해 물자체로 인식될 수 있다는 생각은 후기 베단타 학파가 불교도들로부터 빌어온 것이었다. 《대상들의 구별이 판단[136]에 의해 인식되므로, 그리고 그 구별의 인식이 없이는 개별적 대상들이 있지 아니하므로 (단지 〈전체〉 또는 〈절대〉뿐이고, 그러므로 배단타학파는 순수 감각[137]이) 순수 〈존재〉[138] (또는 〈절대자 브라흐마〉[139])를 감지한다고 가정한다.》

---

131) CC., 84쪽을 참조하라.
132) *pari-kalpita.*
133) *pari-niṣpanna.*
134) *para-tantra.*
135) *vastu=sattā=paramārtha-sat=svalakṣaṇa.*
136) *savikalpaka.*
137) *nirvikalpaka.*
138) *sattā-mātra.*
139) ŠD., 126쪽을 참조하라. Vedānta-paribhāṣā, 31쪽 이하는 "*tat tvam asi*"를 *nirvikalpaka*로 설명하고 Nyāya-makaranda, 153쪽 이하는 *tattva-sakṣāt-kāra*를 〈절대〉에 대한 직접 지식으로 가정한다. 신비적 요가 수도자만이 모든 사물을 *pirvikalpaka*에 의해 직접적으로 지각하는데, 그에게는 *mānas-pra-*

## 10. 유럽의 몇몇 유사한 이론들

요약해보자. 불교의 비판적 학파에서 수립된 〈궁극적 실재〉는 그것이 다음과 같은 것을 나타낸다는 것을 의미한다. 1)절대적 특수, 2)순수 존재, 3)존재의 흐름 안에 있는 찰나점, 4)그것은 독특하고 비관계적이다, 5)그것은 역동적이고 연장되지 않으며 지속적이지 않다, 6)그것은 상응하는 심상의 산출을 위해 지성을 자극하는 기능을 갖는다, 7)그것은 심상에 생생함을 부여한다, 8)그것은 판단의 단정적인 힘을 구성한다, 9)그것은 언표할 수 없고 인식할 수 없는 〈물자체〉이다. 궁극적 실재를 2,000년 이상 탐구해온 철학은 가끔 평행선을 여행하고, 전체적으로 또는 부분적으로 동일한 논의들을 되풀이하고, 그것들로부터 동일한, 또는 매우 다른 결론들을 끌어내고, 그럼에도 불구하고 동일한 최종적 결론에 도달하지 못해왔다.

불교 논리학에서 궁극적 실재를 가리키는 용어는 문자 그대로 《자체의 본질》[140]을 의미한다. 이 《자체의 본질》은 어느 정도 아리스토텔레스의 〈1차 본질〉과 일치한다. 이 어떤 것(*Hoc Aliquid*)으로서의 그것의 형식은 《자체의 본질》을 설명하는 킴치드 이담(*kimcid idam*)이라는 용어와 정확하게 일치한다. 불교에서 그것은 절대적으로 비관계적인데, 왜냐하면 그것은 엄격하게 홀로인 어떤 것이기 때문이다. 《어떤 〈실체〉와 〈본질〉이 하나의 〈관계된 것(*Relatum*)〉일 수 있는가 없는가, 아리스토텔레스는 말하기를 주저한다 : 그는 〈2차 본질〉은 그럴 수도 있지만 1차본질은 그럴 수 없다고 보는 듯하다. 그러나 그는 그 질문이 의심스럽고 어려운 것이라고 인정

*tyakṣa* 또는 지성적인 직관이 *pramāṇa*일 뿐이다.

140) *svalakṣaṇam* = *paramārtha-sat.*

함으로써 결론을 맺는다.》[141] 인도의 부정은 매우 범주적이다. 《그러나 〈아리스토텔레스〉의 〈본질〉에 가장 특수하면서 수에 있어서 하나이면서 동일한 것(*Unum et Idem Numero*)으로 남아있는 것은 그것이 본래의 변화에 의해서 교대로 모순적 우연들(Accidents)을 받아들일 수 있다는 점이다.》[142] 이것은 우리가 이미 살펴본대로 불교에서는 매우 다르다. 모든 변화는 여기에서 본질의 변화이다. 더우기 아리스토텔레스는 열 종류의 존재자(*Ens*)를 가정하는 반면에 불교의 《자체의 본질》은 유일한 존재자이고 모든 다른 범주들은 그것만으로는 비존재자이다. 그것들은 최초의 본질이 밑에 놓일 때에만 간접적으로 하나의 존재자일 수 있고, 따라서 그것들은 빌어온 실재를 갖는다. 《1차 본질이 홀로 가장 완전한 의미에서의 존재자이다》라고 주장함으로써 아리스토텔레스는 이것을 인정한 것으로 보인다. 불교의 《자체의 본질》과 똑같이 그것은 《모든 다른 〈범주들〉의 〈주체〉 또는 〈토대〉로서 필수불가결하다.》

〈실재〉, 〈존재〉, 〈실체〉, 〈본질〉 등에 대한 생각들에 관하여 철학자들에 의해 형성된 끝없는 이론들을 검토하는 과정에서 자연스럽게 떠오른 많은 비교들을 통과하면서 우리는 라이프니쯔의 단자론에서 멈추어도 좋은데, 왜냐하면 여기에 유사점들이 더 많기 때문이다. 우리는 일원론적, 기계론적, 원자론적 적들에 대항하는 라이프니쯔와 다르마키르티의 입장 사이의 유사함에 이미 주의를 기울여왔다. 라이프니쯔의 역동적 실재가 1)스피노자의 일원론, 2)데카르트의 기계론, 3)원자론자들의 나눌 수 없는 〈궁극적 실재〉를 부정한 것과 똑같이－다르마키르티도 1)마디야미카－베단타의 일원론, 2)자연에서의 모든 변화들을 움직이는 물질의 한 불변적 양

141) Grote, Aristotle, 72쪽을 참조하라.
142) 같은책, 69쪽.

의 배분의 변화에 기인하는 것으로 간주하는 상키야의 기계론, 그리고 3)바이쉐시카 학파의 원자 이론을 부정한다. 모나드와 똑같이 〈자체의 본질들〉도 역동적이고 순간적이다. 라이프니쯔는 말한다. 《운동이 연속적인 것이라면 그것은 시간 이상으로 존재하지 않는데, 왜냐하면 그것의 모든 부분들이 함께 존재하지 않기 때문이다……다른 한편으로 힘 또는 작력(作力)은 매 순간에 아주 완전히 존재하며 진정하고 실재적인 어떤 것임에 틀림없다.》 라이프니쯔에 의해 지속, 연장, 운동의 실재가 정확하게 불교에서와 동일한 지반에서, 즉 그것들이 하나의 단일한 찰나점에서 완전히 존재할 수 없기 때문에 부정된다는 것은 아주 흥미있다. 《실체들은 어떠한 활동, 즉 일반적인 실체의 본질의 활동이 없는 그것들의 순수한 본질로는 생각될 수 없다》라고 라이프니쯔는 말한다. 이것은 정확하게 불교의 《존재는 작용이다》, 《유효성이 실재이다》라는 원리이다. 그 이상의 가장 현저한 유사함은 다음과 같은 주장에 있다. 《단자들이 순수하게 집중적인 중심들 또는 (역동적) 단위들이므로, 각각은 모든 다른 것들에 대해 절대적으로 배타적이며, 단자는 다른 단자에 영향을 주거나 그 안에 어떠한 변화를 산출할 수 없다.》 마찬가지로 불교에서 말하는 단위들도, 우리가 본대로, 비록 그것들이 유효성에 불과하기는 하지만, 실제로 어떤 사물을 산출할 수 없고 《활용되고 있지 않다.》 그러나 여기에서 유사함은 멈춘다. 단자는 아리스토텔레스의 《1차 본질》과 똑같이 하나의 〈완성태(Entelechy)〉이고 하나의 〈영혼〉이다. 불교에서 그것은 영원한 찰나점이다.

경험적으로 인식되는 대상의 임의적 실재와 그것에 최종적 실재성을 부여하는 선험적이고 알려지지 않은 근원 사이의 차이를 가정해왔던 일련의 철학자들을 빼버리고 우리는 약간 길게 칸트를 논하도록 허용될 수 있는데, 왜냐하면 여기에서 우리는 유사한 논의의 어떤 평행선들과 편린들 뿐만 아니라 전체 개념의 유사성을 만난다고 보여지기 때문이다. 다음과 같은 점들은 우리의 주목을 끈다.

1) 칸트는 디그나가와 똑같이 우리의 지식의 두개의, 오직 두개의 근원들과 그들 사이의 근본적인 차이를 가정한다.

2) 비록 근본적으로 다르고 이론적으로 분리할 수 있지만, 이 두 근원들은 경험적으로 항상 혼합된 것으로 나타난다. 따라서 그것들 사이의 차이는 경험적이 아니라 선험적이다.

3) 다른 모든 체계들에서 분명하고 명백한 사고는 진리의 보증으로 가정되어왔다. 감관들을 통해서는 현상들이 혼란되게 인식될 뿐이고 오성 또는 이성을 통해서 궁극적 실재, 사물들이 본래 있는 그대로 분명하게 인식된다. 칸트는 그의 비판적 시기에 이 관계를 역전시켰다. 분명하고 명백한 인식은 오직 현상과만 관계되는 것으로 《현상에서 감각과 상응하는 것이 모든 대상들의 선험적 질료, 즉 〈스스로 존재하는 사물들(Reality, Sachheit)〉을 구성한다.》 분명하고 명백하게 인식된 사물들은 객관화된 심상들이다.

4) 물자체는 인식할 수 없고, 우리는 그것을 감각적 심상으로 나타낼 수 없다고 칸트는 말한다. 궁극적 특수는 우리의 인식에 의해 도달될 수 없다고 불교도들은 말한다.

5) 그럼에도 불구하고 그것은 존재하고 유효하며, 그것이 바로 우리의 감성이 외부의 실재에 의해 영향을 받는 방식이라고 칸트는 말한다. 궁극적 특수는 궁극적 실재인데, 왜냐하면 오직 그것만이 유효성을 갖기 때문이라고 다르마키르티는 말한다.

6) 이중적 실재와 이중적 인과 관계, 즉 물자체의 궁극적 실재—인과 관계와 경험적 대상의 간접적 실재—인과 관계가 있다. 물자체는 궁극적 실재—인과 관계에 대한 다른 이름에 불과하고, 그것은

바로 이 실재—인과 관계의 사실이다. 충분한 정확성을 가지고 불교도들이 표현한 이 점은 칸트의 해석자들을 당황하게 해왔는데, 왜냐하면 〈실재〉는 그에 의해 종합적 〈범주〉로, 궁극적이 아닌 〈실재〉로 지속과 연장된 실재, 즉 현상적 실재(realitas phaenomenon)로 진술되었기 때문이다.[143)]

〈칸트〉의 물자체와 〈다르마키르티〉의 《자체의 본질》 사이의 근본적 차이는 감각의 순간에 상응하는 〈실재〉의 단일한 찰나점과 후자의 분명한 동일시에 있다. 인도의 〈물〉은 모든 종합의 외부에 있는 단일한 찰나점이 경험적으로 인식될 수 없는 정도로 선험적이다.[144)] 칸트의 다른 특징 《감각에 상응하는 현상들에 있어서의 선험적 물자체인 것》[145)]은 인도의 1차 〈본질〉에 완전히 적용된다. 그 이상의 차이는 불교도들에 의한 물자체와 순수 존재의 분명한 동일시에서 찾을 수 있을 것이다.[146)] 이 존재는 술어도 아니고 범주도 아니며 모든 서술의 공통〈주어〉이다. 불교도들은 〈궁극적 실재〉라는 개념을 그것과 관련하여 논리적으로 사용한다. 〈궁극적 실재〉는 또한 모든 판단들과 우리가 다음에 보게되는 바와 같이 모든 추론들의 〈궁극적 주어〉[147)]이다. 칸트의 물자체와 불교의 《자체의 본질》

143) 이것은 분명히 또 하나의 비—종합적, 궁극적 〈실재〉, 연속의 실재가 아닌 찰나점의 실재가 있다는 것을 의미함이 틀림없다. CPR., 137쪽을 참조하라. 그것은 바로 물자체이다. 《물》이라는 용어는 이미 존재를 함축하며 〈실재〉를 의미하는 것으로 칸트에 의해 설명된다(*Ding=Sachheit=Realität*). 그럼에도 불구하고 많은 해석자들은, 비록 궁극적 물, 즉 실재와 유효성 자체, 순수 실재와 《순수》 유효성이지만 물이 아닌 물, 아무것도 하지 않는 물의 이론을 그에게 전가함으로써, 그가 가장 명백한 모순을 범했다고 그를 비난해왔고 아직도 비난하고 있다.

144) *kṣaṇasya(jñānena) prāpayitum aśakyatvāt,* NBT., 12쪽 19행.

145) CPR., 117쪽(도식론에 관한 장).

146) *sattā-mātra.*

147) *dharmin,* 모든 *dharmas*의 공통주어.(같은 장에 있는) 칸트의 말과 비교해

사이의 그 이상의 중요한 차이는 다음과 같은 점에 있다. 칸트는 그가 모든 외부의 대상의 밑에 물자체를 가정하는 것과 똑같이 모든 경험적 자아의 뒤에 내부의 물자체를 가정한다. 그래서 서로 대면하고 있는 두 세트의 〈물자체들〉이 있는 것처럼 보일 것이다. 이것은 불교의 철학에서는 다르다. 《자체의 본질》[148]은 모든 관계들로부터 벗어난, 엄격하게 본래 있는 그대로의 외부의 〈물〉이다. 상응하는 내부의 〈물〉은 모든 구성[149]으로부터 벗어난 순수 감각이다. 그러나 순수 감각과 상응하는 순수 대상은 실재의 같은 경계에 존재하는 두 사물들이 아니다. 그것들은 전체 경험 세계의 건축자이고 항상 이분적 또는 변증법적 방법에 의해 일하는 구성적 상상[150]의 같은 능력에 의해 〈주체〉와 〈객체〉로 이분된 하나의 〈궁극적 실재〉이다. 외부의 《자체의 본질》은 단지 논리적 평면에서의 〈궁극적 실재〉이다. 모든 철학이 최종적으로는 일원론적이기 마련이므로 바로 최종의 초논리적 평면에 〈주체〉와 〈객체〉가 합체되는 〈최종적 절대자〉가 있다. 이것은 다르마키르티가 말한 바와 같이 우리가 인식할 수도 없고 말로 표현할 수도 없는 하나의 〈물〉이다. 다시 말해서 그것은 외부의 실재의 인식할 수 없는 찰나점보다 경험적 평면으로부터 더 멀고, 그것은 그의 〈우주적 육체〉에서 불타로 인격화된 〈최종적 절대자〉이다.

순수 감각으로서의 불교의 물자체는 칸트의 물자체보다는 경험적 세계에 더 가까운 것이다. 칸트는 그가 선험적이라고 보는 물자체

---

보라—《실체는, 우리가 영속성이라는 감각적 조건들을 빼버린다면, 바로 다른 어떤 것의 술어도 아닌 주어로 진술될 수 있는 어떤 것을 의미할 것이다.》

148) *sva-lakṣaṇa* = *bāhga-artha.*

149) *nirvikalpaka.*

150) *grāhya-grāhaka-kalpanā.*

에 대한 이런 반-경험적(half-empirical) 해석에 이의를 제기한다. 단일한 순간으로서, 불교의 〈물〉은 거의 경험적이라고 말해질 수 없다.

〈존재〉를 〈긍정〉의 본질과 동일시하는 불교의 주장의 이 부분은 헤르바르트(Herbart)에 의해 표현된 몇몇 생각들과의 유사성으로 우리를 놀라게 한다. 〈존재〉는 이 철학자에게 《절대적 긍정》, 《사유 안에서 부정될 수 없는 어떤 것에 대한 승인》인데, 그것의 본질은 부정을 용납하지 않는다.[151] 존재에 대한 생각은 그것이 어떤 것에 대한 단순한 긍정이고 그 이상이 아니라는 것을 의미하는 긍정의 한 종류이다. 《대상들은 긍정되고 있으며, 그리고 완전히 사라지는 것으로 의심받을 수 있다. 그러나 그것들은 사라지지 않는다. 어떤 것에 대한 긍정은 남아 있고, 그것은 단지 변화된 것 뿐이며, 이전에 향하던 것과는 다른 어떤 것을 향하고 있다. 질(즉, 일반적)은 의심에 희생되지만 긍정된 어떤 것(즉, 극단적 특수)은 다르며, 그것은 인식할 수 없는 무엇이다》[152]라고 그는 말한다. 《이 절대적 긍정》은 우리에게 주목되지 아니하지만 모든 순수 감각에 포함되어 있다.[153] 아무도 〈무(Nothing)〉가 존재한다고는 믿지 않을 것인데, 존재한다면 드러나게 되어야 하기 때문이다. 존재의 특징은 궁극적으로 단순한 것이어야 한다는 점이다. 존재는 부정을 면할 수 없는 것이 아니다. 순수 존재와 실재의 감각 가능한 핵심의 이 동일화, 그것의 특징을 알 수 없는 대상으로, 단순한 것, 즉 극단적 특수로, 어떠한 부정도 용납하지 않는 긍정의 본질로 보는 것, 본래 긍정이 아니

---

151) "Absolute Position, Anerkennung von dem, dessen Setzung nicht aufgehoben wird." Met. II, § 201을 참조하라.

152) 같은책.

153) 같은책, § 204.

고[154] 의심될 수 있는, 즉 선택적으로 긍정되거나 부정될 수 있는 질과, 즉 일반과 순수 존재의 대비——이 모든 논쟁적 숙고는 불교적 관념들[155]과의 유사성으로 우리를 놀라게 한다.

〈궁극적 실재〉의 찰나점과 〈미분〉, 지성의 일과 수학적 계산[156]을 비교한 불교 이론의 부분도 또한 유럽 철학의 역사에서 유사한 이론을 찾을 수 있다. 후기칸트학파 철학자인 솔로몬 마이몬(Solomon Maimon)은 《감성의 미분들》의 이론으로 알려져있다. 《대상들의 미분은 본체(Noumena)이고 그것들로부터 구성된 대상들은 현상(Phaenomena)이다》[157]라고 그는 말한다.

---

154) 우리는 《암소가 있다》, 《암소가 있지 않다》라고 말할 수 있지만 이 어떤 것(*Hoc Aliguld*)은 항상 있고, 그것은 그것의 부정이 〈무〉의 긍정이 될 것이기 때문에, 또는 바챠스파티미쉬라가 말하듯이 그것이 《개체 안에 있는 무 존재》가 될 것이기 때문에 부정될 수 없다 ; Tātp. 389.22와 비교해보라—*na tv abhāvo nāmo kašcid vigrahavān asti yaḥ pratipatti-gocaraḥ syāt.*

155) 절대적 긍정=*vidhi-svarūpa*=*svalakṣaṇa*=*sattā-mātra*=*vastu-mātra*=*niraṃša-vastu*=*anavayavin.*

156) *samākalana.*

157) R. Kroner, Von Kant bis Hegel, I, 354쪽을 참조하라.

# 제 3 부

# 구성된 세계

(The Constructed World)

제 1 장 판 단 · 318

제 2 장 추 론 · 355

제 3 장 삼단논법 · 419

제 4 장 논리적 오류 · 481

# 제 1 장
# 판 단
# (JUDGMENT)

## 1. 순수 감각으로부터 개념으로의 전이

〈궁극적 실재〉의 영역으로부터 상상의 모든 편린을 배제하고, 그것을 종합을 포함하지 않은 단순한 찰나점들로 축소시켰으므로 불교 논리학자들은 외부의 세계에 대한 우리의 지식의 두 근원들 사이에, 즉 감관들의 수동적 감수성과 상상의 자발적 산출들 사이에 본질적인 차이를 확립하려고 노력하는 모든 체계에 닥쳐오기 마련인 동일한 어려움에 빠지게 되었다. 〈궁극적 실재〉에는, 우리가 이미 본대로, 지속과 연장, 질과 운동, 보편, 구체적 개별 등이 없다. 다른 한편으로, 상상된 경험적 세계에는 상상된 시간이 있고, 구성된 공간이 있고, 여러 상상된 질, 운동, 보편, 특수들 등이 있다. 두 영역들, 즉 선험적, 비상상적 실재와 상상적, 또는 경험적 실재는 절대적으로 다르다.

그들 사이에는 인과적 연결말고 다른 연결은 없다. 찰나점들은 유효성의 점들이고, 그것들은 오성으로 하여금 상상 안에 보통 사람들이 실재 자체라고 잘못 판단할 수 밖에 없는 환각적 그림들을 구성하도록 자극하는 능력을 갖고 있다. 이 인과 관계의 경우는 결과가 그것의 원인에 유사해야 한다는, 모든 실재론적 체계들에 의해 공유되어 있는 편견에 대한 날카로운 도전이다. 결과는 여기에서 그것의 원인과 절대적으로 다르다. 찰나점과 그것의 도움으로 상상에 의해 구성된 상상 또는 개념 사이에는 《동형화(conformity)》[1] 또는 상응(correspondence)이 있는데, 우리가 좋다면 그것을 또한 일종의 유사성이라고 부를 수도 있겠지만 그것은 《절대적으로 다른 사물들 사이의 유사성》[2]이 될 것이다. 〈기능적 상호 의존〉으로서의 불교의 인과율은 원인과 결과 사이의 비유사성에 영향을 미치지 않는다. 실재의 한 점과 수용적인 의식이 주어지면 감각이 생긴다. 상응하는 심상도 마찬가지로 감각의 순간과 객관적 실재의 순간에 기능적으로 종속되어 생긴다.

그러나 일부 불교 논리학자들은 순수 감각과 뒤따르는 기억적 심상 사이의 간격을 메꾸고, 인식의 두 근원들의 근본적인 구분을 가정함으로써 그들 스스로 파괴했던 지식의 통합을 재수립 하는데 당황하게 되었다. 이 근본적 문제의 해결이 동시에 궁극적 실재와 경험적 실재 사이의 심연을 메울 것이 분명한데, 왜냐하면 실재는 바로 유효성이고 구성적 상상은 바로 논리이기 때문이며, 그것이 또한 논리와 그것의 효력 사이의 연결을 수립할 것이기 때문이다.

논리적인 설명과 심리적인 설명 두가지가 제출되었다. 논리적인 문제는 뒤에 〈불교 유명론〉과 〈불교 보편론〉[3]을 다룰 때에 고찰될 것이다. 심리적인 설명은 바로 주의의 이론(theory of attention) 또는 이미 언급된 《정신적 감각》이다.[4]

순수 감각 또는 감관-직관의 순간은 즉시 정신적 감각 또는 지성적 직관을 수반한다. 사유의 전혀 동일한 흐름에는 그러므로 원

---

1) *sārūpya.* 2권 부록 IV을 참조하라.

2) *atyanta-vilakṣaṇānām sālakṣaṇyam.* NVTT., 340쪽 17행을 참조하라.

3) *apoha-vāda.*

4) *mānasa-pratyakṣa*. 위 161쪽과 2권 부록 III을 참조하라.

인과 결과로 관련되는 연속적인 순간들이 존재한다. 그것들은 그것들이 사유의 동일한 흐름에 속하는 한 동질적이지만,[5] 첫번째가 외부의 감관들에 의한 감각이고 두번째가 내부의 감관 또는 마음에 의한 감각인한 이질적이다. 경험 심리학의 입장에서 보면 그것은 단순히 주의의 순간 또는 순수 감각이라는 선행하는 순간에 수반되는 순간이다. 초기 불교에서 인식의 특수한, 여섯번째[6] 기관이었고 실재론적 체계들에서 신경 전류와 동일시 되었던 마음이 여기에서는 《순수 감각》 또는 외부의 감각 기관에 의한 감각과 구별하여 《정신적 감각》 또는 내부의 감관에 의한 감각으로 불리는 주의의 순간[7]과 동일시 된다. 감각의 이 두번째 순간 동안에 대상은 시야 안에 현존하고, 그러므로 지성적 직관은 감각의 첫번째 순간과 대상의 두번째 순간의 협동의 연합 소산이다.[8] 다음의 세번째 인식의 순간에서 기억적 요소들이 일깨워지게 되고 감각들은 사라지며 지성이 그 자체의 법칙들에 따라 하나의 추상적 심상을 구성한다.

감각의 이 두번째 순간은, 비록 그것이 경험적 관점에서 보면 주의의 순간에 불과하지만, 인식론적 관점에서 보면 직접적, 비－종합적인 독특한 순간, 즉 비록 지성적 직관의 순간으로 특징지워지지만 그럼에도 불구하고 지성적인 것으로서의 가장 특징적인 모습을 결하고 있는 순간인데, 그것은 첫번째와 마찬가지로 상상할 수 없고 언표할 수 없으며 따라서 반－지성적인(**half-intelligible**), 순수 감각과 그에 상응하는 지성적인 심상과의 사이에 개재하는 어떤 것이다.

---

5) *eka-santāna-patita.*

6) *mana-āyatana, āyatana* No 6. CC. 8장을 참조하라.

7) *manasi-kāra,* 각각 *yonišo-manasi-kāra.* 2권 부록 III, 4장 5를 참조하라.

8) 2권 부록 II를 참조하라.

시야 안에 있는 대상의 현존에 의해 현재의 상태로 조건지워진, 오직 이 종류의 지성적 직관만이 보통 사람에 의해 접근될 수 있다.[9)]

만일 우리가 감각적 지각이라는 선행의 순간에 의해 제한되지 않는 실제적인 지성적 직관을 가지고 있다면 우리는 전지할 것이고 현재 상태의 우리가 아닐 것이다 ; 우리는 인간이기를 그치고 초인이 될 것이다.

기억적 심상을 뒤따르는 지성적 직관 순간의 존재 이론은, 외부의 감관들과 인식의 주체인 〈영혼〉 사이에 연결을 수립하는 달리는 원자로서의 신경 전류라는 형태의 〈마음〉을 상상했던 실재론자들의 이론에 반대하던 디그나가에 의해 처음으로 암시되었다. 그것은 다르마키르티에 의해 발전되고 다르모타라의 손에서 최종적 정확성을 얻게 되었다. 다르마키르티에 의하면 순수 감각은, 또한 모든 경험적 지식의 필요 조건이기는 하지만, 매우 뚜렷한 실재이고 그것의 존재는 우리가 이미 본대로 내성에 대한 실험에 의해 입증된다.[10)] 그러나 지성적 직관의 순간은 전혀 선험적이다.[11)] 그것의 존재를 경험적으로 증명할 만한 사실들[12)]도 없고 가능한 실험도 없다. 다르모타라에 의하면 그것은 단순히 오성의 구성적 작용의 첫번째 순간이다. 그것은 다른 순간인데, 왜냐하면 그것의 기능이 다르기

9) 요기(Yogi)와 불타는 모든 것을 명료하게(*sākṣāt*) 인식하며, 그들은 오직 하나의 *pramāna*를 갖는다. *dṛṣti-mārga*의 획득으로 인간은 *ārya*가 되고 그것은 다른 *pudgala*이다. TS. TSP., 901～902쪽, 396쪽 1－2행을 참조하라. 설일체유부는 요기의 전지가 초자연적으로 현명한 추론들에 의해서 계속되는데, 왜냐하면 직접적 감관－지각이 오직 현재의 찰나점에만 적용되기 때문이라고 주장했다. 그러나 사우트란티카 학파는 그것을 반대하고 요기들이 추론에 의해서가 아니라 직접적으로 본래적 사물들(*svalakṣaṇa*)을 인식하는 지성적(*mānasa*) 직관을 갖고 있다고 주장했다.

10) 위 150쪽을 참조하라.

11) *atyanta-parokṣa*, 2권 부록 III, 4장 5를 참조하라.

12) NBT., 11쪽 1행－*na tv asya prasādhakam asti pramānam.*

때문이다. 순수 감각의 기능은, 우리가 이미 본대로, 시야 안에 있는 대상의 현존을 신호하는 것이고, 지성적 직관의 기능은 《그자체의 대상의 심상을 불러일으키는 데》 있다.

지성적 직관은 지식을 목적으로 감각과 개념을 통합한다고 생각되는 매개념(middle term)이다. 그러나 실재론자들은 감성의 찰나점으로서의 두가지 그러한 절대적으로 이질적인 사물들을 하나의 분명한 심상으로 통합하는 것이 불가능하다고 반대한다. 만일 그러한 두가지 사물들이 매개적인 어떤 것에 의해 비슷하게 될 수 있다면 《파리가 당나귀의 매개를 통하여 코끼리와 비슷하게 될 수 있을 것이다.》[13]

그래서 지성적 직관의 순간이라는 이 이론에 대한 반대는 우선 감각과 오성 사이의 날카로운 구분을 부정하고, 따라서 〈찰나적 존재〉의 이론을 부정했던 실재론자들 쪽으로부터 왔다. 바챠스파티미쉬라는 말한다. 《감관들은 분리된 순간들을 반사하지 않으므로, 단순한 반사에 의해 산출되었던 순간을 뒤따르는 순간을 지성이 파악하는 것은 가능하지 않다 ; 그러나 반대로 지성은 감관들에 의해 파악되었던 바로 그 동일한 대상을 파악한다.》[14]

불교 논리학자들 사이에서도 그 이론은 다양한 해석들을 낳아왔다. 다르모타라에 의해 주장되었던 감각과 오성 사이의 엄격한 분리에 대한 반대는, 부분적으로는 실재론적 논리학에 경도되어 있었고 부분적으로는 결과가 원인과 유사해야 한다는 편견에 빠져있던 중관—유가행 학파에서 일어난 것으로 보인다. 자미얀—쟈드파(Jamyan-zhadpa)는 극단적 상대주의자들인 마디야미카—프라상기카

13) Tātp., 341쪽 25행—*hasti-mašakāv api rāsabhaḥ sārūpayet.* 2권 부록 Ⅴ, 2부 4를 참조하라.

14) 2권 부록 Ⅲ, 3장 ; **NK.**, 122쪽을 참조하라.

(Mādhyamika-Prasangika) 학파가 감관들과 동시에 오성에 의한 동시적 인식의 가능성을 반대하지 않았다는 것을 증명한다.[15] 주석가 프라즈냐카라 굽타(Prajñākara Gupta)도 동일한 견해에 가깝다.[16] 그러나 즈냐나가르바(Jñānagarbha)와 다른 사람들은 지성적 직관의 순간이라는 이론이 순수 감각과 상응하는 개념 사이에 어떤 것을 개재시키기 위하여 고안되었다고 주장했다.[17] 그렇지 않다면 어떻게 순수 감각이 전혀 연결점을 갖지 않거나 《절대적으로 유사하지 않은》 개념 아래서 이해된다는 일이 있을 수 있겠는가? 지성적 개념을 순수 감각에 적용시키는 것을 가능하도록 하기 위해서는 한편으로는 전자와 동질적이고 다른 한편으로는 후자와 동질적인 어떤 제3의 것이 있어야 한다. 그러한 것이 지성적 직관이다. 그것은 순수 직관이고 이 특징은 그것을 순수 감각과 동질적으로 만든다. 다른 한편으로 그것은 지성적 직관인데 이 특징은 그것을 지성적 개념과 동질적으로 만든다.[18] 감각으로부터 개념으로의 전이는 그러므로 촉진되고 동질적 인과 관계의 원리는 지켜진다.

그러나 다르모타라는 이 해석을 거부한다.[19] 〈기능적 상호 의존〉으로서의 인과 관계는 절대적으로 이질적인 사실들 사이에 존재할 수 있다. 감각은 어떠한 매개적 작용 없이도 직접적으로 심상을 불러일으킬 수 있다. 감관들의 작용이 끝날때 지성은 작용을 시작한다. 그렇지 않다면 감각과 개념 사이에 날카로운 구분이 있을 수 없고 그들 사이에는 단지 정도의 차이만이 있게 될 것이며 감각은 혼란한 개념이 될 것이다. 다시 말해서 순수 감각은 전혀 있지 않

15) 2권 부록 Ⅲ, 4장 5를 참조하라.
16) 2권 부록 Ⅲ, 2장.
17) 위와 같음.
18) 위와 같음.
19) 위와 같음.

게 될 것이다.[20]

하나는 감각적이고 다른 하나는 지성적인 두 순수 직관들의 동시적 존재를 주장하는 것은 부조리하나 〈기능적 상호 의존〉의 원리에서 보면 지성적 직관은 외부의 감각이 그것의 기능을 사라지게한 순간에 생긴다.[21] 감성과 오성 사이의 엄격한 경계선은 오직 전자가 그것의 임무를 끝냈을 때 후자가 시작한다는 가정 위에서만 지켜질 수 있다.

지성적 직관의 순간은 경험적으로 인식할 수 없는데, 왜냐하면 그것이 하나의 순간이기 때문이다 ; 단일한 순간은 항상 선험적이고, 심상으로 나타내질 수 없고, 말할 수 없지만, 그것의 가정은 지식의 두 근원들의 근본적 구분 위에 세워진 전 체계에 의해 우리에게 강조된다.[22]

---

20) **NBT.**, 10쪽 22행을 참조하라－*itarathā cakṣur-āśritātva-anupapattiḥ kasyacid api vijñānasya.*

21) *uparata-vyāpāre cakuṣi*, **NBT.**, 10쪽 21행.

22) 칸트도 또한 《한편으로 범주와, 다른 한편으로 현상과 동질적인 제3의 사물》을 발견하고 당황했다. 이 매개적 사물은 《한편으로는 지성적이고 다른 한편으로는 감각적임》에 틀림없었다. 여기까지 문제는 유사하다. 그러나 칸트에게 있어서 메꾸어져야 할 간격은 경험적 개념 또는 상상과 상응하는 순수 선천적(*a priori*) 개념사이에 놓여 있었다. 카이어드(**E. Caird.**「임마누엘 칸트의 비판 철학」, 2판 1권 423쪽)는 칸트의 도식론에 비판을 제기했는데, 그것은 필요한 변경을 가하여(*mutatis mutanis*) 다르모타라의 견해들에도 적용할 수 있다. 그는 말한다. 《순수하게 보편적인 사유와 순수하게 특수한 지각을 취함으로써 매개념이 불가능하게 되었다 ; 그러나 만일 지각이 개별적 사물들의 감지로 취해진다면(경험적으로), 매개념은 불필요한데, 왜냐하면 그러한 지각 안에서 개별은 이미 특수화된 보편이기 때문이다.》 다르모타라는 아마도 비판 철학은 감성과 오성 사이의 본질적인 차이의 원리를 버릴 수 없는데, 그것을 버린다는 것은 니아야 학파의 소박한 실재론에 돌아가거나 중관 학파의 전적인 회의주의에 빠진다는 것을 의미하기 때문이라고 대답했을 것이다.

## 2. 오성의 첫 단계들

오성은 인식의 능동적, 자발적 부분으로 특징지워진다. 그것의 업무는 단순한 감수적 감성의 매개에 의해 그것에게 제공된 빈약한 순수 실재로부터 다양한 경험적 세계를 구성하는 것이다. 그것은 이 재료에 형식을 부여하기 시작한다. 본래 있는 그대로의 사물인 궁극적 실재는 외부의 찰나점으로 특징지워진다. 그러나 엄격하게 말하자면 그렇게 말할 수조차 없는데, 왜냐하면 최초의 순간에 그것은 내적이고 그 이상이 아닌 단순한 감각이기 때문이다. 그러나 오성은 일깨워지자마자 즉시 이 단순한 감각을 내부의 어떤 것과 그것의 근원으로 이분화한다. 그것은 주체와 객체 ; 본래의 감각과 그것의 외적 원인으로 분화된다. 이것이 일종의《선험적 통각》, 그것에 기인하여 그 이상의 모든 인식이 자아의 의식을 수반하게 되는 특징인 최초의 마음-구성(mind-construction)이다. 초기 유가행학파에 의하면 그것은 이미 사유-구성(thought-construction)이다.[23] 논리학자들에 의하면, 우리가 이미 본대로[24], 그것은 아직 직접적인 감각이다.[25] 그 후에 마음은《속삭이기》[26] 시작한다. 감각은 유쾌하거나 또는 불유쾌하고 이것이 의지를 발생시킨다.[27] 외부의 대상은 바람직하거나 또는 바람직하지 않게 된다. 마음은 그래서《이해》[28] 하기 시작하고 그 자체의 처리 방법[29]을 가지고 있는 다섯가지 근본적

23) *grāhya-grāhaka-kalpanā.*
24) 위 163쪽을 참조하라.
25) *jñāna-anubhava,* NBT., 11쪽 14행을 참조하라.
26) *mano-jalpaḥ.*
27) *cetanā.*
28) *prajñā.*
29) *pañcavidha-kalpanā.*

개념들 또는 범주들을 따라 대상을 구성한다. 그리고서 그것은《속삭임》의 방법을 버린다. 그것은 말을 하고,《이것은》, 즉 이 실재는《어떤 푸른 것》이라고 질을 말하고;《이것은 암소이다》라고 종(species)을 말하고 하는 등으로 말을 한다.

디그나가의 범주 목록은 후에 고찰될 것이다. 여기에서 우리는 마음의 자발성이, 일부 유럽의 철학자들이 그것을 묘사한 것과 똑같이, 오성과 연관된 의지[30]로 묘사되고 있다는 사실에 주목한다. 그러나 의지와 이해의 이중적 작용을 포함하는 외에도 일깨워지는 단계에 있는 의식은 탐색하고[31] 결정하는[32] 마음의 이중적 작용까지도 갖는다.

이 이중적 작용은, 바수반두에 의하면, 충분한 의식의 상태에서뿐만 아니라 잠재 의식에서도 인식을 제공한다. 개념의 형성 이전에, 항상 다양한 감각적 직관을 통과하는 마음의 흐름이 있다.[33] 〈감지의 종합〉은 개념에서의 〈재인식〉을 앞선다.

이 두 작용들은 이미 잠재 의식 안에 현존한다. 의식의 문턱[34] 아래서 그것들은 의지의《속삭임》이다. 의식의 문턱 위로 나타나[35] 그것들은 오성이 된다. 야소미트라(**Yašomitra**)[36]는 〈감지의 종합〉과 〈개념 안에서의 재인식〉의 이중적 작용을 다음과 같은 예를 들어 설명한다. 옹기장이가 일련의 옹기들을 만들었을 때, 그는 그것들을 두드려서 나는 소리의 가락에 의해 그것들을 시험한다. 그는 옹기

---

30) *cetanā-prajñā-višeṡa.*
31) *anveṣako mano-jalpaḥ=vitarka.*
32) *pratyavekṣako mano-jalpaḥ=vicāra.*
33) 그것은 다시 *dhyāna*에는 결여되어 있다=*nirvitarka-nirvicāra-prajñā.*
34) *anatyūha-avasthām cetanā* ; *ūha=nirvikalpaka.*
35) *atyūha-avasthāyām prajñā* ; *atyūha=über* der Schwelle des Bewusstseins.
36) Ad AKB., II. 33.

들 사이를 지나가면서 각각의 옹기들을 살살 두드리다가 결점이 있는 것을 발견한 때, 《있구나 ! 》라고 말한다. 옹기의 시험은 다양한 감성을 통과해가는 마음의 작용과 같다. 결점이 있는 옹기의 발견은 개념의 형성 전의 마음의 결정과 같다. 첫번째 작용은 가끔 마음의 《조야함》[37] 또는 소박성으로 특징지워지고 두번째는 마음의 《교묘성》[38] 또는 《정교함》[39]으로 특징지워진다. 그러므로 〈감지의 종합〉은 개념 안에서의 대상의 〈재인식〉에 선행한다.

## 3. 판단이란 무엇인가.

우리의 지식의 두 근원들중에서 감관-지각은 위에서 지각의 감각적 핵심이며 사유-구성과 상상의 모든 편린(片鱗)들이 제거될 때도 남아있는 부분이라고 정의되었다. 그러나 이것은 단지 지식의 선험적 근원일 뿐이다.[40] 경험적 지각은 시야 안에 하나의 대상이 현존함을 신호하는 인식의 행동[41]이고, 그 대상의 심상의 구성[42]을 수반하여, 심상과 감각의 동일화 작용[43]을 수반한다. 그러한 동일화는 《이것은 암소이다》라는 형식의 지각적 판단 안에서 이루어지는데, 거기에서 《이것》이라는 요소는 본래 인식할 수 없는 감각적 핵

37) *audarikatā.*

38) *sūkṣmatā.*

39) 의학파들은 잠재의식적 마음의 분석을 더 상세하게 행하였다. Caraka, IV. 1. 18 이하를 참조하라.

40) *atindriyam nirvikalpakam.*

41) *sākṣāt-kāritva-vyāpāra.*

42) *vikalpena anugamyate.* 외관상 상충되는 진술들 : TSP., 399쪽 16행-*sākāram eva pramāṇam* 그리고 같은책, 390쪽 14행-*saṃvāditve'pe*(원문 그대로) *na pramānyam.*

43) *ekatva-adhyavasāya.*

심을 가리키고, 《암소》라는 요소는 내포적 이름으로 표현되면서 전가(imputation)의 행동에 의해 상응하는 감각과 동일화되는 일반적 개념을 가리킨다. 지식의 어떠한 선험적 근원도 인정하지 않는 실재론자들에 의하면 이 판단은 모든 감관-지각에 포함되고 감관-지각되며 또한 하나의 감각이다.[44] 그러나 불교도들에 의하면 이 판단은, 그것이 비록 감관-지각의 경로를 뒤따르더라도, 그것으로부터 배제된다. 감관들만으로는 결코 판단에 도달할 수 없다.[45]

지각에 대한 이 판단은 오성의 근본적 행동이다. 오성의 모든 작용들은 판단들로 줄일 수 있고 오성은 판단의 능력으로 규정될 수 있지만, 그것의 근본적 행동은 순수 감관-지각의 부정적 정의에 포함되는 것이다.[46] ; 그것은 비-감각이고 사유-구성[47]이고 《이것은 암소이다》라는 형식의 지각적 판단이다. 《이것》이라는 요소,[48] 즉 감각적 핵심이 위에서 우리에게 인식할 수 없는 〈물자체〉를 가리키는 것으로 특징지워졌기 때문에 그러한 판단은 x=a라는 식으로 표현될 수 있다. 판단은 그러므로 지식을 얻기 위해 감각과 개념을 결합하는 정신적 행동이다. 순수 감각으로서의 감각만으로는 어떤 지식도 전혀 줄 수 없고 ; 개념, 즉 순수 상상만으로는 어떠한 참된 지식도 포함하지 않는다. 오직 지각의 판단에서의 이 두 요소들의 결합이 참된 지식이다. 우리가 이미 본대로 감각은 지식에 실재성,[49] 특수성,[50] 생생함,[51] 그리고 유효한 긍정[52]을 부여한다. 다른

44) *adhyavasāyātmakam pratyakṣam=savikalpakam.*

45) *yebhyo hi cakṣurādibhyo vijñānan utpadyate na tad-vašāt taj-jñānam., šakyate avasthāpayitum(=avasātum),* NBT., 15쪽 17행.

46) *kalpanāpodha.*

47) *kalpanā=adhyavasāya.*

48) *idamtā.*

49) *vāstavatva.*

50) *svalakṣaṇata.*

한편, 개념 또는 구성된 심상은 지식에 일반성,[53] 논리성,[54] 필연성,[55] 분명함과 명백함[56]을 부여한다.

그래서 우리가 판단으로 번역할 수 있는 산스크리트어 용어는 일반적으로 적용할 때 결정[57]을 의미한다. 그것은 바로 판단, 평결, 의지적 행동이고 티베트어로는 《의지》[58]로 번역된다. 더욱 특별히 그것은 두 사물들의 동일화에 관련된 결정이다.[59] 그것은 또한 매우 발달된 또 다른 인도의 과학, 시적 비유의 이론에서도 전문 용어로 사용된다.[60] 이것들은 단순한 비교와 동일화로 나뉜다. 거기에서 동일화는 결코 동일적이지 않은 두 사물들, 예를 들어 달과 처녀의 얼굴의 동일성에 대한 시적 언설을 의미한다. 마찬가지로 지각적 판단도 여기에서 절대적으로 다른[61] 두 사물들 사이의 유사성에 대한 주장으로 특징지워진다. 이 판단는 그것이 전혀 다른 두 부분들을 모으는 한에서는 종합적이다. 실재의 찰나점은 그러한 판단에서 상응하는 일련의 일시적 찰나점들 안에 자기의 위치를 부여받으며, 구체적 시간 안에 자리잡게 되고 지속[62]을 갖는 대상의 일부분이 된다. 연속적인 찰나점들의 특수한 종합으로 인하여 그것은 연장된 물체[63]가 되고, 다시 이 순간들의 종합으로 인하여 그것은 그것의

---

51) *sphutābhatva.*
52) *vidhi-svarūpatva.*
53) *sāmānya-lakṣaṇa = sārūpya.*
54) *saṃvāditva.*
55) *niščaya.*
56) *niyata-ākāratva.*
57) *adhyavasāya.*
58) *zhen-pa.*
59) *ekatvādhyavasāya.*
60) Alaṃkāra-sarvasva. 56쪽 65행을 참조하라.
61) *atyanta-vilakšaṇānām sālakṣaṇyam = sārūpyam.*
62) *santāna.*

모든 감각적, 또는 다른 질들을 갖고, 또한 하나의 보편[64]이 된다.

## 4. 판단과 개념들에서의 종합

위에서 살펴본 종합, 즉 심상을 감각에 관련시키는 종합 이외에도 모든 지각적 판단에는 두뇌에 종합적 심상, 또는 일반적 개념, 그리고 단일한 인상들, 감각들, 경험들의 다양성을 생기게 하는 또 하나의 종합[65]이 있다. 《판단이란 무엇인가?》라고 한 불교도가 외부세계의 실재에 대한 논쟁중에 묻는다.[66] 다시 말해서 하나의 심상이 외부 실재의 찰나점과 동일화 되어야 한다고 결정할 의지적 행동이란 무엇인가? 그는 《판단한다는 것은 사고한다는 것을 의미한다》[67]라고 대답한다. 추론과 감관－지각은 둘 다 판단들을 포함하고 있지만 추론이 (직접적으로) 개념들을 다루며 《본질상 사고의 행동》[68]인 반면에 지각, 또는 지각적 판단은 그것이 《개념을 불러일으키는》[69] 감각이기 때문에 (간접적으로) 사고의 행동이다. 자, 만일 판단이 판단, 즉 결정 이상인 위에 또한 사고의 행동이라면 《개념》이라는 용어는 정확하게 무엇을 의미하는가? 대답은, 사고하는 것은 상상하는 것, 또는 상상 안에서 대상을 구성하는 것을 의미한다는 것이다. 생산적으로 상상한다는 것은 차이의 통합을 산

63) **Prašast** 그리고 **N. Kamdali, 63**쪽 이하를 참조하라. 거기에서 시간과 공간은 실재라고 주장되지만 그것들의 부분들은 상상안에서 구성되는 것을 주장된다.

64) *sāmañya-lakṣaṇa＝ekatva-adhyavasāya.*

65) *ekatva-adhyavāsāya.*

66) NK., 257쪽.

67) *vikalpo adhyavasāyaḥ.*

68) *anumānam vikalpa-rūpatvāt tad-viṣayam.*

69) *pratyakam tu vikalpa-jananāt.*

출한다는 것, 하나의 (가공적) 통일체 안에서 다양한 시간, 공간, 그리고 조건을 종합한다는 것을 의미한다.[70] 이 종합의 표현은 《이것은 저것이다》[71]라는 형식의 판단인데, 그 안에서 《이것임〔this-ness〕》[72]의 비-종합적 요소는 《저것임〔thatness〕》[73]의 종합적 요소와 연결된다.

따라서 한편으로는 지각적 판단과 개념 사이에, 다른 한편으로는 개념, 심상, 생산적 상상력과 일반적 사고 사이에 실질적인 차이는 없다. 특수한 개념, 심상, 사고들은 존재하지 않는다. 특수들에 관련되는 심상들이 있고 그것들이 은유적으로 특수들로 불릴 수도 있지만 본래 그것들은 항상 일반이다.

인식하는 개별자는 실상 감관-지각의 기능과 상상의 기능을 갖는다. 바챠스파티미쉬라[74]는 이 주제에 관한 불교도의 견해에 대하여 다음과 같은 언급을 하고 있다 ; 《인식하는 개별자가 실제로는 스스로 구성한 하나의 심상을 그의 감관들에 의해 지각한다고 생각할 때, 그는 말하자면 그의 상상적 기능을 숨기고 그의 지각적 기능을 앞에 내세우는 것일 뿐이다. 이 상상적 기능은 마음 자체의 특징, 즉 자발성이고, 대상의 일반적 특징들을 감지하는(즉, 구성하는) 본연의 구성적 능력에 그 근원을 갖는다. 심상이 반사에 의해 야기되므로 그는 자연스럽게 그의 시야 안에 현존하는 심상을 지각한다고 생각하지만, 그것은 실제로는 그 자신의 생산적 상상력에

---

70) *sa*(원문그대로) *ca vikalpānām gocaro yo vikalpyate, deša-kāla-avasthā-bhedena ekatvena anusandhīyate.* Tātp., 338쪽 15행을 참조하라.

71) *"tad eva idam" it.,* 같은책.

72) *idamṭā.*

73) *tattā.*

74) Tātp., 88쪽 8행. 2권 부록 I, 1부 1에 번역되어 있음(각주 32에 축어적으로 번역).

의해 구성된다.

## 5. 판단과 명칭부여

그러나 지식의 두 근원들이 비-개념적인 것과 개념적인 것으로 특징지워질 때, 마음의 모든 종류의 사고 활동이 고려되는 것은 아니다. 이 분화와 통합 활동의 일부 근본적 변화들은 홀로 남겨진다. 주체와 객체로의 감각의 최초 분화,[75] 여러 인상들의 혼돈 속에서의 개관의 최초 단계, 이 인상들을 통과하고[76] 그 중의 일부에 (그것들이 명칭을 부여받음으로써 명확히 결정되기 위하여 아직 충분히 안정되지 않은한) 머무는[77] 작용——이런 것들은 논리학의 체계에서 중요성을 갖지 않는다.[78]

지각적 판단이 형성될 때 직접적으로 움직이기 시작하는 그 사고 활동은 그것의 표시에 의해 분명하게 구별될 수 있다 ; 이 표시는 말로 표현되는 능력에 있다. 감각들이 언표불가능한 반면에 개념들은 언표가능하다. 언어적 명칭과 합체할 수 있는 정신적 반사의 뚜렷한 인식을 의미하는 정신적 구성-이 다양한, 마음의 자발적 활동은 감각이 개념과 대조될 때 예정된다고 다르마키르티는 말한다.[79] 그래서 인도의 《개념》은 유럽의 그것과 다소간 일치하는데, 왜냐하면 그것의 명칭과의 결합과 일반성이 양자에서 모두 주요 특징들로 간주되기 때문이다. 유럽의 과학[80]이 명칭들의 형성에 기초

---

75) *grāhya-grāhaka-kalpanā.*

76) *vitarka.*

77) *vicāra.*

78) TSP., 367쪽 8행 이하를 참조하라.

79) *abhilāpini pratithiḥ kalpanā,* TSP., 369쪽 9행, 371쪽 21행 ; NB. I. 5를 참조하라.

한 개념들과 역으로(vice versa) 개념들의 형성에 기초한 명칭들의 상호 영향을 입증한 것과 똑같이 디그나가는 《명칭들은 개념들에 그 근원을 갖고, 개념들은 명칭들에 그 근원을 갖는다》[81]라고 말한다.

순수 감각과 그에 상응하는 물자체는 위에서[82] 언표 불가능한 것으로 특징지워졌다. 그것으로부터 개념과 판단이 언표 가능한, 하나의 명칭을 부여받는 요소로 정의될 수 있다는 결론이 나온다.

그러므로 말로[83] 표현될 수 없는 순수 감각을 배제하는 것은 바로 개념이다. 그래서 표준형식의 판단에서 술어는 항상 하나의 개념이다. 술어는 바로 하나의 서술어이다 ; 그것은, 명칭이 가리키는 것과 같이, 서술할 수 있거나 또는 언표할 수 있다. 그것은 비－술어, 즉 주어와 비교되는데, 그것은 항상 순수 주어로서 언표할 수 없다. 만일 모든 사고가 판단들로 환원될 수 있고 모든 판단들이 직접적으로나 또는 간접적으로 지각적 판단들이라면 우리의 인식은 언표가능한 요소와 언표불가능한 요소의 결합이거나 또는 개념과 그에

---

80) Sigwart, Logik, I, 51쪽을 참조하라.

81) *vikalpa-yonayaḥ šabdāḥ šabda-yonayaḥ.*

82) 185쪽을 참조하라.

83) *jātyādi-yojanā=kalpanā*는 일부 반대자들에 의해서도 인정된다. 디그나가의 진정한 의견(*sva-prasiddha*)은 *abhilāpini pratitiḥ kalpanā=nāma-yojanā kalpanā*이다. 그럼에도 불구하고 그는 니아야－무카(TSP., 372쪽 22행 이하, Tucci의 번역본 50쪽을 참조하라)와 Pr. samucc. I. 2에서 양 의견들을 만족시키도록 생각하는 바를 말했다. TSP., 368쪽 25행 이하를 참조하라. 이것은 상카라스바민(Šankarasvāmin)과 다른 사람들에 의해 비판을 받아왔다(같은책, 367쪽 4행 이하). 그러나 만일 우리가 디그나가의 문장을 *namnā jāti-guna-kriyā-dravya-kalpanā*를 의미하는 것으로 해석한다면 비판은 사라질 것인데, 왜냐하면 그때는 *kalpanā*가 일반적 *nāma-kalpanā*가 되고 다른 *4 kalpanās*는 그것의 종속적 변종들이 될 것이기 때문이다. 같은책, 369쪽 23행 이하를 참조하라.

상응하는 순수 대상의 관련으로 특징지워질 수 있다. 그리고 순수 감각의 실재가 다르마키르티에 의해 내성에 대한 실험 도중에 입증된 것과 똑같이 개념들과 단어들의 한정된 연합이 또한 내성에 의해 입증되었다.[84] 우리가 자유롭게 공상에 빠져서 우리의 상상에 자유로운 활동을 허용하는 경우,[85] 또 우리가 순수 상상에 종사하는 경우, 우리는 우리의 상상력과 꿈의 활동이 내적인 언어를 수반하는 것을 주목한다. 《아무도 상상이 언어와 뒤섞여진다는 것을 부정할 수 없다》라고 샨티라크쉬타(Šāntirakšita)는 말한다.[86] 순수 상상은 실재가 없는 상상이고 ; 순수 실재는 상상이 없는 실재이다. 하나의 판단, 또는 인식은 실재와 객관적 관련을 갖는 상상이고, 이것은 항상 언표불가능한 것과 연상적으로 관련되는 언표가능한 것이다.

## 6. 범주들

판단의 분류는 그러므로 명칭들의 분류이다. 모든 인식이 판단으로 환원되고 판단이 비-종합적 요소와 종합적 요소, 언표불가능한 요소와 명칭 또는 술어와의 (불법적) 결합이므로, 《술어들이나 명칭들의 궁극적 종류들, 또는 범주들은 무엇인가?》라는 질문이 일어난다. 그것은 모든 이름붙일 수 있는 사물들의 범주에 대한 질문이 아니니, 왜냐하면 오직 하나의 궁극적 사물만이 존재하고 그것은 〈물자체〉이기 때문이다. 이 궁극적 실재는 이분화되거나 분류될 수 없으며 본질적으로 하나이다. 그것은 명명될 수도 없고, 그것은

---

84) *pratyakṣataḥ*, TSP., 368쪽 1행을 참조하라.

85) *cintotprekṣādi-kāle sā(kalpanā) šabdānuviddhā*, TS., 368쪽 2-3행을 참조하라.

86) 같은책.

비-명칭이자 비-술어이며, 그것은 술어들의 모든 묘사를 위해 모든 판단에서 필요한 주어이다. 그러나 그것과 그것의 명칭들을 사고하는 방식이 다양할 수 있으니, 모든 명칭들은 직접적으로나 간접적으로 그것의 다른 속성들의 명칭이기 때문이다. 그래서 일반적으로 판단이나 인식과 인접한 가장 일반적 관계는 〈1차 본질〉과 속성들의 다른 모든 범주들과의 관계라는 의미에서의 실체와 속성과의 관계이다.

불교도들의 범주들은 그러므로 실재론자들의 범주들과는 매우 다르다. 니아야-바이쉐시카 체계는 (최종적으로) 7가지 항목들을 포함하는 〈범주목록〉을 확립한다 : 실체, 질, 운동, 보편, 종차, 내속(Inherence)과 비-존재, 이것은 명칭들(pada-artha)에 의해 표현된 일곱가지 종류의 〈존재〉 또는 〈의미〉이다. 이 범주 목록에 대해 대답하고 그것을 대체하기 위해 디그나가는 실재의 5중 《배열(arrangement)》 또는 《구성》 목록(pañca-vidha-kalpanā)를 확립하는데, 그것은 명칭들의 분류(nāma-kalpanā)에 불과하다.[87] 그것들은 고유명칭, 종류, 질, 운동, 그리고 실체들이다. 그것들은 명칭들, 단순한 명칭들에 불과하며 사물이 아니다.[88] 그 목록은 실제로 고유명칭, 종류명칭, 질명칭 또는 형용사, 운동명칭 또는 동사, 실체명칭 또는 실명사를 의미한다. 아리스토텔레스와 똑같이 디그나가는 그것들에 정의를 부여하지 않지만 예를 들어 설명하고 있다. 그는 말한다.[89]——《하나의 사물은 임의의 어떤 소리에 의해, 즉 비-함축적 고유명칭, 예를 들어 "디트하(Ḍiṭṭha)"(의미없는 소리)에 의해 명명될 수

87) Pr. sammucc., I. 2 이하 ; TSPl, 369쪽 23행 이하를 참조하라 ; Tātp., 52쪽 이하 그리고 102쪽 2행 이하를 참조하라.
88) *svasiddhaiva kevalā kalpanā* (*nāma-kalpanā*), Ts., 369쪽 21행을 참조하라.
89) TSP., 369쪽 23행 이하.

있다. 종류－명칭에서 그것은 한 종류, 예를 들어 "암소"라는 명칭을 부여받는다. 질－명칭에서 그것은 하나의 (감각가능한) 질, 예를 들어 "흰"이라는 명칭을 부여받는다. 동사에서 그것은 하나의 행동, 예를 들어 "그는 요리한다"라는 명칭을 부여받는다. 실명사에서 그것은 (또 하나의 다른) 실체, 예를 들어 "지팡이－소유자," "뿔－소유자", "뿔모양"에 의해 특징지워진다.》

이 목록은 다음과 같은 소견들을 불러일으킨다. 그것의 근본적 원리는 인식을 지식에 있어서의 비－종합적 원리와 종합적 원리로 나누는 것이다. 종합적 요소는 일반적, 개념적, 서술가능한 요소, 또는 명칭과 동일하다. 명칭들은 그래서 주로 이미 인도어 문법에서 확립된 분류에 따라서 다섯 종류로 나누어진다. 고유명칭은 실제로는 개별자들의 명칭이 아니고 엄격히 말해서 또한 일반적 명칭이다. 〈카말라쉴라〉[90]는 말한다.——비록 〈디트하(Diṭṭha)〉와 같은 단어들이 일반적으로 고유명칭이라고 받아들여진다고 하더라도, 그것들이 탄생부터 죽음의 순간까지 (계속되는) 존재를 가리키므로, 그것들은 매순간 변화하면서 (본래) 다른 사물들과 공통적인 것을 전혀 갖지 않는 (실제적 개별자를) 지시할 수 없다. 그것들이 의도하고 있으며 지시하고 있는 대상은 (또한) 시간의 지속적인 (경과)의 한계에 의해 특징지워지는 사물에 내재하는 하나의 종류이다. 그러나 그것들이 어떤 함축도 포함하고 있지 않으므로,[91] 그것들은 분리된 항목으로서 체계에 들어간다. 《암소와 같은 단어들이 일상 생활에서 일반적으로 분류명칭들로 알려진 반면에, 치트란가다(Citrangadā)와 같은 단어들은 생활에서 고유명칭들로 알려져 있다.》[92]

90) 같은책, 370쪽 17행 이하.

91) 같은책, 370쪽 27행－*ta eva bhedā avivakṣita-bhedāḥ sāmānyam iti.*

92) 같은책, 370쪽 2행 이하.

그러므로 모든 명칭들은 일반적이며 고유명칭들로 그 법칙에 예외가 아니라는 것을 모든 사람들이 알고 있는 것은 아니기 때문에, 그것들은 다른 것들부터 구별되어왔다.

따라서 디그나가에 의해 이해된 명칭들의 범주는 다른 모든 범주들을 포함한다. 우리는, 분류에서 확정적 항목들만을 세는 인도의 방식을 따라, 그의 5중 분류를 명칭과 비-명칭의 분류로, 그리고 명칭들의 네가지 다른 종류들로의 분류로 생각해야 한다.

실체의 범주는《지팡이의 소유자》,《뿔의 소유자》또는《뿔모양》의 보기에 의해 설명된다. 우리는 그것들을 소유적 형용사들[93]이라고 부를 수도 있다. 그것들은 사실 다른 실체들을 특징지우는 이차적 실체들이다. 단지 사물들의 〈1차 본질들〉은 술어가 될 수 없고, 다른 모든 실체들은 다른 대상들에 대해서 속성이 될 수 있다. 그것들은 그러므로 본질상의 실체들이 아니고 이차적 또는 은유적 실체들이며 실체이거나 속성일 수 있다. 실체는 그때 한 속성의 소유자를 의미한다. 모든 속성들의 궁극적이고 실제적인 소유자는 〈물자체〉이다. 모든 구성된 대상들은, 그것에 대한 속성으로서, 그것들이 다른 실체들을 소유하는 것으로 특징지워질 때, 은유적으로 실체들이라고 불리워질 수 있다.

바이쉐시카 학파의 범주와 비교해 볼 때, 우리는 디그나가의 목록에서, 그것들이 실재(sattā)가 아니고 단순한 명칭(nāma-kalpanā)이라는 조건부로, 〈실체〉〈질〉〈행동〉이라는 세가지 근본적 범주들을 발견한다. 〈보편〉의 범주는 분리된 항목으로서 그 목록으로부터 사라지는데, 왜냐하면 모든 범주들이 〈보편〉이기 때문이다. 궁극적 〈종차〉라는 의미에서의 〈종차〉의 범주도 또한 사라졌는데, 왜냐하

---

93) *daṇḍi, viṣāṇī.*

면 그것은 비-범주이고 모든 대상의 밑에 있는 언표불가능한 요소이기 때문이다.[94] 〈내속〉과 〈비-존재〉도 또한 디그나가의 이 목록에서 발견되지 않는다. 우리는 그것들 또는 그것들의 상응하는 기능들을 다른 범주 목록에서 발견할 것인데, 그것은 지각적 판단이 아니라 추론적 판단에 그 기원을 두고 있다. 그것은 추론의 이론과 결부되어 고찰될 것이다.

## 7. 분석으로 간주되는 판단

위에서 개념 안에서의 종합을 의미하는 것으로 해석되어온 동일한 산스크리트 용어는 매우 이상하게도 또한 동일한 개념 안에서의 분석 또는 분할을 의미한다. 그것은 매개념(**vox media**)이다. 이 두 의미들을 결합하는 끈은 또 하나의 의미인 **구성**의 관념, 세계가 파생되어 나오는[95] 어원의 관념이었던 것으로 보인다. 구성의 관념은 자연스럽게 정신적 구성의 관념, 즉 상상 속에서 구성한다는 관념으로 발전되었다.[96] 그것은 그래서 합리주의의 관념, 즉 스스로 대상의 심상을 구성하고 그것을 외부 세계에 투영하는 의식을 표현하기에 놀랄만치 적합하게 되었다. 그것은 그래서 인공, 비실재, 그릇된 비방, 그리고 환각의 관념을 함축하기 시작하였다. 다른 한편으로 동일한 어원으로부터 파생된 다른 단어는 이원적 구성, 둘

---

94) **J.S. Mill, Logic, I. 79**는 《〈질〉과 〈양〉 아래 분류되는 물체의 모든 속성들이 우리가 그 물체들로부터 받아들이는 감각에 기초하고 있다》는 사실에 주목한다. 이것은 모든 종류들이, 명칭-부여 또는 판단의 기능을 하는 우리의 상상에 의해 다르게 해석된 감각에 불과하다는 것을 의미할 수도 있을 것이다.

95) **√kḷip.**

96) *kalpanā=yojanā=ekīkaraṇa=ekatvādhyavasāya.*

로의 분할, 딜레마, 일반적으로 사유의 변증법적 경향, 그리고 최종적으로 분석의 의미를 갖게 되었다.[97] 두 용어들은 차이의 통일을 나타내는 개념의 의미 안에서 합쳐졌다.[98] 통일이 앞에 내세워질 때, 그것은 종합이고 ; 그것의 구성 부분들이 주목될 때, 그것은 분석이다. 구성된 심상을 실재의 한 점에 귀속시키는 판단으로 간주될 때, 개념은 두 요소들을 포함한다. 우리가 점으로부터 심상으로의 사유의 운동을 고찰할 때, 우리는 통일을 복수로 분화 또는 분석한다. 그러나 우리가 역의 운동으로서의 판단을 고찰할 때, 우리는 복수로부터 통일로의 운동, 즉 종합을 갖는다. 개념적 사유의 최초 단계, 생산적 상상 또는 판단——세 용어들은 여기에서 모두 동일한 것을 의미한다——은 감각 순간의 원초적 통일을 주체와 객체로 분할하는 것, 이 원초적 통일 안에서《파악되는》부분과《파악하는》부분을 구성하는 것이다.[99] 그러나 우리의 인식에서 사유의 주도성이 불교논리학에서 궁극적 실재의 찰나점과 구성된 심상을 결합하는 판단, 즉 주어는 실재와 상응하고 술어는 실재의 심상과 상응하는 하나의 판단의 기능으로 해석되었을 때——그때는 마음의 이런 종류의 사고하거나 판단하는 태도는 원래의 실재를 그것을 대신할 수 있는 많은 견해들에 분산시키는 것으로 표현될 수 있다. 지성은 사실 동일한 실재를 무한히 다양한 견해들로 대신할 수 있다. 그것은《항아리》라고 불리는 대상을 이러저러한 색깔과 모양 등을 갖고

---

97) *kalpanā = vikalpa = dvaidhīkaraṇa = vibhāga.*

98) *ta eva bhedā avivakṣita-bhedāḥ sānyam,* TSP., 370쪽 27행.

99) 일반적으로 사유의 이분적, 변증법적 운동에 대해서는 Candrakirti, Mādh. vr., 350쪽 12행 이하의 말을 참조하라. 중관파와 유가행파 사이의 차이는, 후자에게는 우리 마음의 변증법적, 인공적 구성들이 세워진 반면에 중관파에게는 오직 상대성만이 있고 인간 인식에 있어서 참된것은 아무 것도 없다는 것이다. Tsoñ-khapa's Legs-bšad-sñiñ-po.

있는 연장된 물체, 딱딱한 물체, 하나의 사물, 실체 등으로 해석할 수 있는데, 반면에 이 구성들의 실제적 핵심은 유효성의 한 순간이고 그것은 항상 동일한 것이다. 마찬가지로 불은 무한히 다양한 해석과 이론들을 야기할 수도 있지만, 반면에 그것의 궁극적 실재는 열-감각의 찰나점에 불과하다. 이 견해들은 실재적 대상의 단일한 점에 의해 분산된 많은 광선들로 표현될 수도 있다. 본래 있는 그대로의 사물은 그래서 우리의 생산적 상상이 생생하게 연출해낸 공상이다. 불교도는 말한다[100] : 《분할할 수 없는 〈물자체〉는 그러므로 이러저러한 존재로 분석되거나 또는 상상된다.》 그것은 그래서 그것의 모든 일반적, 특수적 특징들을 부여받는다. 《그것은 (다르게) 구성된,[101] 또는 다르게 상상된 사유-구성의 장이다.》 그래서 분산된 광선들은 말하자면 그 촛점인 동일한 사물에 집중된다. 그러므로 판단에서의 오성의 기능은 분석-종합적인 것으로 묘사될 수 있고, 이 촛점인 동일한 사물로부터 광선들을 분산시키고 다시 그곳으로 모으는 것에 비유할 수 있다.

## 8. 객관적으로 타당한 것으로서의 판단

《이것은 암소이다》라는 형식의 지각적 판단이 극히 구체적이고 특수한 사물을 일반적 개념과 결합시키는, 또는 순간적 감각을 항구적 개념에 속하게 하는 정신적 행위로 특징지워질 때, 불교 논리학자는 그러한 정의가 모순을 포함한다는 것을 부정하지 않는다. 그것은 《절대적으로 비유사한 두 사물들 사이에 유사성》을 확립시키는 것이 된다. 일반적이고 내적인 것은 외적이고 유일한 것에 동

100) Tātp., 89쪽 12행-*exam avibhāgam svalakṣaṇam…tathā tathā vikalpayanti.*
101) Tātp., 338쪽 15행. *sa ca vikalpānām gocaro yo vikalpyate.*

화될 수 없다. 이것이 바로 실재론적 학파들이 심상들의 존재를 부인했던 이유들중의 하나이다. 그들은 심상을 외부 세계에 전가하고 그것으로부터 실재를 구성해낸다. 그들은 내부의 심상과 외부의 사물을 결합하는 부조화보다는 이 개념적 실재론을 선호한다. 그들은 심상과 그것의 외적 형식의 실재를 주장했던 실재론자들에 반대했다. 그들은 이 경우에 우리가 《이것은 푸른 헝겊 조각이다》라는 판단에서 이중적 헝겊 조각을 인식해야 하며, 우리가 동시에 두 푸른 헝겊 조각들, 즉 내부의 것과 외부의 것[102]을 지각해야 한다고 대답했다. 어려움은 불교도가 세계에는 절대적 유사성이란 존재하지 않으며 ; 반대로 모든 사물들은 절대적으로 다르다는 사실을 지적함으로써 해결된다. 그러나 그것들은 차이를 무시함으로써 어느 정도 유사하게 될 수 있다. 그때 모든 사물들은 그것들의 차이가 무시되는 정도만큼 유사해질 것이다. 이것은 〈식별불가능한 것들의 동일성(Identity of Indiscernables)〉의 법칙으로부터의 불교도의 추론이다. 모든 암소들은 서로 절대적으로 다르지만, 만일 우리가 그들의 이 다름을 무시한다면 그들은 말이나 사자와 비교할 때 유사하게 보일 것이다. 한 사물의 심상을 오직 차이가 무시되는 한에서만 외부의 찰나점과 동일시 될 수 있다. 판단은 그러므로 심상의 외부 세계로의 필연적 투영, 외부의 실재에 상응하는 찰나점과의 필연적 동일화가 된다. 《이것은 암소이다》라는 판단은 필연적으로 우리의 오성과 객관적 실재의 종합을 가져온다.

그렇다면 모든 판단에 포함되는 이 필연적 객관화란 무엇인가라고 불교도는 묻는다. 다르모타라[103]는 대답한다——판단한다는 것은 《어떤 사람 자신의 내적 반사를 그것이 외부의 대상이 아님에도

102) *dve nile iti syāt.* TSP., 574쪽 17행을 참조하라.

103) NB., p. 7. 13. NVTT., 339쪽 8행을 참조하라.

불구하고 그것이 외부의 대상이라는 확신아래 다룬다는 것을 의미한다.》 이 동일화는 외부의 대상을 그것의 심상에 의해 《파악하는 것》도 아니고, 두 사물들의 실제적 결합도 아니고, 실제적 덮어씌우기도 아니고, 한 사물을 다른 사물의 자리에 놓는 것도 아니다.[104] 그것은 우리의 환각이고 잘못된 덮어씌우기이다.[105] 심상은 내부의 것이지만 우리의 오성의 고유한 필연성으로 인하여 외부의 세계로 투영된다. 다르모타라[106]는 말한다. 《생산적 상상력에 의해 그것의 짝(본래 있는 그대로의 사물)과 다르지 않는 것으로 인식되는 대상의 형식은 우리의 관념이고 외부의 것이 아니다.》

이 외화의 문자적 표현은 연사(copula) 《이다(is)》, 즉 존재 동사(verbum substantium)에 있다. 그것은 주어진 표상들의 객관적 통일을 주관으로부터 구분해낸다는 것을 의미한다.[107] 동사 《이다》는 직접적으로 외부 실재의 한 찰나점, 본래 있는 그대로의 순수한 사물을 가리킨다. 카말라쉴라[108]는 《만일 내가 동사 '이다(is)'의 의미를 고찰한다면, 본래 있는 그대로의 〈사물〉의 의미 이외에 다른 어떤 의미도 나의 이해의 영역 속에 들어오지 않는다》라고 말한다.

요약해보자 : 판단은 우선——

1) 하나의 판단, 즉 우리의 오성의 결정이다.

2) 이 결정은 개념에 객관적 증명을 주는데 있다.

3) 그것은, 참된 지식으로서의 개념이 또한 객관적 증명을 포함

---

104) *na grahaṇam, na karaṇam, na yojanā, nāpi samāropaḥ* NVTT., 339쪽 10행을 참조하라.

105) *alika eva,* 같은책, 337쪽 21행 이하.

106) 같은책, 339쪽 22행 이하.

107) CPR., 752쪽(§19).

108) TSP., 287쪽 17행－*svalakṣaṇādi-vyatirekeṇa anyo asty-artho nirupyamāno na buddher gocaratām avatarati.*

해야 하는만큼, 개념과 다르지 않다.

4) 그것은 이중의 종합을 포함하는데, 하나는 사물과 심상 사이의 종합이고, 다른 하나는 개념과 결합하는 감각의 다양성들 사이의 종합이다.

5) 그것은, 사물의 구체적 통일이 그 안에서 그 술어들의 다른 면들에 나타나는만큼, 하나의 분석으로 간주될 수 있다.

6) 그것은 심상의 필연적이기는 하지만 환각적인 객관화이다.

양에 관해 말하자면, 이 판단을 항상 단수이고, 그 항구적 주어에 있어서는 극단적 단수인데, 그것은 《이것(this)》이라는 요소이다. 그것의 술어는 다른 한편으로 항상 하나의 보편이다.

질에 관해 말하자면, 그것은 긍정이다. 부정적, 무한적 판단들은 특수한 원리 위에 세워진다. 그것들은 사유의 후기 파생적 단계에 속하고 지각적 판단과 통합될 수 없다. 관계에 관해 말하자면 그것은 범주적이다. 가정적, 선언적 판단들도 또한 파생적이고 다른 맥락에서 고찰될 것이다. 양상에 관하여 그것은 필연적이다. 단언적인 것은 필연적인 것과 구별되지 않으며, 미심쩍은 것은 전혀 판단이 아니다. 이 필연성을 표현하기 위하여 다르마키르티는, 또한 하나의 분석적 판단에서 주어와 술어의 필연적 연결을 표현하는, 동일한 용어[109]에 의존한다. 《충분한 의식을 가지고 긍정되는 모든 판단에 그 긍정의 필연성은 포함된다.》[110] 바챠스파티미쉬라[111]는 《판단(또는 결정), 개념(또는 종합)과 필연성(또는 필연적 필연성)은 다른 사물들이 아니다》라는 불교의 주장을 인용한다.

판단은 그렇게 묘사되어왔다. 그러면 비-판단이란 무엇인가?

---

109) *niścaya.*

110) Sigwart, 앞의책, I, 236.

111) NVTT., 87쪽 25행.

다르마키르티[112]는 그것이 반사[113]라고 말한다. 그는 말한다. 《감각은 어떤 사람을 위해서 (지식의) 어떤 필연성도 가져오지 않는다. 만일 그것이 하나의 대상을 감지한다면, 범주적 필연성에 의해서가 아니라 (단순한) 반사에 의해서 그렇게 하는 것이다. 감각이 이후의 범주적 단언을 산출할 수 있다는 한도 내에서만 그것은 올바른 인식 근원으로서의 (존엄)을 얻을 수 있는 것이다.》

## 9. 판단 이론의 역사

감각과 개념은 인도 철학의 무대에 항상 존재하고 있지만, 다른 시대, 다른 체계에서 그것들은 인식의 드라마의 다른 등장인물(dramatis personae)로 나타난다. 순수 감각과 판단 행위 사이의 날카로운 구분, 판단이 결정이라는 의지적 행위이고, 우리의 인식의 전체가 순수 의식과 반-무의식적 반사들의 부당한 연결[114]에 있다는 생각-이 특징들은 이미 인도에서 철학의 가장 최초의 시기에 속하였다. 우리는 그것들을 상키야 체계와 의학파들[115]에서 만난다. 사실, 순수 감각이 거기에서 분리된 영적 실체[116]의 역할 속에 나타나는 반면에, 모든 정신적 현상, 그리고 그것들 중에 무엇보다도 결정[117]으로서의 판단은, 홀로는 무의식적이지만 순수한 부동적 〈자

112) Anekāntaj. 177쪽을 참조하라.
113) *pratibhāsa.*
114) *sārūpya.* CC., 64쪽을 참조하라.
115) Caraka, IV. 1. 37 이하.
116) CC., 63쪽 이하.
117) *buddhi,* 《인식》은 여기에서 대원리(*mahat*)인데, 왜냐하면 그것이 인식할 수 있는 모든 것을 포괄하기 때문이다. 그것은 질료(*prakṛti*)인 주요 원리(*pradhāna*)의 최초의 축폐선이고, 동시에 그것은 그것의 기능이 《결정》(*adhyavasāya*)이라고 묘사되는 내부의 기관이다. 그러나 이 《결정》은 홀로

아〉에 《비추어지는》 심리적 반사들의 역할로 축소된다.

그 역할들이 소승 불교에서는 다르게 분류된다. 두 실체들의 이원론은, 단지 인과 법칙에 의해서만 연결되고 따라서 《상호 의존적 기인들》[118] 속에 나타나는 분리된 요소들의 다원론에 의해 대체된다. 순수 감각은 하나의 요소이고[119] 개념(또는 판단)은 다른 하나의 요소[120]이다. 그것들은, 평행하게 흐르되 서로 간섭하지 않고, 그러면서도 함께 나타나는 순간적 사유의 번쩍임의 두 흐름들을 나타낸다.

의학파들, 상키야와 요가 체계들, 자이나교도들과 소승 불교도들 모두는 인도의 심리학에 공헌을 하였는데, 특별히 선정(trance)의 현상과 관련하여 그렇다. 그들은 의식을 일깨우는 최초의 단계들에 주목하고, 그것의 발전을 따라 잠재 의식 상태로부터, 집중의 모든 정도를 통과하여, 강직적 선정[121]의 상태에 들어간다. 그들은 일련의 정신적 기능들과 상태들을 확립하고 묘사하였다. 우리는, 우리의 지식의 현재 상태에서는, 각 학파가 이 지식의 공통적 축적에 얼마나 독창적 공헌을 했는지 구별할 수 없다. 그러나 철학적 설명은 항상 동일하다. 상키야와 그 부속 학파들에서, 모든 정신적 현상은 물질적으로 설명되고, 그것들의 의식은 외부의 실체로부터 온다. 불교에서 그것들은, 지속적인 실체에 의해서가 아니라 단지 인과 법칙에 의해 결합된, 분리된 정신적 요소들이다.[122]

---

는 물질과 에너지의 하부-원자적 입자의 특수한 순간적 집적에 불과하다. 그것들은 〈영혼〉의 순수한 빛에 《비추어 질 때》 의사(*quasi*) 의식적이 된다.

118) *pratītya-samutpanna.*

119) *vijñāna=prativijñaptiḥ.*

120) *sanjñā.*

121) *asanjñi-samāpatti.*

122) 모든 정신적 요소들은 초기 불교에서 느낌의 네 두뇌, 즉 개념(판단), 의

실재론적 학파들, 니아야-바이쉐시카와 미맘사에서, 정확하게 말하자면 분리된 지각적 판단은 전혀 없다. 감각은 혼란한 지각일 뿐이고 지각적 판단은 분명한 지각일 뿐이다. 그것은 종류의 차이가 아니라 정도의 차이이다. 그 체계들에서 인식은 〈영혼〉에 놓여 있다. 모든 다양한 대상들은 외부의 세계에 놓여 있다. 그것들은 감관들을 통하여〈영혼〉에 의해 숙고된다. 〈영혼〉자체는 상키야 체계에서와 마찬가지로 심상도 없고[123] 운동도 없다.

대승에서 지각적 판단의 이론은 감관-지각 이론의 자연스런 짝이다. 대승 학파의 극단적 관념론자들은, 정반대의 입장에서 순수 감각과 지각적 판단의 이론을 똑같이 거부하는 니아야-바이쉐시카의 극단적 실재론자들과 손을 잡았다.[124] 사우트란티가(Sautrāntika) 학파가 처음으로 순수 의식을 심상들이 꽉찬 의식[125]으로 전환시키는 중요한 출발을 한 것으로 보인다. 외부의 세계도 발을 맞춰(pari passu) 그것의 실재 부분을 잃고 우리의 심상들의 가정적 인과 관계[126]가 된다. 이 학파의 모든 문헌, 즉 바수미트라(Vasumitra), 쿠마랄라브하(Kumāralābha), 그리고 다른 사람들의 작품들이 분실되었기 때문에, 불교 이론의 발전에서 그들이 차지하는 몫을

---

지, 순수 의식(*vedanā-sanjña-saṃskāra-vijñāna-Jkandha*), 분류에 속하는데, 그것은 순수 의식의 범주를 제외하면, 유럽의 과학이 아주 최근에 도달한 것과 동일하다. CP., 6쪽 그리고 96쪽 이하를 참조하라.

123) *nirākāra.* 대상의 모든 일반적, 특수적 질들이 이 체계들에서는 외부의 실재이므로, 그것들은 감관을 통해 〈영혼〉에 의해 취해지지만, *nirvikalpaka*는 질들만을(*svarūpataḥ*) 인식하고, 반면에 *savikalpaka*는 그것들을 관계적인 것으로 인식한다(*mitho viśeṣaṇa-viśesya-bhāva-avagāhitvena,* NVTT., 82쪽 8행을 참조하라). 이런 의미에서 실재론자들의 *savikalpaka*는 또한 일종의 판단이다.

124) 나의 Nirvāna 156쪽 이하를 참조하라.

125) *sākāram vijñānam.*

126) *bāhyārtha-anumeyatva.*

할당해주기는 어렵다. 그들의 작품들이, 부분적으로 존재하고 있기는 하지만, 아직까지 전혀 탐구되어오지 않았던 스바탄트리카(Svatantrika) 학파에 대해서도 똑같이 말해질 수 있다.

관념론적 유가행파의 출현과 함께, 외부 세계의 가정은 사라졌다. 동시에 아상가는 최초로 지식에 있어서 비구성적 요소와 구성적 요소 사이의 차이를 확립하였다.[127] 그는 그리하여 순수 감각과 지각적 판단 이론으로의 길을 열었다. 디그나가와 다르마키르티 학파는 논리학에 있어서 사우트란티카의 관점으로 되돌아갔다. 그들은 물자체[128]의 극단적 구체와 특수의 실재를 인정하였고, 지각적 판단을 순수 감각에 반사된 궁극적 실재와 우리의 지성에 의해 구성된 심상들 사이의 고리로 전환시켰다.

디그나가의 추종자들 사이에서 이 지각적 판단 이론의 적절한 공식화에 대한 논의가 계속되었다. 그의 추종자들중의 일부는, 지성의 특수한 작업이 개념이나 판단이고, 따라서 그것은 범주들중의 하나 아래에 있는 감각적 실재의 포섭[129]으로 특징지워져서는 안되고, 단순히 명칭-부여[130]의 기능으로 특징지워져야 한다고 주장했다. 범주들은 명명의 더 상세함일 뿐이다. 디그나가의 표현은 두 해석들을 다 인정한다.[131] 다르마키르티, 다르모타라, 그리고 그들의 추종자들은 디그나가 자신의 의견에 동조하였다. 그들은 구성적 지

127) Tucci., 앞의책.

128) *svalakṣaṇa.* 이 상대적(*šūnya*)이 아닌 것으로서의 궁극적 실재의 점(point)이라는 문제를 둘러싸고 다른 학파들 사이에서 일어난 논쟁들에 대해서는 나의 Nirvana, 142쪽 이하를 참조하라. 같은 문제에 대한 매우 흥미로운 상세한 서술이 Tsoṅ-khapa의 작품 《Legs-bšiṅ-po》에 포함되어 있고, khaiḍub에 의해 언급되었다.

129) *jătyādi-kalpanā=kḷpti-hetuḥ,* TS. 366쪽 24행 이하를 참조하라.

130) *nāma-kalpanā=artha-šnyaiḥ šabdair eva višiṣṭā,* pr. Samucc. Vr., I. 3.

131) TSP., 368쪽 25행 이하.

성, 또는 지각적 판단을, 언표가능한 심상을 감지하는 능력으로 규정한다.[132] 언표가능성은 그러므로 판단 행위의 특징적 표시를 이룬다. 판단은 어느 정도 《말하기(outspeaking)》이다 ; 그러나 단순한 말하기가 아니라 논리적 사유와 선험적 순수 실재 사이의 필연적 연결을 확립하는 말하기이다.

후기-불교의 인도 논리학에서 판단의 이론은 자연적으로 사라졌는데,[133] 왜냐하면 그것이 순수 감각 이론으로부터의 당연한 결과였기 때문이다. 야코비(H. Jacobi) 교수[134]는 이 체계를 이야기하면서 그것이 한편으로는 감관-지각과, 다른 한편으로는 추론과 다른 어떤 것으로서의 판단이라는 교리를 갖고 있지 않다고 올바르게 언급하였다.

불교 논리학 자체와 똑같이 그것의 판단 이론은 인도 철학사에 있어서 하나의 막간극으로 보인다.

## 10. 유럽의 몇몇 유사한 이론들

인도 철학을 공부하는 학생이 그에게 익숙한 개념과 동일한 것을, 그것이 그의 교과서에 가끔 사용되고 있는 것을 보기 때문에, 찾아야 하는 임무에 직면하게 된다면, 그는 그것을 어떻게 번역해야 할지 매우 당황하게 될 것인데, 왜냐하면 이용할만한 상응하는 용어가 없기 때문이다. 철학과 논리학에서 모든 유럽의 언어들은 공통의 축적을 형성하는데, 왜냐하면 그것들은 아리스토텔레스의 저술들에서 공통의 원형을 갖고 있기 때문이다. 그러나 인도 철학은 이 영

132) NB., 1. 5.
133) 그러나 위 346쪽 주 123을 참조하라.
134) GGN에 있는 그의 논문에서 위에서 인용되었다.

향으로부터 독립적으로 발전되어왔다. 그것은 자체의 아리스토텔레스와 자체의 칸트를 가지고 있다. 그것은 유럽의 것과 평행으로 달리는 발전의 독립적인 노선을 구성한다. 그러므로 두 조류들이 공통의 개념이나 공통의 이론에 동의하는 경우들을 살펴보는 것은 역사적으로 가장 흥미있는 일이다. 그것은 그것의 진리에 대한 간접적, 부분적 증명이 될 수도 있는데, 왜냐하면 진리는 하나이고 오류는 많기 때문이다. 논술의 주제가 둘 또는 여러 다른 명제로부터 하나의 명제를 추론하는데 있고, 모두가 오직 세 개념을 포함하고 있다면, 우리는 그것이 삼단논법이라는 것을 의심하지 않는다. 그러나 우리가 우리의 오성의 특징적 행위를 판단으로 간주해야 하는가를 결정할 필요성에 직면할 때, 우리는 판단이란 무엇인가를 알아야 한다. 그리고 여기에서 우리는 한없는 의견의 다양성을 발견한다. 유럽의 뛰어난 철학자들 사이에 이 문제에 대해서 놀란만한 불일치가 있다는 것을 알고 깜짝 놀라기 위해서는 철학 용어 사전을 한번 펴보는 것으로 충분하다. 대다수는 판단이 《두 개념들 사이의 서술적 연결》이라고 생각하지만, 브렌타노(Brentano)는 이것을 격렬히 부정한다. 그는 판단이란 개념과는 매우 다른 것이라고 생각한다. 그러나 슈페(Schuppe)는 결정적으로 그 반대를 주장한다.[135] 다수에 의하면 판단은 종합의 행위이지만, 분트(Wundt)에 의하면 그것은 반대로 분리 등의 행위이다. 실존적, 지각적, 비인칭적 판단의 문제들은 명백히 수수께끼이다. 그러나 불교의 판단 행위에 대한 묘사나, 다른 관점으로부터 본 불교의 다른 특징들을 살펴보는데

135) Erkenntnisth. Logik, 123쪽. 《여러 관점들 중에서 이른바 반영의 관점이라는 상이한 관점을 제외한다면 둘은 동일하다(*beide sind dasselbe, und nur vor den genannten erschiedenen Standpunkten der Reflexion aus verschieden.*)》

있어서, 우리는 그것들 안에서, 다른 유럽의 교의들 안에서 분산된 파편들로 발견하는 몇몇 특징들을 인식하지 않을 수 없다. 그래서 우리는 로크의 《에세이》에서 단순한 관념들의 이름 아래 우리의 지각적 판단의 일부를 분명히 발견한다. 《이것은 희다》, 《이것은 둥글다》라는 지각적 판단들은 현재의 감각을 사유의 영원한 대상에 관련시키는 것으로 해석된다.[136)]

판단에 대한 불교의 견해와 모든 유럽의 견해들 사이의 주요한 차이는, 후자가 두 개념들의 객관적 관련에 대한 어떤 고려도 없이 그것들을 포함하는 양식 위에 그들의 분석을 세우는 반면에, 불교의 분석은 오직 한 개념과 그것의 객관적 관련을 포함하는 양식으로 시작한다는 사실에 있다. 나중에 볼 것처럼, 두 개념들을 가진 판단은 하나의 추론적 판단, 또는 추론이다. 본래의 판단은 지각적인 것이다. 이러한 맥락에서 지그바르트(Sigwart)[137)] 교수의 흥미로운 언급은 주목할 가치가 있다. 그는, 보통 판단의 술어는 명명되어야 하지만, 주어 또는 《주어-진술은 어떠한 말로 표현됨없이 남겨질 수 있다》는 사실에 주목한다. 그것은 단순한 지시 대명사 또는 몸짓에 의해 표현될 수 있다. 《그러한 판단들과 함께 인간의 사유는 시작된다》고 그는 말한다. 《어린 아이가 그림책에서 동물들을 보고

136) 《받아들이는데 있어서 그것에 대하여 마음이 단지 수동적일 뿐인》 이 《관념들》은 그럼에도 불구하고 다른 관념들과의 구별, 그리고 자체의 동일성을 포함한다. 비록 찰나적이지만, 즉 《매 소멸하는 순간에 그것은 시작하지만》(II, 17, §2), 그것들은 《사물의 자체와의》 비교를 포함한다. 그것들은 더우기 자의식적인데, 왜냐하면 《누구도 그가 지각한다는 지각없이는 지각하는 것이 불가능하기 때문이다.》(같은책, §9). 이것은 다르마키르티의 *apratyakso-palambhasya nārtha-dṛṣṭiḥ prasidhyati*와 정확하게 상응하는데, 그는 수동적 감각(*anubhava*)에 대해 그렇게 표현한다. 그러나 일반적으로 로크는 감각을 지각과 동일시하며, 따라서 니아야학파와 의견을 같이한다.

137) Logik, I, 64쪽 ; 같은책, I, 142쪽을 참조하라.

이름을 발음할 때, 그는 판단한다.》 불교의 관점으로부터 보면 이 진술은 일반화되어야 한다. 모든 판단들은, 전혀 명명될 수 없는 하나의 요소와 필연적으로 명명될 수 있는 다른 하나의 요소를 연결시키는데 있다. 그러므로 비인칭적 판단은 모든 판단들의 근본적 형식이다.

칸트의 관념들에 대해 말하자면, 오성을 지식의 비-감각적 근원으로 보고 판단을 오성의 기능으로 보는 그의 견해의 일치에 대해서는 이미 언급하였다. 칸트는 더욱이 판단이 두 개념들 사이의 관계라고 주장했던 선배들의 정의를 거부했는데, 왜냐하면 《그러한 관계가 존재하는 것같지 않기 때문이다》라고 그는 말한다.[138] 그에 의하면 판단은 《주어진 인식들을 통각의 객관적 통합 속으로 가져오는 양식에 불과하다 ; 이것이 연사 '이다(is)'에 의해 의도된 것이다.》 그러한 정의는 판단에 있어서의 가장 특징적 모습들로서 종합과 우리의 심상들의 외부 세계에의 투영을 지적한다. 만일 우리가 감각적 직관[139]의 개요와 그것의 한 점에의 고정[140] 이론들을 덧붙인다면——그 이론들은 칸트의 직관에서의 〈감지〉 그리고 개념들에서의 〈인식〉과 상응한다——, 비록 칸트의 보기들이 아리스토텔레스의 전통을 좇아서 두 개념들을 가진 판단의 형식을 띠고 있지만, 우리는 일부 칸트의 관념들과 불교의 이론 사이에 강한 유사성이 있음을 부인할 수 없다.

모든 판단에 포함되는 결정, 동의 또는 신념이라는 본질적 특징은 유럽의 철학에서 밀부자(Mills, father and son), 그리고 그들을 따른 브렌타노에 의해서 최초로 지적되었다. 제임스 밀에 의하면 《감각

138) CPR., §19.
139) *vitarka.*
140) *vicāra.*

들이나 관념들 사이에 어떤 질서가 있다는 것을 마음에 연상하는 것과……이 질서가 실제적인 것이라는 점을 지적하는 것 사이를 구별하는 것이 필요하다.》[141] 《그 구별은 궁극적이고 근본적이다》라고 존 스튜어트 밀은 말한다. 《그것이 그렇다고 주장하는데 있어서 감각과 관념사이의 차이가 근본적이라고 주장하는 것보다 더 어려운 것은 없다.》[142] 불교도들에 의하면 실제적인 《근본적 구별》은 순수 감각과 순수 오성 사이에 있고, 판단은 이 요소들을 서로 연결시키는 결정이라는 것을 우리는 보았다. 그러므로 판단의 실제적 행동은 오직 하나의 개념과 그것의 객관적 관련을 포함한다. 이것 또한 브렌타노의 의견이다. 그는 말한다. 《모든 판단이 두 표상들의 연결이거나 분리를 포함한다고 주장하는 것은 옳지 않다……단일한 표상도 또한 믿음이나 불신의 대상일 수 있다.》 브렌타노는 더욱이 연사 '이다(is)'가 모든 판단에 있어서 가장 중요한 부분을 나타낸다고 생각한다. 그것은 그러므로 항상 《A가 있다》라는 존재적 판단의 형식으로 환원될 수 있다. 《이 사람은 아프다》는 《이 아픈 사람이 있다》는 형식으로 환원된다. 그러나 그러한 판단은 요소 A (개념)와 〈존재〉라는 생각 사이의 서술적 연결을 수립하는데 있는 것이 아니라[143] 《A 자체가 존재한다고 믿어지는데 있다》[144]고 브렌

141) Anal. of the Phen. of the Human Mind, I, 162쪽(2.d ad.).

142) 같은책, 412쪽.

143) 지그바르트에 의하면(Logik, I, 92쪽), 존재적 판단과 지각적 판단은, 그것들의 주어와 술어의 위치 바뀜에 의해 구별되는, 두가지 다른 부류의 판단들이다. 《이것은 암소이다》라는 판단은 지각적 판단, 또는 명명이다. 《암소가 있다》라는 판단은 존재적 판단을 나타낸다. 두 부류는 동일한 권리로 존재한다. 존재가 후자에서는 주어이고 전자에서는 술어이다. 두 경우에서 판단은 두 개념들 사이의 관계를 주장한다. 불교의 관점에서 보면 이것은 매우 잘못이다. 존재는 결코 술어도 아니고, 결코 이름도 아니며, 언표불가능하다. 《암소가 있다》는 판단은 《이것은 암소이다》와 단지 문법적으로만 다르다.

타노는 주장한다. 우리가 본대로 불교도들에게는 모든 판단들이 존재적이 아닌 지각적 판단들로 환원되어야 한다. 존재는 결코 하나의 서술어가 아니고·모든 참된 인식에 필요한 〈주어〉이다. 존재는 바로 모든 서술적 특징들 또는 관계들을 빼앗긴 〈비-서술어〉,[145] 《순수명제》,[146] 본래 있는 그대로의 〈사물〉이다.

그러나 유럽의 모든 판단 이론들 중에서 브래들리(Bradley)와 보상께(Bosanquet)의 지각적 판단에 대한 분석이 아마도 불교의 견해에 가장 가까울 것이다. 이 학자들에게는 판단의 근본적 다양성이 또한 순수 실재와 구성된 개념을 함께 연결시키는데 있다. 주어는 《독특하고, 다른 아무것과도 같지 않고, 그 자체와도 같지 않고》[147] 흘러가는 순간의 세계에 있을 뿐인 어떤 것, 단지 《이것(this)》[148] 이라는 대명사로 표현될 수 있는 어떤 것을 나타낸다. 술어는 《하나의 관념적 내용, 상징》, 또는 개념이다.[149]

---

144) Psychol., II, 49쪽. 《우리가 인지하는 대상은 하나의 기호 존재와 'A'의 결합이 아니라 'A'자체이다(*Nicht die erbindung eines Merkmals Existenz mit 'A', somdern 'A' selbst ist der Gegenstand den wir anerkennen).*》

145) 이 점에서 불교의 지각적 판단의 주어와 아리스토텔레스의 〈1차 실체〉, 이 어떤 것(*Hoc Aliquid*)의 주어 사이에는 어느 정도 유사성이 있다. 프리마 에쎈티아(*Prima Essentia*)는, 우리가 아는대로, 〈주어〉로서 없어서는 안되지만 〈술어〉로서 나타날 수 없는 반면에, 나머지 모든 것은 그렇게 나타날 수 있고, 또 그렇게 나타난다. 〈2차 실체 또는 본질〉은 〈1차 실체〉로부터 구별될 때 전혀 〈실체〉가 아니고 〈질〉이다(Grote, p. 91). 그러므로 모든 지식은 무한한 숫자의 〈술어들〉을 〈실재〉 또는 〈1차 실체〉로 돌리는 과정이다.

146) 위 192쪽을 참조하라.

147) Bradley, Logic, 5쪽.

148) Bosanquet, Logic, 76쪽 ; cp 13. Russell, Outline, 12쪽, 《모든 단어들은, 고유명사들 조차도, '이것'이라는 예외가 가능하지만 일반적이다.》

149) 헤겔의 의견에 따르면(Geschichte der Phil, II. 143쪽), 그가 그리스 철학에서 발견했던, 감각 또는 《이것임(thisness, das Diese)》은 언어로 표현 불가능하고 〈보편〉만이 말로 표현될 수 있다는 생각은 높은 철학적 가치를 지닌다. 그는 말한다. 《이것은 우리 시대의 철학적 발견이 아직 도달하지 못한 의식, 관념이다》.

# 제 2 장
# 추　　론
# (INFERENCE)

## 1. 판단과 추론

우리는 지각적 판단 또는 엄격한 의미에서의 판단으로부터 다른 종류의 판단, 즉 추론적 판단[1]을 구별해야 한다. 모든 실재적 인식, 즉 실재에 대한 모든 인식은 판단들, 즉 개념에 의한 감각들의 해석으로 환원되므로, 그리고 인식은 직접적인 것과 간접적인 것으로 구분될 수 있으므로, 판단도 또한 직접적인 것과 간접적인 것으로 나누어질 수 있다. 직접적인 것은 지각이고, 간접적인 것은 추론이다. 우리가 보았던대로, 직접적인 것은 하나의 감각과 하나의 개념 사이의 종합이고, 간접적인 것은 하나의 감각과 두 개념들 사이의 종합이다. 직접적인 것은 두 개념들을 가지며, 간접적인 것은 세 개념들을 가진다. 직접적인 것은《이것은 푸르다》또는《이것은 연기이다》라는 형식으로 환원된다. 간접적인 것은《이것은 불에 의해 산출된 연기이다》또는《불이 있는데, 왜냐하면 연기가 있기 때문이다》라는 형식으로 환원된다. 연기는 지각되며,《이것은 연기이다》라는 판단은 지각적이고 직접적이다. 불은 감추어져 있으며《여기에 불이 있다》라는 판단은 추론적이고 간접적이다. 모든 사물들은 지

1) *svārthānumāna.*

각되는 것과 지각되지 않는 것으로 나누어질 수 있다. 지각되는 것을 통하여 지각되지 않는 것을 인식하는 것이 추론이라고 부른다. 그것은 간접적 인식, 말하자면 바로 근처에 있는 인식, 그《표시》를 통한 대상의 인식이다. 감추어진 대상은 표시를 가지고 있고, 이 표시는 역으로 실재의 한 점의 특징 또는 표시이다. 이중의 표시를 가지고 있는, 그것의 표시의 표시를 가지고 있는 실재의 한 점의 인식은 추론이다－**nota notae est nota rei ipsius**(표시의 표시는 사물 자체의 표시이다.) 지각적 판단에서 우리는 대상 **X**를 개념 **A**인 그것의 상징을 통해 인식한다. 추론적 판단에서 우리는 대상 **X**를 그것의 이중적 상징 **A**와 **B**를 통해 인식한다.

상징 **A**와 **B**는 원인과 결과로서 관련된다. 그것들중의 하나, 즉 요소 **A**가 인식될 때, 다른 하나, 즉 요소 **B**의 인식은 필연적으로 뒤따른다. 요소 **X**, 즉 〈질〉 **A**와 **B**의 〈토대〉, 또는 이 두 〈술어들〉의 〈주어〉는 불명확하고 항상 동일하므로 그것의 표현은 생략될 수 있고 ; 그것의 현존은 어떠한 형식적 표현 없이도 필연적으로 이해될 것이다. 그러한 경우에 두 상호관련되는 요소 또는 질 **A**와 **B**는 전체 추론 또는 전체 추론적 판단을 나타낼 것이다. 이 판단은 그때 분명히 단지 두 개념들로 구성될 것이지만, 원인과 결과로 관련되어 하나가 다른 하나를 서술하는데 필요한 기반이 될 것이다.

추론적 판단은 그래서 동반의 판단[2]이 될 것이다. 다르모타라는 말한다. 추론, 또는 추론에서 인식되는 대상은《추론된 속성을 가진 토대라는 복합관념이거나, (추상적으로) 고려될 때, 추론된 사실이 이 속성(이성과의 동반으로 받아들여진)으로 나타나는 것이다.》[3] 첫번째 경우에 우리는 바로 하나의 추론적 판단을 가지며, 두번째

2) *vyāpti = sāhacarya = avinābhāva.*
3) NBT., 20쪽 16행 이하 ; 번역, 58쪽.

경우에는 하나의 동반의 판단을 갖는다. 첫번째는 소전제와 결론의 결합에 상응하고, 두번째는 아리스토텔레스적 삼단론법의 대전제에 상응한다.[4] 인도의 논리학은 그것들을 본질적으로 《하나의 인식》으로 다루는데, 예를 들어 불의 인식을 그것의 표시를 통해 추론된 것으로 다룬다.

《불은 연기를 산출한다》, 또는 《연기가 있는 곳은 어디나 불이 있다》, 또는 《불이 없이는 연기도 없다》는 판단은 《심사파(šimšapā)는 나무이다》, 또는 《푸른 것은 색깔이다》, 《암소는 동물이다》라는 판단들과 똑같이, 그것들이 실재적인 것에 대한 인식이고 실재를 파악하려면, 《여기에 불이 있는데, 왜냐하면 연기가 있기 때문이다》, 《이것은 색깔인 푸름이다》, 《이것은 심사파이기 때문에 나무이다》, 《이것은 동물이다, 암소이므로》 등의 형식으로 환원되어야 한다. 《이것》 또는 《여기에》라는 요소가 없으면, 표현되었건 이해되었건, 그것들은 실재에 대한 인식들일 수 없다.

그러나 하나가 다른 둘의 토대가 되는 세 개념들을 포함하는 모든 인식이 추론이 되는 것은 아니다. 오직 그것들의 결합이 (즉, 두 속성들이 필연적으로 상호관련되고, 하나가 다른 하나로부터 추론될 수 있을 때) 하나의 추론을 나타낸다. 《불타는 언덕이 있다》는

---

4) 표준적 판단에서의 주어와 술어의 관계를 이유와 결과의 관계로 설명하는 유럽의 논리학자들, 헤르바르트(Herbart)와 다른 사람들, 특히 로스스키(N. O. Lossky) 같은 사람들이 표준적 판단을 동반의 판단으로 환원시킨다는 것은 분명하다. 그러나 또한 동반의 판단이 엄격한 의미에서의 판단보다는 추론에 속한다는 것도 분명하고, 1격에 따르면 그것은 대전제이다. 그러한 판단들의 주어는 항상 추론의 이유이다. 《연기는 불에 의해 산출된다》는 판단은 인도에서 《연기가 있는 곳은 어디나 필연적으로 불이 있다》는 판단으로 환원되고, 《심사파(*śiṃšapā*)는 나무이다》라는 판단은 《만일 어떤것이 심사파로 특징지워진다면, 그것은 필연적으로 또한 나무로 특징지워진다》 등을 의미한다. 그것들은 가언적 판단들이다.

판단은 세 개념들을 포함하지만, 그러나 그것들은 필연적으로 상호 관련되어 있지 않다. 그러나 《여기에 불이 있는데, 왜냐하면 연기가 있기 때문이다》《불이 없아는 연기도 없다》는 판단은 추론적인데, 왜냐하면 연기는 그것의 원인, 즉 불과 필연적으로 연결되는 것으로 나타나기 때문이다.[5)]

이 필연적 관계가 어떤 종류인지는—후에 이야기하게 될 것이다.

## 2. 3가지 개념

모든 추론은 그러므로 논리적 〈주어〉, 논리적 〈술어〉, 그리고 그것들 사이에서 그것들을 결합시켜주는 〈원인〉 또는 〈표시〉인 세 개념들을 포함한다.

〈주어〉는 궁극적으로 실재적인 〈주어〉, 또는 은유적인 것일 수 있다. 궁극적으로 실재적인 것은 항상 순수 실재의 한 찰나점에 불과하다. 그것은 모든 사유—구성 아래 놓여 있어야 하는 실재의 토대를 드러낸다. 그것은 《이것》이라는 요소인데, 그 《이것임(thisness)》에 대하여 우리는 지각적 판단의 이론을 통하여 이미 알고 있다. 그것은 모든 다른 범주들이 그것에 관하여 질인 비—실재적 실체이다.

---

5) 지각의 판단과 추론의 판단 사이의 차이는 어느정도 칸트가 지각의 판단과 경험의 판단 사이에 놓은 차이와 유사하다(Proleg., §20을 참조하라). 《해가 돌을 다뜻하게 한다》라는 관찰은 아직 경험의 판단이 아니다. 그러나 해의 광선과 돌의 따뜻함 사이의 보편적이고 필연적인 종합은 칸트가 경험이라고 부른 것이다. 그것은 《이 돌은 따뜻한데, 해가 비춰졌기 때문이다》 또는 《해가 비춰지는 무엇이건 따뜻하게 되는데, 이 돌은 해가 비춰져서 따뜻하게 된다》라는 형식의 추론이다. 일반적으로 말해서, 아리스토텔레스적 전통과 같이, 인식을 판단과 삼단논법의 부류로 다루는 것보다는 지각과 추론의 부류로 다루는 것이 더 논리적으로 보인다.

은유적, 또는 2차적 〈주어〉는 그 자체가 궁극적 주어에 관하여 추론된 실체, 질이다. 그러나 그것은 그 이상의 추론을 위한 토대로 봉사하며, 따라서 질을 갖는 지속적 사물로, 궁극적으로 실재적인 〈주어〉의 대체물로 나타난다. 《이것(장소)은 불을 갖고 있는데, 왜냐하면 그것이 연기를 갖고 있기 때문이다》라는 추론에서 《이것》이라는 요소는 〈주어〉를 나타낸다. 《산은 불을 갖고 있는데, 왜냐하면 연기를 갖고 있기 때문이다》라는 추론에서 주어 《산》은 실재적 주어, 또는 토대를 대체하고 있으며, 그것 자체가 부분적으로 추론되었다.

〈다르모타라〉는 다음과 같이 언급하고 있다.[6] 《그러한 추론들의 주어는 실제적으로 지각된 특수한 장소의 지각되지 않는 (추론된) 부분으로 구성된다. 그것은 직접적으로 인식되는 것과 보이지 않는 것, (추론된 것), …의 복합이다. "여기에(또는 "이것")"라는 말은 보이는 부분을 가리킨다.》 추론의 주어(또는 토대)는 그러므로 직접적으로 지각되는 부분과 실제적으로 지각되지 않는 부분의 결합이며, 또한 모든 경우에 있어서 결론은 단일한 판단이 아니라 보편적 판단을 나타낸다. 예를 들어 모든 소리가 빽빽한 일련의 순간적 존재들을 나타낸다고 추론될 때, 오직 일부의 특수한 소리는 직접적으로 지적될 수 있지만 다른 소리들은 실제적으로 지각되지 않는다… 추론의 주어는 토대, 밑에 놓인 실재인데, 그 위에 술어에 상응하는 개념이 결합되어 있고, 이것은 (때로는) 직접적으로 지각된 부분과 지각되지 않는 (즉, 추론된) 부분으로 구성된 것으로 밝혀졌다.[7]

그러므로 추론의 주어는 아리스토텔레스의 〈소개념〉에 상응한다.

---

6) NBT., 31쪽 21행.
7) 같은책.

궁극적 〈주어〉로서 그것은 존재적으로 그의 〈1차 실체〉, 또는 〈1차 본질〉에 해당하는데, 《그것은 오직 주어일 뿐이다 ; 그것은 결코 어떤 다른 것의 술어로 나타나지 않는다. 이 어떤 것(Hoc Aliquid or Hic Aliquis)으로서 그것은 모든 서술 작업의 근저에(표현되건 또는 함축되건) 놓여 있다.》[8)]

디그나가에 의하면 감관-지각(실재의 보증인)은 연기가 있는 연장된 장소에 주의를 돌리지 않는다고 바챠스파티미쉬라는 말한다.[9)] 그의 이론에 의하면 부분들(연장을 갖는)로 구성된 전체로서의 산이라 불릴 그러한 사물은 없다. 그러한 산은 우리의 상상의 구성이다. 그러므로, 표현되건, 또는 단순히 이해되건간에, 모든 추론에서의 진정한, 또는 궁극적 〈주어〉는, 모든 지각적 판단에서와 똑같이, 《이것》, 찰나점, 〈1차 본질〉, 〈이 어떤 것〉인데, 그것은 그 본질상 〈주어〉이고, 결코 〈질〉 또는 〈술어〉일 수 없다.

추론의 두번째 〈개념〉은 프로반둠(probandum)이라고도 불리는 논리적 〈술어〉, 또는 논리적 〈결과〉[10)]이다. 그것은 추론을 통해 인식된 주어의 질, 추론된 것의 질을 나타낸다. 그것은 그것만으로 실체, 예를 들어 《불》로 표현될 수도 있지만, 주어에 대하여 그것은 그것의 질, 주어진 장소의 《불됨(fireness)》이다. 주어와 함께 이 질은 추론[11)]을 통해 인식된 《대상》을 나타낸다. 다르모타라는 말한다.[12)] 추론을 통해 인식된 대상은 다음과 같은 것일 수 있다. 1) 그

---

8) Grote, Akristotle, 67쪽.

9) NVTT., 120쪽 27행 이하 : 바챠스파티는 산이 원자들에 의해 대체되어야 한다고 말한다. 그러나 원자들은 또한 디그나가에 의해 부정되는데, 그것들은 역동적 찰나점들, 즉 역점(*Kraft-punkte*)으로 이해되어야 한다.

10) *sāḍhya.*

11) *anumeya.*

12) NBT., 20쪽 16행.

질을 인식하려고 의도한 토대[13]이거나 또는 2) 그 질[14]을 함께 가진 토대, 또는 3) 그것이 연역되어 나온 논리적 이유와 그것의 관계가 추상적으로 고려될 때, 예를 들어 《연기가 있는 곳에는 어디나 또한 불이 있다》, 또는 더 정확하게는 《연기됨이 있는 곳에는 어디나 또한 불됨이 있다》와 같은 경우에는 단지 그 질. 《모든 추론적 관계는 실체—질의 관계에 기초하고 있고, 우리의 오성[15]에 의해 구성되며, 궁극적 실재를 나타내지 않는다》고 디그나가는 말한다.[16]

사실 〈결과〉뿐만 아니라 〈이유〉도 그것들의 궁극적 실재의 토대에 관해서는 그것의 구성된 질들로 간주되어야 한다.[17] 추상적으로 보자면 추론을 통해 연역된 질, 또는 논리적 〈술어〉는 아리스토텔레스의 〈대개념〉에 상응한다.

세번째 개념은 이미 언급된 〈이유〉의 논리적 〈표시〉이다. 그것은 또한 〈질〉, 또는 〈주어〉의 표시이며, 스스로 〈술어〉에 의해 표시된다. 그것은 아리스토텔레스의 〈매개념〉에 해당하고, 추론의 가장 중요한 부분을 나타낸다. 추론은 그러므로 《S는 P인데, 왜냐하면 M이기 때문이다》, 《여기에 불이 있는데, 왜냐하면 연기가 있기 때문이다》, 《여기에 나무들이 있는데, 왜냐하면 삼사파들이 있기 때문이다》라는 식으로 나타내질 수 있다. 일상 생활에서 실제적 주어

13) *dharmī.*

14) *dharma.*

15) *buddhy-ārūdha.*

16) NVTT., 39쪽 13행과 127쪽 2행을 참조하라.

17) Bradley, Logic, 199쪽을 참조하라——범주적 판단 S-P(그것은 또한 추론의 결론이다)는 《S-P를 직접적으로 또는 간접적으로 궁극적 실재에 돌린다》. 반면에 필연적 연결을 표현하는 대전제는 가언적이다. 《그것은 그것이 다른 것 때문에 그것일 때 필연적이다》. 필연성은 항상 가언적이다. 우리는 뒤에서 이것이 지그바르트의 의견이기도 하다는 것을 보게 될 것이다. 그의 Logic, I. 261 그리고 434를 참조하라.

의 표현은 보통 생략된다는 것은 이미 언급하였고, 그래서 이 추론들은 《삼사파는 나무이다》, 《연기의 현존은 불의 현존을 의미한다》, 또는 《연기는 불에 의해 산출된다》와 같은 공존의 판단 형식으로 나타난다.

## 3. 추론의 여러 정의들

그러므로 추론은 표시를 통한 대상의 인식으로 정의될 수 있다.[18] 디그나가는 이 정의가 추론의 본질에 대한 정의가 아니고 그것의 기원에 대한 정의라고 말한다.[19] 숨겨진 불의 인식은 그것의 표시에 의해 드러난다. 표시는 표시하고 있는 대상의 인식을 창출한다. 인식의 기원은 그것의 표시에 놓여 있다.

또하나의 정의는 객관적 측면으로부터 추론을 본다. 추론은 추론된, 즉 볼 수 없는, 숨겨진 대상의 인식이다. 모든 대상들은 현존하는 것과 부존하는 것으로 나뉠 수 있다. 현존하는 것은 지각에 의해 인식되고, 부존하는 것은 추론에 의해 인식된다.[20]

세번째 정의는 표시를 추론된 대상과 결합시키는 나눌 수 없는 연결을 강조하고, 이전에 그러한 연결을 주목했던 사람에 의한 두 사실들 사이의 나눌 수 없는 연결의 결과 또는 적용으로 추론을 정의한다.[21] 그러므로 우리의 보기에서, 숨겨진 불의 인식은, 연기

---

18) 항상 《3중 표시를 통하여》, 즉 동반적 표시를 통하여, 프로반둠(*probandum*)과 동반하는 표시를 통하여라고 말해진다. 이것이 디그나가의 정의이다. Pr. samucc., Ⅱ. 1 그리고 NB. Ⅱ. 1.

19) NBT., 18쪽.

20) 위 18쪽 2행에 인용된 카말라쉴라의 문장을 참조하라.

21) 이것은 바수반두가 『Vāda-vidhi』에서 내린 정의다. "*anantarīyaka-artha-darśanam tad-vido'numānam.*"

와 그것의 원인인 불을 결합시키는, 그리고 경험에 의해 인식되어 왔던 그 나눌 수 없는 인과적 결합의 결과이다.

그 다음의 정의는 추론이 일반적인 것을 인식하는 반면에 감관－지각의 대상은 항상 특수한 것이라는 사실을 가장 특징적인 모습으로 든다.

이것은 어떤 점에서 가장 근본적인 정의인데, 왜냐하면 디그나가가 지식의 오직 두 근원들, 즉 지각과 추론, 그리고 그에 상응하는 두 부류의 대상들, 즉 특수한 것과 보편적인 것이 있다고 언급함으로써 그의 위대한 논문을 시작하고 있기 때문이다. 그래서 보편적인 것은 추론에 의해서 인식되고, 반면에 특수한 것은 감관들에 의해 파악된다.

그러나 그 현존이 추론되는 불이, 그 현존이 시각에 의해 지각되는 불만큼 특수한 불이라는 것은 분명하다. 대상 불을 구성하는, 세상에 있는 모든 불의 성질인 일반적 특징들이 없었다면, 특수한 불은 결코 불로 인식되어오지 않았을 것이다. 추론된 불이 상상 속에서 실재의 어떤 찰나점과 관련되지 않았다면 결코 실재로 인식되어오지 않았을 것이다. 그러나 아직, 추론에 속한 특징들의 일반성과 감관들에 현존하는 대상의 특수성에는 차이가 있다.

**다르모타라**에 의하면, 추론은 상상된 대상, 예를 들어 상상된 불을 갖는데, 왜냐하면 추론은 파악될 수 없고 단지 상상될 수 있을 뿐인 부존하는 사물의 인식이기 때문이다. 그러나 추론의 과정은 이 상상된 대상을 하나의 실재적인 점에 관련시키는데 있고, 따라서 그 최종적 결과는 감관－지각에서 구성된 상징을 통하여 실재의 한 점을 인식하는 것과 바로 똑같다.[22] 차이는 후자가 전자의 정반대

22) NBT., 19쪽 20행 ; 번역, 56쪽.

인 사유의 운동에 있다. 지각에서 인식은 특수한 것을 파악하고 상징을 구성한다. 추론에서 인식은 상징을 파악하고 특수한 것을 구성한다. 이러한 의미에서만 일반적인 것은 추론의 대상이고 특수한 것은 감관-지각의 대상이다. 그렇지 않다면 이 점에서 지각적 판단과 추론적 판단사이에는 차이가 없다. 불교도가 말하는 것처럼 둘은《하나의 인식》이고,《감각과 비-감각, 개념과 비-개념, 상상과 비-상상》의 종합을 나타낸다.[23] 말하자면 그것은 감각할 수 있는 핵심과 오성에 의한 그것의 해석을 포함한다. 불교적 탐구의 이 수준에서 감관-지각과 추론 사이의 차이는 감성과 오성 사이의 차이와 똑같다. 우리는 지식의 두 근원들, 즉 지각과 추론이 있다고 들었다. 그러나 더 깊은 의미는 두 근원들이 감각적인 것과 비-감각적인 것이라는 것이다. 지금까지 말해온 것으로 볼 때, 추론이 두 다른 명제들 또는 판단들로부터 하나의 명제 또는 판단을 연역하는 사실에 기원을 갖는 실재를 인식하는 방법으로 간주되어야 한다는 것은 분명하다. 하나의 추론에서 실제로 추론되는 것은 명확한 상징을 갖는 실재의 한 점, 예를 들어 지각되지 않는, 추론된 불을 갖는 산이다. 디그나가는 말한다.《추론된 사물이, 그 성질의 지각된 표시와 연결되어 있기 때문에, 어떤 장소에서 발견된 새로운 성질이라고 생각하는 사람들이 있다. 다른 사람들은 다시 그것이 이 성질 자체가 아니라 추론에서 인식된 토대와의 연결이라고 주장한다. 왜 추론된 부분이 추론된 질에 의해 특징지워지는 토대 자체에 있다고 가정하지 않는가?》말하자면 하나의 추론에서 인식된 사물은 대개념도 아니고 대개념과 소개념의 연결도 아니지만, 그것의 연역된 상징에 의해 특징지워지는 실재의 점이다. 디그나가와 다르마

23) NK., 125쪽.

키르티의 정의는 동일하다. 바수반두의 정의는 실질적으로 다르지 않지만, 《바다비디(**Vādavidhi**)》에 있는 구절은 디그나가에게 신랄하게 비판을 받았다.[24)]

## 4. 추론화와 추론

추론이 우리의 지식의 근원들중의 하나로 말해지므로, 우리는 다시 근원과 그것의 소산 사이, 인식의 행위와 그것의 내용[25)] 사이의 차이의 문제에 직면한다. 인식의 행위 또는 과정으로서의 추론화와 그 결과로서의 추론 사이의 차이는 무엇인가? 감관－지각에서와 같이 불교도는 차이를 부정한다. 그것은 다르게 보이는 같은 것이다. 추론은 표시를 통한 대상의 인식을 의미한다. 이 인식은 《하나의 인식》,[26)] 즉 성공적인 행동을 수반할 수 있는 유효한 지식의 하나의 행위이다; 분석에서 그것은 하나의 심상과 그것의 대상적 관련을 포함한다. 감관－지각에서와 같이 주관적 심상과 객관적 실재 사이에는 《동형화(conformity)》[27)] 또는 상응이 있다. 우리가 좋다면 우리는 이 동형화의 사실을 지식을 산출하는 가장 가까운 원인으로 간주할 수도 있다. 동형화는 그래서 인식의 근원이 될 것이고, 주어진 실재의 점에 그것을 적용하는 것은 결과가 될 것이다. 그러나 지식의 동형화와 지식 자체는 단지 다른 관점으로부터 본 동일한 것이다.

실재론적 학파들은 심상들을 인정하지 않으며, 따라서 심상과 외부의 실재 사이에는 동형화가 없다. 인식의 행위는 모든 행위와 같

24) Pr. samucc., Ⅱ. 25 이하.
25) *pramāṇa* 그리고 *pramāṇa-phala.*
26) *anumāṇa ekam vijñānam.* NK., 125쪽을 참조하라.
27) *sārūpya.*

이 행위자, 대상, 도구, 진행 방법, 결과로부터 분리될 수 없다. 추론에서 결과는 결론이다. 한 파에 의하면 진행과 도구는 〈이유〉와 〈결과〉 사이의 공존에 대한 지식에 있다. 다른 사람들에 의하면 그것은 추론의 〈주어〉에 현존하는 〈표시〉의 인식에 있다. 이 단계는 〈소전제〉와 부분적으로 일치한다.[28] 그것은 그 이상을 포함하는데, 왜냐하면 그것이 동반적 표시, 즉 소전제와 대전제의 결합을 포함한다고 표시되기 때문이다. 그것은 결론이 즉시 뒤따르는 단계이다. 웃됴타카라(Uddyotakara)에 의하면[29] 이 두 단계들은 추론화의 행위를 나타내며, 결론을 산출하는 바로 앞선, 근접한 원인이다. 물론 불교도는 이 전제들의 존재와 중요성을 부정하지 않는다. 그러나 그에게 그것들은 그것들만으로도 인식이다. 그가 부정하는 것은 모든 지식에 내재하는 노에마(noëma)와 노에시스(noësis)의 차이이다. 대상에 대해 알려는 의도와 이 대상의 지식은 동일한 것이다. 다르모타라는 우리가 추론을 통하여 어딘가에서 푸른 색깔의 헝겊 조각을 인식했다고 가정한다면, 이 점에서의 결과는 우리가 감관-지각을 통하여 그것을 인식한 것과 동일할 것이라고 말한다. 그는 다음과 같이 말한다.[30] 《푸른것에 대한 이 (상상된) 심상은 (처음에는 불명확하게) 일어난다 ; 그리고서(푸르지 않은 다른 색깔들과의 대조에 의해) 푸른 헝겊 조각에 대한 명확한 자의식적 관념으로 자리를 잡는다. 그래서 푸르지 않은 다른 색깔들과 대조되는, 그리고 명확하게 정의된 심상의) 근원으로 (간주될 수도 있는) 푸른 것과 상상된 뚜렷한 표상의 통합은 그것의 결과로 나타나는데, 왜냐하면 푸른 것의 명확한 심상이 실현되는 것은 통합(과 대조)를 통해서

---

28) Tātp., 112쪽을 참조하라.
29) NV., 46쪽 6행.
30) NBT., 18쪽 11행 이하 ; 번역, 51쪽.

이기 때문이다.》

그러므로 《푸른 것》과 《푸른 것의 통합》은 바로 동일한 것이다. 푸른 것은 우주에 있는 모든 푸른 사물들과의 유사성을 의미하고, 또한 우주에 있는 모든 푸르지 않은 사물들과의 비유사성을 의미한다. 이 두 유사성과 비유사성은 푸른 것에 대한 우리 지식의 의도와 푸른 것의 인식을 구성한다. 푸른 헝겊 조각의 현존이 지각되건 추론되건 차이가 없다. 지식의 행위와 내용 사이에는 차이가 없다.

## 5. 추론은 참된 지식으로부터 얼마나 먼가

지식의 근원은 여기에서 모순적 경험[31]이 아닌 새로운 인식의 최초의 순간으로 정의되어왔다.[32] 그러므로 그것은 모든 주관적, 기억적, 상상적 특징[33]으로부터 자유로워야 한다. 우리는 감관-지각에서 순수 감각인 최초의 순간만이 그러한 조건을 충족시킨다는 것을 보았다. 그러나 그러한 감각만으로는 매우 불명확[34]하기 때문에 우리의 합목적적 행동들을 이끌 수 없다. 그러므로 상상은 조야한 감각의 재료에 개입하여 명확성을 부여한다.

지각적 판단[35]은 그러므로 새로운 인식과 옛 인식, 객관적 실재와 주관적 해석이 혼합된 산물이다. 그것은, 엄격하게 말하자면 그렇게 할 충분한 권리를 갖지 않음에도 불구하고, 올바른 새로운 인식의 위계 또는 근원을 가정한다. 추론은 순수감각으로부터 훨씬 더

31) *prathamam avisaṃvādi=gsar-du mi-slus-pa.*

32) 위 115쪽을 참조하라.

33) *nirvikalpaka.*

34) *aniścita.*

35) *savikalpaka=adhyavasāya.*

멀다. 지각적 판단이 아주 새로운 인식이 아니라면,[36] 추론은 올바른 지식의 근원으로 제출될 권리를 더욱 덜 갖는다. 그러므로 다르모타라는 외친다. 《추론은 환각이다![37] 그것은 그 자신의 상상인 비-실재(non-entia)를 다루고, (그릇되게) 그것들을 실재와 동일시한다!》

순수 감각만이 〈물자체〉에 이르는 궁극적으로 올바른 지식을 나타낸다고 선언되는 추상의 수준에서는, 사실상 기억적, 주관적, 상상적 요소들과 혼합되어 있는 지각적 판단은 반-지식(**half-knowledge**)에 불과하다. 사유-구성들에 더욱 더 기울어져 있는-말하자면 3분의 2, 즉 세 개념들중의 둘이 상상인-추론은 분명히 일종의 선험적 환각으로 보인다. 디그나가가 두 근원들이 동일한 권리로 존재하고 두 종류의 대상들이 실재적 대상들, 즉 객관적 실재들인 것처럼 오직 지식의 두 근원들과 오직 두 종류의 대상들, 즉 특수한 것과 보편적인 것이 있다는 것을 언급함으로써 시작한다는 사실, 이 사실은 오직 니아야와 바이쉐시카 학파로부터 나온 전통의 힘에 의해 설명될 것이다. 왜냐하면 그의 작품의 처음에서 이 언급을 한 이후, 디그나가는 그것의 모든 함축들을 차례로 취소해야만 했기 때문이다. 보편적인 것들은 우선 전혀 실재가 아니고 순수한 상상과 단순한 이름이다. 이 구성된 개념들을 다루어야만 하는 추론은 올바른 지식의 근원이 아니라 환각의 근원이 된다. 아니, 심지어 지각적 판단도 단지 반만 옳을 뿐이데, 왜냐하면 그것이 비록 직접적으로 〈물자체〉에 도달할지라도 인식불가능성 앞에 조용하고 무력하게 서있어야 하기 때문이다. 인간은 반-실재적(**half-real**) 세계로 옮겨가기 위해서는 상상에 의지해야 한다. 이 관점에서 보면 추론

36) *savikalpakam na pramāṇam.*

37) *bhrāntam anumāṇam.* **NBT.**, 7쪽 12행을 참조하라.

은 감관-지각과 지각적 판단에 도움이 되는 수단이다. 그것의 임무는 명백한 오류들을 바로잡는 것이다. 예를 들어 소리의 순간적 특성이 감각에서 감지되고 지각적 판단에서 해석되었을 때, 미맘사파의 이론은 어떤 것에 의하여 말의 소리가 실체들을 지속시키고 스스로를 순간적 출현으로 드러내는가 하는 문제에 직면하게 된다. 그래서 추론이 전면에 나와 우선 〈찰나적 존재〉의 일반적 특성으로부터, 그 다음으로 의식적 노력의 소산은 무엇이건 지속하지 않는다[38]는 특수한 법칙으로부터 이 굴절된 소리들의 찰나적 특성을 연역해낸다. 그러므로 추론은, 환각을 바로 잡는데 공헌할 때, 지식의 간접적 근원이다. 다르마키르티는 말한다.[39] 《감각은 아무도 납득시키지 못한다. 그것이 무엇을 인식한다면 판단으로가 아니라 수동적 반사로 그렇게 한다. 감각이 그 다음의 올바른 판단을 낳게하는 힘을 갖는 부분에서만 그것은 올바른 인식의 (위계를) 가정한다.[40] 그러나 그것이 오류의 원인들 때문에 그렇게 하기에 무력한 부분에서는 지식의 다른 근원이 작용하기 시작한다. 그것은 모든 잘못된 상상을 쓸어내버리며, 그래서 우리는 이어 전면에 나서는 또 하나의 근원(즉, 추론)을 갖는다.》

우리는 카말라쉴라에게서 동일한 절차의 논증을 발견한다.[41]

지식의 근원은 비모순적 경험에 있다고 사실상 선언되어왔다. 그러나 그 경험으로부터 그것의 감각적 핵심은 곧 궁극적 실재에 대한 지식의 진실한 근원으로 선택된다. 나머지는, 비록 또한 비모순적 경험을 나타내지만, 선험적 환각으로 나타난다. 카말라쉴라는 《비

---

38) *prayatna-anantariyakatvād anityaḥ šabdaḥ.*

39) Anekāntaj, 177쪽에 있는 참고와 비교해보라. 그 일부분이 위 344쪽에서 인용되었다.

40) *prāmāṇyam ātmasāt-kurute.*

41) TSP., 390쪽 10행 이하.

록 그것이 (경험적으로) 비모순적일지라도 우리는 그것이 (궁극적) 진리를 나타낸다고 인정하지 않는다》라고 말한다.[42] 감각[43]이, 결국 느껴지고 생각되고 명명되는 외부의 대상, 예를 들어 불같은 것에 의해 산출되자마자 주의가 일깨워지고, 오성은 시간과 공간에 자리를 잡은 후에 이분법을 산출한다. 전 논의 영역(universe of discourse)은 두 종류의 대상들, 즉 불-같은 것과 불-같지않은 것으로 나누인다. 그들 사이에 중간[44]은 없고, 두 그룹들은 모순적으로 서로 반대된다. 〈모순율〉과 〈배제 중항(Excluded Middle)〉이 작용하기 시작한다. 두 판단들, 긍정의 판단과 부정의 판단, 즉 《이것은 불이다》《이것은 꽃등이 아니다》, 즉 그것은 불-아닌것이 아니다라는 판단은 동시에 산출된다.

추론에서 오성의 작용은 더 복잡하다. 우리가 연기의 현존으로부터 불의 현존을 추론할 때, 논의 영역은 연기가 불을 따르는 부분과 연기-아닌 것이 불-아닌 것을 따르는 부분으로 이분화된다. 이 두 그룹들 사이에는 매개점인 것이 없고 연기가 불에 의해 산출되지 않고 존재할 수 있는 그룹은 없다.

마음의 이 이분화 활동은 그것의 모든 본질에 속하며, 우리는 불교의 〈부정이론〉,[45] 〈모순이론〉,[46] 〈변증법 교의〉[47]를 분석하면서 그것을 다시 만나게 될 것이다.

---

42) TSP., 390쪽 14행.
43) *nirvikalpakam.*
44) *tṛtiya-prakāra-abhāvaḥ.*
45) *anupalabdhi.*
46) *virodha.*
47) *apoha-vāda.*

## 6. 이유의 세 측면들

추론화의 과정과 그것의 결과 사이에 차이가 없고 지각적 판단과 추론적 판단 사이에 어떤 차이도 없지만, 둘은 우리의 개념들과 객관적 관련을 갖는데 있으므로, 추론이 그러한 관련 행위의 논리적 정당화를 포함한다는 의미에서 차이가 있다. 예를 들어 우리가 주어진 찰나점을 직접적으로 지각되지 않는 불의 심상과 결합시킬 때, 우리가 그렇게 하는 것이 정당화되는데, 왜냐하면 우리는 연기를 지각하기 때문이다. 연기는 불의 현존에 대한 일정한 표시이고 결론을 정당화한다.

이 정당화 또는 〈이유〉는 그러므로 지각적 판단과 추론적 판단 사이의 차이를 가리키는 뚜렷한, 현저한 특징이다. 그럼에도 불구하고 두 경우에 인식은 이분법이다.

인식은 그것이 수동적 감각이 아니라 구성적 지성의 기능인한 이분화 행위이다. 그것은 항상 그것의 대상을 두 부분, 즉 유사한 것과 유사하지 않은 것으로 나눔으로써 시작한다. 그것은 항상 유사한 것과의 일치와 유사하지 않은 것과의 불일치의 방법에 의해, 즉 〈일치〉와 〈차이〉의 〈혼합된 방법〉에 의해 작용한다. 일치의 방법만이 표현된다면, 차이의 방법은 또한 이해된다. 차이의 방법이 표현되면 일치의 방법은 또한 이해된다. 입증과 정확을 위해서 둘 다 표현될 수 있다.

추론에서 유사한 경우란 무엇이고 유사하지 않은 경우란 무엇인가? 다르모타라는 말한다[48]—추론에서 《논리적 술어인 질의 공통적 소유에 의해》 인식되는 대상과 유사한 하나의 대상은 《유사한 경우를 나타낸다.》 우리의 예에서 《불됨(fireness)》을 갖는 모든 경우들은 유사한 경우들일 것이다. 같은 저자는 계속한다. 《그것은 술어, 증명되는 것, 프로반둠(***Probandum***)인데, 추론이 결론지어지지 않은 한 그것은 아직 증명되지 않았기 때문이다 ; 그리고 그것은 질인데, 왜냐하면 그것의 존재는 그것과는 다른 토대에 의해 조건 지워지기 때문이다. 그것은 그러므로 서술된(또는 파생된) 질이다.》 다르모타라는 덧붙인다. 《특수는 결코 논리적 술어가 될 수 없다. 그것은 항상 하나의 보편이다. 그것이 바로 추론에서 인식되는 것은 공통적 성질이라고 말해지는 이유이다. 그것은 서술된 성질이고 일반이다. 유사한 경우는 추론을 통해 인식된 대상과 유사한데, 왜냐하면 둘 다 서술된 질의 보편성 속에서 파악되기 때문이다.》

이 진술에 따르면 당연히 특수한 술어는 그것을 표현하는 부자연스럽고 부당한 방법에 의하지 않고는 추론 과정에 결코 개입할 수 없다.

유사하지 않은 경우란 무엇인가? 유사하지 않은것은 비－유사한 것이고, 그것은 유사한 것의 반대이다. 추론에서 인식되는 성질이 현존할 수 없는 모든 예들, 예를 들어 불이 존재할 수 없는 물은 유사하지 않은 경우이다. 그것들은 그 성질의 단순한 부존, 또는 다른 것의 현존, 또는 모순적으로 반대되는 것의 현존이다. 그러므로 부존, 다른 것임, 반대는 함께 유사하지않은 경우들을 구성한다 ; 부존은 직접적으로, 다른것임과 반대는 함축에 의해서.[49]

논리적 〈이유〉의 한편으로는 추론의 〈토대〉, 다른 한편으로는 유사한 경우와 유사하지 않은 경우와의 관계는 바수반두의 세가지 규칙들에서 표현되었는데, 그것은 디그나가와 다르마키르티에게 승인을 받았다. 그것들은 불교도들에 의해 가르쳐지고 개혁 바이쉐시

48) NBT., 21쪽 1행 ; 번역, 59쪽.
49) NBT., 21쪽 10행 ; 번역, 60쪽.

카파를 제외하고는 인도 논리학의 다른 모든 학파들에 의해서 거부되었던 유명한 〈논리적 이유의 세 측면들〉을 구성한다.

〈이유〉의 이 3중 측면은 다음과 같다 :

1. 〈추론〉의 〈주어〉에서의 그것의 현존.

2. 〈유사한 예들〉에서의 그것의 현존.

3. 〈유사하지 않은 예들〉에서의 그것의 현존.

이 식에 더 정확함을 부여하기 위해 다르마키르티는 산스크리트 언어의 현저한 특징을 이용하였는데, 그것은 강조 불변화사 《바로(just)》를 연사나 술어와 함께 놓는데 있었다. 첫번째 경우에 그것은 주장에 부존의 불가능성이라는 의미를 부여하며,[50] 두번째 경우에 그것은 다른것임(otherness)의 불가능성을 의미한다.[51] 그러므로 그 때 세 측면들은 다음과 같이 표현된다 :

1. 〈주어〉에서의 〈이유〉의 현존, 《바로》, 즉 부존이 아닌, 그것의 현존.

2. 〈유사한 예들〉에서의 그것의 현존, 《바로》, 즉 유사하지 않은 것들에서가 아닌, 유사한 것들에서, 그러나 유사한 것들의 전체에서는 아니다.

3. 〈유사하지 않은 예들〉로부터의 그것의 부존, 《바로》, 현존이 아닌, 그것의 부존.

두번째와 세번째 규칙이 상호간에 서로 함축하고 있음은 쉽게 알 수 있다. 만일 원인이 유사한 예들에만 현존한다면, 그것은 또한 모든 유사하지 않은 경우에는 부존한다. 그리고 만일 그것이 모든 유사하지 않은 경우에 부존한다면, 그것은 유사한 예들에서만—비

---

50) *ayoga-vyavaccheda.*

51) *anya-yoga-vyavaccheda,* 세번째 경우는 *atyanta-yoga-vyavaccheda*가 될 것이다. NVTT., 213쪽을 참조하라.

록 필연적으로 그것들중의 모두에서는 아니지만—현존할 수 있다. 그럼에도 불구하고 두 규칙들이 언급되어야 하는데, 왜냐하면 비록 올바른 추론에서 하나의 적용이 다른 하나의 적용을 의미할지라도, 논리적 오류에서 그것들의 위반은 가끔 상이한 결과를 가져오기 때문이다. 더욱이 다르마키르티는 각 규칙의 식에 《필연적》이라는 말을 덧붙인다.

그것들의 최종적 형태는 그러므로 다음과 같이 될 것이다 :

1. 〈주어〉의 전체에서의 〈원인〉의 필연적 현존.

2. 〈유사한 것들〉에서만의 그것의 필연적 현존, 비록 그것들의 전체에서는 아니지만.

3. 그것들의 전체에서의 〈유사하지 않은 것들〉의 필연적 부존.

산스크리트어와 티베트어의 모든 풍부한 간결성을 살려 표현한다면 :

1. 〈주어〉에서 전체적으로.

2. 〈유사한 것〉에서만.

3. 〈유사하지 않은 것〉에서는 결코.

만일 이유가 〈주어〉의 전체에 현존하지 않는다면 결과는 오류일 것이다. 예를 들어 《나무는 감각력이 있는 존재인데, 왜냐하면 그것들이 잠자기 때문이다》라는 자이나의 추론은 논리적 오류인데, 왜냐하면 밤에 나뭇잎들을 닫는 것으로 나타나는 잠은 일부 나무들에서만 현존하고 그것들 전체에는 현존하지 않기 때문이다.

만일 추론의 규칙들이, 모든 유사한 경우들에서 원인이 현존해야 한다고 요구한다면, 미맘사파를 겨냥한 주장들중의 하나, 즉 《말의 소리들은 영구적 실체들이 아닌데, 왜냐하면 그것들이 의지대로 산출되었기 때문이다》는 주장은 올바르지 않을 것인데, 왜냐하면 의지대로 산출된 것은 그것들 모두가 아니고 비-영구적인 것들의 일부일 뿐이기 때문이다.

변화된 형태, 즉《말의 소리들은 의지대로 산출되는데, 왜냐하면 그것들은 비영구적이기 때문이다》라는 형태로 언급될 때, 동일한 주장은 세번째 규칙의 위반을 포함할 것인데, 왜냐하면《비영구성의 표시는, 비록 비영구적이지만 자발적으로 산출되지 않는 번개 등과 같은 유사하지 않은 경우들의 한 부분에 현존하기》 때문이다.

만일 세번째 규칙이 두번째 규칙과 동일한 어법으로 공식화 되었다면, 즉 만일 그것이 오직 유사하지 않은 예들로부터만 이유의 부존을 요구한다면, 그때《말의 소리들은 비 영구적인데, 왜냐하면 그것들은 의지대로 산출될 수 없기 때문이다》라는 추론은 옳지 않을 것인데, 왜냐하면 자발적 산출은 유사하지 않은 예들 뿐만 아니라, 또한 번개 등과 같은 유사한, 비 영구적인 예들의 일부에서도 부존하기 때문이다.

두번째와 세번째 규칙이 아리스토텔레스의 1격과 2격의 대전제에 상응하고, 첫번째 규칙이 바로 아리스토텔레스의 소전제의 규칙이라는 것을 알기는 쉽다.

전제들의 순서는 거꾸로 되어 있어서 소전제가 첫번째 자리를 점하고 있고 이것은 추론의 과정에 들어가 있는 우리 오성의 자연적 과정에 상응한다. 추론은 우선 하나의 특수한 경우로부터 또 하나의 특수한 경우로 나아가며, 그리고 오직 그 이상의 인식 단계에서 일반적 규칙을 상기해낸다. 일반적 규칙은 여기에서 긍정적 형태로, 그리고 부정적 또는 환질적 형태로 두번 언급되는 데, 그것은 뒤에 불교의 삼단논법 이론을 살피면서 언급하게 될 것이다.

## 7. 다르마키르티의 관계들에 대한 논문

우리는 지금까지 추론이 a) 두 개념들, 또는 두 사실들 사이의 필연적 연결, 그리고 b) 그렇게 연결된 사실들을 객관적 실재의 찰나점에 관련시키는 것에 있다고 확인하였다. 첫번째는 아리스토텔레스의 3단논법에서의 대전제에, 두번째는 그것의 소전제와 결론의 결합에 상응한다. 불교도들의 추론을 다루는 관점으로부터 보면 관계들의 문제가 가장 중요한데, 왜냐하면 추론은 바로 두 사실들과, 실재의 한 점과 그것들의 필연적 관련 사이의 필연적 상호 관계이기 때문이다. 한 추론의 세 개념들의 상호관계는 〈논리적 이유의 세 측면들〉이라는 이론에 의해 정리되었다. 그것들은 모든 논리적 이유가 필수적으로 만족시켜야 하는 형식적 조건들이다. 그러나 우리는 상호관계가 어디에 있는지, 관계 자체들이 상호관계된 대상들만큼 실재적인지 ; 또는 그것들이 우리의 생산적 상상력에 의해 대상들에 덧붙여진 것인지 모른다. 무엇이 사실상 관계된 사물들에 대한 관계들인가 ? 그것들은 어떤 것인가 또는 아무것도 아닌 것인가 ? 만일 그것들이 어떤 것이라면 그것들은 관계된 두 결합들 사이의 세번째 결합을 나타내야 한다. 만일 그것들이 아무것도 아닌 것이라면 두 사물들은 무관계하게 남을 것이고 그들 사이에는 전혀 실재적 관계가 없게 될 것이다. 질문에 대한 불교도의 대답은 명확하다. 관계들은 임시적 실재이다. 다시 말해서 전혀 궁극적 실재가 아니다. 궁극적 실재는 무관계하고 비-상대적이고 〈절대〉이다. 관계들은 우리의 상상의 산물이며 실재적인 것이 아니다.[52] 그러나

---

52) Bradley, Logic, 96쪽을 참조하라-《만약 관계들이 사실들 사이에 존재하는

인도의 실재론자들은 관계들이 사실들만큼 실재적이고 그것들은 감관들을 통해 지각된다는 원리를 고수했다. 웃됴타카라는《하나의 대상과 그것의 표시와의 연결에 대한 지각은 그것으로부터 추론이 진행되는 감관÷지각의 첫번째 행위이다》라고 말한다.[53] 그에 의하면 연결은 연결된 사실들뿐만 아니라 감관들에 의해서도 지각된다.

다르마키르티는 이 문제에 아주 큰 비중성을 부여했고, 그의 위대한 저술에서 그것을 부수적으로 다루고 있는 이외에, 그것을 뽑아내어 특별히 다루고 저자 자신의 주석을 붙인 25개의 운문으로 된 소논문을 써서《관계들의 탐구》라는 제목을 붙였다.[54] 이 저서의 잔주에서 〈위대한 브라흐만〉이라 불리는 산카라난다(Šankarānanda)는 그것의 목적과 내용을 다음과 같이 특징지었다.—《이 저서는 실재의 문제를 고찰한다. 한번의 강력한 성공적 타격에 의해서 (실재

---

사실들이라면, 그러면 관객들과 다른 사실들 사이에는 무엇이 오는가? 실제적 진리는 한편으로는 단위들, 다른 한편으로는 그들 사이에 존재하는 관계가 현실적인 것이 아니라는 것이다.》 이것은 산스크리트어로 다음과 같이 번역될 수 있는 불교의 생각과 매우 비슷하게 들린다.

*yadi sambandhinau madhye sambandho kašcid vastutaḥ praviṣṭaḥ tat-sambandhasya sambandhinoš ca madhye kōpy aparaḥ sambandhaḥ praviṣto na vā(ity anavasthā)* ; *athāyam paramārthaḥ, sambandinau ca sambandhās ca sarve mithyā, mānasas te, kalpanikāḥ, atad-vyāvḥtti-mātra-rūpaḥ, anādi-avidyā-vāsanā-nirmitāḥ, aropita-svabhāvaḥ, nih, niḥ-svabhāvāḥ, šūnyāḥ.*

인도의 실재론자들에 의하면 두 사실들 사이의 관계는 실재와 존재를 갖는 세번째 단위이나, 양쪽에 대한 이 세번째 결합과 그것에 의해 연결된 두 사실들 사이의 그 이상의 관계는 분리된 존재를 갖지 않고, *svarūpasattā=višeṣaṇa-višesya-bhāva*를 가지나 *sattā-sāmānya*는 아니다.

53) NV., 468쪽.

54) 저자 자신의 주석과 비니타데바(Vinītadeva)와 상카라난다(Šankarānanda)의 두개의 잔주가 붙은채로 탄주르(Tanjur)에서 발견된 Sambandha-parikṣā. 관계들에 대한 불교의 이론은 바챠스파티미쉬라에 의해 2의 NK., 289쪽 이하에서 분석되었는데, 거기에서는 *saṃsarga-parikṣā*가 삽입되어 있다.

론지 들에 의해) 실재가 인정된 모든 외부의 대상들은 부인되고 그에 비해서 저자 자신이 인정하고 있는 궁극적 실재는 확립될 것이다.》 사실상 만일 모든 관계들이 제거된다면 〈무관계한 것〉만이 〈궁극적 실재〉들로 나타날 것이다. 첫 연에서 다르마키르티는 접속 또는 관계는 필연적으로 의존을 의미한다고 언급한다. 그러므로 《궁극적(또는 독립적) 실재라는 의미에서의 모든 관계들은 실재적으로 존재하지 않는다.》 다른 잔주에서 비니타데바(Vinitadeva)는 《다른 것에 관계된》《다른 것에 의존하는》《다른 것에 의해 지지되는》《다른 것의 의지에 복종하는》과 같은 표현들은 서로 바꿀 수 있다고 언급한다. 〈인과관계〉〈접촉〉〈내속〉과 〈대담〉은 그것들만으로 실재가 아니다. 상상 속에서 말고 이 관계들의 《소유자들》은 없다. 실재는 항상 하나의 실재이고, 그것은 동시에 단일하면서 이중적일 수 없다. 다르마키르티는 언급한다.[55)]

> 원인과 결과는
> 동시에 존재하지 않으니,
> 그러면 어떻게 그들의 관계는 존재할 수 있는가?
> 만일 그것이 양쪽 모두에 존재한다면, 어떻게 그것이 실재적인가?
> 만일 그것이 양쪽 모두에 존재하지 않는다면 어떻게 그것이 하나의 관계인가?[56)]

그러므로 〈인과관계〉는 우리의 오성에 의해 실재에 덧붙여진 하나의 관계이며, 그것은 실재에 대한 하나의 해석이지 실재 자체가

55) Sambandha-parīkṣā, Ⅶ.
56) 비슷한 내용의 주장이 Pr. samucc., Ⅱ. 19에 보인다.

아니다.[57] 바챠스파티미쉬라[58]는 객관적 실재들로 간주된 이 관계들이 말하자면 어떤 정당한 지불도 없이 물건을 구입하는 부정직한 상인이라고 말하는 한 불교도를 인용한다. 그것들은 사실 지각성을 획득한 것처럼 가장하지만 그 지각성을 획득한 댓가로 의식에 넘겨줄 수 있는 자체의 형상을 갖고 있지 않다. 만일 하나의 사물이 분리된 개체라면 그것은 표상을 산출함으로써 의식에 부여할 분리된 형상을 가져야 한다. 그러나 관계는 관계된 사물들로부터 떨어진 형상을 갖지 않는다. 그러므로 의존이라는 의미에서의 관계는 객관적으로 실재적인 것일 수 없다고 비니타데바는 말한다.[59] 같은 저자에 의하면 관계는 부분적으로도 실재적일 수 없는데,[60] 왜냐하면 부분적으로 실재적이라는 것은 바로 동시에 실재적이면서 비-실재적인 것을 의미하기 때문이고, 《실재는 부분들을 갖지 않는데 ; 부분들을 갖는 것은 경험적으로 (궁극적으로는 아니고) 실재적일 수 있기 때문이다.》

그러므로 궁극적 원인을 제외하고는, 궁극적 특수,[61] 또는 사실상 또 하나의 원인인 찰나점으로부터 떨어진 실재적인 것은 없다. 그것만이 어떤 다른 것에 대해 무관계적이고 독립적이다.

---

57) 이것은 물론 경험적 인과 관계만을 언급하는 것인데, 두 구성된 대상들 사이의 인과관계 자체가 구성된 것이다. 우리가 본대로 찰나점의 궁극적 인과관계는 관계가 아닌데, 왜냐하면 그것은 궁극적 실재와 동의어적이기 때문이다.

58) NK., 289쪽. 다른 맥락에서이기는 하지만 동일한 비교가 Tātp., 269쪽 9행에서 동일한 저자에 의해 인용되고 있다.

59) 같은책.

60) 같은책.

61) Sambandhap., Kār. XXV를 참조하라.

## 8. 의존의 두 노선들.

그러나 추론은 이 궁극적인 독립적, 무관계적 실재와 관계가 없다. 추론은 궁극적 실재의 기초위에 있는 상부 구조인 관계들 위에 세워진다. 디그나가는 말한다. 《모든 추론(하나의 이유와 그것의 결과 사이의 모든 관계)은 오성에 의해 구성된 토대와 그것의 질들 사이의 관계에 기초하고 있는데, 그것은 궁극적 실재나 또는 비실재를 반영하지 않는다.》[62]

궁극적 실재는 무-관계적이고 독립적이므로, 그것의 짝인 경험적 또는 상상적 실재는 상호 관계적이고 상호 의존적이다. 그러나 관계는 두 사실이 우연히 함께 현존하는 것이 아니고, 하나가 현존할 때 다른 하나의 **필연적 현존**이다. 그러므로 모든 필연적 관계에는 하나의 의존적 부분과 그것이 의존하고 있는 다른 하나의 부분이 있다. 한 부분은 다른 부분에 결합되어 있다. 결합되어 있는 하나의 부분과 그것이 결합되어 있는 다른 하나의 부분이 있다.[63] 모든 경험적 존재는 의존적 존재이다. **그런데 하나의 사실이 다른 하나의 사실에 의존할 수 있는 두개의, 오직 두개의 방법이 있다. 그것은 후자의 한 부분이거나 그것의 결과이다.** 세번째 가능성은 없다. 분할은 이분화 원리에 기초하고 있으며 배중율은 어떠한 제 3 의 동등한 항목도 가정하기를 금지한다. 이것은 우리에게 두가지 형태의 근본적 추리 또는 추론을 제시해준다. 하나는 〈동일성〉에 기초를 두고 있다. 우리는 〈동일성〉을 두개의 필연적으로 관계된 측면들 중에서 하나가 다른 것의 부분인 경우라고 부를 수 있다. 그것들

62) Tātp., 127쪽 2행을 참조하라.
63) NBT., 25쪽.

은 둘 다 동일한 사실에 관련되는데, 그것들의 객관적 관련은 동일하다. 그들 사이의 차이는 순수하게 논리적인 것이다.

다른 형태의 추리는 〈인과관계〉에 기초하고 있다. 모든 결과는 필연적으로 그것의 원인 또는 원인들의 존재를 전제로 한다. 원인의 존재는 추론될 수 있지만 그 역은 아니어서 결과는 절대적 필연성을 가지고 그것의 원인들로부터 예견될 수 없는데, 왜냐하면 원인들이 항상 그것들의 결과들을 수반하는 것은 아니기 때문이다. 어떤 예견할 수 없는 환경이 항상 그것들의 산출을 위태롭게 한다.[64]

첫번째 형태의 추리는 다음과 같은 추론들에 의해 예시될 수 있다－

이것은 나무이다,
왜냐하면 그것은 심사파이기 때문이다.
모든 심사파는 나무이다.

다른 예는－

소리는 비영구적이다,
왜냐하면 그것은 의지대로 산출되기 때문이다.
의지대로 산출되는 것은 무엇이나 비영구적이다.

비영구성과 의지대로의 산출은 동일한 객관적 점, 즉 소리에 관련되는 두가지 다른 특징들이다. 심사파와 나무도 마찬가지로 동일한 실재에 관련된다. 그들 사이의 차이는 배제[65]의 차이이다. 나무

64) NBT., 40쪽 8행을 참조하라.
65) *vyāvṛtti-bheda.*

는 모든 비-나무들을 배제하고, 심사파가 아닌 모든 나무들까지도 배제한다. 그러나 두 용어들이 가리키는 실제적 사물은 동일한 것이다. 우리는 그러므로 〈동일성〉을 통하여, 또는 동일한 객관적 관련에 의해 그것들이 관련된다고 말할 수 있다.

다른 형태의 예는 가끔 인용된다-

여기에 어떤 불이 있다,
왜냐하면 연기가 있기 때문이다.
불이 없는 연기는 없다.

연기와 불은 〈동일성〉에 의해 관련되지 않는데, 거기에서는 객관적 관련이 다르기 때문이다. 그것들은 필연적으로 상호 의존적이기는 하지만 다른 실재의 점들에 관련된다. 우리가 본대로 인과 관계는 바로 〈의존적 기인〉 또는 의존적 존재이므로, 인과 관계말고 다른 실제적 의존 관계는 없다. 단순히 논리적인 것이 아니라면 〈의존〉은 〈인과 관계〉이다.

그래서 우리는 추론 또는 추론적 판단들을 〈동일성〉에 기초하는 것과 〈비—동일성〉에 기초하는 것으로 나눈다. 첫째것은 〈관련의 동일성〉을 의미하고 둘째것은 〈인과 관계〉을 의미한다. 분할은 이 분화에 기초하는 만큼 엄격하게 논리적이다.

다르모타라는 말한다.[66] 《(하나의 판단에서) 술어는 긍정되거나 부정된다.…(표시를 통해) 그것이 긍정될 때, (이 표시는) 존재론적으로 그것과 동일하거나, 또는 그것이 다를 때, 그것은 그것이 결과를 나타낸다. 둘은 세 측면들을 갖는다》. 즉 두 경우에 모두 필연적 의존은 없다.

66) NBT., 21쪽 18행 ; 번역, 60쪽.

## 9. 분석판단과 종합판단.

그래서 불교 논리학자들이 추론을 탐구할 때 분석판단과 종합판단의 문제에 마주치게 되었다는다는 것은 분명해진다. 경험 또는 인과율에 기초한 추론적 판단들이 종합적이라는 것은－결코 의문시된 적이 없다. 〈인과 관계〉에 기초한 다른 판단들, 술어가 주어의 한 부분이고 단순한 주어의 존재가 술어를 연역하기에 충분한 판단들이 있다는 것도 마찬가지다. 이 분할이 철저하고 경계선이 충분히 분명한지, 그 문제가 어느 정도 완전하게 칸트적인 것과 일치하는지에 대해서 지금 고찰할 필요는 없다. 그 문제는 인도에서 추론의 항목에 나타난다. 인도의 추론이 두개의 완전히 표현되고 필연적으로 상호 의존적인 개념들을 결합하는 추론적 판단이라는 것은 충분히 지적되어 왔다. 두 상호 의존적 개념들은 동일한 객관적 관련을 갖거나, 두개의 다르지만 필연적으로 상호 의존적인 객관적 관련들을 갖는다. 하나와 둘 사이－그 가운데는 아무것도 없다. 언뜻 보기에 분할은 논리적으로 나무랄데 없는 것처럼 보인다.

엄격하게 말하자면 두 종류의 판단은 종합적인데, 왜냐하면 오성 자체와 그것의 기능인 판단은 바로 종합이기 때문이다. 심사파라는 개념도 종합이고 나무라는 개념도 종합이며 그것들의 결합도 마찬가지로 종합이다. 동일한 것이 연기, 불, 그것들의 결합의 개념들에도 관련된다. 지성은 그것 자체가 먼저 결합된 곳에서만 분해할 수 있다.[67] 그러나 어떤 경우에 술어는 주어의 한 부분이고, 분석에 의해 그것으로부터 끌어내지는 것처럼 보인다. 다른 경우에 그것은

67) CPR., §15(2－d), 지각적 판단도 또한 분석적이다(Sigwart, I. 142).

주어의 한 부분이 아니고 그것에 부가되어야 하며, 오직 경험에 의해서만 발견될 수 있다.

이른바 종합판단은 항상 경험적이다. 이른바 분석판단은 항상 추론적이다. 오성의 사용은 이중적인데, 그것은 순수하게 논리적이고 우리의 개념들에 질서와 체계를 부여하거나, 또는 경험적이고 관찰과 경험에 의해 인과적 관계들을 확립한다. 다르모타라는 말한다.[68] 이런 맥락에서 인과 관계는 《일상 생활에서 익숙한 개념이다. 그것이 결과가 있는 곳마다 원인이 있다는 경험으로부터, 그리고 원인이 없을 때는 결과도 없다는 부정적 경험으로부터 파생된 것이라는 점은 잘 알려져 있다.》 이른바 분석판단이 기초하고 있는 〈동일성〉은 익숙한 개념이 아니다. 그러므로 그것의 정의가 다르마키르티에 의해 주어진다. 그는 말한다.[69] 《동일성은 주어 자체만으로도 연역이 충분할 때》, 즉 술어가 주어의 부분일 때, 《술어를 연역하는 이유이다.》 그러므로 그것은 절대적 〈동일성〉이 아니고 일부 유럽의 철학자들이 그렇게 부르는 것처럼 부분적 〈동일성〉이다. 다르모타라는 설명한다.[70] 《그 자체의 술어 속에 단순히 포함되는 것은 어떤 종류의 논리적 이유인가? 이 술어는 이유의 단순한 존재가 확인되는 어느 곳에나 존재하는 특징을 갖는다. 그것의 현존이 이유의 단순한 존재에 의존하고, 이유를 구성하는 사실의 단순한 존재라는 바로 그 조건에 의존하는 하나의 술어, 그러한 것이 이유로부터 분리될 수 없는(그리고 그것으로부터 분석적으로 연역될 수 있는) 술어이다.》 종합판단과 분석판단의 문제에 대한 유럽적, 칸트적 취급과 불교의 개념 사이의 차이에 대한 다소의 언급들이 다음에 계속될 것이다.

---

68) NBT., 24쪽 11행 ; 번역, 67쪽.
69) 같은책, 23쪽 16행 ; 번역, 65쪽.
70) 같은책.

## 10. 범주들의 최종적 목록

위에서 말한 것으로부터 아리스토텔레스와 칸트의 목록들에 상응하는 불교의 범주들의 최종적 목록을 나타내기는 쉬울 것이다.

이미 지적한 대로, 오성의 모든 행위에 포함되는 종합은 이중적이다. 그것은 우선 특수한 감각과 일반적 개념 사이의 종합이고, 또한 그 개념에 모아진 다양성의 종합이다. 우리가 본대로, 이 마지막 종합은 5중적이다. 다섯 종류의 가장 일반적 술어들은, 부분적 상응과 포함을 고려한다면, 아리스토텔레스의 10개 범주들에 다소간 상응한다. 이 목록은 또한 〈존재자〉를 하나의 공통 〈주어〉와 다섯 부류의 〈술어들〉로 분석하는 〈존재론〉의 논리적 측면을 포함한다. 그것은 다섯 부류의 이름들이 이 공통의 주어와 관련되는 지각적 판단에서 나타난다. 그것은 다섯 부류의 이름들 또는 명명할 수 있는 사물들에 부가하여 하나의 일반적 관계, 바로 이 모든 〈술어들〉과 공통의 〈토대〉의 관계를 포함한다.

그러나 오성의 종합은 하나의 개념 아래 정리된 다양한 직관과, 공통의 〈주어〉에 대한 그것의 관련을 포함할 뿐만 아니라, 더 나아가 두개 또는 여러 개념들을 함께 연결할 수 있다. 이 종합은 벌써 다양한 직관의 종합이 아니고 두 상호 의존적 개념들 또는 사실들 사이의 종합이다. 그래서 **가장 일반적 이름들**의 목록에 덧붙여 우리는 **가장 일반적 관계들**의 두번째 목록을 갖게 될 것이다. 이 두번째 목록은 직접적으로 추론과 연결되는데, 왜냐하면 추론은 하나가 다른 하나의 표시인 두 개념들 사이의 필연적 관계들에 기초한 인식 방법이기 때문이다. 이 점이 불교와 유럽의 범주 목록들 사이의 주요한 차이를 구성한다. 명칭들의 목록과 관계들의 목록은 불교 논리학에서 두개의 다른 목록들인데 반해서 유럽의 목록에서는 관계들과 이름들이 동일한 목록에 혼합되어 있다. 〈실체〉와 〈질〉의 관계, 또는 더 정확하게 〈1차 본질〉과 모든 〈술어들〉의 관계는 판단과 오성 자체와 상접하여 본래 두 목록들의 다른 모든 항목들을 포함하는 가장 일반적 관계이다. 이 관계는 하나의 개념과 그것의 객관적 관련을 연결하건 두 다른 개념들을 연결하건 간에 모든 다양한 연결들을 포괄한다.

우리는 그래서 두개의 다른 범주 목록들, 명명 할 수 있는 사물들의 범주 목록과 두 개념들 사이의 〈관계들의 범주〉 목록을 갖게 될 것이다.

〈1차 실체〉는 명단에 들어가 있지 않은데, 왜냐하면 이미 설명한 대로 그것은 모든 범주들의 공통적 토대이고 하나의 〈범주〉가 아니며 비-범주이기 때문이다. 〈질〉도 일반적으로 그 안에서 발견되지 않는데, 왜냐하면 〈질〉은 일반적으로 모든 범주들을 포괄하고 〈술어〉 또는 〈범주〉라는 용어와 동연(coextensive)이기 때문이다. 단순한 질들은 《이것은 푸르다》, 또는 더 정확하게 《이 점은 푸름을 갖는다》라는 지각적 판단에서 보이는 것처럼 궁극적 감관-자료이다. 복합적 질들은 ; 예를 들어 《실재의 이 점은 암소임을 갖는 것으로 종합된다》는 것과 같은 의미를 갖는 《이것은 암소이다》라는 지각적 판단에서처럼 종류들이다. 〈2차 실체들〉은 은유적 〈1차 실체들〉이다. 《암소임을 갖는》 실재에서 유추하면, 암소 자체는 또한 그것이 차례로 예를 들어 《뿔-임(horn-ness)》과 같은 속성들을 갖는 것으로 생각될 때, 하나의 실체로 나타난다. 그러한 실체들의 예로써 디그나가는 《뿔들의 소유자》 또는 《뿔가진》을 제시하는데, 그것은 우리에게는 소유격 형용사가 될 것이다. 우리는 그래서 다음과 같은 두 판단들의 〈목록들〉과 그에 상응하는 〈범주들〉에 도달한다.

## 판단들의 목록

### I

### 지각적 판단(*savikalpaka-pratyakṣa*)

1. 그것의 양－극단적 단수(*svala kṣaṇam adhyavasīyamānam*)
2. 그것의 질－긍정－실재(*vidhi*＝*vastu*)
3. 그것의 관계－일치(*sārūpya*)
4. 그것의 양상－필연적(*niščaya*)

### II

### 추론적 판단(*anumāna-vikalpa*)

1

양

**보편**(*sāmānya-lakṣaṇam adhyavasiyamānam*)

| 2 | 3 |
|---|---|
| 질 | 관계 |
| 긍정(*vidhi*) | 종합적＝인과적(*kārya-anumāna*) |
| 부정(*pratiṣedha*) | 분석적＝비－인과적(*svabhāvānumāna*) |

4

양 상

필연적(*niščaya*)

## 범주들의 목록

### I

하나의 개념 또는 하나의 이름 아래서의 종합의 범주들 또는 종류들 (*pañcavidha-kalpanā*)

1. 개별자들－고유 이름들(*nāma-kalpanā*)
2. 종류들－보통 이름들(*jāti-kalpanā*)
3. 감각할 수 있는 질들－그것들의 이름들(*guṇa-kalpanā*)
4. 운동들－동사들(*karma-kalpanā*)
5. (2차) 실체들－실명사들(*dravya-kalpanā*)

### II

관계들의 범주들(두 개념들 사이의)

| 1 | 2 |
|---|---|
| 긍정들(필연적 의존의) (*vidhi*) | 부정(가정된 현존의) (*anupalabdhi*) |
| 동일성(＝비－인과관계), (*tādātmya*) | 인과관계(기초적 실재의 비동일성) (*tadutpatti*) |

분류에서 궁극적 항목들을 세는 인도의 방법을 따르면 오직 세 〈관계의 범주들〉, 즉 〈부정〉, 〈동일성〉, 〈인과 관계〉가 있다. 종속적, 파생적 종류들은 계산되지 않으며, 〈동일성〉과 〈인과관계〉를 둘 다 포괄하는 〈긍정〉도 계산되지 않는다.

## 11. 목록의 항목들은 서로 배제적인가.

이 〈범주들〉의 목록은 올바른 논리적 분할의 원리들을 만족시키는가? 그것의 부분들은 서로 배제적인가? 그것은 중복적 항목들을 포함하지 않는가? 분할은 철저한가?[71] 우리는 아리스토텔레스와 칸트의 두 분류들이 이 점에서 약점을 갖고 있는 것이 발견되어왔다는 것을 안다. 불교의 목록은 더 나은 상태인가? 다르모타라는 〈동일성〉, 〈인과 관계〉와 〈부정〉인 분할의 세 궁극적 항목들에 관하여 묻는다[72]-《이것들이 추론이 기초하고 있는 관계들의 상이한 다양성이다. 그러나 왜 우리는 단지 세 (최종적) 항목들만을 세는가?》 이에 대한 다르마키르티의 대답은 다음과 같은 것이다-《추론적 인식은 〈긍정〉이거나 〈부정〉이고, 〈긍정〉은 이중적인데, 그것은 〈동일성〉에 기초하고 있거나 〈인과 관계〉에 기초하고 있다.》 이 대답은 분할이 이분화의 원리에 따라 행해지므로 부분들은 서로 배제적이고, 그들 사이에는 아무것도 없고, 〈배중율〉은 이 점에서 어떤 결점도 막아준다. 사실 모든 판단들이 〈긍정〉과 〈부정〉으로 나누어진다는 사실은 이 분할을 판단의 정의에 도입하기까지 했던 아리스토텔레스 이래로 논리학에서 확고하게 확증되었다. 그

71) *tādātmya*와 *tadutpatt*의 문제에 대해서는 pr. vart, 1장 이외에 NBT, 2장, Tātp., 105쪽 이하, 그리고 N. kandalī, 206쪽 17행 이하를 참조하라.

72) NBT., 24쪽 13행 ; 번역, 68쪽.

러므로 이 분할의 부분들을 다른 분할들에 속하는 다른 항목들에 통합시키는 것은 잘못인데, 왜냐하면 그 부분들은 그렇게 하면 필연적으로 중복될 것이기 때문이다.

긍정적 판단은 다시 분석적이거나 종합적, 다시 말해서 〈동일성〉이나 〈비-동일성〉에 기초할 수 있다. 후자, 즉 상호 의존 또는 비-동일적 사실들의 종합은 바로 〈인과 관계〉이다. 그래서 〈동일성〉과 〈인과 관계〉로의 분할, 또는 같은 말이지만 모든 판단을 분석적인 것과 종합적인 것으로 나누는 분할은 또한 이분화 원리에 기초하고 있고, 그리고 분석적이고 종합적이라는 것이 불교 논리학에서 이 분할에 주어진 의미로 이해된다면 〈배중율〉에 따라 논리적으로 올바른 것으로 간주되어야 한다. 다르모타라는 분할이 엄격하게 논리적이라고 주장한다.[73] 그는 말한다. 《판단에서의 술어는 때로는 긍정적이고 때로는 부정적이다. 긍정과 부정이 서로 배타적인 태도를 나타내므로 그것들의 이유들도 둘 다 달라야 한다. 긍정은 다시 다른 것이거나 다르지 않은 것에 대해서일 뿐이다. 모순율에 의해서로 반대되는 차이와 무-차이, (판단에서) 그것들의 정당화도 또한 달라야 한다.》

우리는 여기에서 말하는 동일성이 객관적 관련의 동일성, 연장에서 동일할 수 있거나 또는 하나가 오직 다른 것의 연장의 일부분을 가지고 있지만 둘 다 동일한 객관적 실재를 가리키는 다른 두 개념들의 결합이라는 점을 잊어서는 안된다. 두 개념들은 다를 수 있지만, 그럼에도 그것들이 가리키는 객관적 실재는 동일한 것일 수 있다. 예를 들어 나무의 개념과 심사파의 개념은 다르지만, 그럼에도 그것들이 가리키는 특수한 사물은 동일하고 바로 동일한 것이다.

---

73) NBT., 24쪽 19행 ; 번역, 69쪽.

다른 한편으로, 하나의 개념이 동일한 것일 수 있고 또는 그것들 사이의 차이가 구별해낼 수 없지만, 그럼에도 그것들이 가리키는 실제적 사물은 다를 것이다. 예를 들어 그 존재의 다른 두 순간들에 있어서의 이 동일한 심사파와 같은 것이다. 불교도들에 의하면 심사파의 두 순간들은 인과적으로 관계된 다른 두 사물들이다. 불과 연기의 개념들에 있어서 두 개념들과 실제적 사물들은 다르다. 그러나 연기의 최초 순간과 불의 이전 순간 사이에서와 동일한 인과 관계가 연기의 두 연속적 순간들 사이에서도 얻어진다. 그러므로 종합적이라는 용어는 두 다른 사물들 사이의 종합을 가리키고 분석적이라는 용어는 두 다른 개념들의 종합을 가리킨다.

그래서 해석된 종합적, 분석적 판단들은 서로 배제적이며, 우리는 유럽의 논리학에서처럼 하나의 종합판단이, 그 안에서 그것의 종합이 우리에게 친숙하게 되는 어느 정도의 분석판단으로 된다고 주장할 수 없다.

그래서 불교의 범주 목록이 질서와 체계적 통일성을 갖는다는 것이 입증되는데, 왜냐하면 그것의 부분들이 서로 배제적이기 때문이다. 목록이 철저한지를 검토해보는 것이 남았다.

## 12. 불교의 관계 목록은 철저한가

다르모타라는 《타당한 이유들을 나타내는 다른 관계들은 없는가?》《왜 오직 이 세 관계들(즉 부정, 동일성, 인과 관계)만이 타당한 원인들을 나타내는가?》라고 묻는다.[74] 다르마키르티에 의하면, 그에 대한 대답은 관계가 여기에서 의존을 의미한다는 것이다.

---

74) NBT., 25쪽 3행 ; 번역, 69쪽.

《하나의 사물은 다른 하나의 사물에 본질적으로 의존할 때에만 후자의 존재를 나타낼 수 있다.》[75] 즉 이유들이고 추론의 기초인 그러한 관계들은 필연적 의존의 관계들이다. 다르모타라는 설명한다.[76] 《어떤것의 원인이 (종합적으로) 연역되거나 또는 본질적 질이 (분석적으로) 연역되어야 할 때, 결과는 본질적으로 그것의 원인에 의존적이고 (그리고 분석적으로 연역된) 질은 본질상 그것이 연역된 개념에 의존한다. 두 연결들은 〈본질적 의존〉이다.》 후에 고찰할 특수한 원리에 기초하고 있는 〈부정〉을 제외하면, 필연적 〈의존〉의 단지 두 관계들이 있다. 그것들은 동일한 객관적 관련을 갖는 두 개념들의 논리적 상호 의존이거나, 또는 객관적 관련을 갖는 두 개념들의 논리적 상호 의존이거나, 또는 객관적 관련이 동일한 것이 아니라면 하나가 다른 하나의 결과인 두 실재적 사실들의 상호 의존이다. 결과는 필연적으로 그것의 원인에 의존한다. 불교도에게 인과 관계는 바로 〈의존적 기인〉이다. 하나는 논리적이고 다른 하나는 실재적인 이 두 종류의 필연적 의존을 떠나서 다른 가능한 상호 의존은 없다.

인도의 실재론자들은 불교의 이 두 주장들을 거부한다. 즉 그들은 〈동일성〉에 기초한 분석판단들이 있다는 것을 거부하고, 모든 필연적인 종합판단들이 〈인과 관계〉에 기초한다는 것을 거부한다. 그것들에 따르는 분류는 철저하지 않다. 우선 〈동일성〉에 기초한 분석판단은 전혀 존재하지 않는다. 두 개념들이 동일할 때, 하나는 다른 하나를 연역하기 위한 이유일 수 없고, 연역은 무의미할 것이다. 실재는 동일한 것이지만 덧붙여진 개념들만이 다를 뿐이라는 반대

---

75) NB, II. 20, 번역, 69쪽.
76) 같은책.

에 대해 실재론자들은 만일 개념들이 다르다면 그에 상응하는 실재들도 또한 다르다고 대답한다. 《만일 개념들이 실재적이 아니라면 그것들은 개념들일 수 없다》고 그는 말한다.[77] 타루(*taru*)가 브르크사(*vṛkṣa*)라는 (두 용어들은 같은 나무를 의미한다) 판단은 〈동일성〉에 기초한 것이지만 《심사파는 나무이다》라는 판단은 그렇지 않은데, 왜냐하면 심사파와 나무는 실재론자들에게는 다른 두 실재들이고, 둘은 그것들의 다양한 동반과 심사파에서의 나무의 내속을 보여주는 경험에서 인식되기 때문이다.

모든 실제적 관계들이 〈인과 관계〉에 돌아가는 것은 아니다. 〈동일성〉이나 〈인과 관계〉로 환원될 수 없는 무모순적 경험에 의해 확인된 많은 수의 다양한 동반들이 있다. 예를 들어 태양의 떠오름은 전날의 떠오름과 다양하게 연결된다 ; 지평선 한쪽의 별자리의 출현은 항상 반대쪽의 다른 별자리의 사라짐을 수반한다 ; 달의 떠오름은 바다에서의 밀물을 동반한다 등. 이 모든 것들은 인과 관계에 기초하지 않은 다양한 동반의 예들이다.[78] 우리가 어떤 재료의 맛을 경험할 때, 우리는 그것의 색깔의 현존을 추론할 수 있는데,[79]

---

77) Tātp., 108쪽 24행 – *kālpanikasya avāstavate tattva-anupapatteḥ.*

78) Prašast., 205쪽, 그리고 Tātp., 107쪽을 참조하라.

79) 바인(A. Bain) 교수는 〈인과관계〉가 실재적 단위들 사이에 있는 유일한 일치의 관계라고 인정하고 싶어한다. 그는 《논리학》 2권 11쪽에서 말한다. 《〈공존의 일치〉 중에서 매우 많은 수가 〈인과 관계〉에 돌려질 수 있다. 그렇게 돌려질 수 없는 것이 있는지 밝혀져야 한다》…《그것들은 어떤 이전의 정리로부터 출발한 인과 관계의 모든 결과들이다.》 그는 위의 책 52쪽에서 더 언급한다. 《결합된 〈종류의 성질들〉에는 〈인과 관계〉 없는 〈공존〉의 법칙들이 있을 수 있다.》《결합된 성질들》은 《공내속적 성질들》 또는 두 개념들의 《동일한 관련》과 유사하다. 그래서 바인 교수는 소극적으로나마 관계의 두 배제적 양식, 〈관련과 인간 관계의 동일성(*tādā tmya-tadutpatti*)〉 이론을 받아들이는 것으로 보인다. 그는 또한 위의 책 52쪽에서 *rasād rūpānumānam*에 대한 불교의 설명과 유사한, 주홍색과

왜냐하면 우리는 경험으로부터 이런 종류의 맛은 명확한 색깔을 다양하게 동반하고 있다는 것을 알고 있기 때문이다.

이 다양한 연결은 인과 관계에 기초한 것으로 다루어질 수 없는데, 왜냐하면 두 현상들이 동시적인 반면에 인과 관계는 필연적 연속의 관계이기 때문이다. 이에 대해 불교도들은 인과 관계가 옳게 이해된다면 이 모든 관계들은 인과 관계에 돌려질 수 있다고 대답한다. 사실상 미각적 감관－자료의 모든 순간은 이 재료를 구성하고 있는 이전의 시각적, 촉각적, 기타 자료의 복합에 의존한다. 맛과 동시적으로 존재하는 색깔은, 오직 시각적, 촉각적, 기타 감관－자료가 원인들의 복합을 나타내는 이전 순간의 매개를 통해서만, 다음의 색깔의 순간이 일어날 수 있도록 해주는 기능적 의존 속에서, 후자와 관계된다. 실재론자가 재료라고 부르는 것은 불교도에게는 순간적 감관－자료의 복합이다. 그래서 맛을 통한 색깔의 추론은 실제적으로 공통의 원인에 의한 동시적 산출에 기초하고 있다. 불교도는 미시적으로 인과 관계를 찰나점들의 연속으로 간주한다. 모든 실재적 사물은 찰나점들의 흐름 속으로 용해될 수 있고, 모든 다음의 순간은 이전 순간들의 복합에 필연적으로 의존하여 일어난다. 이 〈궁극적 인과 관계〉 또는 〈의존적 기인〉에 대해 모든 실재적 사물은 주어이다. 바챠스파티미쉬라는[80] 이 점을 간접적으로 인정한 것으로 보인다. 그는 말한다. 《어떤 맛의 현존으로부터의 색깔의 추론은 평범한 사람들에 의해서도 행해진다. 그들은 궁극적 실재의 찰나점들 사이의 상호 차이를 구별할 수 없는 육체의 눈(즉, 조야한 감성)을 가지고 있다. 비판적 철학자들은 경험의 한계를 초월하거

향기의 부존의 공존의 예(=*gandhābhābhāvād rūpānumānam*)를 인용하고 있다 ; Tātp., 105쪽 18행 이하를 참조하라.

80) Tātp., 107쪽 18행 이하.

나, 그들 자신의 생각을 따라,[81] 확립된 현상의 성격을 바꾸거나 하는 것을 용인할 수 없는데, 왜냐하면 그들이 그렇게 한다면 비판적 철학자이기를 그만두어야 할 것이기 때문이다.》[82] 이것은 철학자는 모든 실제적 상호 의존을 궁극적으로 〈인과 관계〉에 돌려야 한다는 간접적 고백처럼 들린다. 하나의 사실은 다른 하나의 사실의 존재를 오직 그것들이 필연적으로 상호 의존적일 때만 나타낼 수 있기 때문에, 그리고 모든 실제적인 필연적 상호 의존은 〈인과 관계〉이기 때문에 〈인과 관계〉에 기초한 판단말고는 어떤 다른 종합적, 필연적 판단도 없다고 불교도는 결론을 내린다. 필연적 관계들을 〈동일성〉에 기초한 것과 〈인과 관계〉에 기초한 것으로 나누는 것은 그러므로 철저한 분할이다. 《왜냐하면 하나의 사실이 다른 하나와 존재적으로 동일하지도 않고 후자의 소산도 아닐 때, 그것은 후자에 필연적으로 의존할 수 없기 때문이다》라고 다르마키르티는 말한다.

다르모타라는 덧붙인다[83]—《다른 하나와 존재적으로 동일하지도 않고 그것의 결과도 아닌 하나의 사실은 이 다른 사실에 필연적으로 의존할 수 없는데, 그것은 그것의 원인도 아니고 존재적으로 동일한 실재도 아니다. 바로 이 이유로 〈동일성〉이거나 〈인과 관계〉 말고는 다른 필연적 관계가 있을 수 없다. 만일 어떤것의 존재가 그것의 원인도 아니고 존재적으로 동일한 실재도 아닌 다른 어떤것에 의해 필연적으로 조건지워질 수 있다면, 그때만은 (〈관련의 동일성〉의 법칙과 인과율 이외에도) 필연적 연결이 다른 관계위에 놓일 수 있을 것이다. 필연적, 또는 본질적 연결은 사실 〈의존적 존재〉를

81) 또는 《물자체의 이론을 따라.》 *svalakṣaṇa*라는 용어는 여기에서 아마도 이중의 의미를 가질 것이다.

82) 같은책, 108쪽 14행. *teṣām tattra*(=*parikṣakatva*) *anupapatteḥ*.

83) NBT., 26쪽 22행 이하, 번역, 75쪽을 참조하라.

의미한다. 그래서 이 둘, 어떤것의 〈결과〉인 조건과 존재적으로 (논리적으로가 아니고) 어떤것과 〈동일한〉 조건 이외에 다른 가능한 〈의존적 존재〉는 없다. 그러므로 어떤것의 의존적 존재(그리고 그것의 필연적 동반)는 오직 그것이 명확한 원인의 결과이거나 그것이 본질적으로 동일한 본질의 한 부분이라는 기초 위에서만 가능하다.》

그래서 우리가 종합판단이 인과적, 또는 경험적이라고 이해한다면, 즉 우리가 종합의 개념으로부터 모든 선험적 연결을 배제한다면, 판단을 종합판단과 분석판단으로 나누고 〈필연적 의존〉의 관계들을 〈인과 관계〉와 〈존재적 동일성〉으로 나누는 것은 철저하다.[84]

---

84) 칸트의 세 〈질의 범주들〉 중에서 둘-실재(=긍정=*vidhi*)와 부정(*anupalabdhi*)-은 직접적으로 불교의 목록에서 발견된다. 그의 〈관계의 범주들〉 중에서 〈인과 관계〉는 직접적으로 발견된다. 〈내속-실재의 범주〉는 일반적으로 오성의 종합과 동일 연장인, 토대와 그것의 술어들의 관계이거나 또는 〈동일적 관련〉의 종합이다. 시간과 공간은, 불교도들에게는 또한 종합적인데, 목록에서 독립적 지위를 갖지 않는다. 시간은 〈인과 관계〉에 포함되는 연속적 순간들의 종합이고 공간은 〈동일적 관련〉에 포함되는 동시적 순간들의 종합이기 때문이다. 〈질〉도 목록에서 독립적 종합의 양식으로 나타나지 않는데, 왜냐하면 모든 양은 단위들의 종합이고 모든 이해는 의식적이건 무의식적이건 단위들의 종합이기 때문이다. 그래서 불교의 목록은《개념들에 의한 모든 선천적 분할은 이분화이어야 한다》는 칸트 자신의 원리에 따라 만들어진다(CPR., §11). 같은 이유로 〈유사성〉 또는 〈일치〉와 함께 〈비유사성〉 또는 〈차이〉도 어떤 철학자들이 가정하는 것처럼 〈범주들〉이 아니다. 그것들은 사유 또는 인식과 동연이다. 그것들은 모든 지각적 판단에서 조차 유력한 원리들이다. 그것들은 〈귀납〉에서 바로 동일한 것이다. 논리적 이유의 첫번째 측면, 즉 유사한 경우들이나 일치의 경우들에서의 그것의 현존은 〈일치의 방법〉에 상응한다. 그것의 세번째 측면은 〈차이의 방법〉에 상응한다. 바인 교수는《논리학》2권 51쪽에서 말한다. 《〈일치의 방법〉은 무엇이건 모든 연결들을 증명하는 보편적이고 근본적인 양식이다. 이 방법 아래서 우리는 모든 종류의 결합들을 인정할 준비가 되어 있어야 하며, 할 수 있을 때 그것들을 〈인과 관계〉로 환원하며, 추정이 그 양식으로 기울 때 순수 공존을 지적한다.》 이것은 다르모타라(21쪽

## 13. 전칭판단과 필연판단

다르마키르티는[85) 《긍정적 경험과 부정적 경험이[86) 결코 분리할 수 없는 연결[87)이라는 엄격한 필연성을 갖는 (지식을) 산출할 수 없다. 이것은 항상 인과율[88)이나 동일율[89)에 기초를 둔다》라고 말한다. 다시 말해서, 긍정적, 부정적 경험은 우리의 오성에 개념들의 구성을 위한 모든 재료를 제공한다. 그러나 그것만으로는 감성적 경험은 무질서한 직관의 혼돈에 불과하다. 오성은 개념들을 구성하는 이외에, 그것들에 질서와 체계적 통일성을 부여하기 위해 개념들을 정리한다. 오성은 그것들을 말하자면 깊이는 수직선을 따라 넓이는 수평선을 따라 정리한다. 그래서 그것은 수직선을 따라 원인과 결과로 정리된 실재의 종합적 편린들을 산출하고, 서로 경계가 있지만 〈동일적 관련〉의 법칙에 의해 통일되는 확고한 개념들의 체계를 산출한다. 이와 관련해서 다르마키르티는 모순율을 언급하고 있지 않지만, 그것이 모든 부정 판단들의 원리라고 암시하고 있다. 그래서 〈모순〉, 〈인과 관계〉, 〈동일적 관련〉의 법칙들은 〈오성〉이 원래 가지고 있는 세 법칙들이다. 그것들은 경험으로부터 파생되지 않고 경험을 앞서며 그것을 가능하게 한다. 그러므로 그것들은 경험의 우연성에 대해 안전하며, 필연적, 보편적 진리들이다.

---

18행, 번역, 60쪽)가 우리에게 한 말과 같게 들린다. 《관계들은 〈인과 관계〉이거나 〈동일성〉이고 둘은 세가지 표시들을 갖는다.》 즉 〈일치〉와 〈차이〉의 방법들은 〈인과 관계〉와 〈공내속〉을 확립하는 것을 돕는다.

85) Pram, vārtika, I. 33 in Tātp., 105쪽, 13행, N. Kandali, 207쪽 8행으로부터 인용.

86) *daršana – adaršana.*

87) *avinābhāva – niyama.*

88) *kārya – kāraṇa – bhāvo niyamakaḥ.*

89) *svabhāvo niyamakaḥ.*

이 모두는 실재론자들에 의해 부인된다. 그들은 지식에서의 모든 엄격한 필연성과 보편성을 부인하고, 오성이 유한한 수의 근본적, 필연적 원리들로 해부될 수 있다는 것도 부인한다. 모든 지식은 주의깊에 탐구되어야 하는 경험으로부터 온다. 그때 그것은 아주 믿을만한 일치를 생기게 하지만, 우리는 우리의 일반화를 뒤집는 새롭고 기대하지 않은 경험을 정당화하려 하지 않는다. 우리의 모든 지식은 예외없이 경험으로부터 오므로 우리는 어떤 철저한 관계들의 목록도 확립할 수 없다. 관계들은 삶 자체만큼이나 무수하고 다양하다.[90] 바챠스파티미쉬라는 말한다.[91] 《그러므로 우리는 (관찰된 결과의 일치가) 어떤 특수한 조건에 의해 요구되지 않는지를 주의깊에 조사해야 하며, 우리가 어떤것도 발견하지 않는다면 우리는 그것이 존재하지 않는다고 결론짓는다. 이것이 (관찰된 일치가) 본질적인지를 결정하는 (유일한 방법이다)》.

그래서 우리는 인도에서 유럽의 철학 분야를 오랫동안 사로잡았던 논쟁, 즉 필연적 진리의 기원에 대한 논쟁과 유사한 것을 발견한다. 실재론과 관념론의 대 투쟁은 우리의 오성이 그것만으로 순수오성, 타불라 라사(**tabula rasa**), 즉 경험이 그것의 대상과 관계들을 써넣는 한장의 백지로 표상되는지, 아니면 그것이 모든 경험에 앞서, 다양한 직관을 연결하는 필연적 양식을 구성하는 일련의 원리들을 갖는 능동적 힘에 불과한지의 문제를 둘러싸고 벌어졌다. 인도어 어법으로 그 질문은 다음과 같이 물어진다. 일반적으로 올바른 인식, 특별히 추론이 우연히 빛을 비추게된 대상들과 결코 필연적으로 연결되지 않는 램프[92]의 빛에 비교할 수 있는 순수한 빛을

90) *sambandho yo vā sa vā*. Tātp., 109쪽 23행을 참조하라.

91) Tātp., 110쪽 12행.

92) *Pradīpavat,* NBT, 19쪽 2행, 25쪽 19행, 47쪽 9행을 참조하라 ; Vātsyāyana, 2쪽 4행을 참조하라.

나타내는가 ; 아니면 인식, 특별히 논리적 이유가 인식되는 대상과 필연적으로 연결되는가. 후자의 경우에 오성은 모든 감성적 경험처럼 우연적이 아닌 몇가지 명확한 원리들로 구성되어야 하고 ; 그것들은 그 경험에 선행해야 하고 그것을 가능하게 해야 한다. 그러한 경우에 우리의 지식은 이중적 기원을 가질 것이다. 그것의 구조는 오성에 기인하고 명확한 일련의 근본적 원리들로 구성될 것이며 ; 그것의 내용은 감성적 경험의 모든 우연들에 기인할 것이다. 인도의 니야야, 바이쉐시카, 미맘사, 자이나, 그리고 상키야 체계는 오성이 본래 램프의 순수한 빛에 비교할 수 있는 타불라 라사를 나타내며, 그것이 심상을 포함하지 않고, 지성에는 우연적 경험이 와서 다소간의 사실들과 규칙들로 그것을 채우기 전에는 아무런 원리들도 없다는 실재론적 견해를 공유하고 있다.

다른 한편, 불교도들은 경험의 램프에 의해 나타나지 않지만, 말하자면 이 램프 자체를 나타내는 일련의 필연적 원리들이 있다고 주장한다. 모순율, 동일율, 인과율은 오성이 경험을 모으는 일을 시작하기 전에, 우리가 보고 있는 연기가 필연적으로 원인을 갖는다는 것, 또는 더 정확하게 연기의 모든 순간은 일련의 이전 순간들에 의존한다는 것을 우리가 확신하지 않는다면, 우리는 결코 불의 현존을 그것의 결과의 현존으로부터 추론할 수 없다. 그렇다면 〈전지적 존재〉를 제외하고는 아무도 추론을 할 수 없다. 만일 실재론자들이 주장하는 것처럼 심사파와 나무가, 공통적 토대에서의 그것들의 동시적 내속이 비모순적이나 우연적인 경험에 의해 현현되어온 두개의 다른 실재들이라면, 또한 〈전지적 존재〉를 제외하고는 아무도 심사파가 필연적으로, 그리고 항상 나무라고 주장할 수 없다.[93)]

93) 또는 다른 예를 들어보면, 아무도 직선이 필연적으로 그리고 항상 두 점들 사이의 가장 짧은 거리라고 주장할 수 없다. 이 전칭 판단에서 주어와 술

그래서 우리가 〈보편적〉, 〈필연적〉 진리들을 갖는다는 사실은 우리가 모든 경험에 앞서는 인식의 원리들을 갖는다는 사실, 그리고 우리가 똑같이 유한한 수의 그것들의 〈범주들〉을 갖는다는 사실과 밀접히 관계된다.

## 14. 순수 오성의 사용의 한계

그러나 비록 〈모순〉, 〈동일적 관련〉, 〈인과 관계〉의 법칙들이 우리 오성의 본래적 소유이고, 비록 그것들이 본래 어떤 감성적 경험으로부터 독립적이라해도, 그것들은 경험의 한계를 넘어서 영향력을 미칠 수 없다. 본래 모든 가능한 경험을 넘어서 놓여 있고, 형이상학적이고, 《그것들이 존재하는 장소에 대해서도 알 수 없고, 그것들이 나타나는 시간에 대해서도, 그것들이 가지고 있는 감성적 질에 대해서도 알 수 없는》 그러한 대상들-그러한 대상들 또한 순수 지성에 의해서 인식불가능하다. 다르모타라는 말한다.[94] 《그것들의 다른 것과의 모순, 다른것에의 인과적 의존, 다른 것에의 특칭화(또는 동일적 관련), 그것은 확인하는 것이 불가능하다. 그러므로 그것들과 모순적으로 반대되는 것이 무엇인지, 그리고 그것들이 인과적으로 관계하는 것이 무엇인지 확인하는 것은 불가능하다. 이런 이유로 모순적 사실들, 원인들과 결과들은 오직 그것들의

---

술어는 물론 〈인과 관계〉에 의해서가 아니라 〈동일적 관련〉의 법칙에 의해 결합되어 있다. 모든 수학적 판단들은 〈동일적 관련〉의 원리에 기초하고 있는 판단들이다. 직선과 가장 짧은 거리는 감성적 경험으로부터 우리에게 알려지지만, 그러나 《이것은 가장 짧은 거리인데, 왜냐하면 그것이 직선이기 때문이다》라는 판단은 필연적이며 경험의 우유성에 종속되지 않는다. 그것은 그것이 〈인과 관계〉에 기초하고 있지 않다는 의미에서 분석적이다.

94) NBT., 28쪽 20행 이하 ; 번역, 105쪽.

(긍정적, 부정적) 관찰이 되풀이 된 이후에야 (긍정될 뿐만 아니라) 부정되는 것이 적합하다…(독립적) 개념들의 〈모순〉, 〈인과 관계〉, 〈특칭화〉는 (모든 특수한 경우에) 필연적으로 감각의 비-지각에 기초하고 있다.》 즉, 긍정적, 부정적 경험, 지각과 비-지각에 기초하고 있다.

인과적 관계에 대하여, 그것의 모든 특수한 경우는 그것이 다음과 같은 지각과 비-지각의 다섯개의 연속적 사실에 의해 확립될 때 알려진다.[95] 즉-

1) 결과, 예를 들어 산출 전의 연기의 비-지각,

2) 그것의 지각,

3) 그것의 원인, 즉 불이 지각될 때 ;

4) 그것의 비-지각,

5) 그것의 원인은 지각되지 않는다.

그러므로 : a) 결과에 관해서는 비-지각의 두 경우들(1과 4), 그리고 지각의 한 경우(2) ; b) 원인에 관해서는-지각의 한 경우(3)와 비-지각의 한 경우(4)가 있다. 인과 관계를 구성하는 사실들은 우리가 감관-지각 또는 지각적 판단을 통해서 인식하지만, 그것들이 사실상 인과적으로 관계되어 있다는 것은 우리가 오직 추론적 판단 또는 동반의 판단에서만 인식하는데, 왜냐하면 인과성 자체, 인과 관계는 감관들을 통하여 우리의 마음에 들어올 수 없고, 자체에 내장된 오성에 의해 부가되기 때문이다. 다르모타라[96]는 말한다. 《하나의 결과가 산출될 때, 우리는 (감성적 사실로써) 인과관계를 실제로 경험하지 않지만, 실제적 결과의 존재는 항상 그것의 원인을 가정한다. 그러므로 이 관계는 (간접적으로) 실제적이다.》 즉, 그것

95) N. kandalī, 205쪽 22행 이하를 참조하라.

96) NBT., 69쪽 11행 ; 번역, 192쪽.

은 실재의 기초 위에 지성에 의해 구성된다. 그러나 인과율 자체는 오성의 본래적 소유이다.[97] 다르마키르티는 이것을 위에서 번역된 그의 유명한, 그리고 가끔 인용되는 게송에서 표현하였다.[98]

## 15. 추론에 대한 견해들의 역사적 소묘.

〈논리의 과학〉(*nyāya-šāstra*)은 인도에서 〈변증법의 과학〉(*tarka-šāstra*)으로부터 발전되었다. 추론은 후자에서 증명 방법의 하나로 나타나지만, 그 부분은 중요하지 않았고, 공개 토론에서 사용하는 많은 변증법적 속임수들에 함몰되었다. 그것의 중요성의 점차적인 상승은 변증법의 중요성의 점차적인 하강과 궤를 같이한다.[99] 소승 불교 시대에 불교도들은 삼단논법이나 추론에 대해서 아무것도 모르고 있었던 것으로 보인다. 그러나 새로운 시대, 즉 인도 철학에 있어서 주요 학파들의 가르침이 체계적으로 정리되고 그들의 기본적 논문들이 구성된 시대의 도래와 더불어, 추론은 대부분의 학파

---

97) 물론 존재자체, 〈물자체〉의 동의어인 〈인과 관계〉 또는 유효성은 오성의 범주가 아니고 비-범주이며, 모든 술어들과 오성의 모든 범주들을 위한 공통적 토대이다.

98) Pram. vārt., I. 33, 위 397쪽을 참조하라.

99) 인도의 추론과 삼단논법 교의의 기원은 고유한 것임에 틀림없다. 나는 그것의 외국 유래설에서 오류가 없는 것을 보지 못했다. 《지식의 근원(*pramāna*)》의 하나로서의 그것의 완전한 개념은 처음부터 그것에 인식론적 성격을 부여한다. 비디야부사나(S. C. Vidyabhusana)는 《인도 논리학》(497쪽 이하)에서 《그의 저술들이 당시에 널리 읽혀졌던》 아리스토텔레스의 영향을 가정한다. 그러나 그는 또한 〈그리이스 전 분석학(Greek Prior Analytics)〉이라는 다른 부분들의 도입이 《점차로 필요했을 것인데, 이것들이 인도의 사유와 언어에 동화되고 조화되어야 했기 때문이다》라고 생각한다. 그리이스와 인도의 학문의 교섭은 매우 있을 법하지만, 인도의 교의는 나에게는 그 자체의 발전 노선을 따라온 것으로 보인다. 유사성은 주제에 의해 쉽게 설명되고 차이는 인도적 관점의 독창성에 의해 설명되어야 한다.

들에서 순서와 중요성에 있어서 감관-지각 다음가는 지식의 주요 근원들중의 하나로 나타난다. 그 시대의 철학 전선의 우파와 좌파에서 우리는, 비록 서로 반대되는 이유들로 말미암아서이기는 하지만, 참된 지식의 근원으로서의 추론을 부인한 두 학파들을 발견한다. 전통 미맘사파는 감관-지각도 추론도 종교적 의무를 인식하는 근원이 아니기 때문에 그것을 부인한다.[100] 다른 한편, 유물론자들은 직접적 감관-지각이 그들에게는 유일한 지식의 근원이기 때문에 그것을 부인한다.[101] 이 두 극단들 사이에, 디그나가 이전 시대에 추론을 경험 세계에 대한 우리 지식의 두번째 근원이라고 정의했던 니아야, 바이쉐시카, 상키야 학파가 있다. 바수반두와 함께 불교도들은 그 운동에 참가하여 《바다비디》에서 그들 자신들의 최초의 정의를 산출하였다. 그의 스승 바수반두의 정의, 니아야, 바이쉐시카, 상키야 학파의 정의들과 함께 시작된 이 모든 정의들과 동시에 미맘사파의 부정적 태도도 디그나가에 의해 무자비하게 비판되고 거부되었다. 니아야 학파는 추론을 《감관-지각을 뒤따르는》 인식이라고 정의한다.[102] 이것은 첫단계가 《이유와 그것의 결과 사이의 연결에 대한 지각》인 인식을 의미하는 것으로 해석된다.[103] 상키야 학파는 《어떤 연결이 지각되었을 때, (그 기초 위에서) 다른 하나의 사실을 수립하는 것이 추론이다》라고 주장한다.[104] 바이쉐시카 학파

---

100) MIm, Sūtra, I, 1, 2, 후기 미맘사파, 쿠마릴라 등은 추론을 하나의 특수한 경우로부터 다른 하나로 가는 단계라고 정의한다.

101) 어떤 푸란다라(**Purandara**)는, 그들이 단지 형이상학과 종교에서의 추론의 초세속적 사용을 부인했을 뿐인데, 불교도들이 그들도 또한 추론을 경험적 지식만의 근원이라고 인정한다고 왜곡했다고 주장함으로써 유물론자들의 입장을 정당화하려고 시도하였다. TSP., 431쪽 26행을 참조하라.

102) NS., I. 1, 5.

103) NS., 46쪽 8행.

104) 이 정의는 디그나가에 의해 Pr. samucc vṛtti ad I. 35에서 인용되고 NV.,

의 정의는 단순히 추론이 (대상의) 표시에 의해서 산출된다고 언급한다.[105] 마지막으로 바수반두는 《바다비디》에서 그것을 《(지각으로부터) 그것에 대해서 아는 사람에 의해 (다른 하나의 대상과) 분리할 수 없게 연결된 대상에 대한 지식》이라고 정의한다.[106]

디그나가는 표현상의 정확성이라는 관점으로부터 이 정의들의 모든 말을 엄격히 비판하는 이외에,[107] 《연결은 감관들을 통해 인식될 수 없다》[108]는 일반적 원리에 대해서도 그들에게 반대한다. 추론은 개념들, 즉 일반적인 것과 《보이지 않는 일반적인 것》[109]을 다룬다 ; 그것은 감관들을 통해 우리에게 들어올 수 없다. 이 견해는 감관-지각을 순수 감각으로 정의하는 직접적 결과이다. 감관-지각은 지식의 《최고의》 또는 주요 근원[110]이고, 그에 비해 추론은 순서와 중요성에 있어서 두번째인 종속적 근원인 것은 아니다. 두 근원들은 동일한 권한을 갖는다.[111] 이 맥락에서 추론은 일반적으로 감성과 대비되는 오성을 의미한다.[112] 감관들만으로는 결코 어떤 명확

---

59쪽 17행에서 되풀이 된다.

105) VS., IX. 2, 1. *laingikam=rtags-las ḥbyuñ-ba.*

106) Pr, samucc, 그리고 NV., 56쪽 14행 이하에서 인용.

107) Pr, samucc, 2장에서 25-27연은 바다비디적 견해, 27-30연은 니아야, 30-35연은 바이쉐쉬카, 35-45는 상키야, 45 이하는 미맘사파를 겨냥하고 있다.

108) Pr, samucc., II. 28-*hbrtel-pa dbañ-bas gzuñ-bya-min=na sambandha indriyeṇa gṛhyate.* 이것은 거의 축어적으로 칸트의 말과 일치한다(CPR., § 15). 《다양한 어떤 것의 연결(*conjunctio=sambandha*)은 결코 감관들을 통해 우리에게 들어올 수 없다(=*na indriyeṇa gṛhyate*)》

109) 같은책, II. 29-*spyi mthoñ-ba yañ min=na sāmānyam dršyate.*

110) *pratyakṣam na jyeṣṭham pramāṇam,* TSP., 161쪽 22행.

111) *tulya-balam.* NBT., 6쪽 12행을 참조하라.

112) NB., I, 12-17과 비교해보라, 거기에서 감관들을 개별적인 것, 즉 엄격하게 본래 있는 그대로의 사물을 감지하는 반면에 추론은 일반적인 것을 감지하고 구성한다는 원리가 규정된다. Pr. Samucc. II. 17과 동시에 *vṛtti,* 지넨드라부디(앞의책, f, 115, b, 2 이하)의 주장들과 비교해보라.

한 지식도 산출하지 않는다. 지넨드라부디는 《불교도가 아닌 사람들만이 감관들이 명확한 인식을 산출할 수 있다고 생각한다》라고 말한다. 다른 한편, 오성만으로는 실재에 대한 어떤 지식을 산출하기에 무력하다. 두 근원들이 홀로는 똑같이 무력하고, 함께는 똑같이 유효하다. 그러나 모든 경험에 앞서서 자체 내에 존재하는 원리들을 가진 오성과 추론은 필연적 진리에 대한 우리의 지식의 가능성을 포함한다. 이것이 디그나가의 견해였던 것으로 보이는데, 그는 그것을 명확하게 공식화하는데 성공하지 못하였고, 후에 그것은 다르마키르티에 의해 공식화되었다. 디그나가는 우리가 원인들을 알 때 결과들이 예견될 수 있다는, 그리고 우리가 원인들의 현존으로부터 미래의 결과[113)]를 추론할 수 있다는 니아야파의 주장에 반대한다. 그는 말한다. 《결과는 원인의 현존에 의해 확립되지 않는다. 원인은 현존할 수 있지만, 방해가 있을 수도 있고 다른 (이차적) 원인이 실패할 수도 있으며, 그때는 결과가 나타나지 않을 것이다.》[114)] 그는 또한 예를들어 우리에게 이크뉴먼(ichneumon)이 많은 장소에서 뱀의 부존을 추론하도록 해주는 《상호 근절》[115)]의 관계를 수립하려고 하는 상키야파의 이론을 반대한다. 그는 뱀이 이크뉴먼과의 투쟁에서 승리자일 수도 있고, 추론은 실패할 것이라고 말한다. 그러나 인과적 기원[116)]이라는 사실로부터의 비영구성의 추론은

113) 이 관점으로부터 보면 미래는 전혀 인식불가능하다. Višālāmalavati, fol, 124, a, 3 : NBT., 408쪽 ; 번역, 108쪽을 참조하라. 우리가 미래를 예견하려고 생각할 때, 그것은 오직 인과율, 즉 모든 사물이 그것의 원인들에 의존한다는 법칙의 간접적 결과이다. 결과는 필연적으로 그것의 원인들에 의존하지만 원인은 필연적으로 그것의 결과를 수반하지 않는데, 왜냐하면 예기치 않는 방해가 항상 있을 수 있기 때문이다.

114) Pr. samucc., II. 30—*rgyu-las ḥbras-bu ḥgrub-pa min=ma kāryam kāraṇāt sidhyati.*

115) *ghātya-ghātaka-bhāva,* 같은책을 참조하라.

확실한데, 왜냐하면 그것이 〈동일성〉에 기초하고 있기 때문이다. 마찬가지로 한 사물의 존재에서 선행하는 순간을 추론하는 것은 확실한데, 왜냐하면 그것이 인과적 필연성에 기초하고 있기 때문이다.

이 근본적 차이는 그렇다치더라도, 모든 비-불교 학파들 중에서 바이쉐시카파가 불교도들에 가장 가까운데, 추론에 대한 정의나 관계들의 분류에 있어서 그렇다.[117] 그들은 네 종류의 관계들, 즉 〈인과관계〉, 공통적 토대에서의 〈공내속(coinherence)〉, 〈결합〉(또는 단순한 동반), 〈대당〉 또는 〈부정〉을 인정한다. 만일 〈공내속〉이 〈동일적 관련〉으로 이해되고 〈결합〉의 범주가 전부 빠진다면, 분류는 다르마키르티의 그것과 실질적으로 다르지 않을 것이다. 〈결합〉은 자체가 불필요하거나 또는 다른 세 범주들을 불필요하게 한다. 그러나 4중 분할의 목적은, 바챠스파티가 생각한 것과 같이, 상호간에 서로 배제하는[118] 항목들에 완전하고 철저하려는 것이었다. 디그나가는 그의 시대에 바이세쉬카파가 오성이 특수한 경우로부터 보편적 전제로 옮아갈 때 만들어내는 일반화 단계를, 분명히 그것이 경험으로부터 설명될 수 없으므로 초자연적 직관이라고 설명했다고 기록한다.[119] 고정된 숫자의 관계들이라는 생각은 그럼에도 불구하고 그들에 의해 결국 빠졌다. 프라사스타파다(**Prašastapāda**)는 말한다.[120] 《격언들이 〈인과관계〉 등을 (관계의 범주로) 언급한다면, 그

---

116) 같은책.

117) 니아야의 3중 분류(*pūrvavat, šeṣavat, šmānyatodṛṣṭa*)는 니아야파 자신들에 의해서 다르게 해석되었다. Vātsyāyana, 18쪽을 참조하라 ; 그것은 디그나가에 의해 Pr. samucc. Ⅱ. 26 이하에서 거부된다. 상키야파의 7종분할이 동일저서 ad Ⅱ. 35 vṛtti와 Tātp., 109쪽 21행에서 언급된다. 그것은 전적으로 뜻밖이고 이 체계의 고전적 시기의 저술들에는 기록되어있지 않다.

118) Tātp., 109쪽 12행-*cāturvidhyam tv isyate.*

119) Pr. samucc. vṛtti, Ⅱ.

것들은 철저한 목록을 갖기 위해서가 아니라 예들에 의해서 그렇게 한다. 왜? 왜냐하면 경험은 다른 관계들이 가능하다는 것을 입증하기 때문이다. 예를 들어 아드바류—성직자가 '옴(Om)!'이라는 음절을 발음할 때, 그것을 최고 성직자가 참석하고 있다는 것을 가리키는 표시이다(그가 보이지 않을 때도); 달의 떠오름은 바다에서의 밀물의 표시이다…; 가을에 연못의 깨끗한 물은 아가스티야 행성의 떠오름과 동시적이다, 등등. 이 모든 예들은 네 종류의 관계들을 언급하는 격언들에 속하는데(비록 그것들이 특별히 그중의 하나에 포함되지 않는다고 하더라도), 왜냐하면 그것의 의미는(철저한 관계들의 분류를 주는 것이 아니고) 일반적으로 동반을 지시하는(예시하는) 것이기 때문이다.》

관계들의 철저한 목록을 부여하려는 자연적 경향은 그래서, 항상 어느 정도 우연적인 경험은 혼자서는 어떤 필연적 진리도 또는 명확하게 고정된 수의 진리도 제공할 수 없다는 것이 알려지자마자 포기되었다.

프라사스타바다의 말도 마찬가지로 디그나가의 시대에 〈인과 관계〉에 돌려질 수 없는 어떤 실제적 관계들이 있는지의 문제가 이미 논의되었다는 것의 간접적 지적이다.

그러나 비록 디그나가가 그의 머리 속에 다르마키르티의 저서들 속에서는 분명하게 언급되어 있는 관계들의 체계를 가지고 있었다고 하더라도, 그는 그것을 표현하는데 있어서 충분히 명백하지 못하였고, 이 이론에 최종적 공식을 부여하는것은 그의 위대한 후계자에게 남겨지게 되었다. 두 스승들 사이의 시기에는 학파에서의 동요가 있었다. 디그나가의 제자인 이쉬바라세나(Išvarasena)는 우

---

120) Prašastap., 205쪽 14행.

리의 지식에 있어서 엄격하게 필연적이고 보편적인 원리들의 가능성을 부인하였다. 그에 의하면[121] 〈전지적 존재〉를 제외하고는 아무도 엄격하게 보편적이고 필연적인 지식을 가질 수 없다. 이 점에서 그는 바이세쉬카파에 가담한다. 그는 디그나가의 저서들이 다르마키르티가 그 안에서 발견한 이론을 포함하고 있지 않으며, 그래서 이점에서 모든 의심을 일소하고 최종적으로 불교의 〈관계들의 범주〉 목록을 확립하는 것은 후자에게 남겨지게 되었다고 확고하게 확신하였다.[122]

## 16. 유럽의 몇몇 유사한 이론들.

불교 논리학이 추론으로 다루는 것을 유럽의 논리학은 부분적으로는 판단, 또는 명제로, 그리고 부분적으로는 삼단 논법으로 다룬다. 디그나가는 추론 또는 《자신을 위한》 논증과 삼단논법 또는 《다른 사람들을 위한》 추론 사이에 확정된 선을 그었다. 후에 볼 것처럼 후자는 완전히 표현된 형태의 연역적－귀납적 논증이다.

---

121) 마하판디타 이쉬바라세나(**Mahāpaṇḍita Išvarasena**)의 의견들은 사키야－부디(**Šākya-buddhi**)의 주석에 언급되어 있고, 그는 **Rgyal-tshab**에 의해 그의 **Thar-lam**에 인용된다. 그는 평범한 사람들(*tshur-mthoṅ-ba-rnams*＝*arvag-daršinaḥ*)은 결코 비유사한 경우들에서는 이유가 전적으로 부존한다는 것 ; 일반적 명제에는 예외가 항상 가능하다는 것을 알지 못한다고 주장했다. 이것은 이 의견이 **Nyāyamukha**와 **Pr. samucc**의 다른 구절들과 상충하는 여섯가지 경우들을 지적함으로써 거부되었다－*hgal-ba-drug-gi sgo-nas pan-chen Dban-phyug-sde-la thal-ba phans-thsul-ni.* 그러나 주석가 프라즈냐카라 굽타(**Prajñākara Gupta**)는 필연적 진리들이 초자연적 직관에 의해 발견된다는 견해로 되돌아간 것으로 보인다.

122) 그러므로 아상가의 **Uttaratantra**와 다른 저술들에 이미 나타나는 *sva-bhāvānumāna*가 다르마키르티와 동일한 의미를 가질 수 없다는 것은 분명하다.

그것은 전혀 인식의 과정이 아니고 단지 은유의 방법에 의한 지식의 근원이라고 불릴 수 있다.[123)]

다른 한편, 유럽에서 직접적인, 불완전한, 또는 명백한 추론(생략삼단 논법)으로 다루어지는 많는 자료가 불교도들에 의해서는 고유의 추론으로 다루어진다. 우선 원인과 결과에 적용되는 조건 명제는 유럽에서 판단, 또는 〈가언삼단 논법〉, 또는 직접적 추론으로 다루어진다. 결과가 있으면 필연적으로 원인이 있고, 원인이 없으면 필연적으로 결과도 없다. 드 모르강(De Morgan)은 《가정과 필연적 결과를 연결하는 사유의 이 법칙은 삼단 논법에 앞서고, 담화보다도 삼단 논법에 채용되어야 한다고 주장할 수 있는 성격을 갖는다》고 생각한다. 후에 보게 되겠지만, 이것은 정확하게 불교의 견해와 같다. 이에 대한 이유는 바로 삼단 논법이 모든 인과 관계의 관찰에 연역 형식을 부여한다는 사실에 놓여 있다. 우리의 추론적 사고의 반은 인과율에 기초하고 있고, 각각의 판단들은 항상 직접적으로 지각적이지 않은 부분에서 추론적이다. 바인 교수는 《하나의 사물이 다른 하나의 부호일 때》, 즉 결과가 원인의 존재의 부호일 때 뿐만 아니라, 또한 결과아닌 다른 하나의 부호가 《계속 다른 대상과 연합할 때》《동일한 조건적 형태를 유지한다》고 주장한다. 모든 추론과 모든 삼단 논법은 《한 사물이 다른 하나의 부호(nota notae)》라는 사실로 환원되므로, 우리는 바인 교수의 주장을 모든 추론이 인과적이거나 비-인과적이라는 사실을 암시하는 것으로 해석할 수 있고, 이것은 우리가 본대로 불교의 견해이다. 부호나 표시를 통한 대상의 인식은 유럽의 논리학에서 삼단 논법이 기초하고 있는 공리로 다루어진다(nota notae est nota rei ipsus). 여기에서 공리는

---

123) NBT., Ⅲ. 2.

분명히 우리의 사유가 모든 추론적 인식에서 갖는 본질적 특징을 의미한다. 따라서 인도에서 디그나가가 그렇게 했던 것처럼 그것을 공리가 아니라 추론의 정의라고 부르고 삼단 논법으로부터 분리하는 것이 더 적절했을 것이다.

〈판단〉과 〈추론〉 사이의 경계선에 대해서 말하자면, 그것은 인도에서 유럽 체계들의 대부분에서와는 전혀 다른 노선 위에서 확정되었다. 〈판단〉, 〈종합〉, 〈이해〉가 동등한 용어들이므로, 모든 추론이 판단의 항목에 포함된다. 그러나 판단은 하나의 사실에 대한 진술을 포함할 수도 있고, 두 사실들 사이의 필연적 상호 의존에 대한 진술을 포함할 수도 있다. 첫째는 항상 지각적 판단으로, 둘째는 추론으로 환원될 수 있다. 〈감성〉과 〈오성〉 사이의 차이를 그의 주요 원리로 하는 디그나가는 순수 감각, 지각적 판단과 추론을 구별한다. 그의 실제적 목적은 감성을 오성으로부터 구별하는 것이었지만, 전통과 충돌하여 그는 그것들을 감관 지각과 추론의 항목 아래 다루었다. 한 개념에 있는 다양한 직관의 종합과 두 상호의존적 개념들의 종합이 오성의 매우 다른 두 작용들이라는 것은 칸트에 의해 때대로 암시된다. 그는 《우리가 다양한 직관을 연결하건 여러 개념들을 함께 연결하건》[124] 오성의 모든 행위들에는 종합이 있다고 말한다.

유럽의 논리학에서 두 개념들 사이의 서술적 관계(즉, 종합)로 정의되는 판단의 보통 형식은 인도의 관점에서 보면 추론적 판단, 또는 삼단 논법에 해당한다. 사실상 두 개념들(매개념과 대개념)의 상호 의존이 표현되는 것은 항상 대전제이다. 이 두 개념들의 공통적 토대, 또는 소개념은 표현되지 않아도 이해되고, 모든 〈술어들〉

124) CPR., §15(2판).

의 공통적 주어, 모든 사물들의 〈1차 본질〉이다. 그래서 대전제는 실제로 전체 추론을 포함할 수 있다. 이것은 바로 바인 교수의 의견인데,[125] 그는 《일반 명제를 확인하는데서 실제적 〈추론〉은 다 끝난다》고 말한다. 《우리가 '모든 사람은 죽는다'라고 말했을 때, 우리는 추론의 가능한 가장 큰 확장을 한 것이다. 우리는 귀납적 위험 요소의 최대의 위험에 부딪친 것이다.》 전칭 판단의 이 위험한 단계는 우리가 본대로 이쉬바라세나가 찬동하는 것으로 보이는 바이세쉬카파에 의해서 초인적 직관으로 설명된다. 그러나 디그나가와 다르마키르티는 다른 설명을 제시하였다.

종합판단과 분석판단의 문제가 남아있다. 우리가 칸트의 용법을 따라 《분석판단》이라고 번역한 용어는 문자 그대로 《자체－본질 추론(own-essence inference)》을 의미한다. 이 용어는 판단의 술어가 주어 《자체의 본질》에 속하고 《주어만의 존재로부터》 추론될 수 있다는 것, 즉 다른 근원, 즉 경험에 의지하지 않고도 주어만으로 술어를 추론하기에 충분하다는 것을 의미한다. 술어는 주어로부터 쉽게 추론될 수 있는데, 왜냐하면 그것은 이미 주어 안에 포함되어 있기 때문이다. 《심사파는 나무이다》라는 판단은 칸트에 의해서 확실히 분석적인 것으로 특징지워졌을 것이다. 사실상 그것은 《심사파－나무는 나무이다》라는 것을 의미한다.

일반적으로 오성의 모든 행위들과, 특수하게 모든 판단들이 종합이므로 분석 판단은 형용 모순(contraditio in adjecto)인 것처럼 보인다. 사실 칸트는 그것을 새로운 인식으로 다루지 않는다.[126] 그것은 전혀 인식적 가치를 갖지 않는 판단에서 우리 스스로 연결하고

---

125) Logic, I, 209쪽.

126) 인도어 용법에 따르면 순수하게 분석적인 판단은 *anadhigata-artha-adhigantṛ*라는 의미에서의 *pramāṇa*일 수 없다. 사실 아상가의 저서들에서

재결합한 것을 분해하는 이차적 행위이다.[127] 칸트는 말한다. 《분석적 긍정 판단들은 그러므로 술어와 주어의 연결이 〈동일성〉을 통해 파악되는 것이며, 반면에 연결이 〈동일성〉 없이 파악되는 다른 것들은 종합적이라고 불릴 수 있다.》 이 진술과 《긍정(즉, 긍정된 술어)은 (주어와) 다르거나 또는 동일하다》는 다르모타라의 말[128]을 비교해 보라. 소위 분석적 판단들은 종합적이지만 〈동일성〉에 기초하고 있다. 순수하게 종합적인 것은 〈동일성〉 없는 종합을 포함한다. 인도와 유럽의 견해 사이의 일치는 여기에서 어법에까지 확장된다.

그러나 칸트에게 보이는 〈동일성〉이라는 용어의 함축은 불교 논리학에서의 이 용어의 의미와 전혀 같지 않은 것처럼 보이고, 인도에서 소위 분석 판단에 주어지는 중요성은 유럽의 인식론에서 그것이 소홀히 여겨진 것과는 매우 다르다. 칸트는 우리에 의해 구성부분들로 분해될 수 있는 전존재(preexistence) 또는 선재 개념들(ready concepts)[129]을 믿었다.

만일 어떤 새로운 것이 그러한 개념에 부가된다면, 예를 들어 《모든 물체는 무겁다》와 같은 판단은 종합적이 될 것인데, 왜냐하면 무거움은 물체의 구 개념에 포함된 것이 아니라 어떤 새로운 경험의 결과로 부가되었기 때문이다. 그러나 불교도에게는 모든 고래의 특징들과 선재 개념에 부가될 수 있는 새로운 특징들이 개념의 통합

---

*svabhāvānumāna*는 *kāryānumāṇa*와 통합되지 않는다.

127) 러셀이 말한대로, 청중에게 궤변을 가르치는 대중 연설가를 제외하고는 아무도 분석 판단에 의존하지 않는다. 《문제들(Problems)》 128쪽을 참조하라.

128) NBT., 24쪽 20행, 번역, 63쪽.

129) 비록 그가 《우리는 이전에 어떤 것을 우리 스스로 연결해본 적이 없으면, 대상에서 어떤것을 연결된 것으로 표상할 수 없다》고 말하고 있지만(CPR., §15, 2판).

에 포함된 〈동일성〉에 의해 통합된다. 두 비-동일적 개념들의 〈동일성〉은 그것들의 객관적 관련의 동일성에 있다. 심사파와 나무는 두 동일한 개념들은 아니지만, 이 두 개념들이 가리키는 실제적 사물은 동일하다. 심사파라고 불리는 동일한 사물은 또한 나무라고 불릴 수도 있다. 칸트의 어법과의 부분적 유사성 때문에 우리가 분석적이라고 부른 판단은 실제로는 〈동일적 관련〉의 판단을 의미한다. 다르모타라는 말한다.[130] 《추론이 동일성에 (즉, 객관적 관련의 동일성에) 기초하고 있는 경우들에서조차도 (의존적 부분과 독립적 부분이 있다). 다른 것의 존재를 나타내는 힘을 가진 것은 의존적 부분이다. 다른 부분이 종속되어 있는 독립적 부분은 연역된 부분이다.》

심사파와 나무는, 비록 그것들이 둘 다 동일한 대상을 가리키지만, 그것만으로는 동일적이 아니다. 그것들은 상호의존적이어서 그것들중의 하나인 의존적 부분이 현존하는 곳에는 다른 부분인 독립적인 것도 또한 필연적으로 현존하지만 그 역은 그렇지 않다. 나무는 심사파에 의존적이 아니다. 심사파가 아닌 나무들은 있을 수 있지만, 모든 심사파들은 필연적으로 나무이다.[131]

《일어나는 모든 것은 그것의 원인을 가지고 있다》는 판단은 칸트에 따르면 종합적인데, 왜냐하면 《원인의 개념은 전적으로 (일어나는 것이라는) 개념 밖에 있고》 《결코 그 표상에 포함되어 있지

---

130) NBT., 26쪽 3행, 번역, 72쪽.

131) 칸트는 《모든 분석 명제에서 모든 것은 주어의 표상에서 술어가 실제적으로 사유되는가 하는 이것에 달려있다》라고 말한다. 기준은 심리적이다. 다르마키르티는 《모든 분석 명제에서 모든 것은 주어의 표상에서 술어가 논리적으로 전자로부터 나온 것으로 생각되어야 하는가 또는 될 수 있는가 하는 이것에 달려있다》라고 말했을 것이다. 기준은 논리적 필연성이고, 그것의 확립은 때때로 매우 복잡하다.

않기》 때문이다. 이것은 인도와는 매우 다르다. 일어나는 모든 것, 존재하는 모든 것은 필연적으로 원인이고 무―원인은 존재하지 않는다는 것은 위에서 충분히 입증되었다 ; 실재는 유효성이고 유효성은 원인이다. 그 판단은 그것이 〈동일적 관련〉의 판단일 것이라는 의미에서 분석적일 것인데, 왜냐하면 존재적이라 불리는 동일한 사물은 또한 원인이라 불리기 때문이다.[132)]

5+7=12라는 판단은 확실히 다르마키르티에 의해서 분석적인 것으로, 또는 〈관련의 동일성〉에 기초한 것으로 간주되었을 것인데, 왜냐하면 그것은 우리가 총계로서 12라고 부르는 동일한 것이 7+5, 또는 그 집합적 통합의 어떤 다른 배분으로 불릴 수 있다는 것을 의미하기 때문이다.

《모든 것은 비영구적이고, 영원한 것은 없다》라는 판단도 또한, 우리가 본대로, 이런 의미에서 분석적이다. 술어는 주어의 표상에서 전혀 《실제로 사유되지 않고》, 증명이 매우 힘들 수도 있지만, 그것에 논리적으로 포함되어 있다. 우리의 인식의 전 범위에서 무시할 수 없는 이 소위 분석판단은 그것의 거의 반을 점유하고 있다.[133)] 만일 〈필연적 접속〉이 〈인과관계〉에 기초하고 있지 않다면, 그것

---

132) 칸트는 다음과 같이 말함으로써 이것을 간접적으로 인정한 것으로 보인다. 《일어나는 어떤 것의 개념에서 나는 의심할 여지없이 시간을 따라 존재하는 것을 생각하는데, 이것으로부터 일정한 분석 판단들이 연역될 수 있다.》

133) 《모든 사람은 죽는다》는 판단은, 밀(J. S. Mill)의 해석에 따르면, 갑돌이 을돌이 등이 죽는다는 것이 발견되었기 때문에 모든 사람이 죽는다는 경험적 판단에 대한 우리의 동의의 결과로서 사람의 개념에 죽음의 특성을 부가한다. 이것은 비록 갑돌이, 을돌이등이 죽는다는 것이 발견되었지만, 그것이 결코 병돌이가 죽지않는다는 것이 발견되지 않는다는 것을 보장하지는 않는다는 것을 의미할 것이다. 불교도들에 의하면 그 판단은 〈동일성〉에 기초하고 있는데, 왜냐하면 존재하고, 원인을 가지는 모든 것을 필연적으로 사멸하기 때문이다. 죽지않는다는 것은 불변(nitya)을 의미하고 불변

은 〈동일성〉에 기초하고 있다. 다른 가능성은 없다. 〈필연적 접속〉은 〈동일성〉에 기초하고 있지 않으면 〈인과관계〉에 기초하고 있다. 〈인과 관계〉는 한 사물의 다른 것들에의 〈필연적 의존〉이다.

《술어와 주어의 연결이 〈동일성〉 없이 파악되는 판단은 종합적이라고 불릴 수 있다》라고 칸트는 말한다. 다르마키르티는 그것을 인과적이라고 부르는데 왜냐하면 연결은 여기에서 한 사물의 다른 것, 즉 비-동일적인 것에의 의존을 의미하기 때문이다. 그러한 필연적 의존이 인과 관계이다. 그래서 한 사물의 다른것에의 필연적 연결, 또는 의존을 확인하는 모든 추론적 판단들을 〈동일적 관련〉에 기초한 것들과 〈비-동일적〉이나 상호 의존적인 〈관련〉에 기초한 것들로 나누는 것은 철저한데, 왜냐하면 그것이 이분화의 원리에 기초하고 있기 때문이다.[134]

모든 판단들을 종합적인 것과 분석적인 것으로 나누는 것은 그러므로 인도에서는 필연적 관계들의 모든 범주 체계의 통합적 부분인데 반해서 칸트 체계에서 이 분할은 종합판단들만을 포함하는 그의 범주 목록에서 완전히 배제되어 있다.

이 논리학 부분에서의 인도와 유럽의 성취를 상세히 진술하고 비교 평가하는 것은 현재 우리의 업무가 아니다. 더 유능한 저자가 언젠가 그것을 할 것이다. 그러나 우리는 인식론적 논리학의 특수한 점에 있어서 인도와 유럽 사이의 커다란 차이 뿐만 아니라 현저한 부분적 일치를 주목하지 않고 지나칠 수는 없다. 칸트의 범주 목록과 그가 분석, 종합 판단을 취급한 방식이 결국 실패했다는 것은 거의 만장일치로 인정된다. 그러나 칸트의 체계는 아직도 유럽 철

---

은 비-존재를 의미한다.

134) 칸트는 또한 《일반적으로 개념에 의한 모든 선천적 분할은 이분화이어야 한다》고 말한다(CPR., §11, 2판). 그는 자신의 목록이 그렇지 않다는 사

학의 히말라야처럼 높이 서있다. 많은 훌륭한 학자들이 그것을 침식하려고 노력하고 있지만, 그것을 완전히 무너뜨리는데도, 하물며 같은 권위를 갖는 다른 체계로 그것을 대체하는데도 아직까지 성공적이지 못했다. 비록 칸트의 목록이 상세한 데서는 실패였지만, 그럼에도 불구하고 그의 확고한 신념, 1) 우리의 오성은 어떤 경험 이전에 그 자체의 원리들을 갖는다, 2) 이 원리들은 보편적, 필연적 판단들의 기초이다, 그리고 3) 그러한 원리들의 더도 덜도 아닌 철저한 목록이 있어야 한다, ──그로 하여금, 심지어 절대로 그럴 필요가 없는 데까지, 12개의 목록을 도입하도록 이끌었던 그의 이 확고한 신념, ──이 신념은 인도 철학의 유사한 단계에서 놀라운 지지를 발견하였다. 분석, 종합 판단의 문제에 관하여, 칸트 이후 철학자들의 견해들에 있어서의 놀라운 다양성과 상호 모순들을 단순히 요약하는데 바친 바이힝거(Vaihinger)의 주석을 백 페이지 이상 정독하는 독자는 그 문제가 가망없는 혼돈 속으로 빠져들어왔다는 것을 확신할 것이다. 비록 그것이 문제로 남아 있지만, 그것은 해결되지도 제거되지도 못해왔고, 칸트는 아직까지 유럽 논리학에 있어서 그것에 최초로 접근 했다는 공로를 인정받아야 한다. 우리는 이제 어떤 직업적 철학자가 그것의 인도적 해결[135]의 나름대로의

---

실에 당황하였다.

135) 그래서 다르마카르티에 의하면 다른 두 필연성(*niścaya*=*avinābhāva-niyama*) 또는 두 종류의 선천적 확실성이 있는데, 후자는 실재의 동일한 토대에 공내속하는 두 개념들의 필연적 접속에 관계되고, 전자는 두개의 다르지만 필연적으로 상호의존적인 개념들에 내속하는 두 개념들에 관계된다. 첫째는 분석적이라 불릴수 있고 둘째는 분명히 종합적이다. 우리는 이 태도를 아리스토텔레스와 모든 합리론자들의 견해와 대조해 볼수 있는데, 그들에 의하면 모든 선천적, 필연적 지식은 분석적이고, 칸트에게 그것은 항상 종합적이다(분석적 판단들은 단순한 동일적 설명들이다.) 〈동일성의 범주(*tādātmya*)〉에 대한 매우 다른 정의에 의해서 다르마키르티는 순수

가치에 대해서 우리는 일깨워줄 때까지 기다려야 한다.

---

논리학과 순수 수학의 명제에 순수 물리학의 명제들과는 전혀 다른 기초를 부여하는데 성공한다. 이 두 특수한 종류의 지식을 분리함으로써 다르마키르티는 흄에 가까워지지만 그와는 다르고, 인과적 관계들의 선천적 필연성을 확립함으로써 칸트에 가까워진다. 분석적, 종합적이라는 용어는 매우 오해하기 쉽다. 우선 지각적 판단에서의 종합과 분석은 (두 개념들을 가진) 추론적 판단에서의 그것들과 구별되어야 한다. 예를 들어 그것들은 지그바르트(**Logik**, I. 141 이하)에 의해 뒤죽박죽이 된다. 두 〈필연성들〉을 정적인 것과 동적인 것으로 대조하는 것이 더 좋았을 것이다. 인간정신과정의 참으로 근본적인 분할은(모든 선천적 개념들의 분할과 같이) 칸트가 그의 《순수이성비판》 2판(§11)에서 떠올린 이분화에 의해 확립되어야 한다. 그래서 그는 한 부류를 역동적이라 부르고 다른 부류를 수학적이라 부른다. 역동적인 것은 명백히 〈인과 관계〉에 상응하고, 수학적인 것은 토대의 〈공내속〉 또는 〈동일성〉에 상응한다. 그의 12개의 분할을 이 이중적인 것에 밀어넣으려는 칸트의 시도는 결코 분명하지 않다.

저자 약력

데오도르 체르바츠키(Th. Stcherbatsky : 1866~1942)
불교인식론 연구의 서전을 장식한 러시아의 불교학자
1907년에 성 페테르스부르크대학에 《후기불교도에 있어서 인식론과 논리학》이라는 학위논문 제출

주요 저작 :

The Central Conception of Buddhism and the meaning of the word 'Dharma' (소승불교개론. 1989년, 경서원 번역 발행)
The Conception of Buddhist Nirvana (열반의 개념, 1992, 경서원 발행)
Buddhist Logic I. II.

역자 약력

임옥균
성균관대학교 대학원 동양철학과 수료(철학박사)
성균관 한림원 수료(한문연수)
성균관대학교 유학대학 동양철학과 강사
현재 서일전문대학 교수

논문 :
대진철학에 나타난 '주자학적 사유'의 비판에 관한 연구(외)
번역 :
중화의 지혜(민족사, 1991, 공역) 외


불교 논리학 1

지은이 — 테오도르 체르바츠키
옮긴이 — 임 옥 균
펴낸이 — 이 규 택

佛紀 2539年(1995) 12月 30日 初 版 1刷 發行
佛紀 2549年(2005) 3月 10日 初 版 3刷 發行
佛紀 2555年(2011) 2月 10日 初 版 4刷 發行
佛紀 2565年(2021) 2月 25日 初 版 5刷 發行

© 펴낸곳 — 經 書 院
주 소 — 110-170
서울 · 鍾路區 堅志洞 55-2
登錄 1980. 7. 22. 제1-37호
☎ 편 집 (02) 733-3345
☎ 영 업 733-3346
FAX (02) 722-7787

ISBN 978-89-92062-02-2
※ 파본은 바꾸어 드립니다. 값 33,,000 원